# 地方新建应用型高校
# 办学实践与探索

李昌武　著

中国海洋大学出版社
·青岛·

**图书在版编目(CIP)数据**

地方新建应用型高校办学实践与探索 / 李昌武著
. —青岛：中国海洋大学出版社，2023.4
ISBN 978-7-5670-3469-3

Ⅰ.①地…　Ⅱ.①李…　Ⅲ.①地方高校－办学模式－
研究－潍坊　Ⅳ.①G649.22

中国国家版本馆 CIP 数据核字(2023)第 055563 号

| | | | |
|---|---|---|---|
| **出版发行** | 中国海洋大学出版社 | | |
| **社　　址** | 青岛市香港东路 23 号 | **邮政编码** | 266071 |
| **出 版 人** | 刘文菁 | | |
| **网　　址** | http://pub.ouc.edu.cn | | |
| **电子信箱** | 2586345806@qq.com | | |
| **订购电话** | 0532-82032573(传真) | | |
| **责任编辑** | 矫恒鹏 | **电　　话** | 0532-85902349 |
| **印　　制** | 青岛国彩印刷股份有限公司 | | |
| **版　　次** | 2023 年 4 月第 1 版 | | |
| **印　　次** | 2023 年 4 月第 1 次印刷 | | |
| **成品尺寸** | 185 mm×260 mm | | |
| **印　　张** | 18.25 | | |
| **字　　数** | 388 千 | | |
| **印　　数** | 1～2500 | | |
| **定　　价** | 79.00 元 | | |

发现印装质量问题,请致电 0532-58700166,由印刷厂负责调换。

# 序 一

我国高等教育在改革开放的推动下迅速发展,尤其在 21 世纪更是取得了举世瞩目的伟大成就。在中国特色社会主义新时代的今天,我国社会的主要矛盾已经转化为人民日益增长的美好生活需要和不平衡不充分的发展之间的矛盾。我国高等教育也经历了从精英化向大众化进而到普及化的发展道路。据统计,2020 年全国有普通高等学校 2738 所,这里面既有大家熟悉的"双一流"建设大学,也有数量众多的地方重点高校、新建本科院校、高职高专院校,还有少数不为大家熟悉的县级政府举办的高校。

提到县级政府举办的高校(县办高校),熟悉高等教育的人一般会想到沙洲职业工学院,这是 1984 年由张家港市政府创建的全国第一所县办普通高校,也是一所高职院校。那么,我国有没有县级政府举办的普通本科高校呢? 有,这就是由山东省寿光市人民政府创建的潍坊科技学院。

以中国蔬菜之乡、海盐之都,以及《齐民要术》作者农圣贾思勰故里闻名遐迩的寿光,有一所环境优美、学风浓郁、生机蓬勃、特色鲜明的高校——潍坊科技学院,这也是我国第一所县办普通本科高校。

我曾经到潍坊科技学院作调研,并应邀为学校全体干部作过学术报告,对学校的基本情况有所了解。1999 年寿光市人民政府开始将县办的几所中专中职学校进行合并,于 2001 年 9 月组建潍坊科技职业学院,崔效杰校长带领全体教职工拼搏奋斗,艰苦创业,推动学校实现了跨越式发展,2008 年 4 月学校升格为本科高校,更名为潍坊科技学院。升本后,特别是自 2011 年春天由李昌武校长主持工作以来,在新一届领导班子带领下,学校坚持"内涵发展、特色提升、制度管理、和谐校园"的治校方略,弘扬"创业敬业、求是求新"的学校精神,秉承"让认真成为品质"的校风和"责任高于一切"的教风,深化改革,开拓进取,迅速实现了由专科到本科的转变、由规模扩张向内涵发展的转型。学校顺利通过了教育部本科教学工作合格评估,成为山东省应用型本科高校建设首批支持高校、硕士学位授予立项建设单位,形成了园校一体、通识教育、设施园艺、海洋化工等鲜明办学特色。毕业生就业率、考研率、用人单位满意度一直名列全省高校前茅。

潍坊科技学院占地 2000 余亩,有全日制在校生 3 万多人。亲临校园,目睹崭新的校舍、先进的设施、优美的环境、文明的秩序,感受质朴的风气、和谐的氛围、务实的精神、昂扬的斗志,我的内心不由生发出一些感慨。虽然寿光市政府大力支持学校的发展,但相对于那些每年拥有十几亿、几十亿,甚至上百亿元办学经费的大学而言,潍坊科技学院得到的财政支持是非常有限的,面临的困难也是可想而知的。然而,在这样的境况下,学校却实现了持续、快速、健康发展,录取分数线连年提升,社会美誉度高,并呈现出良好发展势头,为地方经济社会发展作出了重要贡献。什么力量成就了这所县办高校的发展?为什么有那么多拥有博士学位、教授职称的教师聚集到这里?什么原因能使一所新建本科院校在产教融合、校企合作、国际交流与合作方面取得重大突破?这些问题引起了我的思考。

当我读了李昌武校长的《地方新建应用型高校办学实践与探索》一书后,心中的疑问得到了解答。在担任潍坊科技学院校长之前,李昌武一直从事基础教育管理工作。他没有名牌大学的博士学位,也没有令人羡慕的学术光环,但他有着受齐鲁文化熏陶的忠厚与善良,有着山东人的勤奋与豪迈,有着寿光人的拼搏与创新,更有着学而不厌、诲人不倦的教育情怀!在多次交谈中,我了解到李昌武校长在繁杂的工作之余坚持阅读大量教育书籍,尤其重视中外高等教育专著的学习研究。正是这些优秀品质和学习精神使他迅速实现了由中学校长到大学校长的角色转变,以先进的理念、开阔的眼界,远大的格局引领学校走上了内涵式高质量发展之路。

《地方新建应用型高校办学实践与探索》一书忠实记载了李昌武校长和潍坊科技学院在改革、转型、发展、提升过程中的探索与实践以及经验与教训;为读者立体式呈现了我国高等教育走向普及化过程中一所新建的区域性县办大学的奋斗、创新与开拓的轨迹。这本书没有高深系统的学术理论,却蕴含着非常实用的治校智慧和策略;没有华丽的文学辞藻,却充满着催人奋发的精神和能量。

我国是一个高等教育大国,也是一个农业大国。当前,我国发展不平衡不充分问题在乡村最为突出。党的十九大作出了实施乡村振兴战略的重大决策部署。肩负着为区域经济社会发展服务的地方新建本科院校在乡村振兴的征程中应当发挥应有的积极作用。潍坊科技学院这所根植县域、融入县域、服务地方的县办本科高校为我们提供了服务乡村振兴的鲜活实践和成功案例,这也是《地方新建应用型高校办学实践与探索》一书的创新之处。

集众木方成大厦,合众力方成伟业。我国要建成世界高等教育强国,既需要涌现一批世界一流大学,也需要众多像潍坊科技学院这样扎根县域、自强不息的地方高校。

岁月无声,脚步留痕,传承创新,砥砺奋进。潍坊科技学院正在应用型特色名校建设之路上不断前行。衷心祝愿潍坊科技学院在习近平新时代中国特色社会主义思想指引下,坚持高质量内涵发展,培养更多的高素质应用型专门人才,不断提高服务社会的能力,为实现中华民族伟大复兴的中国梦作出新的更大贡献。

钟秉林

(钟秉林,国家教育咨询委员会委员,北京师范大学原校长、中国教育学会原会长)

# 序　二

　　我国高等教育已经进入普及化阶段。截至 2021 年年底,全国有 2756 所普通高校,其中多数是难以引起社会关注的地方高校。近年来,地处中国蔬菜之乡——山东省寿光市的潍坊科技学院经常引起教育界关注。2019 年,山东省实施本科高校分类考核以来,潍坊科技学院的考核成绩一直名列全省同类高校前茅;2020 年 11 月,全国新建本科院校联席会议在潍坊科技学院召开;2021 年 2 月,山东省应用型本科高校建设首批支持的 20 所高校名单公布,潍坊科技学院名列其中;2021 年 7 月,潍坊科技学院校长李昌武教授带领的农圣文化传承创新团队获评山东省高校黄大年式教师团队。

　　多年来,我在山东省教育厅一直分管高等教育,对山东高校的总体情况和各高校的发展历程比较了解,尤其对潍坊科技学院这样一所在"上大学难"矛盾最突出的时候建校、全国唯一的县办本科大学特别关注。潍坊科技学院举办的省级以上活动比较多,我代表省教育厅出席活动时对该校调研的机会也比较多,因此,也有了更多的机会了解学校并参与学校发展重大事项的交流研讨活动。2015 年 11 月,教育部评估专家组到潍坊科技学院实地开展本科教学合格评估。根据评估工作安排,一周之内我去过该校两次。那次评估给我留下深刻印象,潍坊科技学院师生员工凭着吃苦耐劳、艰苦创业的精神,扎实工作的实际行动和取得的突出业绩,赢得了教育部专家组的高度评价,以优异的成绩顺利通过评估。每次走进潍坊科技学院,都会看到日新月异的发展变化,切身感受到在这片干事创业的热土上,全体师生员工团结进取、昂扬向上的精神风貌。

　　最近,我读了李昌武教授所著《地方新建应用型高校办学实践与探索》一书,对潍坊科技学院坚持内涵发展、建设应用型高校、培养应用型人才的举措有了更深入的了解。

　　20 多年来,潍坊科技学院的发展大致经过两个阶段。第一个十年是创业阶段。在寿光市委市政府和各级教育主管部门支持下,首任校长崔效杰同志带领大家艰苦创业,创建高职,改建本科,实现了由中职学校到本科学校的跨越,规划建设了宏大校园,奠定了县办大学的基础。第二个十年是内涵发展阶段。李昌武校长提出并践行"内涵发展、特色提升、制度管理、和谐校园"的治校方略,团结带领师生员工创新发展,提高质量,培育特色,学校实现了由专科教育向应用型本科教育的转变、由规模扩张向内涵发展的转型,成为硕士学位授予立项建设单位,在省内外有一定影响的应用型特色名校。

　　应用型高校发展的出路在于产教融合、校企合作。潍坊科技学院在这方面探索出了值得借鉴的路子。学校在校内建设了软件园、大学生创业园、山东半岛蓝色经济工程研究院、山东省众创教育研究院和蔬菜育种中心,吸引众多企业和科研机构入驻,与华为、东软、腾讯、百度、汇邦机器人等高科技企业共建产业学院,合作办学,联合招生,显著提高了毕业生优质就业率,与部队合作开展士官培养效果显著。潍坊科技学院虽地处县域,但合作办学的平台延伸到了国外。学校与德国应用科技大学的合作办学项目取得重大突破,是我省"十三五"期间教育部批准的重要国际合作项目。潍坊科技学院的校企合作、国际合作走在了全省新建本科院校的前列。

特色发展体现一所大学发展的战略高度,办学特色是大学生命力、核心竞争力的标志。近年来,潍坊科技学院承继"创业敬业、求是求新"的精神,与软件园融合办学,打造产学研一体化育人特色,人才培养成效显著,在全国新建本科院校中有较大影响力;学校立足地方经济社会发展实际,着力打造设施农业、海洋化工、智能制造学科特色,瞄准地方产业发展需求进行应用研究,取得了一系列科研成果,在社会服务上取得较大成效;积极挖掘地方文化资源,努力培育以传承创新农圣文化为优势的通识教育特色,并且整合地方教育资源,积极创造条件新上师范、护理本科专业,为地域文化传承创新和地方民生事业发展作出了贡献。这些开创性工作是潍坊科技学院内涵发展、特色提升的例证。学校积极投身于职业教育创新发展高地建设,承担国家职业教育示范性实验项目,成立五专部,开展"多元融通制"职业教育衔接创新探索,在职业教育领域产生较大影响。学校积极推进综合改革,组建通识学院,实施学部制,做优本科,做活分院,激发内在动力,思路具有前瞻性。

县级政府办大学是寿光人的非凡创举,体现了寿光市党政领导、教育界干部及社会各界的气魄和胆识,更凝聚了以李昌武校长为代表的潍坊科技学院师生员工的汗水与才智。潍坊科技学院作为目前全国唯一的县办本科高校,其办学的意义和价值不仅在于为寿光、全省乃至全国的发展培养人才,也不仅在于为地方经济社会发展提供文化引领和科技支撑,更重要的是为中国高等教育普及化探索出了一条崭新的路径。潍坊科技学院作为一所新建本科高校,既有"亦公亦民"体制的灵活性,也有管理队伍欠缺专业化的局限性,其经验与教训都有探索与创新的价值。

因工作关系,我与李昌武校长沟通交流得比较多,我为他带领师生员工取得的一系列成绩而高兴,更被他的创新意识、务实风格、学习精神、拼搏干劲所感动。相信了解李昌武校长和读了本书的人会有同样的感受。

本书见证和总结了潍坊科技学院第二个十年的改革与发展,以应用型特色名校建设和应用型人才培养为主线,深刻展现了一所县办大学内涵发展的生动图景和实践路径。在中国高等教育进入普及化时代、高校县域办学日渐增多的今天,这所县办大学内涵发展的探索与实践值得我们研究。因此,本书不仅适合高校管理者、高等教育研究者参考研究,而且适合广大教育界同仁和想了解潍坊科技学院的学生及家长、社会各界人士阅读。

习近平总书记指出,"必须扎根中国大地办大学"。山东省高等教育在国家"双一流"建设和"双万计划"战略引领下,立足本省实际,实现由大到强是必然选择。山东省高校分类考核管理一定能引导各高校明确目标定位,加快内涵发展步伐,也一定会促进新建本科院校不断创新发展。

本书最重要的价值,是激励学校未来更好地发展。书中展示的看似普通的活动、行动往往折射出不同时间节点的深刻背景,蕴含着改革与发展行动力的密码。相信潍坊科技学院一定能以本书的出版为契机,认真总结办学经验,坚定应用型目标定位,积极改革办学模式,扎实推进产教融合,努力实现校地共生、融合发展,进一步彰显、强化办学特色,不断提高育人质量,为山东高等教育的发展作出新的、更大的贡献。

(宋承祥,山东省高等教育管理科学研究会会长,中国电子劳动学会校企合作促进会会长,山东省教育厅原巡视员)

# 目　录

## 综合管理篇

## 学生教育篇

## 学术交流篇

综合管理篇

# 向崔效杰同志学习　明确办学定位和治校方略

**编者按：**潍坊科技学院在发展过程中形成了"创业敬业、求是求新"的学校精神，引领学校走过辉煌历程。开启新的征程，要明确"应用型"目标定位，实施"内涵发展、特色提升、制度管理、和谐校园"治校方略，承继传统，创新发展，开创新局面，再创新辉煌。

正月初九（2011年），学校党委书记崔效杰同志突然去世，这对学校以及寿光教育事业都是一个重大损失。崔书记逝世，我们满怀悲痛。寿光市委市政府做出决定，在全市开展向崔效杰同志学习的活动，学校也制定了开展向崔效杰同志学习的实施意见。

向崔效杰同志学什么？学其精神，学其品格，学其工作。概括起来就是学习"创业敬业、求是求新"的精神，它已经升华为学校精神，必将激励我们努力工作，促进学校健康快速发展。在此谈谈我的理解与大家共勉。

要学习崔效杰同志"创业敬业、求是求新"的精神。崔效杰同志在教育战线奋斗了41年，从事小学教育10年，初中教育、乡镇教委工作10年，中专教育、教育局工作10年，大学教育十多年。他在这41年的工作历程中，不管在哪个时期、在什么工作岗位上都创造了辉煌业绩，尤其在学院工作的十多年时间里，从"一大两高"的构想，到今天大学城的呈现，从百亩校园到千亩校园、万人大学的跨越，从中专合并到创建大专，再到升格为全日制本科高校，一路走来，无不见证着"创业敬业、求是求新"的精神。

创业靠勇气和境界。十多年前，在一个县城办大学是不可想象的事情，但具有远见卓识的老校长王焕新同志创建了成人教育性质的齐鲁经济职业进修学院，成为全日制大学——潍坊科技职业学院的前身。新世纪伊始，即2000年，在市委市政府的大力支持下，具有非凡胆识的崔效杰同志带领全体教职员工，顺势而上，六校合一组建大专院校，2001年经教育部批准正式成立潍坊科技职业学院。2008年实现了专科升建本科的重大跨越，经教育部批准全日制普通本科高校——潍坊科技学院成立。他们以敢为天下先的气魄和志存高远的境界，把县办大学的梦想变成了现实。特别是进入新世纪，崔效杰同志带领全院上下，谋发展，招人才，筹资金，搞建设，学校规模迅速扩张，外延加快发展，层次不断提升，学校近十年的发展用日新月异来形容再合适不过。试想，如果崔效杰同志只考虑个人得失，被眼前的困难吓倒，没有长远眼光，没有大气魄和高远境界，没有创业和敬业的精神，学校就不可能发展成为今天这样一所占地2000多亩、在校生24000多人、教职工1500多人、14个本科专业、41个专科专业的全日制普通本科高校。

敬业靠爱心和责任。一分耕耘，一分收获。规划蓝图变为现实是干出来的。十多年来，学校的每一步发展都凝结着崔效杰同志的心血汗水。他没有节假日，每天工作十几个小时，晚上还要到工地上转一转，自己动手抓校园绿化，深入教室、宿舍、餐厅及校园每一个角落，抓管理，促规范，即便是在家属病重时，也时刻不忘学校发展，他的付出超出常人想象。在崔效杰同志带领下，学校形成了良好的校风、教风和学风。毛泽东同志说过"一个人做件好事并不难，难的是一辈子做好事"，一个人敬业、创业，又何尝不是如此？崔效杰同志在教育战线兢兢业业工作 41 年，其中在学院艰苦创业十多年，始终表现出了一股拼劲、一种执着，从根本上讲，这就是对教育的挚爱，对师生的关爱，对事业的忠诚。凭着这种敬业精神，寿光县城有了自己的大学，大学有了良好的开端和非凡业绩。

求是精神是大学应有的品质。求是精神即科学精神。大学就应该有大学精神和学术大师，应不断探索和追求真理。不管是成人中专还是化工学校，不管是寿光师范还是寿光电大，不管是大专还是本科高校，都是以王焕新、崔效杰、杨元勋等老领导为代表的老一辈教育工作者坚持实事求是精神，艰苦创业所取得的丰硕成果，是在改革开放大背景下，对中国高等教育大众化趋势的准确把握，也是对教育规律和育人规律的深刻理解和遵循。如果没有这种求是精神，学院也许现在还没有成立，即便成立了，或许也不会有今天的辉煌业绩。教育是科学，科学探索的真谛在于求真。办学、教学有其自身的规律，只有坚持求是的精神才能不断地认识、发现和利用规律，取得办学、教学的成功。学校十多年的发展是最好的见证，王焕新、崔效杰等老一辈教育工作者办学治校的成功更证明了这一点。

求新就是创新的过程。教育是艺术，艺术的生命在于创新。大学在实施人才培养过程中肩负着文化传承与创新的责任。"苟日新，日日新，又日新。"一切事物都在运动变化之中。停滞、故步自封、凭经验解决问题是行不通的，只有与时俱进、不断创新，才能不断推动事业发展，不断取得更大突破。

创业敬业、求是求新，是崔效杰同志精神的核心，也是学校精神的实质，更是学校不断发展的内在动力。"创业敬业、求是求新"应该印刻在每个潍科人的心中，融入我们的血液，成为学校的精神文化主流价值。

今年是学院升建本科第三年，展望未来的发展可谓任重道远，借用一句话来说，就是机遇与挑战并存，困难与希望同在。我们相信有市委市政府及各级教育主管部门的大力支持，有崔效杰同志带领大家"创业敬业、求是求新"打下的良好基础，在大家的共同努力下，我们有信心进一步推动潍坊科技学院健康快速发展。我们要通过扎实的工作和一流的业绩，让领导放心，让社会满意，让学生成才。

"艰难困苦，玉汝玉成。"潍坊科技学院历经十多年的奋斗，实现了由中专到专科再到本科的跨越式发展，作为教育部批准成立的全日制普通本科高校，其发展跨越之大、速度之快令人震撼与敬佩！这不仅是学院全体师生的骄傲，更是寿光乃至全国成功办学的典范。但迅猛的发展使大家有应接不暇之感，事实上，学校干部及教职工职称大都处在高职系列,甚至还有一部分停留在中职系列,中职、专科教学队伍摇身一变成为大学本科教学队伍,难免有些措手不及。就我这个院长而言,也是一纸调令由中学教书匠旋即成为大学工作者,慌恐之感不言而喻。就学生构成来说,截至 2010 年年底,本科生仅有 1600 多人,学生主体仍是专科生。时代在前进,学校在发展,可谓形势逼人、时不我待,我们的理念、管理、教学、服务等势必要快速同步转身,适应大学发展的需要。

在高等教育实现大众化、新建本科院校不断增设的今天,作为一所县办大学,学校下一步如何发展、走向何处,这是摆在我们面前的重大课题。新建县办大学的特点、"亦公亦民"的办学体制,是思考学校未来发展的重要依据。最近我通过学习《国家中长期教育改革和发展规划纲要(2010—2020 年)》(以下简称《纲要》),阅读《高等教育》杂志,学习教育名家专著,请教教育厅领导及专家指导等,对学校发展战略有些认识,在此和大家交流一下。

要明确应用型是学校发展的目标定位。具体来说,"建设高水平应用型特色名校,培养高素质应用型专门人才,为地方经济社会发展服务"是目标定位。重要的关键词就是"应用型"。建设应用型高校追求高水平,体现高水平就要有特色,因此我们要建设高水平应用型特色高校;培养应用型人才的基础是实现高素质,着力点是提高专业技术能力,即我们培养的是高素质应用型专门人才。

我校以应用型统领、发展高职教育、发展普通本科教育的方向是正确的,是符合地方高校特点的,也是一所地方性新建本科高校发展的正确方向。国家需要的人才包括三个层面:数以亿计的高素质劳动者、数以千万计的专门人才、一大批拔尖创新人才。专门人才是国家人才需求的重要方面。作为一所本科院校,随着本科专业的增加和专科专业的逐步减少,学生构成逐步过渡到本科生为主,当然这一根本转变需要我们不懈努力,至少要经过两个五年规划的实施。规划也是生产力,本科招生计划的增加不以我们的意志为转移,但我们必须按大学本科的管理要求统领学校发展,将人才培养目标定位为应用型专门人才。高校通常有三大职能,即人才培养、科学研究、社会服务。社会服务能力是大学的价值所在,也是办学的最终落脚点。培养应用型人才就要立足地方,为当地经济建设和社会发展服务,这也应该成为我校办学目标定位的重要内容。

作为教育工作者应该有教育理想。升本后我校以建设成综合性大学、打造"东方斯坦福"作为长远目标。这需要一步步扎实地工作,实现一个个小目标,需要弘扬"创业敬业、求是求新"的精神,更需要若干代人的奋斗、长时间的积累,理想才能变为现实。总之,现阶段以及今后很长一段时间,我校发展的目标定位应该是:建设高水平应用型特色高校,培养高素质应用型专门人才,为地方经济建设和社会发展服务。

"党委领导、校长负责、教授治学、民主管理"是中国大学的特色,要贯彻民主集中制原则,落实党委领导下的校长负责制,尊重学者,崇尚学术,以师生为本,发挥师生的主人翁作用。根据大学管理原则以及学院实际、未来发展的需要,围绕应用型目标定位,在未来一段时间,要大力实施"内涵发展,特色提升,制度管理,和谐校园"的治校方略。《纲要》是我国教育最根本的纲领性文件,为未来十年中国教育的发展指明了方向。我们设想,未来十年中国高等教育发展的主题还是内涵发展、提升质量。外延扩张、规模膨胀、不断扩招的时代已经过去。我们还可以设想,到中国共产党成立 100 周年时,中国社会将全面建成小康社会,中国教育将基本实现现代化,中国高等教育将进入普及化阶段。届时,潍坊科技学院将以全新而规范的应用型本科大学呈现在世人面前。我们要以深入贯彻落实全国、全省教育工作会议精神和学习研究《纲要》为动力,明确目标,凝心聚力,突出内涵发展,打造特色品牌,改革管理模式,完善制度管理,落实依章治校,提升师资水平,深化教学改革,提高育人质量,确保安全稳定,建设和谐校园。当前,我们一起努力做好"稳"字文章,稳定情绪,稳定队伍,稳中求进,稳中求新。学院下一步的发展,市委市政府在关注,社会各界在关注,全体师生员工在关注。我们要团结一致,上下齐心,承继传统,创新发展,不断开创新局面,努力创造新辉煌,为建设高水平应用型特色高校而努力奋斗。

(根据笔者 2011 年 2 月 21 日在全体教职工会议上的讲话稿整理)

# 实施"六大工程" 全面提升办学水平

**编者按：**围绕立德树人和应用型特色名校建设，潍坊科技学院立足学校和发展实际，深入实施考研突破、科研突破、队伍建设、校企合作、文化校园、服务优化"六大工程"，全力深化综合改革，全面提升办学水平。

新的学年即将开始，这一学年我们将送走首届本科毕业生。我们的办学质量如何？展望未来如何创新发展？我想应进一步明确办学指导思想，把握"三个一"。

"一个目标定位"：进一步明确建设高水平应用型特色大学、培养高素质应用型专门人才、为地方经济和社会发展服务的目标定位。紧紧抓住、深刻领会"应用型"这个关键词，坚定不移地推进实施应用型高校建设。具体来说，要实施分类分层教学：中专系列（中职）培养技能型人才、大专系列（高职）培养高技能型人才、本科系列培养复合应用型人才。三个层面的共同点都是培养动手能力和专业技能。要形成共识并集中精力抓好应用型高校建设，理念、管理、人才、教学、科研、服务等向此靠拢，以此引领创新、打造特色、健康发展。若偏离应用型这个大方向，追求"高大上"，脱离地方经济社会发展的实际，我们的办学可能走入死胡同，若到了那种境地我们真的会成为罪人！

"一个学校精神"：进一步弘扬"创业敬业、求是求新"精神。牢牢把握创新发展主题，不断开创学校新局面。崔效杰同志不仅带领大家拓展了校园，创造了由专科升本科的辉煌业绩，更重要的是给我们留下了宝贵的精神财富——创业的豪气、敬业的执着、求实的态度、求新的动力，值得我们永远学习。我们要继续深入扎实地开展向崔效杰同志学习活动，大力弘扬"创业敬业、求是求新"精神，增强动力，鼓足干劲，明确目标，团结奋斗，在学科专业上求突破，在办学特色上出亮点，在内涵建设上出成果，推动学校健康快速发展。

"一个治校方略"：即"内涵发展、特色提升、制度管理、和谐校园"。关键点要放在特色创建上，特色高度决定发展水平，打造特色就是推动内涵发展。像我们这样刚刚由专科升建本科的大学，基础相对薄弱，对照本科院校的办学标准，差距还是很明显的。我们必须保持清醒，循序渐进，脚踏实地，不断积累，抓住机遇，集中精力干好"细活"，做好内涵发展。根据学院发展基础和应用型高校建设要求结合地方产业状况，我认为学校在特色创建上应努力打造产学研一体化特色，做大做强软件园；努力打造工学和农学两大学科特色，争创省级重点学科和实验教学示范中心；努力打造农圣文化人文特色，弘扬中华优秀传统文化，加强大学生通识教育，争创全省人文社科基地；理顺健全学校各项规章制度，实现依章治校，让制度说了算而不是个人说了算，相信按规则讲程序确保结果的正确性；按高教规律办学，强化师本理念，以教学为中心提高人才培养质量，理顺好各种关系，努力营造和谐的育人环境。

总体来讲，"三个一"要以落实科学发展观为主线，以学习贯彻《纲要》为动力，坚持以育人为根本，全面提高质量为目的，以制度管理为保障，是学校从规模扩大到内涵提升这一转型期总的指导思想。

## 实施"六大工程"，全面提升办学水平

围绕学校发展的目标定位和发展规划，寻求工作的突破点，以点带面推动大学的规范化建设，提升应用型大学发展水平，开创各项工作新局面。经过与有关同志特别是规划处讨论研究，本学年实施考研突破、科研突破、队伍建设、文化校园、校企合作、服务优化"六大工程"，这也是今后一段时间学校工作的抓手。

### （一）考研突破工程

2012年是我校首届本科生毕业，本科生再深造即考取研究生是本科教学质量的重要标志。根据国家现代化建设的需要，应用型人才培养有初、中、高等不同层次，其中培养高层次应用型人才也是国家战略需要，引导基础好的学生立志向专业硕士、博士方向发展是应用型高校的一项重要责任。从中国当前用人制度来看，学历仍然是优质就业的门槛，本科生继续深造考取研究生是学生和家长的普遍愿望。明年是首届本科生毕业，家长和社会都予以关注，尤其是首届本科毕业生就业情况是对我们办学质量的检验。考研深造属于毕业生优质就业，因此考研是本科院系的一项重大任务，能否突破，事关全局。抓好考研能浓厚学风、促进教学，考研率彰显教学实力。把考研工作作为抓教学的"牛鼻子"，是学校当前和今后的一项重要工作，有关院系要认识到位，积极组织，认真准备，搞好辅导，浓厚氛围，明确奖惩，突破外语教学瓶颈，创造条件，帮助学生实现升学深造愿望，让家长放心满意。为此，我们提出以下几项要求。

**明确目标，数字说话。** 本科考研、专科升本、中专对口升高职，这是我们不容回避的教学质量衡量指标，要办人民满意的教育就应该尽可能让不同层面的学生实现升学深造的愿望。专升本是我校的优势，已形成办学特色，适应了学生和家长的需求，拉动了招生，扩大了学校影响力，要保持优势不能丢。当前有关院系应重点抓好本科生考研工作，搞好发动，苦练秋冬，加强辅导，首战告捷。教务处要尽快拿出奖励方案，确保考研目标实现，要把考研率作为教学工作评价的重要指标，重奖考研成绩突出的院系和辅导教师。

**分类指导，分层教学。** 贯彻因材施教原则，实施个性化教学，认真实施人才培养方案。要认识差异、尊重差异，让每个学生都有适合自己的成才路径。不管是本科生、专科生还是中专，大致分为两个发展方向，即升学和就业，要根据学生的知识基础、兴趣爱好、专业特长，分别制定教学措施。针对升学的学生，要强化理论学习，鼓励学生苦学，帮

助学生解决外语教学瓶颈;针对就业的学生,要在教好基本理论的同时,加大实验、实训、实习等环节的教学、管理和指导,努力加强对学生实践能力的培养。要教育学生不管选择哪种路径,只要持之以恒、努力进取,定会得到很好的发展。根据学生个性、特长和潜质帮助其规划发展方向,这是教育者的责任。围绕分层教学这个课题,教学系统要抓好教学研究,关键是优化课程设置,落实好分类指导与分层教学的措施,搭建学生成才的立交桥。

**过程优化、强化督导**。要发挥教学督导中心的作用,充分利用立体评价方案加强对教学过程特别是课堂教学的评价调节。成立教学督导团,聘请部分老教师、高校有经验的老领导参加课堂听课评课活动。认真研究课堂教学评价标准,组织好观摩课、公开课和比赛课等,学校设立教学方法创新奖,推动课堂教学改革创新,各院系积极培养并推出各专业教学名师。加强学科建设,规范学科教研室,充分发挥学科教研室主任在学科建设、专业教学和教研科研中的作用,适当提高待遇,落实教研室主任岗位责任。

**全面接轨,学分管理**。要借鉴学习兄弟本科高校管理制度,在教学安排、课程设置、学分管理、选修计划和学生评价方面实施规范化管理。要把实施学分制作为教学改革的关键,通过实施学分制推动课程设置、教学模式、管理模式改革,留给本科生个性发展、主动发展的空间。新学年要向教育厅申请争取批准开设辅修课,让学生能够跨系、跨专业学习,充分利用星期天、节假日,自修自选课程,鼓励优秀教师上选修课,适当提高选修课教师课时费,通过评教和督导促使教师尽责、学生真学,确保选修课的质量。

### (二)科研突破工程

大学讲究的是学术,科研对人才培养、社会服务、文化传承都具有重要作用。学校要在全省同类院校中有相应地位或在某些方面产生较大影响,必须有科研支撑。科研成果不仅能产生经济效益和社会效益,更重要的是科研能提高质量、带出名师,带动办学水平和社会服务能力的提升。新学年和今后一段时间科研工作要抓好以下几个方面。

**研究所课题管理**。成立研究所加强课题研究主要是博士团队的任务,博士教师的主要职责和价值在于科研育人,参与科研过程,有了科研成果,也就可以科研育人,其价值就实现了。若博士团队不热心科研,一个周期下来就不可能有科研成果,那么博士教师跟普通教师就没有区别了,博士进入普通教师队伍,其在教学上未必是优秀的。所以,我们各个研究所的博士,要明确肩负的重任。要紧紧围绕地方产业,在蔬菜花卉品种、病虫害防治、海洋精细化工、水产养殖、微生物利用等方面加大研究力度,尽早尽快出成果。一般来讲每个科研项目,三年为一个周期,起步要有目标,过程要有计划,一年打基础,两年见成效,三年出成果。当然像蔬菜育种等项目周期比较长,研发人员要有甘坐十年冷板凳的韧劲。管理重在服务,必须尊重科研规律,我们要借鉴其他院校的做法,对研究所工作进行必要地考评管理。

**参与企业技术研发**。恩格斯说:"社会上一旦有技术上的需要,则这种需要就会比十所大学更能把科学推向前进。"当社会产生某种需要的时候,必将对大学产生推动作用,这也是科研的动力。应用型大学的专业老师若只局限于课堂教学,仅仅参与些软科学的研究,不参与企业的产品研发和经营管理的研究,那样就可能永远是教书匠,出不了大的成果,也成不了专家,学院也就降低社会服务的价值。各院系加强协调,主动对接,鼓励专业教师横向合作到企业主战场上找准自己的位置。专业教师也要通过自身的社会关系,积极参与到企业的技术研发中去。本学年每个工科院系,通过校企合作或内引外联,每位博士或教授都要至少争取一项国家专利,科研处要搞好调查统计并制定必要的奖励办法。

**发表高层次学术论文**。高层次论文是学术的重要标志。要鼓励教职工在省部级以上专业期刊特别是核心期刊发表文章,鼓励在院报院刊上发表文章介绍经验推动工作,宣传部、科研处主动对接、推荐到省级以上报刊发表管理类经验及宣传性文章。可以与各大出版社或学术刊物合作,集中把老师们的优秀成果结集出版。本学年每位中层以上干部、高级职称人员结合本职工作在校报、校刊至少发表一篇文章,学年结束进行总结纳入考评,以此带动科研,浓厚学术氛围。要研究奖励制度,对在核心期刊上发表的论文,收录进 SCI、EI、ISTP 的予以重奖和表彰。

**纵向立项课题研究**。鼓励教师积极争取省部级以上课题研究,对管理类、经济类、人文软科学的研究也要重视,鼓励参与立项课题研究。凡是中级以上职称教师、管理人员,都要主持或参与一项厅级以上课题研究,纳入干部教师考核。每位干部要积极带头学习,通过增大阅读量开阔视野放大格局。干部带头领课题搞科研,把工作中的问题当课题,将工作中的积累成经验。大兴调查研究之风,"没有调查就没有发言权"。将调查研究课题化,鼓励调查研究数据归类总结提炼成文章出专著。

## (三)队伍建设工程

办学离不开三支队伍:教师队伍、科研队伍和管理服务队伍。在这三支队伍中干部是关键,教师和科研人员是中坚力量,行政服务人员是保障。就办学而言,依靠的是教职工队伍;就学校的中心任务而言,依靠的是素质精良的教师队伍。办大学不仅要大楼林立,更要大师云集,我们可能成不了大师,但要做像样的大学教师。学校由中专到大专,由大专到本科,这是一个跨越式发展的过程,这个过程来得比较快,而人才的成长需要一个过程。名校需要知名教师、学科的支撑,一个名师带一个学科,一个学科带一所名校。关于教师队伍建设尤其是青年教师培养,我谈几点想法。

学校近几年引进了大量青年教师,他们是学校的未来和希望,我们要加大培养力度。一要发挥教师发展中心的作用,搞好规划,青年教师人人制订成长计划,凡是 45 岁以下的任课教师,必须在三年之内进修取得研究生学历,并鼓励年轻硕士教师攻读博士。二是要对非师范类青年专业教师系统培训教育学、心理学知识,并进行集中考核,考核成绩纳入青年教师评价。三是开展青年教师教学基本功比武,对普通话、钢笔字、粉笔字、课件制作等进行达标、比赛验收。通过比赛推动、活动带动、上进心驱动,把青年教师的培养工作做好。四要评选教坛新秀,给优秀青年教师压担子,让青年教师挑大梁,在实际工作岗位上锻炼成长。鼓励新参加工作的青年专业教师积极从事专业教学工作,避免荒废所学专业。五是新老教师结对子,做到以老带新,相互促进,共同提高。

鼓励副高以上职称教师,坚守教学一线,学校将进一步研究按职称增加课时补贴的办法,提报教代会通过并实施。按照双师型教师的要求,鼓励专业教师考取专业资格证并制定低职高聘办法,专任教师每年到企业挂职锻炼至少一个月,将专业教师到企业挂职制度化。要聘请企业高工、技师到院系部担任特聘教师、指导教师。加大推进辅导员心理咨询师培训项目实施,力争所有辅导员都要参与心理咨询师培训。今后,辅导员必须具有心理咨询有关证书方能上岗。评选学校名师,将教法先进、学生欢迎、成果丰硕的优秀教师评定为学校名师,要评选出学科带头人并落实相关待遇,为培养省内名师打好基础。

### (四)文化校园工程

"文化"一词看似抽象,实则具体。人类活动的一切印记和结果都是文化,文化校园的内涵是什么?我认为办学办的是一种氛围,有人说学校是个"大染坊",有人用"泡菜"来解释学校的育人功效,有人把教师比作园丁,像农民种庄稼一样,精耕细作,春种秋收,其实都是在谈文化育人的作用。当然文化校园的概念内容丰富,校园内物质的、精神的行为等都是校园文化重要内容,和谐校园的本质就是文化校园,崇尚学术、书香浓郁是文化校园的主题,"创业敬业、求是求新"精神是文化校园的灵魂,社会主义核心价值体系是文化校园的统领。当前,我认为文化校园建设应重点做好以下几个方面的工作。

**传承"以生为本、质量为魂,创新发展、引领社会"的理念。**"以生为本"理念很重要,办学育人,师生是主体,办学依靠的是教职工,学生不成才办学难以为继。商业上讲"顾客至上""客户是上帝",商业经营思想运用到教育上就得出我们办学的"上帝"应该是学生家长,我们的工资是国家财政、是纳税人的,工资之外的所有支出是学生家长提供的。家长把孩子交给我们,学生不能健康发展,上大学不成才,那我们不仅失职,更重要的是没有良心。落实"以生为本"理念,就要增强为学生服务、恪守质量是生命线的意识,切实提高质量,努力提高学生的素质和能力,具体来讲是就提高考研率和优质就业率,让毕业生质量经得起社会用人单位的评判检验。"逆水行舟,不进则退",学校的管理、教学、服务等一切工作都是这样,要适应时代的变化、社会的需求、家长学生期望,改革学校管理模式,创新教育教学方式方法。有人说大学是社会文明的灯塔,是一座城市的文化标识。大学引领社会潮流,其根本是大学文化的影响力,由此可见,我们每位同志都肩负重大社会责任。

**践行"修身、博学、求索、笃行"的校训。**我校校训概括的内容很全面,遵循了人才的成长规律,体现了"德才兼备,坚定信念,探索真理,追求真理,持之以恒,学以致用,贵在行动"的思想理念,既继承了中华优秀传统文化,又吸纳了当今先进教育理念。自觉践行校训，能有效促进教师成长、学生成才、学校发展。本学年，要进一步阐释校训，明确其内涵，师生理解认同，让校训成为大家共同恪守的行为准则。

**打造"农圣教育"特色，办好农圣文化节**。《齐民要术》是世界上第一部农学专著，在中国乃至世界农学领域影响广泛，承载着古代农耕文明和中华优秀传统文化。《齐民要术》的作者贾思勰被誉为"农圣"，是山东十二圣之一，他是寿光人，这一点是非常独特的。我们要进一步挖掘农圣思想，以此为依托对学生进行国学教育，弘扬社会主义核心价值观；让每个学生都接受以农圣文化为特色的中华优秀传统文化教育，培养其仁爱之心，家国情怀，责任意识，担当精神，和谐思想；要借助中国（寿光）国际蔬菜科技博览会这一平台，办好农圣文化国际研讨会，邀请国内外一流专家与会，共同探讨农圣文化与现代生态农业结合以及在新形势下的创新发展，打造省级农圣文化人文社科基地，更好地发挥育人功能。

**创造"校风严、教风正、学风浓"的氛围**。严格的校风任何时候都不能松动，否则就是不负责任。要把良好的师德师风建设作为教师队伍建设的关键，让爱心和责任永驻教师心间。进一步提炼出以严与爱相结合、以负责任为特点的校风教风学风，引导学生刻苦读书，立志成才。我们可能没有一流的师资和一流的设施，但大家齐心协力可以追求一流的管理和一流的校风，可以营造一流的读书氛围和育人环境，让学生感受到这里是紧张严肃、自由和谐、教学相长、师生平等、管理民主、奋发向上的大学。

**规范校歌、校旗、校徽等学校标志**。学校文化标识能产生潜移默化的教育效果。元旦前征集校歌，请名人谱曲。团委组织校歌比赛，要在学校重要位置悬挂校徽，学生处面向全校征集校旗设计方案。对校园文化景观进行统一规划，安放名人塑像，提升文化品位。

**挖掘校史资源，发挥育人功能**。从学院前身成人中专算起已有近30年的校史，学院创建也有十多年，合并到学院的几个学校也都有各自的辉煌历史。校史文化有独特的育人功能。成立校史办，档案室配合，厘清成人中专到学院、化工学校到学院这两条主线，师范、电大、进修等融入学院作为辅线，以总结办学经验，弘扬学校精神。以传承创新为主旨，征求老领导、老教师、老校友的意见，科学谋划，合理安排，组织力量撰写校志，一年内编辑成册，要请专家指导拿出校史馆的建设方案，为庆祝建校30周年做好准备。

**搞好专题教育和社团活动**。围绕社会主义核心价值观教育，规划好专题教育，要突出感恩教育、立志成才教育、自主自律教育、心理健康教育、创业就业教育。每年10月份，由学生处牵头指导每位大学一年级学生制定人生规划。学生处、团委加强领导和指导，规范社团名称，落实指导教师，制定社团活动方案，跟进督导考核评价。鼓励每一个学生至少参加一个社团。以元旦社团成果汇报演示、大学生科技节、"五四"评选学校"十佳"社团和创业之星等形式予以展现及表彰奖励。

## （五）校企合作工程

以应用型为建设目标的地方性新建本科高校，融入地方才有价值，校企合作才是出路。人才培养的质量、社会服务能力提高某种程度上离不开校企合作。校企合作可以给学生提供实习场所,培养学生的实践能力,从生产管理一线学到真本领,专业教师通过校企合作搞科研也容易出成果,实现自己的学术价值。我们将2012年定为"校企合作年",每个院系都要与大企业进行合同式合作,要做到"四个至少":至少有一家企业的订单教育合同;至少与一家大企业共建冠名班;至少有一位骨干教师参与企业产品研发;至少有一名院系干部到企业挂职。

作为我校产学研重要平台的软件园,要把招商作为头等大事,做大做强软件研发、动漫制作、广告设计、文化创意等产业。在软件园建成山东半岛蓝色经济工程研究院,与企业合作成立研发中心,要吸引高科技企业在软件园设研发总部。美高斯麦化妆品开拓好市场,做强品牌抓好营销。要将软件园真正打造成为产学研一体化平台,鼓励师生到软件园创业发展。有效整合利用成教学院、电大、进修学校、驾校等资源,拓宽培训范围,提升培训质量,提高经济和社会效益。要与农业部门合作搞好农业技术的推广培训;要与有关企业合作搞好车间班组长、企业中层干部培训;要与教育局师训科合作搞好中小学及幼儿园干部教师培训。

### (六)服务优化工程

"管理就是服务",服务管理队伍是办学的保障,围绕人才培养协调管理、保证服务是服务优化的重要内容。我认为一个人从事自己所学专业是人生的价值与追求,其乐无穷,但学校运转不仅需要专业技术人员,还需要管理服务人员,既然选择了行政服务岗位,就要担负起责任,上对学校负责,下对学生负责,更要对自己的良心负责。要有不在一线教学就要为一线服务的思想,主动为师生服务。学校要对水电工、司机等特殊岗位加大补贴力度,研究处室职员岗位设置及竞聘办法,明确职责,加大监督考评,促进服务水平提升。我看应着力抓好以下五个方面。

**要办好食堂**。"民以食为天","食为政首",要办学先办好食堂,让学生满意家长放心。落实统管和不赢利原则,加强食堂规范化管理,搞好食堂的统一采购和成本统一核算,禁止使用卫生筷、塑料袋,坚决杜绝饮食卫生事故发生。学生处、各院系配合抓好就餐秩序,督导团要发挥作用,深入食堂进行督导,争取建设潍坊范围内最好的学生食堂。

**要管好公寓**。我校学生住宿条件还是个短板,但在现有基础上管好公寓、提高服务质量是应该做好的。学生公寓非常重要,学生大约有1/3的时间在公寓度过,公寓管不好往往会出现很多问题,产生诸多不良后果,国内外许多高校发生的匪夷所思的问题证明了这一点,要引以为戒,加强管理,把公寓安全放在首位。发挥学工、团委、院系合力作用,配齐管理服务人员,加强思想引导和公寓文化建设,定期对公寓文化规范化管理举行观摩活动,评选标准宿舍予以表彰奖励。公寓管理量化积分纳入院系评价。提高后勤服务水平,对现有学生公寓改造安装洗澡间,逐步更换陈旧设施,尽快补齐短板,实现学生公寓管理服务水平显著提升。

**要抓好基建**。宏大的校园规划蓝图已绘就，基建成效显著，但根据大学部颁标准，教学实验用房尚有差距。青年教职工、高层次人才、特聘教授住房不能满足，骨干教师、干部住房条件需要改善。因此，根据规划加快实验实训楼建设和软件园后期工程建设，满足实验实训创业需要。专家公寓二期工程建设是当务之急，按照进度服从质量要求，克服困难，打破僵持，加快推进，春节前六栋多层楼交付使用，四幢高层明年春节后入住。学生宿舍扩建争取尽快审批动工，明年 8 月份交付使用。办公楼和院内家属区供暖设施抓紧改造。要以工会委员会为主，吸纳各方面意见，拿出新建高层住房分配方案，教代会通过后实行。

**要管好资产**。园林、水电、电教、器材、企业等资产，落实制度管理，明确责任处室，具体责任到人，健全管理网络，为政府管好每一份资产。要加强日常检查，搞好清查注册，完善资产报废程序。学校处在快速发展阶段，要解决资金缺口，重要的途径是抓好校内企业创收。要增强校办企业活力，提高创收能力，主动服务育人，所有校办企业要承担学生实习任务。

**要抓好安稳**。安全稳定是学校发展的前提，也是干好一切工作的基础。安全责任重于泰山。严把南、北、东三大门，落实进门留证制度，管好车辆停放，维护好校园秩序。加强夜间巡逻，防止失盗现象发生。落实好安全责任制，做好校舍、校车、用电、防火等安全工作。加强师生安全教育和安全演练，增强干部教职工安全意识，防患于未然，确保校园的平安和谐。高度重视思想政治和心理辅导工作，及时化解矛盾与心理调适，防止意外事故的发生，建设平安校园，营造良好的育人氛围。

## 落实三大保障，确保实现目标任务

### (一)组织保障

要充分发挥学校党委的政治领导和保证监督作用，自觉贯彻落实党的各项路线方针政策，积极开展创先争优活动。各院系要认真抓好学生的思想政治工作，确保中国特色社会主义理论进教材、进课堂、进头脑。要在党委领导下，充分发挥工会、团委、妇委的作用，加强干部作风建设，重视青年业务干部培养。加强监督，廉洁自律，一切财务开支多人签字，落实首签责任制，所有招投标、重大采购一律公开，邀请检察院、纪委工作人员参与其中，确保各环节不出问题。

### (二)制度保障

"无规矩不成方圆"，国有国法，校有校规。我们要进一步健全完善学校系列规章制度，落实制度管理，依章治校。在学生管理、教职工管理制度都比较健全的基础上，要重点完善以下几个方面的制度。

完善议事决策制度,学校的大事须由校党委、校行政组成的校务委员会等集体讨论决策。凡重大事项由责任处室牵头,分管领导协调,会前充分酝酿讨论拿出方案,提报校务委员会研究。没有讨论不上会,没有方案不上会,意见分歧很大不上会。

完善教代会制度,事关学校发展、教职工切身利益的重大事项,如奖励方案、住房分配、职称评定、评先树优,课时补贴、岗位工资等要交教代会讨论决定。

完善处室院系考核办法,探索校院两级管理方案,实施院系、处室分别评价,完善责任考核的过程与结果,重在结果;加强工作督导督办,重在落实。

完善学术委员会制度,尽快成立学术委员会,落实教授治学,按照行政与学术分立的改革方向明确职责,让学校的教育、教学、科研等重大事项由学术委员会讨论拟定意见。

总之,要加强制度建设,让学校一切工作都纳入制度的轨道运转。

### (三)机制保障

推行目标管理。目标管理是美国管理大师德鲁克提出的有效管理方法,在世界上广泛应用。它以目标为导向、以人为中心、以成果为标准,使组织和个人取得最佳业绩。美国人说:"机制比人重要,机器比人可靠。"其实,机制、机器都是人创造的,好的机制能促进制度落实,确保工作有序运转。有目标才有动力,在学校总目标下应有分目标,行政处室、各院系都应有分目标,整体上要形成目标体系,由近及远、由小到大、由简而繁。

落实层次管理。行政管理坚持一级抓一级,层层抓落实,防止层次阻塞和工作链条中断。完善中层岗位职责,不准上推下卸,不能越级指挥和越级请示。学校工作一盘棋,各归其位不越位,积极作为不缺位,各环节各层面优化才能整体优化。

实施考评奖惩。决策、执行、反馈、考评、奖惩诸环节关键点在督评奖惩,做到奖优罚劣。工作考核,让数字说了算,重点工作摆着,数字放着,任务完成情况一目了然;注重"一票否决制",对涉及安全稳定、廉洁自律、违法犯罪、工作重大失误等问题,要实施一票否决。要做到制度、机制对事不对人,制度面前人人平等。

要提高执行力。"一打纲领不如一个行动","开会+不落实=零"。十多年来,在崔效杰老领导的带领下,我校锤炼、历练了一批作风过硬、干事创业的干部队伍,这也是学校创新发展,不断创造辉煌的关键所在。但具体而言,少数干部也存在一些不容忽视的问题,主要表现在工作主动性不强,存在被动应付现象。干部队伍的活力来源于竞争机制,要实行中层干部竞聘,教代会通过竞聘办法和程序,公开选聘,能者上,庸者下。我们的老领导崔效杰书记说过:干部不是动力就是阻力,不是带头就是挡头。我们的干部队伍中是不是有阻力、挡头?广大教职工心中有杆秤!抓执行力,就要进一步强调谁分管谁负责,谁主管谁负责,谁值班谁负责,强调一岗双责,落实责任追究机制。

(根据笔者2011年8月28日在2011—2012学年度第一学期开学全体教职工大会上的讲话稿整理)

# 明确目标任务　抓好工作落实

**编者按**：目标任务指明阶段性奋斗方向。2011年，潍坊科技学院走过了不平凡的一年，开创了各项工作新局面。2012年，为全面实施"十二五"规划，结合学校发展面临的阶段性任务，梳理出18项重点工作，明确任务目标，狠抓工作落实，推动学校实现又好又快发展。

崔效杰同志的一生是拼搏奋斗的一生，是卓越奉献的一生。崔效杰同志是我们学习的榜样。一位哲人说过，"一个人真正的死亡是最后一个记得他的人死去"。人的自然生命是短暂的，人的精神可以是永恒的！崔效杰同志永远是师生心中的精神丰碑。崔效杰同志的去世是学校的不幸，是寿光教育的损失。我们永远不能忘记是崔效杰同志带领大家克服重重困难，励精图治，开拓创新，实现了学校规模由小变大、办学层次由中专到专科、由专科升为本科的重大跨越。我们也正是在崔效杰同志带领大家艰苦创业、历经十年发展的坚实基础上，弘扬"创业敬业、求是求新"的学校精神，推动学校健康快速发展的。崔效杰同志的精神和优秀品质是学校宝贵的精神财富，是学校文化的重要组成部分，我们应倍加珍惜，深入学习，不断弘扬。

2011年，学校在市委市政府和各级教育主管部门的正确领导下，紧紧围绕"建设应用型特色高校，培养应用型专门人才"的目标定位，实施"内涵发展、特色提升、制度管理、和谐校园"治校方略，全面实施"考研突破、科研突破、队伍建设、校企合作、服务优化、文化校园"六大工程，开创了学校各项工作的新局面。校园安全稳定，干部率先垂范，教职工精神状态良好，学生队伍整齐，教学科研成绩突破，管理规范上水平，服务到位师生满意，和谐校园、文化校园建设取得新成绩。新学期我们怎么办？围绕工作落实我谈谈看法。

"实干兴邦，空谈误国。"承继优良传统，弘扬学校精神，明确办学定位，实施治校方略是重要的，明确目标任务，抓好工作落实更为重要。

新学期我们要以全国和省教育工作会议精神为指导，以迎接教育部新建本科院校教学工作合格评估为动力，继续深入开展向崔效杰同志学习活动，努力完成"六大工程"各项目标任务，为全面实施"十二五"规划开好头、起好步。根据教代会精神和有关决议，应集中精力抓好下列工作落实。

**搞好首届本科毕业生考研总结**。考研是办学综合水平和教学质量的具体体现，考研成功属于优质就业，事关考生前途和家长满意度。要大张旗鼓地表彰奖励考研成绩突出的院系部、辅导老师、优秀学生，进一步浓厚考研氛围，通过考研使学风浓厚，时刻把考研抓在手上,牢牢把成绩摆在首位,考研要年年有新突破,科科有新成果。总结得及时了,评价得准确了,奖惩得到位了,方向就明确了,动力就增强了。进一步研究考研特别奖励办法,对成绩特别突出的院系部、辅导老师,要在评先树优、低职高聘、首席教师评选中予以倾斜,将考研成绩和优质就业作为评优晋级的一票认定项目予以强化。

**抓好 2012 届专科毕业生升本工作**。专升本是我校办学的品牌,得到家长的欢迎和社会的广泛认可,也是学生成功成才的主要途径,与本科生考研一样,同样能够提升学生的学历层次,实现优质就业,改变学生的命运。要统一认识,加大工作力度,努力完成专升本上线 1000 人的目标,抓紧开学后的考前辅导,强化考前训练。通过"数"和"率"两条线进行综合评价,落实奖惩办法,确保教师辅导优势,不断取得教书育人的新成果。

**研究制定科研出成果出效益的办法**。要明确各专门研究所、博士团队的科研目标、任务。一要出省级以上成果,主要是省级以上获奖、核心期刊发表文章、专利授权及成果转化,按制度进行奖励。二要有经济社会效益,对专门研究所探索成果转化公司制管理办法,学校投入、成本核算,鼓励研究所及科研人员积极创业,增强社会服务能力。三要大力支持攻关项目。重点是蔬菜、花卉品种的研发、病虫害防治上的突破,鼓励纵向、横向的课题合作,争取以潍科命名蔬菜、花卉新品种,病虫害防治新方法早日实现。四要支持院系办研究所,开展校企合作,教师到企业挂职锻炼,在企业产品研发、课题项目研究中出成果。

**强化教学科研的过程督导和管理**。要发挥教学科研评估中心的作用,组织好专家听课和成果鉴定。本学期教务处、评估中心组织一次课堂教学大观模活动,互相听课一节,展示教学风格,评出校级精品课,在院系上示范课,以此推动课堂教学改革,逐步实现课堂教学模式大转变。充分利用学生评教这一措施,通过每月一评,评出学生最敬佩的老师,并将学生评教纳入师德考核中。本学期教务处、各院系着力搞好本科毕业生学位授予,做好非毕业年级辅修专业开设工作。要加强一周一调度,一周一交流,对专门研究所工作进行研讨,分管院长、科研处准确掌握情况,及时做好服务。学术委员会、科研处要集中对各院系科研工作进行考核,主要对专利、核心期刊文章、课题申报进行督评考核。

**加强大学生思想政治教育**。要明确办学方向,全面提高大学生素质。大力推动社会主义核心价值观进教材、进课堂、进头脑,要在校党委领导下,建党校、上党课。学生处规划好专题,及时拓展形势与政策教育,突出对学生进行法治意识、诚信意识、文明意识、创业意识、成才意识等"五个意识教育"。使学生坚定共同理想,弘扬民族精神和时代精神,用社会主义荣辱观引领社会风尚。加强国学教育,将国学教育、农圣文化教育纳入必修课,教务处做好安排,按时考核,计入学分。发挥学工干部、辅导员、思政教师的作用,引导学生树立正确的世界观人生观价值观。

**优化队伍提高办学水平**。干部、教师、职员三支队伍建设的关键是作风,核心是职业道德,即师德。一是优化干部队伍。干部要加强学习,率先垂范、带头工作。践行"让认真成为品质"的理念;要深入一线,主动为一线服务,按照"四讲四有"的要求,增强凝聚力、向心力、战斗力。按照教代会通过的方案,做好中层干部竞聘工作。要创建机制,鼓励从教学一线成长起来的、有本科以上学历的干部到一线教一门课。要发挥院系教研室主任的作用,教研室作为教学最基层的教学组织在教学、科研上有所作为。对人才培养方案的制定与优化,系主任、教研室主任要发挥主导作用。二是优化教师队伍。牢固树立教师第一的理念,发挥骨干教师的中坚作用,落实好首席教师待遇,总结研究首席教师的教学方法和教学模式,教务处拿出争创省级精品课方案。制定专业教师到企业锻炼计划和能工巧匠、工程师进校园计划。加大青年教师培养力度,开展教学基本功比武活动,搞好青年教师标兵评选。在全校辅导员、班主任中开展"我和我的学生"征文评选。教务处、教师发展中心、进修学校、学生处要将青年教师业务培训、辅导员心理学培训扎扎实实地做好,确实见到效果。三是优化职员队伍建设。加大服务对象满意度测评力度,强化为教学科研服务意识。本学期要进一步规范职员岗位设置、落实重点岗位、特殊岗位职员的待遇。加强非教学人员考勤管理,按照主管部门意见加强勤工俭学从业人员管理,采用定岗承包、定期承包管理,凡不在岗超过规定时间的先不发奖金福利,后依章按程序处理。

**校企合作年活动见成效**。校企合作、产教融合是应用型大学提高人才培养质量的重要途径,并且有利于学生就业、促进学生创业。我们已把2012年定为"校企合作年",各院系在校企合作上要有实质性突破,要将校企合作纳入院系教学工作评价,组织召开校企合作经验交流会,推广将课堂搬到车间的做法,确定固定的实习基地。加强实验、实践、实训、实习教学,各院系都要创出路子,积累经验。加强创业就业指导,软件园成立大学生创业中心,学校在经费上大力扶持,鼓励师生创业,专业教师发挥好带头作用,引导学生到软件园创业。入园企业肩负为学生实习、创业服务的责任,软件园管理办公室与教务处、就业指导中心、各院系一起研究对接融合的机制。重视创业指导,将创业指导课纳入学分,聘请创业成功人士搞讲座,激发创业激情,提高创业本领。

**规范国有资产管理**。管好、看好、用好国有资产是我们的责任。要组织对资产使用情况进行大检查,学校所有物资登记注册,做到账物相符。要加强设备、电教设施的管理。国资管理处牵头,督评室、审计处参与,集中对全校国有资产使用情况进行检查。资产管理要形成网络,健全院系处室二级管理体系,形成制度,确保人员到位,负起责任。总务处要加强水电暖的管理,制定包干管理办法,提高师生的节约意识,节水、节电、节气、节煤,节约各项开支,共同建设节约型校园。

**改善校办企业管理办法**。校办企业是我校的办学优势,给学生实训实习创造了条件,也为学校发展补充了资金。要增强活力,提高创收能力,探索股份制改革,所有校办企业,在学校参股、控股的情况下都可以实施股份制改革,建立现代公司制度。凡是不具备股份制改革条件的要实施承包制管理,要保人员工资、保学校投入利息、保固定资产升值,以此给企业创设提升利润的空间,给经营管理人员提高待遇,增强校办企业创收积极性。本学期要重点对中印环球软件、美高斯麦化妆品、文化创意公司落实承包制管理制度,推动有关企业股份制改革。

**抓好在建项目,改善办学条件**。高层公寓二期工程建设要按计划进行,严把质量关,每个楼都要成为精品工程。要按照分房方案,参照党政机关房子的价格搞好新建高层公寓的分配。新建塑胶运动场要以承办省级以上运动会及全省一流的质量标准争取在"五一"前竣工。新开工的两座学生公寓要于 8 月份竣工,新学年投入使用。要集中财力,按照省实验实习示范中心的标准投入 5000 万元建设汽车机械实训大厦,争取一年内建好主体,搞好教学设施的配备,2013 年投入使用。要按规划修建好南大门进入的环园路,搞好相应的景观设计,改善南大门进入校园的环境,提升校园品味。

**全面完善实验教学条件**。各院系要认真完成学年实验室建设任务,必须按专业教学的基本实验要求建好规范化的实验室。设施园艺实验教学中心的进口设备要安装到位,北实验楼要按照规划尽快充实完善。设备处、生物工程研发中心要主动向上对接,聘请专家到校指导,抓紧做好省厅检查验收准备工作,集中力量年内将设施园艺创建为省级实验教学示范中心,为农学特色的形成和发展奠定基础。

**巩固餐厅管理改革成果**。以建成潍坊市内最好的学生餐厅为目标,以师生满意为标准,将餐饮安全放在首位,努力提高餐饮质量。学生餐厅是矛盾的易发点,敏感性强,是学校管理学生情绪的晴雨表,盘中一只苍蝇可能引发混乱甚至学潮。要加强餐厅综合管理,落实膳食处的责任,加强进货渠道、加工过程、食品卫生的全程监管,确保不出问题;要落实好"五统一"管理办法:统一管理、统一采购、统一核算、统一考评、统一奖惩;要加大餐厅经理和从业人员选拔聘任与管理,进一步优化餐饮工作队伍。学生午餐实行错时就餐,要发挥学生会在餐厅管理中的主体作用,进一步搞好餐具回收、就餐秩序的管理。进一步加强内招餐厅的管理,为教职工就餐、软件园工作人员就餐创造良好的条件。规范来宾接待,严格审批程序,提高接待水平。要发挥好全福元超市、综合服务楼对学生购物、就餐的补充作用,给学生提供不同档次的消费、多样化的服务。

**注重宣传树立良好形象**。"内强素质,外树形象",宣传工作对树立形象、引导舆论发挥主导作用。要将宣传工作纳入院系部、处室考核,及时宣传推介来自一线的工作经验、创新成果。充分利用多种媒体报道宣传学校成绩、名师、名生。增强新闻的及时性,落实统稿制度,做到一个声音对外。办好院报、网站,从实际出发搞好创意设计。加强与各级各类媒体的合作,做好学校理念诠释宣传,增强文化品位,提升内涵质量。善待每一个学生,引导学生热爱母校、宣传母校,充分发挥学生宣传的辐射作用。学生处负责利用信息平台,以学生为主体办好手机报,学生处处长任主编,组织好编辑队伍和记者队伍,及时报道来自学生的正面信息,引导学生弘扬正能量,营造良好育人氛围。

**发挥工青妇等群众组织的作用**。群团组织的活力在于组织有意义的活动。在校党委领导下,工会、共青团、妇委会要根据各自职责,建立工作制度,按时召开全委会议研究工作,围绕学校重点工作,积极开展健康有意义的活动。工会要及时召开教职工代表座谈会,充分征求教职工意见和建议,维护教职工合法权益,为院务委员会决策提供依据。

把关心、照顾好离退休老干部、老教师作为一项重要工作切实抓好。凡是教代会决定的事项,各部门要认真研究抓好落实。工会要做好五届一次教代会提案、意见、建议落实情况监督。妇委会要立足女教职工实际,开展丰富多彩的活动,"三八"妇女节评选"巾帼之星",大力宣传表彰。青年团要配合学生处开展主题教育,加强社团管理和引导,"五四"青年节组织文艺晚会,活跃学校文化生活,尤其要关注特困教职工、特困学生救助,分管校领导、工会办、中层单位主要负责人要积极出面协调帮助教职工家中婚丧嫁娶及重大事情。

**建设高质量的校园文化**。规划创意先行,打造校园中轴线文化景观。综合办公楼前安放孔子雕塑,这是人文精神代表;图书馆北广场安放爱因斯坦雕塑,这是自然科学的代表;校园中心广场安放雷锋雕塑,这是道德楷模的代表;北大门音乐广场设计安放飞翔雕塑,这是学校精神的体现;建工学院楼前设计特色雕塑,这是艺术与灵动之美的展现。总之,校园雕塑要体现人文精神和科学精神,提高文化品位,增强育人氛围和学术思想。对校园文化标识进行释义,校训、校徽、教风、校风、学风已经明确,学校精神已提炼,宣传部牵头对此予以释义,面向师生搞一次征文活动,工会团委组织校歌比赛。搞好社团活动,引导社团、规范社团、发展社团,通过社团活动给学生搭建个性施展的舞台,活跃校园文化生活。学工系统搞好"十佳"社团评选表彰。

组织好学术与文化交流活动,组织好学术报告,学校每月组织一次,本学期至少组织五次专家报告会。各院系每两周组织一次学术报告会,要将报告会介绍以书面形式报办公室,办公室搞好协调服务,在办公楼固定的宣传栏贴海报。支持寿光文化研究院、贾思勰研究会开展文化研究工作。组织参与《寿光文库》编辑工作,国学研究会在完成国学教学任务的同时,加强对农圣文化的研究,菜博会期间组织好中华农圣文化国际研讨会。

挖掘校史文化以丰富育人资源。校史是重要的教科书,是师生引以为自豪、承继传统、激励后学的动力,成功校友是学生的榜样。校史办要按计划编辑出版校志,基建处按规划建设校史馆。各院系邀请校友回母校作报告,分享创业故事和成长经历。总结从中专到大专再到本科教育的育人成果,坚定走应用型发展之路,提炼"适合的教育"理念,给学生以自信。我们认为"适合的教育"就是最好的教育,适合学生发展,适合社会需要一定是人民满意的教育。学工方面要评选优秀毕业生,团委、学生处协调各院系组织好毕业生留念活动;教务方面组织好首届本科毕业生的毕业典礼,校长给每个毕业生颁发毕业证书。

**抓招生力争新上师范专业**。目前,山东省新建本科院校、独立学院有 20 多所,近几年高中毕业生有减少的趋势,有的院校招生困难已成事实。认清当前严峻形势,落实招生责任制,坚持招生工作"四个不动摇",按照学校年前确定的招生方案,早组织早行动,2012 年完成总招生计划 9000 人的目标,其中大学部本科招生 2000 人,专科招生 4000 人;中专("3+2"或五年一贯制)招生 2800 人。此外,实践本科等招生要有所作为,力争突破 1000 人。招生是学校的生存线,大家要认识到日趋激烈的生源竞争形势,每位干部、教师都要积极参与招生。创新办法,以生招生,网上招生,让更多优秀学生认识潍科、了解潍科、走进潍科,让潍科成为学生放飞梦想、成才成功的向往之地。争取新上师范专业,新上师范专业主要是学前教育,这对学校的发展意义重大。师范教育事关国计民生,是国家特控专业,全省师范专业布点早已完成,新上师范专业难度可想而知。我校有办好师范专业的基础,具有辉煌校史的寿光师范、寿光进修、寿光电大已并入我校,其师资及文化底蕴等资源是比较厚实的。国家重视幼儿教育,家长也期盼孩子接受优质的早期教育,社会上幼儿教师缺口大。因此,千方百计上师范专业利国利民利校利生,对此我们应有责任感使命感。

**从严管理保校园平安稳定。**管理严、校风正、质量高,是学校管理追求的理想局面,不能以"大学自由为由"否定严格管理,当然也不能以清规戒律束缚学生个性发展。西方现代社会治理靠宗教、教育、法律三大支柱,现代西方文明将古罗马重法律的传统予以承继,西方(包括大学)所谓的自由是在法律范围之内的自由,绝对自由是无政府主义,早已扫进历史的垃圾堆。一个学校管理严即依章运行按程序办事,当然制度的合理性科学性需要研究。今年要将五届一次教代会通过的基本制度编辑成册,确保学校的一切工作在制度的轨道上运行。成立督导团加强督导,院级干部任组长,中层干部参与,督导实行量化管理,每人每天发现问题不少于五个,要将时间地点、具体问题做好记录并及时下达整改通知书。加强日常值班,从党政办到各院系,有关处室必须安排好值班,明确职责,认真负责,落实值班责任制和责任追究制。搞好考评是关键,要按照院系、处室、两个系列实现量化分类考核。结合学年承担的工作目标任务、适当调整权重和分值,凡是确定了的、安排了的工作就要跟上督导评估,严格落实奖惩。学校考评院系部处室和中层干部,中层单位考评教职工。从本学年开始,评先树优,从集体到个人一律按照考评分数先后确定。

安全责任不松动。谁分管谁负责,谁主管谁负责,一岗双责,及时排查安全防患,及时整改,把问题消灭在萌芽状态。网络时代舆情监管要加强,密切关注学生的思想动态,要特别重视网上安全,监控网上信息,及时化解不和谐不稳定的因素。全面落实导师制,对经济困难、学习困难、心理困难的学生要特别关注,及时救助。要进一步强化以生为本的理念,优化综合楼服务项目,给学生提供更方便、更快捷、更高效的服务。

**抓培训不断提高质量和效益。**培训是大学服务社会的重要方面。成教学院、会计培训中心、驾校、电大、教师进修学校等年内完成学历和非学历培训5万人以上,创收1000万元以上。各院系在完成教育教学任务的同时探索面向社会承办培训业务。企管处依据基础和形势变化核定各单位指标,加强监管,遵守法纪,扩大单位自主权,增强创收积极性。

(根据笔者2012年2月4日在全体教职工会议上的讲话整理)

# 推进学校内涵发展的思路

**编者按：**走以提高质量为核心的内涵式发展道路，正在成为我国高等教育的自觉追求。潍坊科技学院顺应高校发展规律，践行"以生为本"核心理念，明确"三个基本目标"，做到"五个坚定不移"，深入实施"六大工程"，推动学校走内涵发展之路。

我校不断推进学校内涵发展的工作思路是：把握"一个核心理念"，明确"三个基本目标"，坚持"五个坚定不移"，深入实施"六大工程"，不断推动学校内涵提升。

## 一、把握一个核心理念：以生为本，办"适合的教育"

落实科学发展观，构建和谐社会，其根本要求是以人为本。办学的中心工作是教育教学，其根本要求是以生为本。我们要办人民群众满意的大学，归根结底就是要让学生成才。要增强学生对学校的认同感，学生满意的老师一定是好老师，学生满意的辅导员一定是好辅导员，学生满意的学校也一定是好学校。学生满意了，家长也就满意了，我们的教学目标也就实现了，党和政府也就放心了。按照世界通行的产业划分方法，教育属于服务业。我们的一切工作都应为学生成长服务，为国家培养人才服务。我们要做有良心的教育工作者，自觉发扬"让认真成为品质"的校风，践行"责任高于一切"的教风，以生为本，实施"适合的教育"，完善因材施教，个性化教育措施，切实提高教育教学质量，对得起学生和家长，不辜负党和国家的重托。

怎样才能让学生满意呢？

一是要不断加强校园文化建设。营造良好的育人环境和高雅、浓厚的文化氛围。要进一步提升校园文化品位，使校园里每个建筑、景点，甚至一草一木都成为无声的教科书，打造适合大学生特点的校园文化，让学生时时处处受到人文精神和科学精神的熏陶、启迪。要着力提升室内文化建设。首先，党政办公室牵头，工会、团委、妇委会、督评室通力合作，加强办公室日常管理量化考核，营造整洁、规范的办公室环境，发挥其育人功能，给学生做出榜样。其次，要更新、凝练教学楼文化内容，打造具有大学特色、符合大学生成长的教学楼文化。再次，要规范学生公寓及活动场所文化，彻底解决乱贴、乱挂、乱放等不良现象。据说在美国国会图书馆悬挂着几个字，即"秩序是天国第一法则"，不管是工作、学习、生活都要讲究秩序，文化的暗示作用潜移默化，不可小觑。

二是创设良好的生活条件。学生对学校生活满意才能安心学习。本学年要进一步做好学生餐饮工作,在确保安全的基础上,尽量满足学生要求,着力办好1.5元以下菜窗口、1元以下小菜窗口,学生处、团委、膳食处、学生会要联合抓好就餐卫生和秩序,实施学生会值班经理制,协助监督饭菜质量、价格、餐厅服务。进一步规范对全福元超市的管理。落实好院级干部带班的督导团制度,每位值班人员每周至少在学生餐厅吃一顿饭,了解情况,发现问题。要进一步搞好学生公寓的基本配备,发挥公寓门禁作用,做好防火防盗,落实好学生公寓值班工作。总务处、学生处拿出方案,尽快解决学生洗澡、阴面寝室学生晾晒被褥问题。

三是改善学生学习条件。增加多媒体教室,公共教室实现多媒体化。改革实验室管理办法,各院系成立实验教学中心,安排专人负责。设备管理处负责设备采购、管理与考评,实验教学归院系管理,实验室双休日、节假日、晚上对学生开放。图书馆进一步充实图书,本学年至少增加5万册新图书,及时更新专升本、考研数据库。软件园新塑胶运动场9月份投入使用,明年东操场实现塑胶化。规范体育设施管理,提高学生社团活动场所管理和安全保障水平。重点做好办公楼一楼家长接待室建设,为家长和学生服务;加强信息平台建设,提高信息化水平,专人负责,有效运转,发挥实际效能,为学生个性学习、选修课开设创造条件。

让学生满意不等于让学生高兴,最终落脚点是让学生成长、成才、成功,自立于社会,报效国家。我们所做的一切都要围绕这一目标开展。强化以生为本的理念,不仅要关注优秀学生,更要关注经济困难学生、学习困难学生、心理困难学生,让每个学生健康成长。要全力推行育人导师制,推进教育教学模式改革。为经济特别困难学生减免学费,实行特别帮扶,鼓励每位党员、干部、教师"一帮一""一带一",帮扶困难学生。设立奖学金,奖优,锦上添花;设立助学金,助困,雪中送炭。加强学生心理疏导,探索思想政治工作与心理辅导有机结合,本学年按基本标准配备学校心理咨询室,各院系部建立规范化心理辅导室,配齐专兼职人员。

## 二、明确三个基本目标:考研率、升本率、就业率

内涵发展、质量提升已成为当今我国高校发展的时代主题。今年,山东的高校招生计划第一次较上年"零增长",这意味着高校外延扩张的时代已经过去。从去年开始,部分高校招生已十分困难,步履维艰。可以预见,2020年之前山东高校生源将会十分紧张,山东高校将面临重新洗牌。

我校是一所县办大学,从创建全日制专科到升格为本科,一直以良好的声誉和明显的特色屹立在全省高校之林。我们怎样在大浪淘沙、优胜劣汰、生源争夺十分激烈的情况下,保持招生爆满、生源不断,成为家长选择和学生向往的高校?靠"三率":考研率、升本率、就业率。靠"三率"打造特色,有口皆碑;靠"三率"远近闻名,立于不败;靠"三率"拉

动招生,不断发展。抓"三率"也是践行"以生为本,适合的教育"的核心理念。

**巩固提升考研率**。我校首届本科毕业生考研率为 30% 以上,成绩优异,令人瞩目,向党和政府、家长交了一份优秀的答卷。这样的辉煌能否持续,我们面临着考验。本学年,要以抓考研带学风,促规范提质量的要求,必须以更高的目标、更昂扬的斗志、更强劲的动力,组织好考研工作。继续实施考研优秀"一票认定",进一步制定科学合理的奖励方案,全面完善考研的多项服务措施,迅速掀起本科生考研热潮,力争第二届本科生考研率有新的提高。

**巩固提升专升本率**。专升本招生计划在逐年减少,考生选择学校的余地也越来越小,但专升本作为我校十年来着力打造的特色品牌,不能有丝毫松懈,谁放松了谁就是对事业、对学生不负责任。自考本科作为学生成才的途径方兴未艾,我校作为国家自考本科试点学校,要着力拓宽这条成才途径,纳入专升本统一考评。各院系要认真规划分类指导、分层施教方案,满足学生的升学要求,力争专升本录取人数连续保持占全省计划 13% 以上,自考本科率要达到 40%。

**巩固提高就业率**。上学为了就业,毕业能就业,是家长学生最朴素的愿望,党和国家也把大学生就业作为重要的民生工程。我们必须站在讲政治的高度抓好学生就业工作,就业指导中心要搞好学生职业规划、校企对接、毕业生派遣和就业指导,将就业率作为重要内容纳入院系考核。各院系要搞好大型企业、品牌企业的冠名班建设,深化校企合作。鼓励学生创业,以创业带动就业,力争毕业生一次就业率保持在 95% 以上。

明确三大基本目标,有效巩固提高"三率",就要自觉唱响"以生为本,适合的教育"。要按照"适合的教育"理念要求,认真分析研究社会发展、产业转调对人才的需求,认真分析研究不同学生的基础、特长、发展和成长成才的需求,真正搭建好学生成才的"立交桥"。要从大一开始搞好大学生职业生涯规划,学生处在元旦举办大学生职业生涯规划优秀方案展览。加强社团活动管理,开展各类社团活动,促进学生成才,"五四"青年节表彰奖励"十佳"社团。各院系落实好导师制,加强对学生的成才指导。落实任课教师责任,抓好补偏纠弱,进一步加强英语、数学等基础学科教学,解决制约学生成才的瓶颈和环节。教学服务处室要为学生个性化发展创造条件,提供良好服务。总之,要让不同类型的学生沿着不同的方向成长、成才、成功。

### 三、五个"坚定不移",助推内涵发展

#### (一)坚定不移地坚持正确的办学方向

办学方向是政治原则问题,它关系到为谁办学以及培养什么样人。党和国家的教育方针明确指出,教育要为社会主义现代化建设服务,为人民服务,与生产劳动和社会实践相结合,培养德智体美全面发展的社会主义建设者和接班人。我们学校是政府办学,是在党和政府领导下依法成立并不断发展的。毫无疑问,我们要坚定不移地坚持中国特色

社会主义办学方向,我们肩负着为党和国家培养合格的社会主义建设者和接班人的历史重任,离开这一点,我们的工作就偏离了正确轨道。

在我们的实际工作中,忙业务、重管理、轻视政治思想的现象还是存在的。当今社会上功利主义、个人利益至上、金钱第一的思想冲击着人们的价值观念。个别同志缺乏理想信念,在市场经济的纷繁世界和错综复杂的社会矛盾中迷失了方向,甚至对中国特色社会主义产生了怀疑。错误观点、不良倾向对大学校园、对师生造成了一定影响。育人是大学的天职,我们要培养合格的社会主义建设者和接班人,就要在党的领导下,坚持马克思主义指导地位,坚定中国特色社会主义共同理想,弘扬以爱国主义为核心的民族精神和以改革创新为特征的时代精神。每位干部、教职工都要做到对社会主义核心价值观的情感认同和思想认同。对社会现象可以批判,对体制机制的不合理之处可以指责,但在教书育人主阵地的课堂上,作为学生引路人的导师不能向学生灌输错误思想和不良信息,而要引导学生自觉维护党的领导,辩证看待问题。为此,我们要在学校党委领导下,全面加强思想政治工作,集中进行社会主义核心价值观教育,发挥好思政部、党建研究室的职能作用,做好核心价值观"三进"工作;以党建带团建、带队伍建设,积极开展丰富多彩的活动;向党员同志学习,提高学生党性水平,引导学生中的先进分子信仰马克思主义和共产主义理想;加强信息反馈,增强政治敏锐性,坚决制止在校园传教,在课堂、在学术活动中攻击党的领导、否定社会主义的言行;切实用社会主义核心价值体系指导校园文化建设。

### (二)坚定不移地坚持创新发展的主线

回顾校史,总结从中专到全日制专科再到本科院校的发展历程,我们靠的就是牢牢把握住了创新发展这条主线。创新是一个国家和民族进步的不竭动力,创新发展已成为时代主题。作为一所新建地方性本科院校,离开创新发展我们难以立足,难以创出特色,甚至可能会在激烈的高校竞争中被淘汰出局。

本学年,我们要继续深入开展向崔效杰同志学习活动,弘扬"创业敬业、求是求新"精神,坚持"内涵发展、特色提升、制度管理、和谐校园"方针,按照"十百千"师资队伍建设规划,加大博士引进和培养力度,开辟与韩国东西大学、水原大学联合培养博士的渠道。加强学科专业建设,新上文化传媒、建筑设计、幼儿教育三个本科专业。重视教师科研工作,坚持评价奖惩导向机制,做到中级以上职称教师人人有课题。开辟国家自然科学基金平台,为科研创造条件。创建机制引导中学职称向高校职称过渡。每个院系至少外聘一名教授,软件学院、农学院要聘任一位高水平的硕士生导师。进一步挖掘地方人才资源,加大工作力度,从生产一线技术能手、地方名人、学者中选聘兼职或客座教授。加强岗位管理和质量保障体系建设。修改完善岗位职责,印制规章制度汇编。认真贯彻落实教育部《关于全面提高高等教育质量的若干意见》,即提高高等教育质量"三十条"。结合我校特点,制定完善质量保障、质量监控、质量评价体系。聘请老教授、特级教师、教研员组成教学督导团,深入课堂听课评课,指导青年教师尽快提高课堂教学水平。进一步加强校园文化特色创建,通过丰富多彩的形式,宣传"三风",弘扬校训,唱响校歌。进一步改善教学服务设施,建成汽车实训大楼,建设校园管理数据库平台,推进数字校园建设。落实教师购买笔记本电脑补贴办法,推进无纸化办公和无纸化教学。完善软件园功能,建设山东半岛蓝色经济工程研究院和文化创意培训大厦,实现东操场塑胶化。在综合楼设置教职工文体活动中心、老干部活动室。加快软件园专家公寓二期建设,完善各项服务功能,力争 2013 年年底全部竣工。进一步加强后勤服务工作,健全机制、配齐人员,提高服务能力和服务水平。进一步提高餐饮服务水平,把学生餐厅建成潍坊市最好的餐厅。健全档案馆职能,提高管理服务水平。挖掘校史资源,完成《校史》编纂,开工建设校史馆。抓住潍坊是国家级职业教育创新发展试验区的机遇,明年率先完成中职—高职—本科的职业教育体系。与山东师范大学、山东农业大学建设研究生联合培养基地进入实质操作阶段。设施园艺实验教学中心要通过省级实验教学示范中心验收。集中力量办好莱博会九号厅,展示学校学术科研成果。博士的科研成果转化要取得实质性进展。按照国际化办学要求,探索"2+2""3+1"等多种模式,拓宽学生留学途径。

### (三)坚定不移地坚持师德为先的队伍建设方针

办学要依靠教职工,强校须以人才为本,素质精良的师资队伍是支撑一所大学的根本。师德师能辩证统一,不可偏废,应坚持师德为先。俗话说,无德有能必害人,有德无能亦误人。一个好教师一定要有好的师德师风,这是首要的问题。在当今市场经济环境下,个别教师放松了师德修养,爱心缺失、教书育人意识淡漠、教风轻浮,已严重损害了人民教师的形象和声誉。"责任高于一切"是我校的教风,认真负责,敢于担当是做好教育工作最起码的师德,师德来源于对教育的热爱,对学生的热爱。今年 4 月份,教育部出台了《高等学校教师职业道德规范》,从爱国守法、敬业爱生、教书育人、严谨治学、服务社会、为人师表六个方面提出了要求,目的是进一步唤醒广大教师切实担负起立德树人、教书育人的神圣职责。我们要深入学习贯彻《高等学校教师职业道德规范》。落实师德一票否决制,对不负责任造成损失的、学生意见大的、乱收费的、乱罚款的教职工依章追究责任。要根据考评,评选出百名师德标兵,教师节进行表彰。要将师德师能有机结合,进一步加强青年教师培养和辅导员队伍建设。每位青年教师都要有班主任和辅导员工作经历,公共教学部教师要深入院系,肩负起教书育人的责任。进一步打造学校学术氛围,请名师名家进校园作报告、开讲座,学校每月一次,各院系争取每两周一次。充分发挥骨干教师作用,进一步加强学科建设和专业能力建设。进一步提高教学一线讲师、副教授、教授课时补贴。

### (四)坚定不移地推进育人模式改革

育人模式决定着育人质量。传统的育人模式学做分离,知行不一,突出表现为学生实践创新能力差,有知识无能力,不能适应社会需要。具体来说,一是课堂教学方法有问题,老师讲学生听,缺乏互动,没有讨论。二是实践教学有问题,黑板上种庄稼、开机器现象存在,忽视实验教学和社会实践。三是实践教学管理有问题,有的院系课堂教学、在校学习常规管理很好,但实践教学组织零散、管理不到位,甚至有些学生从事与专业无关的实习,这是很不负责任的。四是教学条件限制问题,部分实验实习场所条件较差,很多老师认为把课本内容讲完、学生考试过关就行,没有开展有效的实验实训教学。

落实分类施教是育人模式改革的关键举措。本学年集中解决几个问题:要给学生更多选课的机会,按照素质教育要求和"适合的教育"理念在本科生中进一步实施好选课制,全面实施学分制。课堂教学改革是育人模式改革的中心环节,要开展课堂教学方法大讨论,开展观摩课、听评课,举办优质课评选活动,让学科骨干教师创设自己的先进教学方法和课堂教学模式。强化实践教学是育人模式的着力点,要加强实习的规范化管理,彻底解决实习随意、零散、错位等问题,做到"四定",即定计划、定地点、定辅导教师、定总结评价,将实践教学纳入严格的教学常规管理。校企合作育人是教学模式改革的基本方向,要将校企合作作为重要课题去研究,形成规范有序的运行模式。各院系要制定学年实训教学和校企合作实施方案,就业指导中心要为各院系校企合作搞好服务,牵线搭桥,总结评价,及时推广先进经验。科研处要进行校企合作论文评选。学校将拿出专项资金表彰校企合作先进集体和个人。

要改革院系管理办法。由院系教学向院系办学逐步过渡,做到权力下放,重心下移。本学年实行日常经费包干制管理,把课时、辅导员补贴、出差、资料、水电、园林、保洁、培训、招生、日常办公等费用切块分给院系部,加强对院系部实习、社会服务等创收的管理。

### (五)坚定不移地坚持从严管理

作为一所县域高校,我校在短短十年时间内迅速崛起,不断跨越,靠的就是与众不同,靠的就是特色品牌。专升本是一大亮点,本科生考研也要成为亮点。我们学校最大的特点是管理严格。办大学要去中学化是对的,但中学的管理、抓质量的办法有些也是可以借鉴的。俗话说,"严是爱,松是害",严师出高徒。对学生放任、放纵是不负责任的表现。对学生管理是严格还是宽松,学界有不同的观点。有人认为管理严格了束缚学生,不利于创新能力培养。我们认为,所谓严必与爱结合,严字当头、爱在其中。严是按制度办事,而制度必须科学。若制度科学,落实严格、管理严格,将有利于学生的成长。相反,放任自流、失之于宽,最终受害的是学生,最不满意的是家长。本学年要从学校整体上进一步加强制度管理,按制度办学,靠机制运行。落实层次管理,杜绝越级请示工作,不许越级安排工作,做到谁分管谁负责,谁主管谁负责。凡是向上请示工作要层层签署意见。解决管理层次和管理幅度的矛盾就要实施扁平化管理,这是现代管理提高效率的要求。基本途径是会议制度,会商、决策、制定方案,形成文件,依照执行。

要严格落实岗位职责,如果干部作风漂浮,教职工队伍松懈,严格的学校管理是一句空话。制度管理的重心是岗位职责的落实。新一届中层干部经过公开、公平、公正的竞聘已走上工作岗位。新一轮教职工聘任正在进行，力争 9 月份之前全部完成。每个岗位都是学校发展所必需的，每个岗位都有明确的职责，每位同志都要履行职责，维护大局，做到不缺位、不越位、做到位。

构建严格的督评奖惩机制。计划决策、执行反馈、评价奖惩三位一体是任何一项工作都必须遵循的。开会不落实等于零，计划不执行等于零，抓而不紧等于不抓。能否落实，能否执行，一是靠素质水平，即主动性责任感。二是靠检查督评，本学年要依据方案，按照院系部、行政处室两大系列对中层干部进行考评，按照师德为先、德能勤绩廉的要求对干部、教职工进行考评。成立老干部督评小组，对学校管理、建筑工程质量、物品采购质量全程监督评估。完善建筑工程、物资采购、教材选用等的制标、招投标、监标分离办法，防止问题出现。

从严管理靠自律和教育。大学生管理的特点是自治，根本上讲是自我管理、自我教育。探索优秀本科毕业生留校工作机制。加强学生会等自治组织的建设，进一步发挥团组织学生干部作用，组建好校卫队、信息宣传队伍，试行大四学生给大一专科生担任辅导员的办法。巩固提升封闭式管理、开放式办学的水平。在学生中评选学习、体育、艺术、演讲、助人、文明、创业、创新之星。组建好学校艺术团。重点对学生进行以社会主义核心价值体系为核心的各项专题教育。着力打造以农圣文化为特色的中华传统文化教育，基础年级每周一节国学课落实到位。高度重视班主任和辅导员队伍建设，提高待遇，搞好培训。安排任用院系干部要把是否做过班主任、辅导员工作作为前提条件。

校办产业实行严格的指标管理。开学后，对大学生活动中心、体育场馆、内招餐厅、专家公寓客房部确定好指标。推动建筑公司升级为甲级企业。规范管理，支持软件园发展动漫、软件企业，尽快形成品牌。从 2013 年元旦开始按规定对软件园入园企业收取房租，用制度规范入园企业，实现产值 5 亿元，争取上级支持资金 2500 万元。

从严管理要以民主管理为基础。落实教授治学，充分发挥学术委在教学、科研中的重要作用。在党委领导下，充分发挥工青妇等群众组织的作用，工会要定时征求小区住户意见，为老干部搞好服务；选举好教职工代表，为 12 月份召开教代会做好各项准备工作。工会、妇联、共青团要积极发挥作用，要有所作为，以开展各种活动为工作主线，真正成为联系学校各方面的纽带。

平安稳定是干好一切工作的基础。我们要通过严格的制度管理，保证平安校园建设。要强化"一岗双责"，加强安全教育和演练，规范管理好校园大门，校门要设立学生参与的形象岗。要增强工作主动性，及时排查不安全、不稳定因素，实现校园的平安、和谐、稳定。

（根据笔者 2012 年 8 月 28 日在潍坊科技学院 2012—2013 学年工作会议讲话整理）

# 推进文化治校　要在"三个结合"上做文章

**编者按:**党的十八大提出建设文化强国目标,强调文化是民族的血脉,是人民的精神家园。文化治校是潍坊科技学院追求的理想境界,也是管理的至高层次。推进文化治校,要与以生为本的根本理念、学校精神的弘扬、良好校风的建设结合起来,实现文化育人功能。

贯彻推进文化治校,我们要以学习宣传党的十八大精神为主线统领学校工作。经验治校、制度治校、文化治校是学校管理的三个层次,毫无疑问文化治校是学校管理的至高层次,也是学校管理的理想境界。近两年我们制定完善了学校的一系列规章制度,作为一所新建本科高校规范化水平显著提高,但与文化治校的高要求还有不小差距。当前和今后一段时间,我想文化治校要做好"三个结合"的文章。

**一是要与以生为本的根本理念结合起来。**党的十八大报告里用的最多的词汇是"人民"。"立党为公、执政为民"成为党的执政理念,为人民服务是党的宗旨。党的十八大报告强调党的事业一切依靠人民,一切为了人民,关注民生,共享改革开放的成果。省市县各级党委政府、教育主管部门都高度重视民生工程、民生实事。大学以立德树人为根本任务,学校的一切工作都应围绕学生的成长成才服务。党和政府关注民生,我们应该关注学生,尤其要关注困难学生。要倡导以生为本,做"适合的教育",让不同的学生沿着不同的路径走向成功。本学期要落实好院级干部包靠院系责任制、中层干部包靠班级责任制、全体教职工包靠困难学生责任制,要特别关注三类困难学生(经济生活困难学生、学业就业困难学生、心理思想困难学生),以此为标准来检验校园文明程度和每名干部教职工的责任心。我们知道,判断一个社会的文明程度,不应以权势、地位、财富为标准,要看弱势群体得到多大的关注和尊重。我校是山东省文明单位理应引领社会风尚,崇尚文明行为。

要进一步落实好分类施教策略,落实好"导师制",帮助每一位学生制定成才方案,指导就业、辅导升学、扶持创业。各院系要将提高"三率"作为工作的重中之重切实抓好,要继续组织好教学系统"育人模式改革大讨论"和行政系统"开展优质服务竞赛"两大活动,要拿出方案,制定计划,逐一落实,防止流于形式,走过场。要对学生负责,在重视知识传授、培养能力的同时,必须重视价值观教育,将培育精神健全人格放在首位;在重视课堂教学的同时,抓好实践教学,培养学生的实践能力和创新能力;不能空喊口号,贵在行动、付诸实施,教务处协调各院系研究制定切实可行的方案。所有行政处室及工作人员要急学生之所急,想学生之所想,视学生为兄弟姐妹,关注满意度,主动为学生服务。

**二是要与学校精神的弘扬结合起来**。回顾学校近30年的发展历史，以王焕新、崔效杰等为代表的潍科人，靠创业敬业、求是求新的精神，使学校规模由小到大、水平由低到高，竞争力由弱到强，一路走来，不断发展壮大，开创了县办大学的先河，创造了辉煌的业绩。学校精神已成为学校的核心文化，应流淌在每个潍科人的血液之中，成为学校不断发展的动力。党的十八大是进一步改革开放的动员会，提出了"两个一百年"的奋斗目标，描绘了中国未来十年发展的宏伟蓝图。党的十八大报告强调，发展仍是解决我国所有问题的关键，坚持发展是硬道理的战略思想决不能丝毫动摇。科学发展观的第一要义是发展。这些思想对我们这样一个新建本科院校来讲具有重要的指导意义。2011年我们提出制定了"内涵发展、特色提升"的治校方针，我们要紧紧把握创新发展这一主题，强内涵、抓规范、上水平，为办学层次的提升奠定坚实的基础，乘借我校作为全国职业教育改革实验校的东风，开展职业衔接教育研究，办好与山东师范大学、山东农业大学等高校的研究生培养基地，为专业硕士点申报创造条件。

办学以师为本，教育以生为本。学生是教育教学的根本，要把招生工作作为关键，力争五专、计划外招生4000人以上，大专以上招生6000人以上，其中本科招生达到2300人；办学依靠的是教师，以副教授以上、博士教师队伍建设为重点，全力促进职称评转，提高副教授以上职称课时补贴。组织评选青年教师标兵10名，教坛新秀30名，双师型优秀教师50名，教师节表彰奖励；以完善教学科研设施为保障，充分尊重基础学科教学部及院系专业教研室的意见，投资500万元购置图书实验仪器，投资1000万元建设数字校园平台和软件园信息支撑平台，逐步实现无纸化教学和无纸化办公。

**三是要与良好的校风建设结合起来**。党的十八大强调从严治党，全面加强党的作风建设，视党的作风为党的生命。以习近平同志为核心的党中央提出了加强作风建设的八项规定，省市县各级党委、高校工委提出了一系列加强作风建设的要求。贯彻落实中共中央及各级党委的要求，对学校来讲，着力点就是良好的校风建设，以校风带教风、带学风。"让认真成为品质"是我们的校风，践行这一校风首先从干部做起，要认真遵守法律制度，坚持依章治校，制度管理；认真负责，廉洁从教，敢于担当，奋发有为；正视问题，公平公正，化解矛盾。每位教职工认真履行岗位职责，珍惜自己的工作岗位，不敷衍、不懈怠，以认真负责的态度努力完成工作任务。当认真内化为每位干部教职工的品质时，我们将成为工作的主人，不再靠制度、压力、功利来工作，而将工作视为自身价值实现的需要，视教育为使命，视工作为"天职"，把制度的硬性要求变为自觉行动。

党的十八大提出建设文化强国的奋斗目标，强调文化是民族的血脉，是人民的精神家园。对大学来讲，文化治校是我们追求的理想境界，也是管理的至高层次，通过"让认真成为品质"校风的形成，带动"责任高于一切"教风和"勤学苦练"学风的形成，让爱心和责任永驻心间，让我们共同体味工作的快乐和人生的幸福。

（根据笔者2013年3月2日在潍坊科技学院2013年度工作会议讲话整理）

# 推行"四项管理" 进一步提升办学水平

**编者按**：目标管理是世界上普遍使用的管理方法，强调将任务转化为目标，各项管理围绕和服务目标，增强职工责任心和事业心，实现工作绩效。学校将管理任务分解为目标管理、岗位管理、项目管理、量化管理，全面推进平安和谐校园建设、改善办公教学条件，加强校企合作，加大软件园引资、引智和管理力度，调动师生员工积极性，推动学校各项工作再上新台阶，进一步提升办学水平。

实施"六大工程"以来，学校各项工作取得了一系列成绩。在过去十多年崔效杰老领导带领大家打下的良好基础上，这几年我们团结奋斗、共同努力又开创了新局面。从校内看，集思广益谋发展，心齐劲足，昂扬向上；从校外看众目关注获好评，传承创新，平稳发展。新的学年和今后一段时间，我看要围绕应用型高校建设，在深入实施"六大工程"过程中推行"四项管理"，以"四项管理"保障"六大工程"实施，进一步提升办学水平。

## 一、围绕"六大工程"实施，推动"四项管理"

**完善目标管理**。德鲁克的目标管理法是当今世界普遍使用的管理办法，它强调将目的和任务转化为目标，根据总目标分解目标，各个单位有目标、人人有目标，使各项管理活动围绕和服务于目标，增强责任心和事业心，提高积极性，实现工作绩效。围绕应用型高校这一总的目标定位，教学、科研、行政、后勤诸方面，从学校到处室院系各层次、都要确定各自目标任务。从时间上讲，五年规划、一个学年、一个学期都要有目标，进而形成目标体系，在目标引领下有计划有安排，各项工作有条不紊逐步推进。开学后，各处室院系要认研究"六大工程"的目标任务及工作举措，如各院系围绕考研突破工程，各专业教研室目标是什么？采取哪些教学措施？怎样以抓考研规范教学，推进学分制改革，浓厚良好学风等；各处室围绕教学中心搞好哪些改革以提高服务水平，争取师生的满意度是多少等等。目标凝心聚力，增强工作动力。形成自上而下的目标系列并付诸实施，学校工作就充满活力，形成生动向上的良好局面。在这里我还要强调两项重点工作，一是各院系必须抓好"三率"（专升本率、考研率、就业率）目标实现；二是行政处室必须把师生满意度提高的目标实现。两个不同系列的两个重要目标，是年度工作考核的重中之重。

**强化岗位管理**。岗位管理是人力资源 3P 管理模式（岗位管理、绩效管理、薪酬管理）的核心环节之一，是企业人力资源管理的起点和基础。在市场经济条件下，最高效的管理在企业,管理直接关系到利润。学校借鉴企业岗位管理模式的目的是提高管理效能。要坚持公开、公平、公正的原则,实施全员聘任,定编、定岗、定责,双向选择。要做到以下三点:一是倡导学术至上、教师第一的校园文化,一线教师、科研人员、辅导员至关重要,名师、取得突出成绩的教学科研人员非常值得尊敬,他们是学校发展的依靠。二是坚持内部分配向教学、科研一线倾斜,大力提高副高以上职称教师的课时工资,鼓励 50 岁以上高职称教师坚持上课。加强评教和教学质量监控与课时工资挂钩。落实好一线教师高于职员岗位 15% 的职称评聘优先权;落实好教师休假制度;取消 50 岁以上高职称任课教师坐班制,合理规定他们的工作量。三是按照双向选择的聘任要求,对重点、关键、艰苦岗位内部分配予以倾斜。凡无人申报、无法满足聘任需求的岗位,面向社会招聘。四是明确职员岗位管理要求,加强职员岗位日常考勤管理,落实每周五天、每日 7.5 小时工作制及双休日、节假日轮流值班制度。

**探索项目管理**。项目管理是"二战"后期发展起来的新管理技术之一,最早起源于美国。我校有项目管理的成功经验,专升本、考研、招生、军训、艺术节等大型活动组织得很好,都是按项目管理办法运行的。要进一步完善项目管理办法,全力推进项目管理。一是对考研、专升本、大赛、科研项目、特色专业、精品课程、名师团队等常规项目加大投入支持力度,进一步明确责任,优化队伍,增强计划性和主动性。各部门要按项目管理要求,制定方案,勇于创新,争创亮点。二是八项重点工作小组的关键是组长作用的发挥,做到周安排月总结,要抓紧推进,抓好落实。加强过程督导,年底进行考评。三是重奖省级以上项目、课题或影响力特别大的成果。蔬菜新品种研发、500 强企业或研发中心入园、海洋化工新成果、纵横向合作重大课题、教学名师培养、特色专业创建、改制企业税收利润明显增长等按项目管理办法予以重奖。

**加强量化管理**。量化管理是现代化管理的特征,教育的特点是精神生产,育人是非常复杂的系统工程,尽管难以量化,但我们要尽力将能量化的都量化,做到定量和定性评价有机结合。对行政处室、院系两条线量化考核,围绕目标、职责、项目完善考核方案,加大对教育教学,尤其要加大对"三课"督导检查考评的力度。加大对职员履行岗位职责、各部门综合管理水平的考核力度,以考评结果分优劣论奖惩。学工系统认真研究以学分制改革为关键的量化管理办法,引导学生个性发展,积累学业成绩。学生处、各院系要加强常规量化积分管理,坚持管理积分与院系考核挂钩、与班主任辅导员待遇挂钩,教职工日常考勤、过程考评与年度考核有机结合予以量化,诸如师德问题、违法犯罪、教学事故等作为评优晋级一票否决项目予以重视。

## 二、推进平安和谐校园建设,提高综合管理水平

平安和谐校园建设是学校的永恒课题,也是做好一切工作的前提。人的管理是一切管理的根本,教育工作的主体是学生队伍,重点是教职工队伍,关键是干部队伍。平安和

谐校园建设要以综合管理为保障,我看重点应抓好以下几个方面。

抓好学生常规管理不放松。突出"两严",即"严管细导、严父慈母"。严要跟上导,严中要有爱。思想政治工作先行,加强社会主义核心价值观专题教育。充分发挥学生的主体作用,以大学生成长成才成功为主题,辅助制度管理,强化常规管理,浓厚"严"的校风。进一步加强对全体教职工包靠困难学生的督导检查。完善学生自治管理办法,改善学生会的工作,及时化解师生间、学生与院系、学校间的矛盾。用社会主义核心价值体系指导社团工作,开展好主题教育。

抓好师德师风建设不停步。爱心是干好教育的根本,责任心是做好工作的前提。教育是良心活儿,任何的制度约束、督导检查都是外在的,教职工的主动性、责任感是最重要的。大力倡导学习之风,浓厚读书氛围,通过读书增长见识、开阔视野、提升境界。按照各级党组织的要求,深入贯彻落实党的群众路线教育实践活动,认真学习规定书目;重读《论语》《道德经》等国学经典,每个学期至少读一本有关大学教育的专著。建议大家读一下《南渡北归》,了解那个年代一代大师的治学精神与人生命运,会受到很多启迪。教育是艺术,更是乐趣。孔子说"学而不厌,诲人不倦",真正理解了就能体味到"愉快工作等于愉快生活"的道理。工作带给我们的是机遇不是负担,当体味到愉快工作就是愉快生活的时候,相信每天都是充实和幸福的。卡耐基有句名言,"人不会劳累而死,往往因忧烦而亡"。现代研究证明,良好的心态是健康的基础。有工作激情、忙忙碌碌的人往往脸上挂着笑容;消极倦怠、无所事事的人往往心烦意乱,找不到幸福的感觉。我们要用爱心干教育,不热爱教育、不热爱学生的人不适合干教育。没有爱心,只把工作看作是职业而不是事业,就谈不上教书育人的信念。老师不应该只爱优等生,我们面对的是不同的学生,落后生、困难学生更需要关爱和教育。转变一个后进生,帮助一个困难生,我们干的工作才更有意义。

抓好干部作风这个关键不间断。干部作风影响校风学风、师德师风,干部要讲求公正、提高执行力、带头实干引领创新。"吏不畏吾严而畏吾廉,民不服吾能而服吾公。廉则吏不敢慢,公则民不敢欺。公生明,廉生威"。公正才能无私,无私自然公正。公正就是坚持原则,按制度办事。好干部一定是好人,但老好人不是好干部。崔效杰书记说过:干部不是带头就是挡头。有的干部工作业绩平平,抓工作力度不够,执行力不强,势必影响到学校发展。本学期在干部队伍建设上要抓好以下几点:一是形成讲学习、讲政治、讲团结、讲奉献的四讲氛围;二是搞好群众评干部工作,基本满意度达到85%以上;三是组织好考评,分处室、院系部系列,比业绩、比贡献;四是落实好层次管理和责任制;五是强化制度管理,严格按程序办事,增强职称评聘、评优等各项工作透明度。

### 三、努力改善办学条件,提升办学现代化水平

一流的教学水平,必须依靠一流的教师队伍,也应该有一流的办公、教学生活条件。

当今时代,办学要适应互联网信息化发展的要求。

一是集中力量建好汽车机械实训大厦。集中财力高水平建设汽车机械实训大厦是学校打造工科特色、加强专业教学、注重实训环节、本科教学达标的重大举措。大厦竣工后按学科专业建设和实习实训要求,抓紧配齐相关设施设备,建成全省一流的汽车机械实训基地。吸引名企、名牌机电产品入驻,与企业对接,搞好实训和配件加工,提高实践教学能力和社会服务水平。

二是改善教师办公设施。在落实好电脑购置补贴办法的同时,加强办公室标准化建设,提高办公配备标准。总务处要根据绿色、环保、节能、舒适的要求拿出方案,搞好统一配置。

三是全面推进数字化校园建设。实现无纸化办公、无纸化教学、无纸化管理。各处室院系要积极配合,在校园网完成升级改造的基础上,九月份集中搞好模块研发,实现校园资源共享。各院系、电教中心要认真研究搞好多媒体教室建设,满足教学需要。

四是办好大学生服务中心。将教务、学管、助学、服务、财务、成教、外事、社团、心理咨询等涉及为学生服务的部门集中到图书馆一楼西大厅统一办公,实行一站式服务,打造服务学生的新亮点。

五是加强学生公寓的标准化建设。借鉴其他高校管理办法,打造一流的公寓文化,打造过硬的管理团队,实现智能网络化管理。新建学生公寓 2 万 ㎡,按标准配备相关设施,提升公寓档次。

### 四、推进校企合作,提升学校社会服务水平

学校发展须根植寿光,立足潍坊,面向齐鲁,放眼全国。充分发挥教师资源的作用,努力推进校企合作,不断提高人才培养质量。

教师要积极参与校企合作。工科类硕士以上学历教师要积极参与企业的项目研发,社科类教师要努力搞好社会调研,为地方政府决策提供参考。加强学校百项课题管理,落实科研经费,扎实推进项目研究。将课题、校企合作项目作为教职工评聘中高级职称的重要依据,探索列为前置条件的实施办法。

开展好博士、硕士、教授企业行活动。校企合作与就业指导中心要制定好计划,分批次派出教师到企业考察,了解企业需求,寻找校企合作切入点,帮助企业解决技术难题。

山东半岛蓝色经济工程研究院要做好院士、长江学者、泰山学者、千人计划、博导等高层次人才的引进、项目合作等工作。尽快建好环境监测站和 10 个研究所,并扎实开展工作。院士专家工作站要切实发挥作用,争取省级以上项目申报实现突破。

生物工程研发中心集中力量、加强横向合作,研发出 10 个蔬菜花卉新品种。继续建设管理好菜博会九号厅。抓紧做好 50 亩育苗基地建设,尽快出效益。种苗公司要加强与有关企业合作,争取尽快出成果。

加大纵横向合作考评力度。按照专业教师、博士团队、专职科研人员三个系列制定考核指标,促进专业教师、博士、科研人员与企业融合、到企业挂职、参与企业研发。校企合作与就业指导中心尽快制定方案,出台办法,加强考评。

### 五、加强软件园引资、引智和管理力度,提高规范化水平

软件园是产学研的平台,是寿光市高新技术、服务业发展的窗口,市委市政府高度重视。今年批准成立软件园服务中心,为政府下设的正科级单位,并配备了干部。这次学校干部调整、人员调配也向软件园有效倾斜。下一步要重点做好以下几项工作。

加强对入园企业的管理。成立企管部,负责对入园企业注册、经营、纳税、金融服务、法律咨询等进行全面管理与服务。

加大文化、软件、创意产业引进力度。加强对院级干部、院系处室招商引资的考核。软件园招商部要充分发挥职能作用,加大力度引进世界 500 强、中国 500 强企业及中外电子信息企业。

大力支持潍科、环球两大软件公司发展。飞翔集团下设的潍科、环球两公司已初具规模,正与省教育厅后勤服务中心深化合作。要制定发展目标,拿出实施方案,加大投融资支持力度,融入寿光智慧城市建设,促进发展,打造亮点。

加快两大项目建设进度。按计划推进文化创意大厦和蓝工院项目建设,确保按时、高质竣工,同时做好使用规划工作。

支持师生创业。通过组织创新创业项目比赛,支持获奖项目入园发展,支持教师的发明专利科研成果入园孵化。做好一个院系一个创业项目,元旦前集中进行考核。

(根据笔者 2013 年 8 月 21 日在潍坊科技学院 2013—2014 学年工作会议上的讲话整理)

# 抓住关键求突破　　建设高水平应用型特色高校

**编者按：**应用型特色高校建设是一个系统工程，需要统筹推进，重点突破。"所谓大学者，非谓有大楼之谓也，有大师之谓也。"要加大名师引进力度，加强教师队伍建设。围绕应用型目标定位，实践能力培养是重中之重。要加强校企合作，实现育人模式改革。要加强管理，权责一致，为各项工作开展保驾护航。引名师、深合作、强管理，合力推进应用型特色高校建设步入新征程。

潍坊科技学院升建本科已有六年多的时间，特别是 2011 年以来，明确目标定位，把握创新发展这一主题，实施"六大工程"，加强"四项管理"，健全内部制度，着力打造特色，社会声誉、家长和学生认可度显著提升。2016 年我校将迎来教育部本科教学合格评估，这是我们必须面对的国家"大考"。我们冷静思考，潍坊科技学院就目前状况来看最大短板是师资力量相对薄弱，教授队伍不足；育人模式与应用型人才培养要求有些不适应，校企合作还有很多工作要做；人事管理有计划经济体制弊端，与现代大学管理不适应。今年的重点工作，我认为应抓住三个关键实现突破，进一步提升办学水平，推进应用型特色高校建设。

## 一、以名师引进为关键，加强师资队伍建设，实现本科教学工程项目新突破

好大学一定拥有一流的师资力量，国内外著名高校的发展是靠名教授来支撑的，好教授—好学科—好专业—好学校这是很清晰的逻辑。市委市政府大力支持学校的发展，近年来每年考选引进几十名硕士、博士充实教师队伍，中高级职称优先评聘，一批骨干教师、优秀青年教师挑起了教学科研大梁，创造了专升本连续 11 年在全省同类院校中排第一，考研率连续两年取得 30％以上的优异成绩，一次性就业率一直保持在 95％以上。短时间内实现了专升本跨越，办学水平、人才培养质量不断提升。成绩令我们自豪，但短板同样不能回避：我校地处县域，由中专学校合并而成，不占地缘优势，发展基础较薄弱，师资力量尤其是学科带头人和名师匮乏，这同我们建设高水平应用型特色大学的目标还存在明显差距；高校本科教学质量与教学改革工程项目建设成效不理想，其原因是项目负责人及团队实力不够，竞争力不强，说到底是师资的问题。对此，从学校持续健康发展考虑必须引起高度重视。

**加大名师引进力度。**加强师资队伍建设，下大力气培养学科带头人和名师是当前的

头等大事。名师及学科带头人仅靠校本培养,周期较长,见效较慢,无法在当下激烈的教育竞争中占得先机。因此,各院系都要立足学科建设实际,引进高层次人才。一是引进教学名师,即热心教学在全省有些影响的教授,如省教学名师或获奖项目负责人及骨干成员;二是引进学科带头人,大学的系主任或在省获得教学科研奖项的教授;三是引进博士及其团队带项目(省以上项目或平台)入校。要做好筑巢引凤工作,研究名师引进的办法和机制,实行年薪制,免费提供住房,为高层次人才生活、教学、科研提供良好的条件。同时要明确名师职责,充分发挥名师带队伍、带学科、带科研的关键作用。人事处、各院系要加强研究,注意协调,扎实推进,年内各院系根据学科专业需要至少引进一位名师作为硬任务必须完成。

**促进学科带头人提升**。学校组织评选的学科带头人,是全院教师队伍中的拔尖人才,是学校的宝贵资源。要研究机制促进业务拔尖人才脱颖而出,创造条件将学科带头人发展为省级教学名师。要加大投入、提高待遇,为学科带头人提供必要的科研、外出学习经费,支持出成果、写专著、带项目。要落实责任,制定学科发展规划,依托学科带头人打造名师团队,建设特色品牌专业。

**鼓励青年教师成长**。按照以老带新思路,充分发挥骨干教师的带动作用,帮助青年教师尽快成长。支持读研、读博教师与导师沟通联系,挂靠课题项目,实现科研纵横向合作。学习经管学院张智霞教授的经验,找准深化研究的方向,专心搞科研,尽快出成果。教师培训中心要进一步落实好培训计划,推进辅导员考取心理咨询师证书,对新进教师加强教育学、心理学、教学法的培训。本学期要评选"教坛新秀",教师节进行表彰,树立青年教师榜样。

**高度重视师德师风建设**。我们要进一步弘扬王焕新、崔效杰等老领导带领大家形成的"创业敬业、求是求新"精神,进一步践行"让认真成为品质"的校风和"责任高于一切"的教风,把爱教育、爱学生当作毕生的信念和追求。构建阳光心态,倡导优雅生活,培育团队精神,提高自我平衡能力,努力达到"愉快工作=愉快生活"的良好境界。宣传部、各院系要及时宣传报道师德标兵典型,实现学生评教制度化、规范化、科学化。本学期评选出最受学生欢迎的老师、学生最敬佩的辅导员,教师节予以表彰。坚决落实师德问题在评优晋级中一票否决的制度。

**力争教学工程项目新突破**。目标管理是综合管理的重要举措。2014年,教学上要以抓好"高校本科教学质量与教学改革工程"项目建设为突破点,这项工作事关学校未来发展和学校的竞争力,事关我校在全省同类高校的位置和教育厅的评价,更关系到教育部本科教学合格评估这一"大考"的成绩。举全校之力、集众人智慧,全面协调谋划,2014年度争取完成下列项目:软件学院力争建设一个省级特色专业;经管二系、化工学院、机械学院、农学院、工商学院建成省级精品课程;汽车学院依托汽车机械实训中心建成省级实验教学示范中心;化工学院依托蓝工院环境监测中心建成省高校人才培养模式创新实验区;农学院力争建设园艺专业省级教学团队;机械学院、化工学院、软件学院在省卓越工程师教育培养计划项目上实现突破,每个学院要有一个专业立项为省卓越工程师教育培养计划项目。各院系要根据实际情况,至少确定一个省级教学改革研究项目,力争突破。发展规划处牵头,教务处、学生处、农学院、思政部、公共教学部、有关研究所相互配合、通力合作,争创省人文社科基地。

**深入开展群众路线教育实践活动**。中共中央已召开第二批党的群众路线教育实践活动动员会议,我们要在市委、省高工委、学校党委的领导下按计划、有步骤地积极参加这一十分重要的教育活动。以教育实践活动带师资队伍建设,按照"照镜子、正衣冠、洗洗澡、治治病"的总要求,自我净化、自我完善、自我革新、自我提高,开展批评与自我批评,倾听来自一线师生的声音,征求师生的意见建议,解决干部教职工队伍存在的问题和不足。要重点解决思想认识问题,要用党的十八大、十八届三中全会精神统一全体干部、教职工的思想,增强中国特色社会主义的理想信念,用社会主义核心价值体系指导教育教学工作。要解决少数干部不敢担当、不负责任,工作不切实际,服务不到位的问题;解决少数教师以生为本观念淡薄,心态不够阳光,进取心不强,教学创新不够,管理方法简单粗暴等问题;解决少数职工工作不主动、服务意识不强、得过且过等问题。要进一步完善制度,明确程序,构建机制,坚决防止工程招投标、物品采购、学生用书、财务开支等重点关键领域腐败现象的发生。及时发现集中性、倾向性、潜在性问题,注意掌握师生思想、工作、生活情况,防止小问题酿成大错误。要深入开展向考研、招生、学管、基建学习活动,干有目标,学有方向,努力营造争先创优的氛围。通过学习和整改,提高干部、教师、职工队伍的素质,凝聚干事创业的力量,推动学校健康快速发展。

## 二、以校企合作为关键,加强育人模式改革,实现教学科研新突破

我校发展的目标定位是建设高水平应用型特色名校,培养高素质应用型专门人才。我们深入贯彻以生为本的核心理念,唱响"适合的教育",教育教学、科研工作取得了令人瞩目的成绩。但我们教学中仍然存在重理论轻实践、重课堂轻实训、重知识轻能力,关门办学,脱离实际,技能弱化,适应性不强等现象。事实证明:探索实行多元教学模式,培养学生的动手操作能力,提高学生的适应性,真正做到"毕业就能就业,上岗就是高手",必须加强实践教学,其根本出路就是校企合作,进而拓展校地、校事、校校合作。我们要实现产教深度融合,校企紧密合作,在专业设置上更加注重以社会需求为导向,在课程设置上更加注重科学知识、思想品德、人文素养和实践能力的融合,在教学方法上更加注重发挥学生的主体作用,在社会合作上更加注重用人单位的参与,培养具有较强岗位适应能力的面向地方、面向行业企业的高素质专门人才。

**加强校企合作考评管理**。各院系要按照由教学主体向办学主体转变的要求,按照校企合作工程的实施方案,把校企合作当作提高人才培养质量的重要途径,制定规划、列出计划、扎实推进,年内每个院系、每学科或专业与企业设立冠名班,新增一处实训基地,聘

请企业高管、高工到校任课达到比例要求。就业指导与校企合作办公室要加强协调、严格把关,杜绝与科技含量低的低端企业合作,完善检查评价办法,教务、就业与校企合作办、督评室联合加强过程督查,一抓到底,在校企合作上求突破见成效。

**规范实践教学管理**。进一步推动"五个对接",即专业与产业、职业岗位对接,专业课程内容与职业标准对接,教学过程与生产过程对接,学历证书与职业资格证书对接,职业教育与终身学习对接。教务处、各院系要按照分层教学、分类施教的要求,进一步规范实验、实训、实习的常规检查办法,加强对实践教学的常规管理。期中要进行一次大检查,切实掌握各院系、各学科落实情况。举办实践教学成果展,推广优秀教师的经验。大力推进案例教学、项目教学,以问题为导向,开展教育教学研究。

**依托专业办产业促创业**。软件园是产学研平台,各院系要按照专业办产业、创业带就业的思路,鼓励师生在软件园创业办公司。软件园所有入园单位都应该无条件接受学生的实训实习。加强对入园企业的管理,以税收和服务教学情况作为重要指标评选优秀入园企业,并进行表彰奖励。要抓好招商引智、招院引所工作,加大软件、电子、文化产业入园力度,积极引进省级以上研发中心,重点实验室入园。各院系要实现"三个一"的任务目标,即每个院系要引进一个省级研发中心或研究所入驻蓝工院大厦,引进一个大型文化创意设计公司入驻文化创意大厦,至少办一个师生创业公司入驻大学生创业园。蓝工院和文化创意大厦今年9月份投入使用,要争取招商一次入驻率达70%以上,软件园实现税收增长30%以上,申报和建设院士专家工作站,建成全国创业示范基地,积极争取上级扶持资金。

**深化校企合作搞科研**。社会服务是高校的重要职能,各院系要支持教师通过校企合作参与企业科研,通过参与企业科研提升服务区域经济社会发展的能力。科研处要把校企合作科研项目作为重点进行考核,加强对博士参与校外科研的管理,凡不以学校名义取得的成果,职称评聘不予承认,对参与校企合作科研项目取得成果的教职工进行表彰奖励,提供必要的科研经费支持。本学期要对所有的科研院所进行全面的检查考核,凡是三年来无成果项目、无明显进展、无效益的科研院所要关停改转。要做好学校百项课题研究,力推百项课题与地方经济社会发展的联结。坚决落实中级以上职称聘任无课题一票否决制。

**安排教师挂职促成长**。教务处、教师培训中心加强协调,确定比例,安排专业教师到企业锻炼,加快促进专任教师向双师型教师发展,对教师在企业的表现、业绩、成果进行检查、评定,并将其纳入评优晋级之中。教师通过锻炼,进一步了解企业用工需求,做到与学生实训实习的密切结合,更好地进行教学与科研。要安排学科带头人到应用型本科高校挂职锻炼,学习先进经验,把握学科发展前沿,更好地加强我校的学科专业建设。

### 三、以岗位管理为关键,落实责权一致原则,实现管理体制新突破

我校实施的目标管理、岗位管理、项目管理、量化管理"四项管理"中,岗位管理是关

键。现代管理的基本原则是责权利一致。我们重视制度管理,通过三次教代会制定完善了一系列规章制度,依法办学、依章治校迈上新台阶,现代大学制度建设提升到新水平,保障了学校的整体平安和谐、质量提升和持续发展。但是,目前学校人事列编、财政拨款、单位使用的基本格局和管理体制没有大的变化,计划经济体制的管理弊端显而易见,当然这不是我们一个学校的问题,有人说事业单位尤其教育人事管理是市场经济体制下改革的最后堡垒是有道理的。增强活力、提高效率、有经验的中老年教师坚守教学一线要靠机制的改革创新。要抓住岗位管理这个牛鼻子,以岗定责,以责任定权利,强化过程反馈和结果考评机制应是管理的必由之路。

**内部分配实行岗位工资制**。为激发教职工工作积极性,在全员竞聘和科学化的岗位设置前提下,实行依岗定责,不同岗位配发不同的岗位工资,不搞一刀切,不搞平均化,多劳多得,优劳优酬,非常规性工作要按项目管理的要求,确定岗位工资。这是改革方向,全面落实有赖于事业单位改革的进程,办学自主权的扩大,学校财务收入达到一定水平。

**理顺各系列的分配机制**。总体上,内部分配要坚持向教学、科研、辅导员、重点岗位、关键岗位倾斜,提高岗位工资。管理服务系列要以中层干部岗位工资为基准,进一步理顺、确定科长及职员岗位工资,尤其是提高重点岗位、关键岗位、艰苦岗位的职员工资。教学科研系列要以副教授课时工资为基准,适当提高中级及以下职称教师的岗位工资。当然这些设想需要研究实施方案,要经过校务委员会研究通过后提交教代会形成决议。

**制定自聘人员工资管理办法**。学校自收自支人员是教学、管理、服务岗位的必要补充,发挥着重要的作用。一直以来,对自收自支人员缺乏具体的管理办法和提资晋升机制。从本学期开始,人事代理人员统一确定档案职务工资,合同制及依照合同制管理的人员统一确定最低工资标准,然后全部纳入岗位工资管理。按照教学科研、管理服务、企业创收三个系列确定不同的岗位工资,在教学一线的提高课时工资,在企业及创收单位的提高效益工资。

**加强岗位考勤和绩效考核**。考勤和考核是实施岗位工资的主要保障,对管理服务岗位要严抓日常考勤不放松,加强过程反馈和绩效考核,确保日常考勤、绩效考核、工作考评在岗位工资中的重要比重,以此奖优罚劣、奖勤罚懒、鼓励创优、增强活力。人事处、督评室要进一步研究制定管理服务岗位考评办法,教务处、科研处进一步研究制定教学、科研人员考核办法,督评室、企管处要进一步研究企业及创收单位效益考核办法。各系列考勤考核权、岗位绩效工资核定权在中层单位,探索经费包干,扩大自主权的改革。

(根据笔者 2014 年 2 月 17 日"抓住关键求突破,建设高水平应用型特色高校——在学校 2014 年度工作会议上的讲话"整理)

# 强化教育理念　推进内涵发展

**编者按：**党的十八大、十八届三中全会和全国职业教育工作会议精神，为学校今后的发展指明了方向，我们要以应用型目标定位和内涵发展为动力，强化教育以生为本，办学以师为本，大学服务社会、以教学为中心、核心价值观统领，国际合作与交流等理念，实现内涵新发展，为教育部合格评估做好准备。

新学年工作总的指导思想是深入学习贯彻党的十八大、十八届三中全会精神和全国职业教育工作会议精神，巩固党的群众路线教育实践活动成果，以社会主义核心价值体系为指导，强化教育理念，落实"适合的教育"，实施"六大工程"，完善"四项管理"，巩固提高"三率"，为顺利通过教育部本科教学工作合格评估做好准备，努力建设应用型特色高校。新学年是很重要、很关键的"备考年"，为下一个学年的教育部合格评估这一"国考"做好充分准备。重任在肩，攻坚克难，必须凝聚共识形成合力，通过学习借鉴、梳理总结，当前要强化办学中秉持的教育理念，全力推进内涵发展。

## 一、强化教育以生为本理念，让每个学生成长成才

教育的根本任务是立德树人。以生为本、教学以学生为中心原则的确立是教育的一次革命。现代教育论认为，谁是知识的接受者谁就是教育的主体。生本理念要求教育必须面向全体学生，促进每一个学生的发展。强化以生为本的理念，让学生成长成才，对应用型高校来说最重要的标志就是学生毕业即就业，而且能创业，听起来有些狭隘但落点很明确。我校办学层次多样，有本科、专科、五专，还有研究生联合培养。生源多样，素质参差不齐。目前有25个本科专业，41个专科专业，专业覆盖面较广。以生为本的理念要求我们的教育教学必须立足每个学生的成长成才，实施"适合的教育"。适合的才是最好的，我们要按照因材施教的原则、分层施教的策略，为每个学生找到适合成长成才的支点。每个学生成长成才了，我们的教育就成功了。

实现上述目标的出发点在哪里？

我认为，在于"尊重"。马斯洛认为，尊重是人的高层次需求。人人需要尊重，学生同样需要尊重。我们要尊重学生的差异，尊重学生的个性，尊重每一个学生。由此，我们就能找到每个学生成长成才的支点。"一刀切"的工作方法、"一鞭赶"的教育方法是最省事的办法，实质是不负责任的表现。

在于"关爱"。爱教育,爱学生,应是教师的基本职业素养,也应是教师的毕生信念。只管教,不管导,唯分数论,是教育的最大偏差。没有爱就没有教育,教师爱心缺失是教育的悲哀。国内外众多研究表明,非智力因素在人的成长成才中具有决定性作用,情商比智商重要。身体、心灵、品德与学习一样,都是非常重要的。教师不仅要关注学生的学习,更要关心学生的身体、心灵和品德。唯此,才能履行教书育人的职责。

在于"榜样"。榜样的力量是无穷的,标杆的作用是巨大的。求学过程中最幸运的莫过于遇到几个好老师,而教师本身就是学生的榜样,一言一行都影响教育着学生。我们要"内强素质,外树形象","对人讲礼貌,对己讲仪表",努力学习,丰富学识,认真做事,勇担责任。校志已编辑出版,校史馆正在规划建设,各院系要认真挖掘校友资源,让学业、事业、创业成功的校友成为学生心中的榜样,让每个学生心有目标,赶有方向,更要教育学生胸怀大志,从明星崇拜及娱乐至死的危险中解脱出来,让志士仁人、时代楷模成为学生心中永恒的榜样。

在于"学风"。办教育就是办文化、办氛围。人们评价一所大学往往是谈论名师名学科,再就是谈学风,良好的学风是最好的广告。"泡菜理论"讲的就是这个道理,学风关系到人才培养质量,良好的学风是无声的劝导,可内化为学生的自觉行动。每年开学典礼上我都会强调一个观点:上大学,是人生的经历,重在过程,命运主动权掌握在自己手中。"勤学苦练"是我校的学风,要通过生动例子引导教育学生勤奋学习、广泛阅读、苦练本领,这是成长成才必不可少的条件。

在于"严管"。对严格管理有些争议,有的学者用重点大学管理来审视我们这样一所新建的地方性应用型本科高校,不赞成我校的管理模式。我认为应坚持从严管理不放松,做到严爱结合,严中有爱,严字当头,爱在其中,倡导"双严",即严管细导,严父慈母。当代著名高等教育专家、厦门大学高等教育研究院院长别敦荣教授多次到我校指导,认为我校管理模式和风格有独特性,对良好的学风给予赞赏,特别认为教师集中办公、青年教师兼任辅导员、骨干教师兼任班主任是高校学工的创新。晚自习放开后,尤其要严格管理,晚自习要忙起来,教室、图书馆、社团活动、运动场等有其人,防止学生喝酒玩乐消磨时光。要对五专学生实施特别管理,严上加严,培养良好的道德品质和良好的学习、行为习惯,提高文化素养,为其转段到大学打好基础。围绕以生为本理念,要具体做好以下工作:各院系要结合开展"中国梦·我的梦"主题教育,抓好学生成才目标设计,团委要搞好优秀成才设计方案评选。各院系要制定好分层施教的具体措施,针对不同学生制定不同的教学方案,优化课程设置,为学生成长成才提供保障。党政办公室牵头抓好三类困难学生包靠工作,将其作为党的群众路线教育实践活动成果予以制度化,成为全体教职工的自觉行动。学工部门要创新工作思路,加大各类优秀学生的评选表彰。要发挥好学生的自治作用,学生会在学生自主管理、帮助学生解决实际困难方面有所作为,学生会干部参与到学校管理的诸方面,为学校改进管理,改善服务,化解矛盾做出贡献。

## 二、强化办学以师为本理念，让每个教师不断发展

搞教育、办学校最根本的是师资。一流的学校、一流的质量，其根本在于一流的师资。师资是第一位的，当年西南联大、延安抗大在抗日烽火中物资极其匮乏，甚至连教室也保证不了，但大师云集西南联大，中华民族优秀分子奔赴延安，培养了一批科技巨匠、民族精英和优秀干部。师本理念要求办好大学必须依靠教师，尊重教师的学术，实现教授治学；必须重视教师的权利，教师参与到学校管理中去，实现民主管理；必须创造条件让教师专业成长，不断发展，实现人生价值。我校是一所新建本科高校，师资的短板主要是副教授以上的师资缺口较大。我们面临着进一步提升教育教学质量的重大课题，面临着迎接教育部本科教学合格评估的重大任务，要在教学质量工程项目上实现重大突破，关键在于师资队伍建设。

要重师德。良好的师德师风是师资队伍的根本素质。要用"责任高于一切"的教风、"让认真成为品质"的校风统领师资队伍建设，解决目前教育教学中存在的爱心不够，责任心不强，终生从教思想不牢固等现象和问题。有专家说，教育首先抓好教师教育，必须坚持师德为先。因此，要大力弘扬认真成为品质的校风和责任高于一切的教风，评选师德标兵和学生心中敬佩的老师，请教师模范作报告。要加强辅导员队伍管理，将青年教师担任辅导员作为职称聘任、干部提拔的前置条件，鼓励任课教师兼任辅导员，骨干教师兼任班主任。从全国高校学生中发生的恶性案件看，学生管理交给年轻的甚至无人生经验的辅导员风险很大，大学教师管教不管导，学生除了上课平时很难见到老师现象普遍存在，学生思想、心理、学业等问题没有及时化解，大学校园发生不可思议的极端事件可能性增大。教书与育人是不能分离的，以良好的师德培育学生之德，以美好的心灵唤醒学生心灵，一棵树摇动另一棵树，教育就是这样潜移默化、春风化雨地发生作用，可见教师不仅要有丰富的学识更要有良好的修养，肩负起教书育人的神圣职责，真正体味"愉快工作等于愉快生活"的真谛。

要强本领。教师要完成教书育人的任务，必须有较强的教育教学业务能力。要突破传统课堂教学模式，切实改进教学方法。要在产教融合、校企合作、工学结合、知行合一上做文章，构建案例教学、项目教学、生产过程教学等新模式。专业课要注意情景再现，到实训中心、下车间，做中学、学中做，彻底解决理论与实践脱节、学与做脱钩的问题。培养应用型技术技能人才更需要"双师型"教师，专业教师到企业挂职、企业高工技师到校上课制度要落实好。大学教师照本宣科是最省事的，也是不负责任的。教学是创造性劳动，优秀大学教师一定是教材编写者，融合创新，自成体系。希望学科带头人的讲义成为一门课程的教材，这也是"适合的教育"应有之意。

要促发展。教师的职业生涯最怕的是职业倦怠，教书匠重复劳动易生倦怠，因为没有体会到创新的快乐，事业人生才是快乐人生，从职业层面守着饭碗，上升到事业层面有

价值追求才不辱使命。促进教师专业成长不断发展要有动力,学历提升、进修学习、学术研讨、评先树优、职称晋升、赋予责任、提高待遇等都能激发其动力。"问渠哪得清如许,为有源头活水来",创建优化机制,保护活水源头是我们的重要责任。

目前,我校具有高校讲师职称的教师有近 600 人,这是教育教学的中坚力量,还有中专、中学、高校系列高级职称教师 250 多人,这是教育教学的骨干力量。本学年,要着力推进优秀讲师晋升副教授,中专、中学系列高级职称人员评转副教授。支持帮助教学成绩优秀、深受学生敬佩的教师申报课题、发表文章,推荐参与省级以上学术组织编写教材出专著。在任课教师全部达到研究生学历基础上支持 40 岁以下青年教师攻读博士学位。通过业务达标,课堂教学比赛,争取省部级科研课题,参与企业横向合作促进青年教师尽快成长、顺利晋升为副教授、教授,副教授以上职称的教师要达到整个教师队伍的 30%,这是教育部合格评估的基本要求,也是办学的需要,本学年各分院作为硬任务必须完成。

要抓规范。教务处抓好教学制度落实,实行严格的课堂教学管理办法,加大检查、反馈、考评力度,着力抓好公共课、选修课、实践实训课规范。落实好各院系管理责任。教务处成立课堂规范督查小组,及时总结通报存在的问题并督促整改。高度重视人才培养方案的制定,"它山之石,可以攻玉",要借鉴学习,不能照抄照搬。规范期中期末考试环节,严肃考风考纪,抓考风带学风,"千里之堤,溃于蚁穴",考试环节的一点松动可能导致学风的涣散。学风问题的根子在教师,因此,必须抓好教师教学规范。

## 三、强化大学服务社会的理念,深化产教融合科研出成果

社会服务、科学研究是大学的重要职能。大学的社会服务肇始于美国,从威斯康星大学提出社会服务的职能到"二战"后美国社区学院直接为社会服务,大学发展发生重要变革,大学走出象牙塔,主动承担起社会服务的责任。总之,社会服务是大学人才培养和科学研究功能的综合和延伸。就我校来讲,培养应用型人才、满足地方社会和产业人才需求是最重要的社会服务,因此必须提高毕业生"留寿率",增强为寿光服务的能力,这是我们办学的立足点,是天经地义、不容回避的。要将大学的人才及科研融入地方,开展校企、校地合作,共建实验室及研发中心,建设校中厂、厂中校,产教深度融合,搞好社会调查和研究,组织社会各方面培训等实现大学的社会服务。本学年每个院系至少要完成与一家国内 500 强企业或上市公司签订合作育人协议,成立冠名班,学校对引荐人、有关院系进行奖励。凡校企合作无成果的不能评为优秀院系,责任人年度考评不能为优秀。按照专业办产业的思路,支持师生创业和科研成果转化,引进的博士教师必须参与地方企业产品技术研发。发挥好软件园产学研平台优势,全力抓好软件园招商工作,元旦前后对各单位完成任务情况总结评比。按政策做好入园企业管理工作,规范入园退园程序,做到招商、入园、管理、服务、考评各环节职责清晰。把山东半岛蓝色经济工程研究院这一省级科研平台布局好,这一平台是省科技厅审批的,主攻方向是海洋精细化工、海洋生

物、环境检测等技术研发;要加强与羊口、侯镇化工园对接,为海洋化工高新企业研发中心入园提供博士团队支持,争取三年内获取省科技进步奖。投资建设环境检测中心,购置先进设备,力争达到检测项 3000 个。经营好文化创意大厦,艺术传媒学院搬入后,软件园引进文化创意公司,校企共建创意创客中心,支持师生创业成立艺术工作室。引进建筑规划、景观园林、广告设计、电商直播、陶艺雕塑等文化公司,促进专业教学与入园企业融合。飞翔集团落实好校办企业监管职能,确保财务及投资安全,研究制定发展规划,构建促进集团子公司快速发展的机制,提高创收能力,争取完成税收 5000 万元。集中力量建好农圣网电子商务平台和潍坊社区服务平台。扩大市长热线社会购买服务范围。继续建设好菜博会 9 号厅和种苗公司。

提升师资队伍出名师,增强社会服务能力出成果,有赖于科研。广大教师要切实增强科研能力,不断提高科研水平,通过纵横向合作努力取得科研成果。以科研为主的博士团队在搞好科研的同时,要进一步发挥优势,主动承担教学任务。以课题为导向,加强各级各类课题的申报、研究、评奖、应用推广。科研处进一步抓好校级课题管理,做好促进学校发展、服务地方的课题研究。鼓励博士及科研院所申报省级以上课题,争取 2～3 项课题对地方经济与社会发展产生较大影响。落实配套经费,提供科研条件。蔬菜新品种研发要实现由“鉴定”到“审定”的跨越,集中力量形成“潍科”系列新品种群,为寿光蔬菜产业升级、种苗品牌形成做出新贡献。

做好各类培训工作是服务社会的重要途径。按照全国职业教育工作会议提出的构建终生教育体系的要求,进一步加强社会培训。各院系、成教学院要主动与社会、企业对接,争取培训项目,拓展培训范围,努力开创社会培训新局面。要发挥寿光农业蔬菜产业优势,在新型技术农民培训上做出潍科贡献。

### 四、强化以教学为中心的理念,提高人才培养的保障能力

学术性是大学最原始、最基本的属性,人才培养是大学的核心职能,教学是学校工作的中心。学校的其他工作都要围绕教学即人才培养这个中心去运行。后勤服务是保障教学正常运行的重要条件。当前后勤服务的问题是机制不完善,缺乏规范性,存在滞后性,社会化程度不够。要完善后勤服务社会化机制,能推向市场的一律面向市场,需要学校统管的,必须健全制度,严格管理。固定资产管理实现网络化,落实各单位责任制和追究赔偿制。

加强财务预算管理保障教学。财务处确定好各单位日常开支、水电暖、物业管理等费用,加强预算管理,实行经费包干,做到收支平衡。满足院系日常教学、实验实训、师资培训、学术交流、社团活动、学科竞赛、社会实践等经费开支,不断推进院系由教学主体向办学主体转变,落实经费自主管理,强化过程监管,有效利用资金。

加强对餐厅的统一管理。做好成本核算,除干部工资外,一般工作人员的工资要纳入成本,岗位工资可根据业绩、考核确定。研究提高班组积极性的机制和办法,巩固现有

成果,确保饮食安全,进一步提高师生满意度,努力打造山东省最好的高校餐厅。

增强校办企业创收能力。企管处、财务处制定好企业创收指标,扩大校办企业自主权,落实创收单位岗位工资由公司发放的办法。落实企业经理负责制和经营自主权,增强校办企业活力,能改制的促进改制,不能改制且成立两年以上的企业,其创收指标参照上年指标、房屋租赁、人员工资、资金使用率来确定。校办企业年上缴学校利润达到 2000万元,确保课时工资、岗位工资按时发放。适当适时提高岗位工资、课时工资是可以的,但学校财务收支两条线,学院是寿光的事业单位,我们必须顾全大局,通过校办企业创收提高利润,逐步提高岗位、课时工资,以更好地服务教学。

推进后勤社会化服务跟进教学。后勤服务社会化是改革方向,日常设施维修的质量、及时性、价格合理性、师生满意度是必须关注的,小问题可能酿成大事件,细节决定成败,师生对学校的管理及对我这个"主管"的评价往往从这些后勤服务的细节上找答案。两个后勤服务公司由本校教职工领办,从前段运转来看效果是好的,他们干起来不分昼夜,没有歇班节假日,不怕脏累,并不是说谁的觉悟高,当然有情怀在里面,根本上还是靠市场机制的力量。本校教职工办服务公司便于协调管理,其财务要纳入飞翔集团统一监管,使用单位把关签字,其服务项目费用从包干经费中列支,这种运转机制效果良好。要进一步完善后勤服务管理办法,一般性维修服务由总务处、物业中心、软件园后勤部各自协调把关。学校所属四个小区,发挥业主委员会的作用,建设温馨和谐小区,让师生满意。积极筹建教职工周转房和学生新公寓,进一步改善学生住宿条件。房地产开发公司要按计划建设好河东隅书香苑项目,建工学院当作重要实训基地让师生主动参与。收回综合服务楼,出售、租赁专家公寓 1 号楼,东南沿街区域改建为机动车驾驶员学习培训场地。体育馆、大学生活动中心为学生社团活动、教师的学术活动服务。

## 五、加强核心价值观教育,努力建设文明和谐校园

社会主义核心价值观从国家、社会、个人层面指明了道德建设的目标和方向,回答了"建设什么样的国家、建设什么样的社会、培养什么样的公民"问题,这对我们的教育教学工作具有十分重要的指导作用。改革开放 35 年,中国成为世界第二大经济体,但也面临一些挑战,物质主义和消费主义误导了部分人的价值观,不同程度地影响大学生的健康成长。因此,加强社会主义核心价值观教育,从一定意义上讲就是道德文化的重建。

发挥核心价值观的统领作用。大学肩负立德树人的重任,每位干部、教职工要自觉学习领会社会主义核心价值观的内涵并贯彻到教育教学各环节,力求进教材、进课堂、进头脑。加强"三风"建设,弘扬学校精神,引导师生不断提高思想道德素质。以核心价值观引领制度管理和情感管理有机结合,细化"四项管理"措施,进一步落实责任制。在党委领导下,充分发挥工会、团委、妇联、老干部等群众组织的作用,开展弘扬核心价值观的系列主题活动,及时认真听取来自师生的声音,不断改进各项工作。

以核心价值观引导校园文化建设。大学校园文化应深厚凝重,不应飘浮张扬。校园内不要乱挂横幅、乱贴标语、乱提口号,更不能随意跟风开展花里胡哨的活动。以社会主义核心价值观为主线将不同空间的文化主题贯穿起来,按照大气、简约、庄重的要求对校园文化统一规划设计,体现人文和科学精神。将社会主义核心价值观与学校文化标识诠释结合起来,让师生参与进来,在体验中增强师生文化认同感。

加强核心价值观专题教育。聘请专家到校作报告,校级干部到包靠院系作专题讲座。学工系统、团委学生会安排主题教育。思政部要将核心价值观教育纳入社会实践活动并与国学教育、农圣文化教育结合起来,要通过组织军训、举办艺术节,办好校报、校刊、网站、宣传栏等宣传核心价值观。我校是山东省文明单位,校园安全稳定、有序和谐才能营造良好育人环境,要以核心价值观教育引领文明创建活动,全面提高师生道德素质、校园文明程度、创新发展热情、推动应用型特色高校建设。

### 六、强化国际化办学理念,拓展招生促进发展

国际交流合作是大学发展的趋势,也是高等教育面向世界的必然选择。是经济全球化客观要求,也是对"一带一路"倡议的响应。但有的人认为我校是地方性应用型高校没必要搞国际交流合作,认为国际交流合作是"高大上",我们"扒土窝"的,搞国际交流合作不可能成功,甚至从根本上予以否定。实际上建校初崔效杰同志带领大家开辟的韩国留学项目是我校国际交流与合作迈出的第一步,一部分有眼光且有一定经济条件的家长送孩子出国接受本科教育,后又开辟与乌克兰的合作项目,均得到家长和社会的很好评价。国际交流与合作已成为我校办学的一大特色。近年来,我校与韩国大学的交流合作又取得了重大进展,启动了联合培养博士项目,今年又开辟了与东南亚、非洲、巴基斯坦等的合作,招收了10多名"一带一路"国家的留学生。但由于我校地处县城,教师的英语素养不足,国际交流合作也遇到一些困难,这需要我们借助外力顺势而为,扎实推进,开辟留学生招生新领域,促进学校更快发展。

本科招生计划只能逐步增长,不可能有大的突破。留学生是拓展招生的新领域,不受国家计划限制,是扩大本科招生新的增长点。招生办、国际交流与合作处做好总体规划,全员参与,纳入院系和教职工考核,使留学生招生工作制度化。外事处要做大做强与韩国的合作,每年招收赴韩留学生达到100人以上。成立赴韩留学预科培训中心,力争打造成山东知名的培训中心。拓展与非洲、西亚、东南亚和独联体国家的交流合作并扩大留学生招生,本学年争取招生50人。开展与英语国家的合作,加强与第三方的合作,做大做强外语培训中心,今年起步、明年成立欧洲、北美、澳大利亚留学预科班。继续做好我校优秀教师赴韩国高校读博项目,切实发挥好学成回国教师的作用。

(根据笔者2014年8月29日在潍坊科技学院2014—2015学年工作会议上的讲话整理)

# 补齐短板　打造特色　全面准备教学评估

**编者按:**本科教学合格评估是一项国家级的办学考核,是国家对新建普通本科院校办学水平、办学条件、办学质量、人才培养等方面进行的综合评估。要全力做好本科教学评估,打造特色亮点,解决弱项短板,不断改革创新,争取"国考"的优异答卷。

2008 年,崔效杰书记带领大家精心筹划,认真准备,迎难而上,实现了专科升建本科的重大跨越,教育部正式批准我校为全日制普通本科院校,这是学校发展史上的重大里程碑,也是中国县办大学的伟大创举。八年来,经过大家努力奋斗学校得到健康发展,取得了许许多多骄人的业绩。但我们办学是否全面达到国家要求的合格标准?明年我们迎来了"国考"这一重大任务。从前些年全国参与评估的学校情况来看,有五所学校评估不合格,其中山东有两所。就我校而言,其短板也是明显的,包括办学经验不足,教授偏少,特色不够明显,成果运用不足等等。面对这些短板和问题我们没有什么退路。"比困难更可怕的是惧怕困难,比挑战更可怕的是不敢挑战,精神上后退一步,行动上就会一溃千里。"在此,就迎接教育部合格评估我谈五点意见。

## 一、以评促建齐努力,全面做好评估准备

2015 年是全面"备考年","不打无准备之仗,不打无把握之仗",面对困难,我们必须坚定信心,扬长避短,奋力拼搏,全面准备,务求过关。评建办要细化工作目标,分解工作任务,以评促建。各院系部处室对照标准,按照分工要求,全方位、多层面、高标准地做好各项准备工作。要请专家进校园指导,外出学习取经,完善数据分析报告和有关支撑材料。迎接评估是头等大事,"唯此唯大",全校一切工作围绕迎评开展,人人要立足本职干好工作,以高度的责任心和使命感投入迎评工作中去,尤其是教学系统责无旁贷,人才培养方案、教学过程管理、师资队伍建设、课程设置改革、图书实验设备达标、实习实训安排、质量监控体系等都逐一研究分析,加大措施认真准备满足评估条件,确保顺利通过教育部本科教学评估验收,交上一份优异的"国考"答卷,为学校可持续发展、建设应用型特色名校奠定基础。

## 二、做好三项重点工作,以特色亮点备战评估

评估是对办学情况的全面检测,这就像一个孩子,经过婴童期成长进入少年期,身心

健康状况要进行全面的体检测试。迎评工作是一项系统工程，既要全面准备防止遗漏，还要打造亮点凸显特色，有漏洞就失分，有亮点就加分。校五届四次教代会确定了2015年要实现校企合作、国际交流、软件园发展三大突破，这也是2015年的三项工作重点，做好三项重点工作将进一步彰显办学特色，对争创评估优异成绩意义重大。

关于校企合作。走校企合作之路，深化产教融合，改革育人模式，才能有效提高应用型人才培养质量，大家已形成共识。近年来，各院系在校企合作上做了一些工作，签约了一些项目，但尚未做到产教融合，有些还浮在表面，院系间还不够平衡。教学方法、育人模式改革没有根本的变化，专业设置缺乏深入的调研和人才需求预测，项目教学、案例教学、情景教学、工作过程导向教学方法尚未深入展开。

新的一年，教务处、各院系在校企合作上要努力做好以下工作：建立行业、企业参与的教学指导委员会；成立校内外专家学科专业委员会；对所设专业进行一次调研和人才需求预测；工作重点为世界、中国500强、山东50强、潍坊10强，寿光10强企业或高科技公司、新业态服务业为实习单位；严密组织本科毕业生论文（设计）选题、撰写和答辩；实现课程考试考核与职业技能鉴定合并进行，提高获取职业资格证书比例；成立工作小组，启动第二校园经历计划；实现专业课在实验室、实习实训室上课；各学科推出项目教学、案例教学示范课，电教中心配合建好示范课资源库；提升双师型教师队伍比例，参与企业科研、研发情况作为院系考核的重要指标，探索与职称评聘挂钩机制。就业与校企合作处研究考评办法，年度结束进行全面评估验收，纳入院系考核，届时没有完成任务的院系主要负责人向校务委员会做出说明。

关于国际交流。国际交流与合作是高等教育发展大趋势，是学校发展、提高影响力的必然选择，也是引进国外先进教育理念和优质教育资源的重要途径。大学校园多元文化交融互鉴，有利于大学生博大胸怀、国际视野、包容精神的形成。在国际合作交流方面我校已走在全省同类高校前头，是办学特色，评估的加分项。今年要重点做好以下几项工作：巩固赴韩留学项目，派出留学生60名；另外，推进赴泰国博仁大学留学项目，年内争取派出300名；重点开拓与德国、荷兰的合作，争取建设中德汽车学院、中荷蔬菜种子学院；开辟英、美、澳合作项目，争取派出100名留学生；创造条件吸引俄罗斯、东南亚、巴基斯坦、非洲等"一带一路"国家和地区的学生到我校留学。拓展赴我国台湾、香港地区学习项目，争取派出学生达到50名；按照项目管理办法，创建激励机制，抓好考评。国际交流与合作处要研究好法律政策，依法办事，各留学项目小组要积极推进工作，巧抓菜博会、驻马店产教融合论坛等机会，搞好洽谈和签约。

关于软件园工作。软件园是我校产学研一体化的平台，也是高科技产业园，大学生创业基地，校中园模式是我校的亮点特色，一定是评估的加分项。软件园已成为省创新创业基地、高科技孵化基地和电子商务基地，2014年被评为国家级科技孵化器。今年要重点做大做强山东半岛蓝色经济工程研究院和生物工程研发中心。将软件园打造成创业之园，年内创业企业达到50家，开学后教务处、校企合作与就业指导中心要搞好大学生创业设计大赛评选,鼓励获奖项目入园;要与市人力资源和社会保障局配合,积极创造条件,建设创业学院。将软件园打造成文化科技园,做大做强环球、潍科两大软件企业,实现营业额5000万元的目标;要争取设立政府科研基金,扶持文化创意、高新技术企业建设科研平台;各院系要引进至少一家省级以上或985高校科研院所,处室至少引进一家文化科技企业,建设卤水化工、防水材料、海洋生物、环境保护、新能源等10个研发检测中心。将软件园打造成电子商务之园,要引进社会资本做大市长热线,引进安徽莫名等公司,争取建设中国人寿保险呼叫基地,电子商务、呼叫业务座席要达到1500个以上、力争实现2000个。要发挥软件园服务中心的作用,加大招商引智、招院引所工作力度,督评室、科研处、软件园办公室发挥好职能作用,搞好招商引智、招院引所工作的协调、统计、督导、考评、验收工作,积极创造条件,促进软件园全面升级快速发展。

### 三、完善"四项管理"机制,解决弱项短板备战评估

全面依法治国要求我们必须依法治校,依法治校具体到学校就是制度化管理。"目标管理、岗位管理、项目管理、量化管理"是制度管理的总抓手。实施"四项管理"近两年来,工作更加理顺,效率有待提高。50岁以上的老教师上课、干部、职员兼课,辅导员任课教师互兼成为新常态,解决了我校师资紧张局面,保证了各项工作的正常运转。但有些问题也不可忽视,由于项目缺乏资金定额包干管理,致使资金投入趋高;量化考核与岗位工资分离,工作质量水平不高,工作过程与结果考核缺乏协调一致,这都需要我们进一步完善"四项管理":对"四项管理"进行系统考虑,防止分离,出现偏颇。督评室牵头,财务处、审计处等有关职能处室对项目加强审计,约束开支的随意性和扩大化。加强过程管理与结果考核的协调,确定好岗位工资在过程与结果中的比例,做到既重视过程管理,又注重结果考核。加强岗位培训与管理,扎实做好青年教师、干部职员、辅导员队伍培训。落实高水平双师型教师奖励办法,对业绩突出、学生欢迎的辅导员增加绩效工资。在行政管理中大力倡导实施"8S"管理,即"整理、整顿、清扫、清洁、素养、安全、节约、学习"八个项目,(因其英文名称首字母均为"S"开头,而简称"8S"),是日本、欧美发达国家企业组织普遍采用的管理办法,我们应该很好借鉴,有效地运用到学校管理之中,提高岗位管理效率。

### 四、倡树改革创新,推动内涵提升备战评估

习近平总书记提出"四个全面"治国理政布局,其中党的十八届四中全会提出全面推进改革开放的战略决策。我们要学会向改革要办法、向改革要资源、向改革要效率。改革是时代的主旋律、主动力,以改革的先人一步,赢得发展的快人一拍。我们的教育教学改什么?怎么改?我看还得以问题为导向,把问题当课题,加强研究,革除弊端,拆除障碍,提高效率,增强品质,从而构建新模式,提炼总结升华。改革创新不是办什么惊天动

地的大事,教学一得、管理改进、教学良法都是创新。

在备战评估的关键一年,要重点抓好以下三个模式的改革创新:一是育人模式改革,鼓励支持院系在实践育人方面创新,在模块教学、项目教学、情景教学上进行创新研究、提炼经验、形成标准。各院系要因材施教、在分类分层教学上创新办法,为企业培养岗位能手,为社会培养合格人才。二是人事管理模式改革,在岗位管理上完善双向选聘机制创新。让有能力实干的、有业绩的脱颖而出,让评价机制更公正合理。让敬业实干的干部得到认可并得到提拔重用;让认真教学、学生敬佩的教师在学校有地位;让热心服务师生、师生评价好的员工得到应有的尊重。三是学生管理模式改革,在学生自主管理运行机制上创新。在"双严"上创出学工经验,学工干部、团组织、班主任、辅导员、心理咨询老师共同探讨网络时代大学生的日常管理和思想政治工作方法。四是后勤服务改革,持续推进后勤服务社会化的创新。怎样才能更好地满足师生的需要?怎样才能及时办理、热情服务、师生满意?怎样才能有效实现节约水电暖?怎样才能做到物业管理到位不浪费?等等。处处留心皆学问,只要认真研究就有办法,相信每位同志在改革创新上都有所作为。

新的一年,各院系部处室都要改革创新上立课题,发展规划处牵头,筛选出重点课题,集中力量进行攻关,聘请专家指导,在媒体上推介经验,年终进行改革创新奖评选,对在省内产生一定影响的进行表彰奖励。

## 五、大力弘扬认真负责的校风,以良好工作状态备战评估

习近平总书记一再强调,"讲认真是我们党的根本工作态度",弘扬让认真成为品质的校风,就要全面倡树"讲认真、敢担当、重实干"的工作作风,在全面备战"国考"的关键之年是特别需要良好的精神状态。要用心工作,珍惜工作岗位,履行岗位职责,把心思用在工作上,深下去、沉下去、不漂浮、不搞形式,完不成任务做不好工作,心不安良心过不去,认真才成为品质;用力工作,"空谈误国、实干兴邦",执行力就是能力,说了不干等于白说,抓而不实等于白抓,尤其是干部,凡是定下来的事,要一抓到底,见到成效;主动工作,教育是良心事儿,也很难量化,缺乏爱心的人从事教育往往出工不出力,教育工作一旦失去主动,往往陷入头痛医头,脚痛医脚,只有认真内化为品质,才能问心无愧地工作,上对得起党和国家,下对得起家长、学生。

学校这些年来的发展靠的是良好的校风和"创业敬业、求是求新"的精神,开学后同志们可以到校史馆看一看,学生处也要安排学生到校史馆接受学校文化教育,了解学校的发展进程,看看前辈创业的豪情,珍惜今天的学习工作机会。

在准备评估过程中,也要看到我们的队伍中仍有些同志工作不认真、缺乏认真的品质、负责任的态度;还有的同志缺乏团队合作精神,不讲政治,不顾大局,对工作缺乏正确的动机,不善于处理、协调同事之间的关系,影响到正常工作的开展乃至学校形象。我们

要在校党委的领导下,巩固党的群众路线教育实践成果,在教育教学中,坚持以社会主义核心价值体系为指导,认真学习习近平总书记的系列重要讲话精神,始终保持正确的办学方向,要适应新常态,认识新常态,讲规矩、守纪律、改作风、抓落实,强化敬畏之心和底线思维,开展"三严三实"专题教育,落实中央八项规定,狠刹"四风"。干部要做到:不干涉工程招标、落实开支首签责任制、工作日中午不饮酒。要做到廉洁自律,廉洁从教,倡导"愉快工作=愉快生活",建设平安和谐校园。

(根据笔者 2015 年 3 月 8 日"补齐短板,打造特色,全面准备教学评估——在潍坊科技学院 2015 年度工作会议上的讲话"整理)

# 遵循大学之道　以高远境界迎接评估

**编者按**：大学管理是门大学问，忙管理抓落实成为常态。在全面迎接教育部本科教学合格评估的关键时期，我们应该遵循大学之道，注重办大学的理性思考，理念成为先导，以高远的境界，务实的作风，清晰的思路，全面准备迎接"国考"。时不我待，功成必定有我，奋力拼搏争创"国考"优异成绩。

集中备战教育部本科教学合格评估一年来，我们落实制度抓规范，强化管理补短板，寻求突破强特色，改革创新促发展。备战状态、工作成效、整体局面非常理想。本学年进入"国考"年，我们必须以时不我待、功成必定有我的豪情，全面落实评估方案要求，全力以赴迎接"国考"，力争优异答卷。"形而上者谓之道，形而下者谓之器"，面对"国考"更要遵循大学之道，提升思想境界，按高教规律办学。我想谈几点认识，一起探讨，可达成共识。

**大学之成功重在教授**。教授就是大学。有什么样的教授就有什么样的大学。一所大学无论有多少工程项目，放在第一位的永远是师资队伍建设。大家看《南渡北归》，在抗日战争烽火中，北大、清华、南开师生颠沛流离，组建西南联大，在缺设备、少仪器，甚至没教室的极端艰苦环境中，培养出一批优秀人才，取得不少重量级成果，靠的就是一批卓越的学者、教授、能坚守的大师。一个教授撑起一个专业，带动一个学科，最终成就一所学校。中外高校有大量的实例证明了这一点。本科教学工作合格评估中，"生师比"是一个重要的观测指标。一所合格的大学，师资队伍不仅要数量充足，而且要结构合理，关键是要有一批高水平的学科专业带头人。我们必须清醒地认识到，制约我校发展提升的主要因素还是高层次人才不足。我们虽然全职引进了曹春英教授、戴丕昌教授这样的全国、全省教学名师，并在教育教学中发挥了重要作用，但还没有培养出省级甚至国家级的教学名师，这是我们的一大缺憾，也是下一步要努力的方向。教师的作用，不仅在于学术，更在于令人尊敬的高尚师德。大德与大学问集于一身方为大师。学校的品格由师德决定，学生的品德也离不开师德的感化影响。大学教师要坚持廉洁、公正，不与世俗不良风气为伍，而要以大师为榜样，在学校做学生的楷模，在社会做公民的楷模。在价值冲突面前，在利益与正义发生冲突的时候，不见利忘义，而是坚持原则，恪守道德，不仅做到学高以为师，更要坚持身正以为范。

**大学之美誉重在学生**。学生就是主人。以生为本应是我们坚守的根本理念。教育的目的在于促进学生的发展。教育以学生为本，就要尊重学生，热爱学生，引导学生健康成长,促进学生自我完善主动发展。因材施教是教育教学的第一法则,每个学生有不同的面貌、不同的心理、不同的基础、不同的背景,教育的价值就在于认识这些不同,尊重差异,尊重个性,尊重每一名学生的权利,探索适合的方法,实施"适合的教育",让每个学生都找到成功的支点,获得成才的可能。大学的根本任务是立德树人,我们不仅要培养学生的实践能力、创新能力,更要培养学生的社会责任感与担当精神。让学生顺利毕业、成功就业不是办学最终目的,仅是办学最起码的要求;提高学生的综合素质,激发学生的发展潜力和担当能力,才是我们追求的目标。我们培养的学生能够坚守岗位做出业绩,就算合格公民,若能有所发明创造,甚至创建实业带动就业,创造财富,成为行业领袖,就堪称公民楷模。不仅让学生成才,更要让学生成为优秀的人,成为公民楷模,是我们大学教育永远追求的最高价值。

**大学之管理重在服务。** 大学一般有两项中心工作:教学与科研。教学秩序、科研秩序应稳定,其他工作都应为这两项中心工作服务。大学里有两项最重要的权利,作为管理者每天都应该给予重视,一是教师享受学术自由的权利;二是学生接受良好教育的权利。学校管理的终极目标是为中心工作服务,即为学科专业建设服务,为教师教学科研服务,为学生成长成才服务。一切管理、后勤服务的价值都体现在对教学、科研的贡献上,体现在对师生的服务上,管理的价值是服务。学习借鉴山东大学徐显明校长提出的构建、落实管理服务的"三个循环"系统。第一循环:校领导、处室为教学、科研单位服务。管理人员坚守工作岗位,全心全意为学校中心工作服务,确保学校工作正常运转,让自己的努力成为学校事业的一部分,就会由衷产生成就感。第二循环:校领导、处室、院系、所长为教师服务。教师受到校领导、管理层、服务人员的尊重,受到学生的尊重,感受到学校营造的尊重学者、崇尚学术的氛围,就会产生尊严感。第三循环:校领导、处室、院系、所长、教师共同为学生服务。以生为本,学生接受良好的教育,得到良好的服务,成为优秀的人才,学生就有自豪感。教师有尊严感,工作人员有成就感,学生有自豪感,师生就是幸福的,这是我们管理服务工作力求达到的目标。工作不分贵贱,教学科研、管理服务对学校发展都很重要,两者应分工协作,不能相互替代。教育部教学评估是以教学为重点的学校工作的全面检阅。教学人员发挥教学价值,科研人员发挥科研价值,管理人员发挥服务价值,辅导员发挥学生辅导价值,将本职工作做到极致,就是实现了自己的人生价值,我们面对的国家"大考"也一定能交出优异答卷。李美芹、刘相法、宋振华、崔月霞、李建永等同志在各自的岗位上尽职尽责,做出了不俗的成绩,为我们树立了学习的榜样。

**大学之大首在大德。** 大学是学问之地,更应是道德高地。大学应有大师,更要有大德。教师之德,首在职业道德。教育是爱的事业,因此,教师有德,必有大爱。教师之爱是基于真理和学问的爱,是超越伦理、天然血缘关系的爱。有一句格言:爱自己的孩子是人,爱别人的孩子是神。学生不是我们自己的孩子,但作为老师就要像关心自己孩子那样关心学生,像爱护自己孩子一样爱护学生,这就是教师的大爱、大德。亚里士多德说:"我爱我师,我更爱真理。"韩愈说:"弟子不必不如师,师不必贤于弟子","青出于蓝,而胜于蓝",这是自然规律,也是真理。老师要善于接受学生的质疑,更要鼓励学生敢于质疑,勇于批判,超越自己,这是教师大德的表现。学生的成功成才,是教师的最大成就所在。大学的大德,也体现在对社会的服务上,培养优秀人才,让社会满意,无疑是第一位的。我们的新发明、新工艺、新种苗等科研成果成功转化,为产业发展注入新活力,促进产业生产率进一步提升,创造更多的社会财富,无疑是对社会的大贡献,也是大学之大德的最重要体现。大学之德,还在于能坚守自己的精神品格。有人说,大学永远与社会之间有一道围墙,大学要面向社会,服务社会,但又不能完全随波逐流。大学必须坚持自己的理想信念,做社会精神文化的引领者,正能量的传播者,社会进步的推动者,如此才能体现大学存在的价值和意义。

**大学之高度重在特色**。特色是大学的魅力所在。内涵发展、质量提升是当前高等教育的主题,这一主题用四个字来表述应是办学特色,而其最根本、最核心的特色是学科专业特色。高等教育的本质是专业教育,成就一所大学靠的是一流专业,有品牌专业做支撑。我们评价一所大学,第一看总体实力,比如它的综合竞争力排名,第二就看品牌专业,也就是它最大的特色,"你无我有","你有我强",特色就是优势,就是竞争力,也是一所大学的价值所在。我校的办学特色在哪里?就学科来讲农学(设施园艺)是优势,当然也是特色。计算机专业有条件,四位留学博士已学成回校,有软件园平台,园校一体育人,并且与印度有合作。化工与环境专业基础很好,在学校工科专业中拥有最多的博士教师,而且有蓝工院这一省级科研平台,与地方产业结合得比较好。其他院系也可以根据自身实际,着力研究特色专业建设。昨天中层干部暑期学习班上,厦门大学邬大光教授说得好,每个院系都要清楚自己的学科专业在同类高校中的位置,明确未来的发展目标。各院系都要着眼长远,制定方案,紧密结合地方产业优势和经济社会发展需求,下大力气在特色专业、品牌专业培育上做文章,培养引进高水平师资,深化人才培养模式改革,不断提升人才培养质量,努力提升本专业在同类高校专业的位次和影响力。通过打造一流专业建设一流应用型特色大学,这是当前迎接教学评估必须做好的,也是立足长远必经思考的。

**大学之学术重在教授治学**。大学是学术知识共同体。专家提出大学的逻辑不是服从权力、服从资本,而是服从学术。在治学方面,大学里拥有最高权威的是教授。谁的教学、研究成果多、贡献大,谁就掌握的真理多,谁就是权威。行政管理是下级服从上级,少数服从多数,讲究的是民主集中制。治学方面,有关学科专业建设等学术问题,就要首先听取教授、学术权威的意见,很多时候是实行多数服从少数。每位干部特别是主要负责同志,包括我本人应认真地检视自己,在教育教学科研等业务工作中是否尊重了教授的意见?事实证明一所大学行政管理替代教授治学必然走向衰落。尊重学者,崇尚学术,应形成氛围、成为常态。学校按照行政与学术分离的改革方向,成立了学术委员会及教学指导委员会,各院系也要建立完善教授委员会,充分发挥教授在学科专业建设方面的决定权。本科教学工作合格评估是对我校办学整体水平的一次大检阅,我们要抓住这个重要契机,以评促建,以评促改,逐步实现教授治学,不断提升教学、管理的规范化、科学化水平。

**大学之德重在培育忠诚**。忠诚是人类最可贵的品质。一个人的成功需要无数美德支撑,但最重要的是忠诚,忠诚是中国文化的优良传统。忠诚包括对人忠诚,对职责忠诚,对团队忠诚,对理想信念、价值观忠诚,其中,对理想信念的忠诚是最高层次的。仁人志士在这一点上为我们树立了楷模,东北抗日联军杨靖宇不畏强敌血战到底,杨开慧面对反动派威逼利诱宁死不屈,靠的就是对理想信念的坚守与忠诚。而对我们来讲,首要的是要对职责、对事业忠诚。孔子说:"居处恭,执事敬,与人忠。"讲的就是要对人忠诚,对事业忠诚。一个人不能考验别人的智商,要小聪明、考验别人的人是"傻瓜",在一件事上转来转去,演戏示人,人亦嗤之以鼻。"聪明反被聪明误",搬起石头砸自己的脚,心机算尽事难成。做小事靠智,做大事靠德,这是人世间不变的真理。我们倡导文化建设,文化里最具普遍性的是道德,最具吸引力的是价值,而信誉是道德的基础,很多社会问题的根源即在于诚信的缺失。积累信誉比积累学分更重要,而信誉靠的是忠诚,失去忠诚,一个人就失去立足的根本,就没有朋友和事业,干部就没有领导力。

**大学文化重在守成与创新**。创新是一所大学的灵魂,而守成则是一所大学的立足之本。坚持创新才有发展的动力,而守护传统就是守护我们自己的精神和灵魂。老校长王焕新、崔效杰带领大家艰苦创业、创新发展所形成的"创业敬业、求是求新"精神,是我们学校宝贵的精神财富,必须大力弘扬。学校建校 30 年来,建设专科院校 15 年来,发展本科 8 年来,全体教职员工拼搏奉献,扎实工作,在教学、科研、管理、服务等方面做出了不小的业绩,形成了宝贵经验,留下了许多感人的故事。进一步总结提炼校友中涌现出的杰出人才、优秀公民,要深入挖掘,大力宣传,为学校赢得更广泛的支持与资源。创新是我们学校的优良传统,更是时代的要求。我们必须紧跟时代步伐,把握时代发展脉搏,按照国家"四个全面"的战略布局,进一步明确应用型特色名校建设目标、深化办学模式、育人模式、管理模式改革,完善"四项管理",推进"六大工程",在全力迎战评估的过程中。大家共同遵循大学之道,按高等教育规律办学,提升境界,达成共识,谋划长远,创新发展,不断谱写学校发展的新篇章。

(根据笔者 2015 年 8 月 28 日"遵循大学之道,以高远境界迎接评估——在 2015—2016 学年全体教职工会议上的讲话"整理)

# 聚焦六个突破
# 全面提升应用型特色高校办学水平

**编者按：**新学期面临新使命，新使命要求新突破。教学上以学分制改革为突破，科研上以争取省科技大奖为突破，队伍建设上以职称评定改革为突破，校企合作上以冠名学院、定向培养为突破，文化校园上以学风建设为突破，后勤服务上以改善办公条件为突破，全面提升办学水平。

"万事俱备，只欠东风""磨刀不误砍柴工"，迎战"国考"我们已经做了充分的准备，严格学校管理，规范教学管理，畅通民主管理，落实教授治学、文化治校，遵循大学之道，以高远境界和务实作风书写一份"国考"优异答卷。为此新学期新的一年聚集六个突破。

**教学上以学分制改革为突破口，搞好以实践能力和创新能力培养为着力点的育人模式改革。**学分制、班建制、导师制是世界公认的三大教育模式。美国哈佛大学首创的学分制也已被我国大学普遍采用。学分制是以选课为核心，使学生个性得以发展的教学管理制度。2012年以来我校开始研究实施学分制取得一些成效。如何使学分与课程设置、选修课开设、社团活动、学科大赛、日常教学管理等衔接应进一步研究完善，学分累积管理要促进"一专多向"，以赛促学，自主选修，启动第二校园经历实施，促进创新和实践能力提高。学分制与创新行动项目实施相结合。为此，教务处研究制定"11221"教学项目创新行动方案：即争取打造一个省级教学团队，再建一个实验教学示范中心，增加两个特色专业，两项教学成果奖，一个全国挑战杯大赛二等奖以上奖项。以评估整改为动力，规范学分管理，提高教学管理运行的规范性，实践教学的有效性，学生参加各类比赛的普遍性，加强质量监管，促进优质就业。

学分制改革教务总协调，院系负主责，围绕学分制改革，列出专项经费支持案例教学、项目教学、实训教学。组织好优秀教案、示范课、学科专业带头人评选。各院系制定完善特色品牌专业行动方案。实现管理扁平化，完善院系治理，实现院系自主办学，二级学院实行党政五人领导集体，院长负责制，下设办公室主任。分工合作，分两条线管理：业务线，分管副院长—系主任—教师—学生；政工线，分管副书记（可设团总支一人）—班主任—辅导员—学生。设专职教学、学工秘书岗位。通过院系教学与管理改革，推动学分制实施，构建着力培养学生实践能力和创新能力的育人模式。

**科研上以争取省科技大奖为突破口，促进蔬菜种子、海洋精细化工为重点研究对象的科研工作水平提高。**结合地方蔬菜产业和海盐化工产业，突出重点，引进人才，针对产业面临的问题，集中力量科研攻关。改革科研评价办法，重发明专利，重省级以上成果，重经济社会效益。集中力量搞好蔬菜种子研发和海洋精细化工产业升级,组织申报省蔬菜分子育种重点实验室和海洋化工技术中心。创建机制引导,副教授以上、博士教师必须承担省部级以上课题或参与设施园艺、海洋化工协同创新、企业产品研发、参与企业培训等社会服务项目,蔬菜种子、海洋精细化工研究团队瞄准省科技奖,借力企业组建团队,全力攻关,力求突破,为办学特色名牌专业创新团队建设奠定基础。实行指标化管理,纳入年度考评奖惩。要以科研项目为抓手,加强学科建设,提升专业教学水平。坚决制止科研领域的不良现象,核心期刊会议论文、套用书号出版所谓的著作不予承认,充分发挥学术委员会的作用,规范教材、专著出版立项或备案程序,搞好科研成果认定,净化学术环境,更好地为育人服务。

**队伍建设上以职称评定改革为突破口,进一步推行岗位改革,进行分类分层管理。**职称评定改革是人事体制改革的关键,有效牵引师资队伍建设。要分类分层强化岗位管理,明确教学、科研、兼课、管理服务系列以及助教、讲师、副教授、教授职责。用制度机制解决好不坐班人员科研与社会服务任务、管理服务人员晋升职称的问题。不坐班的要有任务,该坐班的要抓好考勤。落实上级人事管理规定,凡因病因事请假超过半年的不参加年度考核,凡请假一个月以上的不能评优,考核不能得优秀。加强双师型专业教师队伍建设,有序推进中学高级向副教授评转、中级职称向高级职称的晋升,对助教晋升讲师、讲师晋升副教授的设置班主任任期,鼓励任课教师担任班主任。副教授晋升教授要将承担省部级以上课题或参与协同创新、企业产品研发、参与培训等社会服务项目作为前置条件。坚持把师德师风考核不过关的实施一票否决。要按照定量定性评价相结合的方式,引进第三方评委,确保职称评聘工作公平公正。对 40 岁以下青年教师获得博士学位的,优先评聘;获得省级教学成果奖、科技进步奖、社会科学成果奖、重大发明专利、成果转化效益明显的破格评聘;对获得注册工程师、注册会计师等人员落实低职高聘。2016 年暑假后,对中层干部、教职工实行全员聘任。落实教育部门县管校聘改革办法。

教师发展中心要制订好青年教师、骨干教师、学科带头人提升计划,至少柔性引进一名泰山学者或"千人计划"教授,打造设施农业、海洋化工学科特色,为申报专业硕士点创造条件。分类分层搞好培训,树榜样、有标杆、弘扬认真负责任的校风教风。

**校企合作上以冠名产业学院、定向培养为突破口,推进产教融合、校企等实质合作育人。**按照教代会决议办好领航学院,积极筹建东软学院,本学期各二级学院全部建起企业冠名班或产业学院。办好士官班,这是我校开辟的与部队合作的项目,意义重大,必须办好。首批与二炮士官教育合作项目很成功,今年争取增加空军士官班招生,进一步开辟海军的士官合作项目。所有校办企业全部归口挂靠到有关院系,软件园所有入园企业与有关院系对接。加强对校办企业的审计管理,提高创收能力、自我约束能力。各院系利用学科专业、人才、设备等优势融入产业,提高创收能力。要按政策对所办公司、培训机构加以规范,不能统管过严,也不能放任自流,阳光运作,合理分配,统一监管,立足育人,禁止任何个人私自立项目创收。此外,合作办学上继续加强国际合作,做好中韩、中泰、中德、中荷项目,开拓欧美项目,着力打造出国留学培训品牌。

**文化校园建设上以狠抓"勤学苦练"学风建设为突破口,弘扬学校精神,建设文明和谐校园**。坚持立德树人为根本。抓考风严考纪,规范补考,优化学风;抓秩序严考勤,管教管导,优化课堂秩序;抓活动严常规,促进勤学苦练良学风形成。发挥思政课重要功能,要接地气戒说教,规划主题活动要系列化。立足人才培养,打造专职辅导员队伍,实现班主任教师化。充分发挥共青团、学生会作用,实现高水平自主管理。学风建设与国学教育相结合,浓厚"责任"文化氛围,夯实立志教育根基。开展学科大赛鼓励创业创新,软件园要争创全国大学生创业基地。重奖创业创新有成果的师生。

要认真学习习近平总书记系列重要讲话,认真贯彻各级教育工作会议精神,增强敬畏意识、大局意识、担当意识、创新意识,弘扬"创业敬业、求是求新"精神,只争朝夕干事业,脚踏实地抓落实。要让面对艰难险重冲在前面、敢于负责的干部,默默奉献在教学科研一线的教师,热心为师生服务的行政处室工作人员,有平台、有地位、有话语权,得到应有的尊重。充分发挥工会、妇联、学术团体等群团组织作用,积极开展丰富多彩的文体活动和学术活动。积极挖掘校友资源,写好校友故事,凝聚并发挥校友力量,为学校建设与发展提供更加坚实有力的支持。

**后勤服务工作以改善办学条件为突破口,提升服务育人水平,建设安全、文明、和谐校园**。强化管理就是服务的观念,以服务教学、服务科研、服务师生为管理的目的,完善师生服务的"三个循环系统",本学期要加大投入改善教师办公条件,统一办公条件配备标准,新上间隔写字台,统一安装空调,配齐茶水设施,规范办公室文化,组织达标验收。完善后勤社会化服务体系,完善二级学院自主办学机制,完善工程、采购的招投标程序,加强财务预算和审计管理。实行小区物业财务自我循环,封闭管理,成立业主委员会。让学生参与餐饮管理,加强对进货渠道、加工环节、饭菜质量的监督,确保饮食安全。软件园深入挖潜提高创收水平和自我发展能力。抓好留学生公寓、教授新村扩建工程、学府东郡、幼儿园项目的开工建设。引进名校名师资源,将书香幼儿园建成山东省一流幼儿园,让教职工子女接受优质幼儿教育。按照高定位、前瞻性、信息化的要求,用半年时间建成智慧校园,实现办公移动化,管理、教学、服务无纸化,提高办公信息化水平。高度重视老干部工作,及时进行信息沟通,搞好生活服务。高度重视困难教职工、三类困难学生工作,落实救助和帮扶措施。

安全、稳定、廉政是干好一切工作的前提,是学校可持续发展的基础,也是每个人安身立命的底线。每位同志都应坚持依法治教、依法办学,珍惜工作岗位,尽职尽责,增强敏锐性,及时排除安全隐患,将不健康苗头消灭在萌芽状态,适应新常态,不越黄线,不触红线,不破底线,讲纪律守规矩,营造事业人生,幸福人生,学习人生。

(根据笔者 2016 年 2 月 28 日"聚集六个突破,全面提升应用型特色高校建设水平——在潍坊科技学院 2016 年度工作会议上的讲话"整理)

# 明确目标　改革创新　努力建设应用型特色名校

**编者按：**应用型特色名校是学校的发展愿景，是我们的长期奋斗目标和努力方向。实现这一目标，需要锐意改革，不断创新。要进一步明确立德树人的根本任务，深入开展教育理念大讨论，推动办学模式、课程体系、教育教学方法的改革，做好高层次人才引进、创新创业、国际交流合作、绩效管理等重点工作，实现学校健康快速发展。

经过大家的共同努力，在教育厅宋承祥厅长和高教处的关心指导下，上学年我们经历了国家"大考"，从专家评价反馈看，我们的答卷比较圆满，期待尽快揭榜，共同分享成功的喜悦。"雄关漫道真如铁，而今迈步从头越"，站在新起点，迈步新征程，进一步增强建设应用型特色名校的信心，我想我们应该明确目标，改革创新再上新台阶，开创新局面。

## 一、进一步明确立德树人的根本任务

在党委领导下，每一位干部、教职工要积极参与到"两学一做"活动中来，认真学习领会习近平总书记治国理政的新理念、新思想、新战略，努力弘扬社会主义核心价值观，深刻认识实现"两个一百年"奋斗目标，实现中华民族伟大复兴的中国梦大学所肩负的人才培养职责和使命。

党的十八大报告指出："要坚持教育优先发展，全面贯彻党的教育方针，坚持教育为社会主义现代化建设服务、为人民服务，把立德树人作为教育的根本任务，培养德智体美全面发展的社会主义建设者和接班人。"在十八届三中全会全面深化改革的文件之中，进一步强化了教育的根本任务是立德树人的观点。"培养什么人，怎样培养人"是教育的重大问题。

立德树人是对我国优秀传统文化的继承。中华文明历来注重道德教化，《大学》开篇就说："大学之道，在明明德，在亲民，在止于至善。"提出"修身、齐家、治国、平天下"的主张。五千年中华文化得以延续很重要的就是靠"孝道"和"师道"传承。习近平总书记指出，"中华文明绵延数千年，有其独特的价值体系"。新文化运动以来，传统文化存在被否定的趋势，甚至出现十年"文革"极"左"思潮，致使传统文化出现某些断裂。改革开放使我们国家经济实力不断攀升，成为世界第二大经济体，但西方文化价值观的渗透，市场经济大潮的冲击，文化价值观出现多元化现象，优秀传统文化传承、道德建设出现问题，诚信缺失、金钱至上,公民道德素质方面存在不少为世人诟病的问题。

立德树人是当前教育的现实需要。改革开放以来,我国的教育取得巨大成就,但在应试教育体制下,功利主义现象严重,"唯分数论"、重智轻德体美、忽视精神道德价值观培养、不顾孩子的兴趣个性天性,培养了大量的知识精英,可是有的人却缺乏爱心和责任感、利己主义严重。当今时代不仅是比专业知识积累、比智商,还要看个人专业知识以外的素养、通识教育的效果,更要看个人的探究兴趣、创新能力和精神道德素质高低。国外研究成果表明,一个人的成功靠智商,更要靠情商和精神。中国当代研究成果表明,非智力因素对一个人的成功起着关键作用,应试教育恰恰忽视了道德、情感、精神价值的作用。立德树人是对应试教育的修正,是教育的根本要求。作为一所应用型大学,我们要以党和国家的教育方针为指导,将立德树人细化到教育教学的各个环节,全面培养学生素质和能力,将知识、能力、情感价值结合起来,着力培养学生的实践能力、创新能力和社会责任感。

立德树人,首先要立"师德"。教育是以人育人、以德育德的事业,师德是学德的前提和条件。中国自古就有三立之说:"太上有立德,其次有立功,其次有立言"。"国无德不兴,人无德不立","做小事靠智,成大事靠德",以育人为己任的教师其道德水平尤其重要。有人说,大学是文明的灯塔,是社会的良心,是社会公平公正的最后一个堡垒。每一位教职工都要高标准严格要求自己,努力做公民的楷模,追求言行的高尚,不辱没大学教师的身份,自觉践行"让认真成为品质"的校风和"责任高于一切"的教风,以良好的师德师风和丰富的学识素养,赢得社会尊重。我们要建设家长满意、师生幸福、社会尊敬的大学,"师生幸福"的追求是一种境界。尽管幸福是一种感觉,是相对的,但真正的幸福一定有高尚道德的伴随。教师的幸福来自尊严感,学生的幸福来自自豪感,行政服务人员的幸福来自成就感。不论在哪个岗位上,只要尽职尽责,坚守工作岗位,为育人作出了自己的贡献,就会有幸福感。

## 二、进一步明确建设应用型特色名校的奋斗目标

建设应用型特色名校是我们的发展愿景。前几天,省教育厅领导在我校中层以上干部培训中指出,山东省本科高校有三个方阵,3 所 211 高校,近 30 所省属本科高校,20 多所民办本科高校和独立学院。全省新建本科院校 30 多所,其中包括省属的 8 大学院、民办本科院校和独立学院。我们属于新建本科院校序列。在这个序列中,学院处在什么位置呢?

去年的本科教学工作合格评估,进校专家对我们的评价很高,当然这并不代表我们学校就是最好的。在今年春天省教育厅的民办学校执法检查中,我们的办学质量、特色和队伍建设指标均列第三位。其实,评价一个学校的优劣,最基本的指标是家长和学生的满意度和美誉度。这几年我们打造了几个亮点:一是专升本、考研率全省同类院校名

列前茅;二是就业率达到95％以上,2013年还获得山东省本科院校就业率第二名的好成绩;三是招生很好,最近几年都是一次性录满,并且本科录取分数线逐年提升;四是学科上打造了较为显明的农学特色和海洋化工特色。五是办学上软件园产学研一体化特色明显。从总体来讲,"双严"管理是一大特色,专升本、考研率是亮点、品牌。

当然,我们也要清醒地认识到自己的短板。如:高层次人才匮乏,有些学科缺乏带头人,在全省叫得响的名师很少;教学质量工程项目没有突破,省级教学成果奖、科研成果奖太少,等等。这些都是特色名校建设过程中亟须解决的问题。

我们认为,在山东省教育厅开展的高校教学质量工程项目中我们学校如果在教学成果奖、名师团队、特色专业、科研平台等重要指标位居全省前列的话就能为山东省应用型名校建设奠定坚实基础。应用型高校人才培养的目标,可以简洁地表述为,本科培养工程师,专科培养技师。若把人文精神和价值观融入其中的话,可以表述为"红色工程师""红色技师"。为此,各院系要围绕应用型人才培养目标,打造课程体系,培育名师团队,建设教授队伍,在教学成果、科研成果上取得突破。我们还要以申办专业硕士授予单位为奋斗目标,教育部目前正在研究专业硕士点的设置标准,我们要认真做好职业衔接教育实验与研究,积极创造申硕条件,争取先从农学、环境化工等特色学科取得突破。

### 三、进一步搞好办学模式、课程体系、教育教学方法改革

"以生为本,适合的教育"已成为核心理念,并且形成了一系列的精神文化和制度文化,但有一些理念主张、制度要求没有得到很好的落实,突出表现在改革创新不够,有的习惯于按部就班,工作成效、育人效果不够理想。其主要原因是有的同志不善于学习,不认真研究,观念陈旧、视野狭窄,缺乏改革创新的勇气和动力。新学年,教务处、教师发展中心要在全校范围内组织一次教育理念大讨论,围绕"育什么人,怎样育人"这个根本问题对教育教学进行反思,开展讨论,提出改革思路,进而达成共识,着力推进以下三项改革:

**一是办学模式改革**。主要实现"五个转变":一是由校办院向院办校转变。真正落实二级学院办学自主权,将二级学院建成教育教学的创新之源、办学特色之源、品牌之源,学校大力支持二级学院的教育教学创新项目,支持二级学院承接学校规划的创新项目。只有各二级学院充满活力,我们的教育教学才能有长足的发展。二是由行政主导向学术主导转变。教授治学是大学发展的关键。行政与学术分离是大学的改革方向。学术委员会在教育教学管理中要发挥主导作用,重大决策要经过学术委员会讨论通过才能实施。同时,我们要包容教授的个性,尊重教授的意见,关心教授的生活,让教授真正成为学校发展的智囊团。三是由制度管理向文化管理转变。管理有三个层次,即经验管理、制度管理和文化管理。自建校以来,学校不断完善各项规章制度,取得了显著成效,现在我们要逐步推进过渡到文化管理上来。要使干部教师由"要我干"变为"我要干"、学生由

"要我学"转变为"我要学",培育工作学习内动力,提高工作学习的主动性、积极性、创造性,提高制度落实的自觉性,力争实现各项工作"自转"、学生"自学"。四是由层级管理向扁平化管理转变。校去行政化是我国高等教育改革的趋势,去行政化是为了克服高校管理中的层级化和官僚化,而层级化和官僚化是事业发展的障碍。行政需要层级,但管理效益需要扁平化,教授治学需要学术共同体建设。要采取会商制、文件会签制、专班制等方式,简化行政管理层次,纵向放权、横向分权,实现工作高效率。五是由资源的单向支撑向多元化转变。办学需要资源,最主要的资源就是经费。我校办学经费一靠政府财政拨付,二靠学生学费,此外还有学校产业创收。但这些经费远不能满足学校快速发展的需要。下一步,我们要逐步开拓社会资源,新学年成立潍坊科技学院教育基金会,成立校友办公室,开展校友联谊,让校友捐助成为风尚和传统;加大纵横向合作力度,大量吸纳社会资金,用于奖学、助学、办学;大力提高校办企业的效益,力争多创收,实现经济效益增长;软件园发展已经步入正轨,要逐步转向收支平衡,尽快实现盈利。

**二是课程体系改革**。课程体系建设是人才培养的核心,教学改革需要新的课程体系支撑。有人说,一流大学有三个必要条件,一要有一流的师资,二要有一流的学生,三要有先进科学的课程体系。课程体系改革的关键是减少课程数量、提高课程质量,增加学生自主学习时间,压缩必修课,增加选修课,让学生在学好专业课的同时,提高文化素养,扩大视野,提高实践能力和创新能力。从专业知识掌握上来讲,潍科的学生不一定比山大的学生弱,清华的学生不一定比哈佛、斯坦福的学生差,但学生们毕业后的能力谁更强呢?毋庸置疑,大家都会认定后者比前者能力强,原因是什么?除去智力因素,这些名校学生的最大优势在于他们从专业知识之外获取的知识更多,选修的机会更多,师资力量更强,因而后发优势、创新能力更强。改革课程体系必须抓好实验实习实训课,鼓励学生参与教师的科研项目,积极参加各类社团活动。深入实施学分制,增加学生的选择范围,扩大学生的选择权,提升大学生的综合素质能力。新学年,教务处要着手进行课程体系改革研究,规范选课制度,鼓励教师、引进社会人员开设选修课,对选修学生多的课程任课教师进行特别奖励。

**三是教育教学方法改革**。"教有方法,教无定法。"教育教学方法改革是教育工作的永恒话题。学生工作人员要探索教育方法改革,教师要钻研教学方法改革。

教育改革要在坚持"双严"管理的前提下,落实以生为本理念,变生硬为柔软,变要求为关爱,变塞堵为疏导;要把"双严"管理特色迁移到学风建设上,为构建浓厚学风服务,培育学习动力,助推学生成才;加强大学生思想政治工作队伍建设,搞好学工队伍培训,树立管理育人榜样,评选师德标兵,建立平等和谐的师生关系;发挥好学生会的自治、服务作用,加强学生工作规律研究,注意总结提炼工作经验,打造我校学工品牌,提升知名度和影响力。

教学改革要以课堂教学为中心,以培养学生探究能力为重点,彻底改变教师讲解、学生听记的课堂局面,实施项目教学、案例教学,让学生学到真本事,教务处要抓典型、树榜样，投入专项资金对典型教师进行奖励；将本科生小组讨论学习作为基本的课堂教学模式大力推进，教师发挥好主导作用，课上提出问题，组织小组讨论，着力培养本科生的分析问题能力和批判性思维能力，切实解决目前课堂教学照本宣科、缺乏拓展、缺乏探究的问题；要适应移动互联网的信息化社会需求，启动微课、慕课、反转课堂、网上学习等方式，充分利用手机等移动终端加强学习，教师要指导学生做好知识的梳理工作，帮助学生将碎片化知识系统化。

### 四、努力做好高层次人才引进、大学生创新创业、国际交流合作、绩效管理等重点工作

**加大高层次人才引进力度**。不论是特色名校建设、申硕工作、教育教学各项改革还是人才培养质量的提升，最终的落脚点都在人才上。人事处要加强协调，各院系要落实主体责任，立足专业建设、学科发展，引进高层次人才。一是充分挖掘地方资源，为我所用，凡是省科技进步奖获得者、在某一方面有重大发明专利和科研成果的，引进并列入正式编制，争取工资由财政列支；二是对博导、泰山学者、千人计划人才，可以柔性引进为特聘教授，按项目管理的办法，实行年薪制；三是汽车机械方面要争取引进德国、日本机械制造业的工程师、技师，按照国外先进的工程人才培养模式将本科学生培养成工程师、专科学生培养成技师，国际交流合作处与机械汽车学院联合做好这项工作；软件学院要引进印度的软件工程师、博士，将本科生培养成优秀的软件技术人才；四是农学院要引进两位教授、研究员甚至博导带队伍带成果进学校，落实年薪制和科研经费，在育种、植保、园艺方面取得突破性成果。

**增强大学生创新创业活力**。我们处在一个"大众创业、万众创新"的时代，创业带就业，创业出成果。教务处、创新创业学院要面向社会招聘创业兼职导师，各院系要以专业大赛为抓手，鼓励师生创新创业。软件园要着力打造好大学生创业园，争创国家级大学生创业示范基地。支持师生到软件园、大学生创业园创业。通过学分制改革，探索实施学生在省级以上大赛中获奖或省级以上刊物发表论文的可申请免写毕业论文。创新创业学院与软件园做好规划，及时展示师生创新创业成果，打造浓厚的创新创业氛围。鼓励博士教师、教授围绕地方经济社会发展亟须解决的问题，如环境治理、蔬菜产业标准化、大棚土壤改良、物联网应用、智慧社区建设等问题进行研究，成立研究院所、共建研发中心、到企业挂职锻炼等，学校划拨专项资金予以支持。各院系要认真研究，做好选题，组建研究团队，尽快运转起来。本学年，各工科院系要通过校企合作与企业至少共建一个研发中心或科研院所。科研处、校企合作处要发挥职能作用，抓好落实。

**加强国际交流与合作**。本学年，我们要拓展与德国在汽车等方面的合作，计划筹建中德汽车学院，争取列入招生计划。要依托东宝集团拓展与俄罗斯高校的合作，2017年签署合作协议。外语与旅游学院要与知名培训机构寻求合作，建设托福、雅思培训学院，

逐步打造欧美澳出国留学预科培训中心。选派中层干部、骨干教师到国外高校、我国台湾地区高校考察进修,做访问学者,2017年,安排二级学院院长要完成一次外出学习交流。进一步拓展东南亚、南美洲、非洲留学生招生,国际交流与合作处要创造性地开展工作,力争新学年取得明显成效。

**认真抓好绩效考核**。"四项管理"的关键是绩效考核。新学年管理工作的关键点和着力点,就是要抓绩效考核。我们要认真研究教育、教学、科研、服务工作特点和规律,充分发挥各职能处的作用,搞好项目考核和综合评价。督评与质量管理办公室要集中抓好质量保障管理,重点做好已完成授课课程的质量评估;教务处实验教学中心要抓好实训实习课考核;学术委员会要对各院系期末试题进行把关评价,避免出现质量问题;审计处要着力对经费使用、创收单位经济活动、财务账目进行定期不定期地审计考核。要完善制度激励办法,对招生、学工、保卫、政策研究等艰苦岗位以及成效显著的部门通过制度机制予以激励。对科研项目的评价,不能整齐划一,搞一刀切,要认真研究科研项目特点,考核时间要视具体项目情况而定,重点是周期性结果评价。绩效考核要突出教学中心地位,所有科研项目、研究所都要立足于为人才培养服务,博士教师、研究所人员的教学必须纳入相关院系管理,自觉接受教学考核。所有具有硕士学位、中级以上职称的处室工作人员、校办企业人员必须到院系兼课,50岁以下符合条件不兼课的,不能参与高一级职称评定。

(根据笔者2016年8月30日"明确目标,改革创新,努力建设应用型特色名校——在2016—2017学年工作会议上的讲话"整理)

# 借评估东风　推动学校健康快速发展

**编者按：**2016 年顺利通过教育部本科教学合格评估，"国考"成绩优异，这是学校发展史上重要的里程碑，以此为标志学校进入一个新的发展时期。"十三五"期间是学校发展的重要战略机遇期，要坚持内涵发展、特色提升，努力建设应用型特色名校，实现专业层次提升，实现本科专业占主体、本科在校生过万人；实现办学层次提升，努力争取申办硕士点；提高育人质量，建设师生幸福、家长满意、社会尊敬的大学。

2016 年工作的最大成就是我校全面通过教育部本科教学工作合格评估，这在我校发展历史上具有重要的里程碑意义，标志着我校这所性质特殊、全国唯一的县办大学以合格的身份立于中国高校之林。2016 年 12 月 12 日，是一个值得永远纪念的日子，教育部正式下文宣布潍坊科技学院通过教育部本科教学工作合格评估。我校是在 2015 年山东省三所高校评估没有通过的巨大压力下，乘着全省高教综合改革的东风，在全体干部教职工不畏艰难、共同努力下，全面通过了评估，评估结果表明我校的办学是合格的、健康的、有生命力的。

回顾学校发展历史，有三个发展关键点。2001 年，在崔效杰老校长和大家的共同努力下，建立潍坊科技职业学院，寿光有了全日制专科学校，这是一项具有开创性的工作，历史将永远铭记；2008 年，崔效杰老校长带领大家顺利实现了专升本，办学层次提升，是学校发展史上的一次重大跨越，寿光从此有了属于自己的全日制大学；2016 年，在大家的努力下，经过周密安排，全面准备，学校顺利通过教育部本科教学工作合格评估，"国考"成绩优异，寿光真正有了合格的全日制大学，标志着充满活力的潍科进入一个新的发展阶段。创建专科、升建本科、合格评估这三个关键点是学校发展史上三座重要的里程碑，它凝聚起了"创业敬业、求是求新"的学校精神，成为我校发展的持续动力。顺利通过国家"大考"，打破了怀疑论、观望论、不可能论，向世人证明了一个事实：寿光有自己合格的大学，这所大学的发展是健康的，县办大学能够成功，前途是无限广阔的。

毋庸置疑，顺利通过教育部本科教学合格评估为学校未来发展奠定了坚实基础。登高再望远，更上一层楼。在崭新起点谋划"十三五"，就是要进一步坚持内涵发展，特色提升，努力建设应用型特色名校。2017 年，我们要根据学校六届一次教代会精神，借顺利通过评估的强劲东风，我认为应重点抓好以下几方面的工作。

### 一、坚持内涵发展，推动改革创新、协同创新、创业创新

**改革创新主要是深化三项改革，即办学模式、课程体系、教学方法的改革。**办学模式改革要实现"五个转变"，主要是实现管理的扁平化和管理重心下沉，关键是人事和财务管理权限下放，真正落实二级学院办学自主权。要健全二级学院学术委员会、工会委员会组织，确保二级学院工作规范运转。课程体系建设是人才培养的核心，要将通识课与专业课并重，重视学生综合素质的提高和人文科学精神的培养；将理论课与实践课并重，更加注重实践课教学，提高应用型人才的综合能力。深入实施学分制改革，加大学习过程考核权益，各院系在压缩必修课增加选修课上做文章，在"一专多能"教育上求突破，切实解决教材落后于产业创新的问题，专业教学必须紧跟大数据、智能化、信息化科技发展趋势，及时更新教学内容，让教师的科研成果进课堂。教学方法改革主要解决课堂教学中的问题和弊端，建立以学生为中心的个性化学习模式，按照"适合的教育"理念，因材施教，推进项目化教学，让项目进课堂、教学到现场。大力推进小组讨论学习，坚持问题导向，培养学生的探究能力。充分发挥手机等移动终端的学习功能，倡导自主学习、探究学习、合作学习，引导学生处理好知识的碎片化与系统化的关系。教学方法改革要靠榜样示范，典型引路，教务处、各院系要积极探索，推进教学方法改革。

**协同创新主要是围绕产教融合，实现跨学科合作，提高社会服务能力。**大家知道地方性应用型大学的价值主要体现在对区域经济和社会发展的贡献上，建设社会尊敬的大学，争取地方政府的支持有赖于此。要鼓励教师积极参与纵、横向课题研究，争取科研经费，以实际到账资金作为职称评聘特别是破格晋升的重要条件。鼓励各研究院所建立面向行业、产业的协同创新中心。具体目标是跨学科组建团队，启动设施园艺标准化研究，争创设施园艺省级重点实验室；争取农圣文化省级人文社科基地、贾思勰与《齐民要术》专业委员会成为国家二级学会。南海项目要争取国家级奖项。建成寿光市蔬菜大数据平台，做好中国精准蔬菜服务联盟有关研究与服务工作。加快蓝工院科技平台建设，通过校企合作争创山东省工程技术中心，积极申报省重点实验室。建设发展好山东半岛机器人研究院、山东省众创教育研究院。

**创业创新主要抓好创业教育，提高人才培养质量。**创新驱动已成为国家战略，我们处在大众创业、万众创新的时代，要完善人才培养方案，聘请创业导师，建立创业基金，鼓励师生创业。学校设立专项资金支持学生在文化创意大厦创客中心创业，吸引校内外大学生到软件园、大学生创业园创业。山东省创业创新学院、校创新创业学院要发挥职能作用，各院系积极配合，大力推进以赛促学，认真组织好全省机器人大赛，助推机器人项目获得全国性奖项。全面落实好在省级以上专业性比赛中获奖可以免写毕业论文（设计）的规定，研究有利于学生创业创新的弹性学制，对有成果的学生予以奖励。

## 二、抓住学风关键，优化师德师风，浓厚学习氛围，打造学术共同体

学风是一所学校治学、读书、做人的风气，是一所大学的灵魂和气质，是大学的立校之本，是大学的根本之所在。学风建设的主体不仅是学生，更重要的是教师，最关键的是干部。有专家指出，要看一个大学的学风追求或者说看一所大学的气质如何，捷径就是看它的校训。我校的八字校训朴实、典雅，为潍科人指明了读书、治学、做人的途径，也符合习近平总书记视察北京大学时对大学生提出的希望和要求。

**建设良好学风关键看干部**。干部作风直接影响着学风，干部率先垂范，以身作则，认真负责，以上率下，就会引导教师严谨治学，学生认真学习。干部在实际工作中，要坚持问题导向，把问题当课题，坚持调查研究，按规律办事，恪守求真、求知、求善的学术共同价值。上学期，在教育思想大讨论论文评选中，李广伟、梁弘、刘相法、高宏赋、王文国、马爱胜、薛慧莉等几名干部的论文见解深刻，措施可行，被评为一等奖。刘金同、张茂才、李运祝、单保厂、耿兰华、李树强等几位干部，深入下去做了些研究，其论文获奖。但有的干部不善于学习，凭聪明凭经验办事，可能长久不了。阅读量决定眼光视野、格局胸怀，一年下来教育上的干部不读几本教育专著还有资格领导教育工作吗？组织上给你位子但给不了境界和水平，不学习不研究，想干啥就干啥是无知无能的表现。干部不学习就失去当干部的资格，不学习的干部往往蔑视学术共同体，不学习、不调研、不讨论，自恃其才无知无畏，去搞所谓创新要么是空话要么是折腾，后果可想而知。

**建设良好学风重在看教师**。教师的师德师风直接影响学生的学风。学高为师，身正是范。大学要有大德大爱。教育是以人育人、以德育德的神圣事业。学问来不得虚假，来不得浮躁，须静下心来搞学术研究、人才培养。教育思想大讨论征文中，马湖波、刘君老师获一等奖。刘君老师积极参与科研，申请了国家级课题；在全省青年教师讲课比赛中，孙淑娟老师获一等奖，刘聪聪老师获二等奖；王英丽老师也在全省高校教师讲课比赛中获奖；葛晓军同志已经是副教授，仍坚持不懈攻读博士，精神可嘉。奋斗在教学一线、奉献于三尺讲台、深受学生欢迎的老师们是我们身边最值得敬佩的人，他们敬业奉献、言传身教、诠释知行合一，带动了良好学风的形成。

教师节要表彰连续执教、不离讲台30年的老同志，人事处要研究连续授课30年教师破格晋升职称的政策，教务处、教师发展中心要评选学生敬佩的老师。对长期在教学一线、考评优秀、学生真正敬佩的老师，也要研究破格晋升职称的政策。对部分中职职称教师因编制暂时不能聘任的、又长期坚持在教学一线的50岁以上教师，也可以研究破格聘任，当然也要尽力争取政策指标，逐步聘任。职称聘任关系到教职工的切身利益，我们要按政策、教代会的决定，公开公平公正地做好职称评聘工作。职称离不开科研，专家评委就是看科研成果，看论文、专利、专著、课题质量。"机会总是留给有准备的人"，要做好科研成果的积累，做真实的科研，处理好数量和质量的关系，杜绝弄虚作假。

建设良好学风着力点是学生。"双严"管理是良好学风的保障。要落实全国高校思想政治工作会议精神,以社会主义核心价值观为主线,构建思政育人、文化育人、专业育人、实践育人"四位一体"的德育体系。我们一切工作的着力点都是为了学生成长,要坚持管理为育人服务,落实以生为本的理念,善待每一个学生,构建"三个循环系统"。进一步做好考研、专升本品牌,将学生自考成绩纳入院系教学评价。教务处、各院系要切实解决上午第一节、下午第一节个别学生迟到问题。图书馆、实验室要安排好老师值班,为学生自学创造良好条件。落实导师制,思政工作模式改革和"三包靠"工作制度,探索思改工作与心理健康教育有机结合的课题研究,关注学生的身心健康,提高学工的科学性、艺术性。

建设良好学风根本是增强学术共同体意识,很多重点大学有种文化是同事之间互称老师,如清华从校党委书记到每位教职员工互称老师,只有校长称职务,体现校长的法人地位,这种文化体现的是不同岗位人与人之间的平等和相互尊重,这是学术共同体应有之义也是实现教授治学的重要体现。山大徐显明校长把学术共同体比作棱柱体,管理服务人员、教学人员、科研人员是棱柱体的相互联系、不可分割的三个面,这是很有道理的一个比喻。学校每一份工作、每一个岗位都是重要的,都是教育教学环节不可或缺的。我们应该对长期在管理服务岗位默默工作的同志表达敬意,教师节也要表彰管理服务人员,参照职称评聘办法提高在教学管理岗位上贡献大、大家认可信服的人员的待遇。

大学作为"社会良心",必须坚守道德感和责任感。有人说,即便"举世皆浊",也要"唯我独清",因为这里是理想主义的最后堡垒。当我们走向社会,人人代表的是大学。我们的言行要受社会的评判,高尚的言行就是维护学校形象,不该说的话不说,不该做的事不做,靠的是道德感和责任感,"工作支持是最大的支持,舆论维护是最大的维护",学术共同体也是命运共同体,一荣俱荣、一损俱损。我们要像珍惜眼睛一样珍惜团结,珍惜学校声誉,珍惜大家共同奋斗开创的良好局面。

新学期,要在党委领导下,发挥好工青妇等群团、协会组织的作用。其生命力、吸引力在于活动,没有活动就失去存在感、归属感,就失去价值,要安排好教职工文体联谊活动、学习教育、学术活动,有关处室要与工青妇等联合组织好青年教师培训、管理服务人员培训、班主任辅导员培训,支持干部、骨干教师走出去,挂职锻炼、出国考察。工青妇、学生会要发挥好学校党政联系师生员工的桥梁纽带作用,每月召开一次座谈会,分别了解师生员工的愿望和要求,对特困教职工、特困学生进行特别救助,不作秀、不搞形式,要实实在在地关心帮助。

### 三、加强综合管理,全面提高办学水平

努力做好软件园、蓝工院产学研平台。重点做好三项工作。一是招才引智,充分利用市"双百人才"计划的实施,上联专家、横联企业,共建研发中心、实验室。人事处、各院

系要发挥协调作用,根据人才培养和合作企业的需要,引进博士和高层次人才,给予人事编制。二是招商引资,充分发挥教职工积极性,引进信息技术、文化产业,大力培植税源,提高软件园税收贡献率。三是师生创业,软件园新上创业项目 50 家以上,学校设专项资金予以扶持。

**加快推进五专部建设**。五专部建设是寿光市 2017 年重大建设项目,寄托着寿光百万人民的殷切希望,承载着国家职业教育改革示范区中高职衔接"多元融通制"实验项目,关系到老百姓子女享受本科高校优质教育资源,尽快建好五专部也是学院发展的迫切需要。五专部建设指挥部要抓紧进度、把控质量、严格程序、创建精品。按照"四独立"要求管好五专部,抓好常规,培养习惯,注重基础,搞好衔接,形成品牌。要立足寿光,争取将五专部招生扩展到全省,形成学院发展的新优势。

**提高后勤服务效率**。规范校内服务公司,引进社会有关公司,提高服务质量、效率和师生满意度。落实项目化管理,做好经费预算,加大审计力度,严格工程、采购、招投标程序。搞好预算管理,落实二级学院自主办学。园林绿化管理托管给寿光市园林公司,赋予各小区业主委员会在物业服务质量、价格、日常管理等评价权和监督权。加强餐饮管理,做好成本核算,打响安全清洁优质餐厅品牌。尽快实现环球公司新三板上市,建筑公司升级组建建设集团。飞翔集团履行校办企业监管责任,防止金融风险。建好东郡幼儿园,打造学府幼儿园品牌,成立幼教集团。2017 年,东郡二期销售收入完成 1.5 亿元以上。高质量建设教授新村二期工程,高标准配置留学生公寓四人间,实现学生公寓根本改观。按规划搞好智慧校园建设,实现手机终端移动办公、学习。

**切实抓好招生和优质就业**。招生与就业是办学的两端,其中的过程就是教学质量。招生工作要逐步压缩外聘招生人员数量,将主攻方向放在全日制学生招生上。市政府决定寿光卫校将并入我校,这为我校开辟医学教育提供重要条件,要抓紧研究开设高护专业、医师专业规划,上一流设备,定一流标准,育一流高护人才。推动士官班向品牌化发展,增加空军士官招生,探索士官本科招生。教务处、招生就业处、发展规划处及有关院系认真研究供给侧改革和产业发展趋势,对新设专业进行科学论证,完善专业结构,充分考虑科技学院工科为主体的特质,重视信息化、人工智能等相关专业的设置,各二级学院引进高科技企业联合办学、联合招生、共同育人,实现优质就业。从本学年起,将优质就业作为重要考核指标纳入院系考核。各院系要认真研究人才培养质量与优质就业的关系,制定切实可行的就业促进措施。

**加大国际交流合作的工作力度**。与德国比勒菲尔德应用科技大学等高校共建项目,力争 4 月份获得审批,并列入今年招生计划,9 月份迎来首批新生。建立潍坊科技学院出国留学服务中心,在手续办理、语言培训等方面为师生提供服务。加强与韩国、泰国、荷兰、英国、意大利、以色列等国家高校的合作,拓宽合作办学领域,扩大留学生招生数量。

**积极营造争先创优良好局面**。习近平总书记在新年致辞中提出撸起袖子加油干的要求。各级党委政府将今年确定为干部作风年,希望全体干部、教职工认真学习习近平总书记系列重要讲话精神,以饱满的精神状态做好新学年的各项工作。各处室、督评与质量管理办公室要进一步完善各项工作考核办法,发展规划处要将重点工作进行任务分解,落实好主体责任。各单位要主动与上级单位对接,争取项目落地、政策扶持、资金支持,争创先进单位。凡市以上考评项目,都要争取优秀;凡是受到省厅表彰的单位一票认定为考核优秀;凡是寿光市考核项目达不到优秀的,认定为不称职。加强绩效奖励,重奖对学校发展有突出贡献的单位和个人。进一步扩大自主权,放开经营性单位人员收入,加强安全生产和财务安全监管。充分挖掘校友资源,成立以企业或个人命名的教育基金会,争取社会资金办学。党风廉政建设、安全稳定工作永远在路上,按照属地管理原则,落实好主体责任、"一岗双责",将平安和谐校园建设作为干事创业、争先创优的前提和基础。

(根据笔者 2017 年 2 月 14 日"潍坊科技学院 2017 年度工作会议上的讲话"整理)

# 明确方向　重点突破　加快建设应用型特色名校

**编者按：**潍坊科技学院通过教育部本科教学工作合格评估后，应用型特色名校建设步入新阶段。新学年要以习近平总书记治国理政的新理念、新思想、新战略为指导，明确目标方向，加快特色名校建设步伐；坚持育人为本，全面提高教育教学质量；集中力量资源，实现重点项目突破；加大协调力度，不断提高综合管理水平，努力建设师生幸福、家长满意、社会尊敬的大学。

新学年总的工作设想是，以习近平总书记治国理政的新理念、新思想、新战略为指导，以建设应用型特色名校为目标，以申报专业硕士立项建设单位为动力，以改革创新为统领，巩固提升"三率"，集中突破二级学院自主办学、协同创新合作育人、提升三大科研平台、国际交流与合作、人事职称改革五个重点，浓厚学风，完善机制，努力建设师生幸福、家长满意、社会尊敬的大学。

## 一、明确目标方向，加快特色名校建设步伐

习近平总书记在"7·26"省部级主要领导干部专题研讨开班式上的讲话中指出，"中国特色社会主义是改革开放以来党的全部理论和实践的主题，全党必须高举中国特色社会主义伟大旗帜，牢固树立中国特色社会主义道路自信、理论自信、制度自信、文化自信，确保党和国家事业始终沿着正确方向胜利前进"。习近平总书记在全国高校思想政治工作会议上的讲话中指出，"我国必须走自己的高等教育发展道路，扎实办好中国特色社会主义高校。我国高等教育发展方向要同我国发展的现实目标和未来方向紧密联系在一起，为人民服务，为中国共产党治国理政服务，为巩固和发展中国特色社会主义制度服务，为改革开放和社会主义现代化建设服务"。这"四个服务"的重心是让人民满意，这是检验大学成功与否的重要尺度，也是我们必须坚持的办学方向。在校党委开展的"两学一做"活动中，我们学习了习近平总书记的新理念、新思想、新战略和新教育思想，提高了思想认识，增强了立德树人、办好中国特色社会主义大学的自觉性。

办好一所大学需要逐本溯源，按规律办学。从某种意义上讲，大学本源、教育规律、人民满意是我们建设应用型特色名校应遵循的三大原则。

**大学本源**。大学一词来自拉丁语 Universitas，其原始含义是师生共同体，指师生一起探索真理、传播知识的学术机构。1088 年，古罗马博洛尼亚建成了世界上第一所具有

现代意义的大学,此后在欧洲相继诞生了牛津、剑桥等大学,影响了欧洲文艺复兴和现代化进程。19世纪,德国洪堡大学成立,将科学研究与教学相融合,推动德国迅速崛起。20世纪,美国大学将学术研究成果服务社会,转化为现实生产力,确保了美国在国际上的领先地位。中国最早的大学是1895年清政府建立的北洋大学堂,标志着中国近代第一所大学诞生,开启了中国近代大学教育。新中国成立后,国家根据当时发展需求,借鉴苏联模式,对院校发展作出重大调整,大学拆分和新兴工科大学成立。1977年恢复高考后,大学经历改革发展的过程为现代建设培养了大批优秀人才。回顾大学的发展历史,我们发现,作为师生共同体,大学的第一功能是人才培养,科学研究、社会服务、文化传承创新以及国际合作等职能都是为人才培养服务的,离开这个基本点,大学的工作就失去了其价值和意义。

**教育规律**。教育属于上层建筑,受经济基础制约,又具有一定的超前性。教育的一项重要功能是服务经济社会发展,其在推动经济转型升级、新旧动能转换、创新发展等方面起着至关重要的作用。在"互联网＋"、智能化时代的大背景下,教育必须为未来社会发展贡献力量。我国已进入高等教育大众化阶段,目前全国有高校2900多所,其中新建本科院校700多所,高校竞争日趋激烈,优胜劣汰不可避免。如何在激烈的竞争中脱颖而出,屹立于本科院校之林,实现持续健康发展,是摆在我们面前的重大课题。盲目追随全国重点大学,模仿省级重点高校,是不可取的。我们必须深入研究地方新建本科高校的发展规律,积极探索创新发展路径,寻求错位竞争、差异化发展、办接地气的大学。建设应用型特色名校是我们的共同愿景,也是我们长期追求的目标。我们要立足新建本科、区域性、县办大学实际,努力打造办学特色。首要的是培育学科专业特色,这是二级学院必须思考的问题。大学靠学科支撑,所谓名大学就是有名学科、好专业,而其关键在于有名师、大师。

**人民满意**。习近平总书记提出"以人民为中心"的发展思想,学校的发展也应该以学生为中心,办让人民满意的大学。要让人民满意,最根本的就是要提高人才培养质量。只有将学生培养成为具有社会担当、拥有一技之长的社会主义建设者,承担起国家、社会和家庭责任,才能让家长满意,让用人单位满意,才能赢得社会尊重,学校才会越办越好。怎样提高人才培养质量?看分数是应试教育的惯用技法,看素质看能力难以量化,没有可执行的标准。就高等教育质量而言,世界上包括欧美发达国家在内也没有检测量化标准,需要探讨的是先进理念、课程设置、育人模式等改革创新,需要打造的是"文化酱缸",即育人环境和文化氛围。家长和社会的认可度满意度虽然具有滞后性,但必须高度关注。

## 二、坚持育人为本,全面提高教育教学质量

育人质量是高校的生命线,如何提高质量是高等教育永恒的主题。我国在反思应试

教育导致教学质量不高的问题,美国也在反思基础教育质量不高、高等教育本土人士成果太少的问题。中国出现"技工荒",美国文理学院毕业生也出现找不到工作的现象,都反映了高等教育人才培养方面的偏差。

我校以培养应用型专门人才为目标,按照我校的生源结构,就是培养优秀的工程师、优秀的技师。要做到"优秀",就要德才兼备,"又红又专"。人文和科学是人类社会前进的两翼,人文求善,科学求真,两者不可偏废。人文精神与科学精神应是优秀人才的必备素质。我们培养的优秀工程师、优秀技师,既要有正确的价值观,又要有过硬的本领。为此,我们应该认真思考教育教学应该怎么办的问题。我认为,要提高教育教学质量,应该做到以下几个方面。

**主张多元发展**。美国教育心理学家加德纳指出,世上有七色阳光,人也有七种智能。好的教育应该是根据学生的兴趣志向,帮助每位学生走向成功的彼岸。这要求我们,按照孔子的因材施教原则,着力改变目前普遍存在的大班制、满堂灌、照本宣科等陈旧教学模式,进行个性化教学,推广小班讨论学习,让学生合作学习、探究学习、主动学习。切实做好分类教学、分类指导,对想升学的学生,为其提供相关条件;对想就业的学生,帮其做好相关准备;想创业的,就扶持他们一把。教务处牵头搞好小组讨论学习专题立项,从理念、模式、方法、效果等方面做好研究,推出样板,以点带面。本学年,要资助出版小组讨论学习的专题研究书籍10本以上。要深入抓好项目教学,规范实践教学,让学生掌握真本领,为就业打好坚实基础,继续资助项目教学教材10部以上。加强创新创业教育,各院系要将创新创业教育纳入课程体系,鼓励学生参加双创大赛,期末搞一次成果展示。设立专项资金,支持双创成果在大学生创业园孵化,本学年新增双创项目企业50家以上。各院系要将社团建设与小组讨论学习结合起来,引导学生组建专业学习社团、各类竞赛社团,每个学生至少参加一个社团。专业类社团归口教学系统管理考核,艺体类社团归口学工系统管理考核,将辅导教师、教练工作量及成果予以量化,重奖有突出成果的教师和学生。

**倡导自主学习**。有人说,大学就是自学,当然学好专业是看家本领。优秀人才的培养不在于使用什么教材,因为有些教材的滞后性、局限性显而易见,培养优秀人才的重要途径是多读书、多实践。图书馆的作用非常巨大,其作用不可替代,但教学楼读书角、小组学习空间更为重要。各院系要借鉴张家港市漂流读书角的做法,精心打造学生阅读空间,共同阅读分享好书。实施大学生读书"4030"计划,本科生四年至少读40本书,专科生三年至少读30本书。充分利用智慧校园资源,引导学生将手机终端作为重要学习工具,加大网络课程的使用效率,将网络课程的使用效率列为教学考核指标。

**重视通识教育**。在科学研究和专业教学分化越来越细的大背景下,培养优秀人才必须重视通识教育,已成为世界高等教育共识。在我国,很多大学大一不分专业,在欧美国家甚至大二之前不分专业,通识教育对大学生素质和未来的发展意义重大,但我们的教学管理习惯于专业教学,甚至个别同志认为通识教育无关紧要,这与个人的教育经历以及平时缺乏学习有关。加强通识教育,思想政治课必须加强和改进,要实现社会主义核心价值观和习近平总书记新理念、新思想、新战略"三进"(进教材、进课堂、进头脑),以解决学生思想认识上的实际问题为着力点,端正学生三观,着力加强大学生价值塑造,提高大学生政治思想素质,坚定理想信念,提升人生境界,增强奋进动力,培养团队精神。加强以农圣文化为特色的优秀传统文化教育,农圣文化是寿光的特色文化,也是我校省人文社科研究基地项目,要组织专业队伍,进一步挖掘农圣文化、优秀传统文化与当代人文精神生活的联系,丰富学生的人文精神、家国情怀和责任担当意识,同时,要用优秀传统文化培养学生健全人格,和"君子"风格,引导学生诵读经典,注重礼义,将中华民族的价值体系、基本信仰内化于心,做到崇德、乐群。加强批判精神和批判性思维的培养,提高学生辩证地看问题的能力。重视美育工作,充分认识美育的意义与价值,挖掘中华传统文化中的美育理念,探索开设美育课程,组织高雅艺术进校园活动,组建艺术社团,丰富文化生活。提升大学生的审美与人文素养。加强学生英语、论文写作教育,这两项素质和能力关系学生未来的发展。学好英语是国际化人才的必要条件,写好论文是学术研究、文化交流的基本功。要切实加强英语教学、论文写作指导,要将英语四六级考试列为教学考核的重要内容,打造英语四六级考试辅导名牌教师,组织学生论文写作比赛,参照各类技能大赛奖励办法重奖论文写作优秀学生。

**严格教学管理**。教风决定学风,"严师出高徒"。教风严谨,常规落实严格良好的学风自然形成,即教师认真负责,学生勤学苦练。学风事关学校声誉,直接影响育人质量,营造良好的学风,必须加强正面引导。要开展励志教育,但不可缺乏严格管理,要像抓学生管理一样抓学习。首先,严格课堂管理,对迟到、上课睡觉、玩手机等违纪现象予以惩处,与教师考评、学分管理挂钩。第二,严抓考试关键环节。教务处要认真研究制定并实施学习过程管理办法,对学生日常学习态度、作业完成情况、社团活动情况、实践实习效果等进行考核并纳入学分,降低期末统考成绩的考核比重,加大平时考核的权重,通过严格学习过程管理促进浓厚学风的形成。

**注重学工保障**。学生工作直接关系到安全稳定和质量提升。以"双严""三包靠"为特点的学生工作已成为我校品牌,在学校跨越发展的过程中,学生工作功不可没。好的传统不可丢,新学年,学生工作要为浓厚学风提供保障,为育人质量提高做出贡献。推动社团活动、义工服务专业化,以专业知识服务社会,以服务社会促进专业发展,将义工服务、志愿者活动作为学生成长的重要一课,鼓励学生人人参加一个社团。自古以来"学而优则仕",有较强的功利化倾向,而教育的真正目的应在于立足人的全面发展、培养幸福人生,即所谓的"立己达人"。《剑桥论道》中说,我们是否可以为幸福和安康下一个定义?也许我们无法给出一个更好的定义,那不如接受亚里士多德的说法吧:"幸福是灵魂在不受阻碍的生活中通往至善"的活动。幸福不在于你是什么,而在于你做什么。义工、社会志愿服务在欧美是学生的必修课,也是人生的必修课。前段时间去张家港考察学习,作为首个县级全国文明城市,张家港每天都有大量义工、社会志愿者在服务,它的老年活动中心只有一个管理者,其他全部是志愿者。要让每一位学生参与一次小到班级,大到院系、学校活动的组织,在活动组织中培养学生的团队观念、组织能力、奉献精神,树立"为人民服务""学雷锋做好事"的人生价值追求,这对学生一生都是有益的。学生处要从各个方面予以协调落实,并做好记录,加强考核管理。

要放手让学生参与学校的一切管理。凡值周学生,从门卫到接待,从某项活动到学校会议,从衣食住行到教学科研,各处室院系都要予以欢迎,并负责对参与学生进行记录、考核评价。学生处、体育部要支持、引导学生参加文体活动、主题教育,大力倡导人人参与一个体育活动项目,用机制保障学生每天锻炼一小时。将学生会建成学生之家、自治组织,建成连接学生与教师、院系、学校的纽带和桥梁。要实施值周班长、值周主席、值周团长的制度,让每个学生参与到管理队伍,锻炼才干,增强责任。归结起来,就是要努力让学生做到"六个一":人人参加一个社团、一个志愿服务队、参与组织一次活动、一项学校管理、当一次值周班长、有一个拿手体育项目。

**借鉴先进理念**。中国加入《华盛顿协议》,意味着专业认证具备了国际实质等效性,专业认证体系能促使高校建立起基于学习成果的人才培养体系,构建持续改进的质量保障体系、机制,不断提升专业竞争力和人才培养质量。专业认证的三大理念——以学生为中心,以产出为导向,持续改进——值得我们借鉴。三大理念为改变传统教学模式和陈旧教学方法提供了支持。具体来说,第一,以教师为中心转变为以学生为中心。教学设计围绕培养目标,毕业设计对应培养环节,关注目标和能力的达到,用学习成果的不断反馈与成就感激发学生的学习动力。第二,以知识为导向转变为以产出为导向。专业认证改变传统教学关注教学投入,甚至是死记硬背、题海战术的做法,它关注的是产出,关注学习成果及如何取得成果,注重能力导向,使学校教学工作直接聚焦到培养目标达成上,以人才培养质量为最终评价标准。第三,由终结性评估转变为持续改进。传统教学以考试分数为评估手段,导致教学过程缺乏互动和连续性,专业认证则通过多种方式进行周期性评估,以持续改进教学和学习过程,强调互动,以形成行之有效的教学质量改进机制。我们要以专业认证三大理念为引领,大力推进教学改革,构建我校质量保障体系。

### 三、集中力量资源,实现重点项目突破

为促进学校健康发展,全面提高育人质量、办学水平,打造应用型特色名校,从新学年开始,要着力做好五大重点项目。

**实现二级学院主体办学**。二级学院办学改革已推进两年,取得了一些成效,但主客观制约因素较多,总体上进展缓慢,效果不明显。推动二级学院主体办学是坚定不移的改革方向。发展规划与政策研究室要重点研究这个问题,加强调研,借鉴经验,抓住关键,提出方案,力争取得实质性进展。二级学院要健全组织、完善制度,保证院系事务有章可循,实现责权利一致,将自主办学落到实处。第一,实行目标管理,各二级学院要明

确 3～5 年的办学目标，从招生规模、专业设置、学科建设、特色形成、培养质量到"三率"、竞赛等都要制定目标；第二，实行经费包干，通过预算核定办学经费形成自我约束机制。第三，实现用人自主，实行双向选聘，各院系根据专业发展和学科专业建设规划，主动引进高层次人才。第四，完善考核办法，通过考核强化激励，形成奖优罚劣机制。

**推动协同创新、合作育人**。社会服务是大学的职能之一，一所大学的价值直接体现在社会服务能力上。作为应用型高校，开展校企、校地、校校等合作是教师成长和育人水平提高的重要途径。各院系主要负责同志要把主要精力放在这项重大工作上，以软件学院为榜样，努力建成实体性行业企业冠名班，列入招生计划，新学年，每个二级学院至少完成一项。按照双师型建设任务要求，专业教师都要有协同创新项目，以签约和到账资金为准。本学年，30％以上的专业教师要达到这个要求，每学期要安排 20％以上的专业教师到企业挂职锻炼半年以上，每个二级学院要至少联合一家企业共建一个实验室或实训中心，与企业联合在省级以上各类大赛中至少获得一项一等奖。本学年，各二级学院要通过纵向、横向合作，与科研院所、学会、企业举办一次学术年会或学术研讨会，学校财务列出预算予以支持。

充分利用软件园、蓝工院、众创教育研究院及校办企业、公司平台，鼓励师生开展创新创业，学校设立专项资金予以扶持。落实学生创业以补代奖、助学代奖办法。所有增长型校办企业、公司要制定三年产值利润翻番计划，第一年完不成 30％的予以警告，第二年达不到 60％的调换企业负责人。飞翔集团在稳妥搞好企业改制的过程中，完善企业目标管理、生产、财务、安全管理的具体办法。

**助力三大科研平台升级**。设施园艺实验室、农圣文化研究中心、山东半岛卤水资源高值化绿色化综合利用工程技术研发中心是我校今年获批的三个"十三五"省科研创新平台，这对我校提升科研水平和育人质量，提高社会服务能力，扩大学校知名度和社会影响力具有重要作用。学校要集中人力、物力、财力，建设好这三大平台，并不断推动平台升级。

设施农业是学校办学特色的集中体现，也是我校学科建设的总抓手、应用型科研成果的突破点。要围绕种苗研发、水肥一体、沃土工程、绿色环保、智能控制、设施构造、电商物流等组建团队，引进高端人才，集中力量搞研究。我校农学博士要全部投身设施农业研究，其他学科特别是工科的优秀专业教师，要协调到该项研究中来。成立设施农业研究院，聘请国内院士、知名专家为学科带头人，引进博士组建团队，努力推进省重点实验室建设。

农圣文化研究是我校人文科研特色。成立农圣文化研究院，鼓励优秀通识教育教师参与农圣文化研究，引进农圣文化专家，深入挖掘《齐民要术》等优秀传统文化教育资源，出版农圣文化研究成果丛书。设立专项基金支持农圣文化研究，对研究成果、论文、书籍予以资助和政策支持。2018 年要将农圣文化研究会建成国家二级学会。提早谋划，高规格举办第九届中华农圣文化国际研讨会。

卤水资源研究要成为蓝工院的主打科研项目。加强与相关博士、化工企业对接,整合资源,加大投入,共建实验室,共同搞研发,争取两年内建成省级重点实验室。今明两年,实现协同创新到位资金翻番。

软件园作为学校办学特色和产学研的平台,要进一步加大招院引所的力度,制定目标,明确院系处室责任,及时跟上考评奖惩。要进一步加大成长型企业的扶持力度,提出三年扶持目标,加强过程监管,促进电商、软件、文化企业做大做强。

**拓展国际交流与合作**。国际化是中国高等教育发展的必然趋势。二级学院是国际交流与合作的主体,要走出去观摩学习借鉴,明确方向目标。本学年,各二级学院都要争取国际交流与合作项目,围绕项目实施,积极参与国际学术交流。探索"2+2"本科教育国际合作,"3+2"或"4+1"研究生培养合作项目。围绕"一带一路"倡议实现招收外国留学生的突破。集中精力办好中德教育合作项目,争取本学年实现挂牌。外教引进要由单纯引进语言教师向引进语言教师、技师、工程师过渡,为学科建设、专业教学服务。农学院要引进一名荷兰或以色列农学专家到校任教,汽车学院、机械学院要各引进一名德国或日本工程师担任专业教师。留学服务中心制定发展规划,加强与第三方对接,成立英语四六级考试辅导中心,努力打造雅思、托福考试辅导品牌、出国留学预科班品牌。本学年,招收留学生预科班30人以上。高校国际化的核心是课程的国际化,只有引进国外课程,把国外课程学到手,才能实现实质性的国际化,我们必须为此做出努力。

**抓住职称改革这个关键**。职称评聘关系到教职工的切身利益,必须按政策、制度、程序,做到公平、公正、公开。职称改革是人事制度改革的突破口,要做好以下工作:一是完善分类管理。按照行政人员、教学人员、科研人员分序列,同序列进行竞争,降低教学人员论文比重,加大科研人员成果比重。探索教学一线工作满30年教师免论文晋升办法,组织专家对其课堂教学进行评价,作为晋升依据。二是将协同创新纳入前置条件,无项目、无到位资金的不能晋升副高级以上职称;有合作项目、到位资金达到一定额度的,或二级学院指导大赛获省一等奖以上荣誉的青年教师可不当班主任、不坐班。三是凡参与我校三大省高校科研平台研究并获得省以上成果的可优先晋升职称。以研究为主的教师可以不坐班、不当班主任,把精力用于科研项目研究,争取尽快出成果。四是凡无协同创新项目、无到账资金的副高职称以上教师、博士学历教师,男55周岁以下、女50周岁以下的,统一按普通教师管理,必须坐班并达到基本课时数。五是项目教练所获省级一等奖以上的奖项,在职称评定中视同省级成果,鼓励大学部专业教师到五专部任技能大赛教练,大学部、五专部获奖等同等效,并认定高水平双师型教师,在考核、评优、晋级中优先考虑。

## 四、加大协调力度,不断提高综合管理水平

综合管理水平集中体现在校风上。校风是无形的管理者,是一种来自集体、内部的

精神力量。良好的校风是一种无声的命令,是精神的航标。潍坊市正在开展作风建设年活动,大力营造干事创业的氛围,提出了为担当者担当的要求。各级教育主管部门非常重视师德建设。这一切集中到一点就是作风建设,对学校来讲就是要加强校风、教风、学风建设。大学是师生共同体,也是学术共同体。我们要继续建设"让认真成为品质"的校风,"责任高于一切"的教风,"勤学苦练"的学风,"三风"建设,干部作风是关键。干部要讲政治、顾大局;讲奉献、谋发展;讲正气、敢担当。率先垂范、以上率下、制度管理、文化治校,提高综合管理水平。

**完善岗位职责与考核**。要组织好行政处室双向聘任,落聘人员按规定待岗培训。根据工作需要,重新修订完善岗位职责,发展规划与政策研究室牵头,9月底前完成岗位职责汇编。督评与质量管理办公室牵头,搞好岗位职责考核。本学年,要实行述职评议制度,每学期对行政处室职责落实情况进行一次评议,纳入年度考核。

**强化工作落实与督查**。凡是党委及校务委员会研究部署的工作、学校确定的重点项目,必须加强过程监管和落实情况督查。对不落实的单位、个人必须依章处罚。树立管理重在落实的理念,关键是抓住不落实的人和事,纪委监察室、督评与质量管理办公室、招标与工程监督中心、学校督导团、审计处都要发挥职能作用。发现不了问题是最大的问题,是失职渎职,要追究责任。

**转变行政处室职能**。行政处室要围绕人才培养中心工作,二级学院办学主体改革方向,做好服务协调、监管考评,推进学校工作的有序开展。要厘清职责,到位不越位,用权不越权,不干扰教学、科研、学习,不做表面文章,不搞形式主义。要加大院系、科研院所、行政处室考核力度,加强行政处室人员学习培训,实现学习培训制度化。要评选管理服务育人标兵,奖励在管理服务一线付出心血和汗水、得到师生认可的优秀处室和工作人员。

**稳定教学学工秘书团队**。领导可以换,教师可以调,教学、学工秘书必须稳定。制定教学秘书等级晋升制度,提高待遇。鼓励本科以上学历合同制人员和学校优秀毕业生留校从事教学、学工秘书工作。加强秘书学习培训,提升适应岗位能力,做好教学和学生管理常规性工作。

**提升校园文化品位**。围绕物质文化、精神文化和制度文化建设,塑造学校完整文化形象。按照校党委统一部署,党建引领方向,以社会主义核心价值观为主线,整体设计学校精神、"一训三风"、学校标识等,准确阐释,使之内化于心,成为广大师生员工的自觉行动。进一步浓厚学术氛围,每两周在学校和二级学院两个层面安排一次学术讲座、道德讲堂等学术活动。学校工会、团委、妇委会、学生会等群团组织要在党委领导下开展主题活动,每学期不少于两次。充分利用智慧校园建设成果,让手机成为学习终端、办公工具。建好微信群,用好公众号,宣传正能量。团委要把"青年之声"打造成全省知名品牌,宣传中心要推介处室院系办学经验、创新成果,宣传学校办学特色。争取在《山东高等教育综合改革简报》《中国高等教育》《内参》等报刊上介绍我校办学情况。规范标牌、宣传橱窗、标语口号,唱响《飞翔》校歌,打造高雅、凝重、和谐的校园文化。

**切实抓好安全稳定**。按照党政同责、一岗双责、追责问责的原则抓好安全稳定工作。安全无小事,稳定是前提。层层压实责任,做好安全隐患排查,将问题消灭在萌芽状态。增强敏感度,重视思想动态,及时化解矛盾。加强治安保卫工作,坚决取缔在校园、小区内违章经营者;曝光车辆乱停乱放者,制止侵害他人安全、影响环境卫生者。加强学生健康管理,提高其自我保护能力,预防传染病;对勾结校外势力打架斗殴的严惩不贷。切实做好对特困教职工的帮扶,特别关心老教师、老干部,及时汇报、通报学校发展情况,工会举办好重阳节京剧晚会,组织开展好文体活动,让老教师、老同志安度幸福晚年。

（根据笔者2017年8月27日"深化改革,重点突破,加快建设应用型特色名校——在2017—2018学年工作会议上的讲话"整理）

# 学习先进　积极探索
# 全面推进应用型特色名校建设

**编者按**：学校围绕立德树人根本任务，学习借鉴欧亚理念，以学生为中心，改革创新，全力推进精致管理、协同育人、特色创建、品牌建设、国际合作、高层次人才引进工作，坚持完善治理体系，强化作风建设，突出工作重点，抓好工作落实，努力建设应用型特色名校。

我校顺利通过教育部本科教学合格评估标志着学校发展进入一个新阶段。可以设想"十三五""十四五"两个五年规划期间，学校面临的基本任务有两个：一是教育部教学工作审核评估；二是申办硕士学位授予单位。审核评估也是国家"大考"，审核评估关系到申硕，争创审核评估优异成绩是申硕的基础，当然申硕是两个五年规划的奋斗目标，是潍科梦，是教育理想，我们要一步一步地推进，一点一点地累积。上学期，我们组织中层干部到欧亚学院培训考察，我也带队专程去欧亚考察学习。总的来看，校园洋气，理念先进，管理精致，体制灵活，以学生为中心的教育理念以及学生事务改革令人印象深刻，内涵发展与特色品牌创建等值得我们学习。当然校情差别还是很大的，欧亚是民办大学，其在办学自由度、用人自主性、高额学费等方面有明显优势。学习借鉴欧亚要解决水土不服的问题，也要注意热乎一阵子的问题，更不能照抄照搬盲目学，要根据潍科实际，找准结合点，取长补短，创新发展。我认为本学期要学习欧亚积极探索教育教学、管理服务事项改革，落实教代会决议，抓好工作落实。

## 一、以学生为中心，深化教育教学管理服务改革

以学生为中心是世界先进的教育理念，是习近平新时代中国特色社会主义思想以人民为中心在教育上的体现，以学生为中心的根本要求是以人才培养质量为重中之重。以学生为中心与我校以生为本理念相契合，它要求让学生承担主体学习责任，强调学生学习效果，教师是学习的促进者和支持者，学校要把学生及其需求作为工作重点。为此，必须改变传统的以教师为中心的陈旧观念与落后做法，深化教育教学、管理服务改革，使学校的一切工作都立足于学生健康成长。

**教育教学方面**。"适合的教育"已写入《国家中长期教育改革和发展规划纲要（2010—2020年）》。"适合的教育"即适合学生的教育，是以学生为中心的教育，只有适合

学生才能彰显教育的本真。"适合的教育"是合乎人性的教育,是适合学生群体的教育,是适合学生个性的教育。我们要紧抓"三率",深入推进因材施教、分类施教。深化课堂教学模式改革,新建3~5门在线课程,促进学生自主学习,提升学生学习效果和学习能力。倡导落实三类学习方式:自主学习、合作学习、探究学习,其中自主学习是最基本、最重要的;四个课堂:课上、课外、校外、网络;三阶段学习,课前阅读、课堂讨论、课后练习。内因是变化的根据,学生永远是学习的主人,在教学过程中应处于主体地位。要全面推进项目化教学、小组讨论学习,围绕专业特色凝练、课程体系建设、教学模式改革、学生能力提高等方面立项教改课题,总结经验,推广成果,学期末评选优秀教改项目、"双十佳"教师和教改先进院系。各二级学院要加强专业社团建设,将社团分为一般性和专业性有利于学生专业学习的拓展提升,专业社团以学科大赛为主攻方向,纳入人才培养方案,探索获奖成果的学分累积与学业完成甚至毕业的关联,以打破常规,促进大学生个性发展和创新精神培养。落实"4030"读书计划,探索体育科目社团化。

**学生事务方面**。坚持学生需求导向,依据学生需求提供服务内容,增强学生的"一站式"服务体验,以学生干部为主参与大学生服务中心的工作。扎实组织好"六个一"活动,促进学生全面发展。一般社团管理归学工系统,主要是文体活动和社会实践,促进大学生良好素质和实践能力的提高。要建立一般社团指导、发展与评价体系,积极创设机会,发挥学生在各类活动中的主体作用。加强学生干部培养培训,一年内学生干部轮训一遍。转变学生管理方式、服务方式,引导学生加强自我管理,加强大学生公寓社区化管理,健全社区学习、生活、交流、活动等服务功能。成立大学生快递中心,学生会成立勤工助学中心,整合校内勤工俭学岗位,满足学生需求,推进实践育人。争取承办省级学生管理会议。

**学校管理方面**。学生参与学校事务是以学生为中心理念的很好体现,学生要有知情权、参与权、监督权,这也是教育民主化的要求。把学生视为教育改革的重要参与者,组织学生参与重大问题讨论评估,如课程改革、学校管理等。各职能部门根据各自职责,调研学生需求,拓展服务职能,提升服务水平,促进育人质量提升。完善学生代表大会制度,发挥学代会在学校管理中的作用。设立校长接待日,举行校园听证会,积极引导学生参与学校建设与管理。落实二级学院干部、辅导员与学生定期共餐制度,倾听学生诉求,解决学生生活问题。切实做好毕业生跟踪调查,听取毕业生意见建议,着力改进学校工作。关注特困生,加强"三包靠"制度落实的督查,做好精准帮扶。

**后勤服务方面**。优化后勤服务,实现由粗放式管理向精致化管理转变。优化教学楼环境,逐步更新学生桌椅,改造完善教学设施,教学楼道安装暖气,读书角安装电扇,为学生提供良好读书学习条件。全面检修体育器材与设施,安全第一,满足体育社团活动需要。实施学生公寓改造,规划建设"学生客厅"。将22栋学生公寓划分为8个社区,分社区建设多功能学生客厅,拓展学生生活、学习、交流、娱乐场所,建设服务型学生公寓,提升学生满意度。今年暑假建设第一社区客厅和留学生楼社区客厅。2018届新生起,学生宿舍按年级、层次分配,不再按院系分配。简化宿舍物资维修流程,公寓管理中心设置维修预算,购买社会服务,总务处协调后勤服务公司落实维修半小时办结制。信息化办公室协调与有关电脑公司签订服务协议,落实多媒体维修日办结制。督导团整改问题落实两天办结制。处室、单位要自觉接受师生的监督评议。

**成立专业委员会,提高管理决策的科学化水平**。随着科技的发展,社会分工逐步细化,专业也日趋细化,专业事项应由专业人士来办。我们的经验和能力是有限的,管理队伍专业性也不强,我们干部主体是随着学校从中专到大学的跨越发展跟进的,我这个学校管家也是中学校长出身,这在全省乃至全国大学里也是独特的。即使我们有了一定的积淀,顶层设计、发展规划、重大改革等也需要专家指导和征求意见,自以为是很可能出麻烦事,自我感觉良好可能就大难临头,没有发现问题是最大的问题,这是工作的辩证法。实施行政和学术分立,落实教授治学,发挥好学校与分院两级学术委员作用的基础上,借助外力聘请专家,成立战略规划、教学业务、学生事务、预算管理、文化建设等 5 个专业委员会,负责把关各方面工作,为学校决策服务。发展规划与政策研究室负责,协调有关处室、二级学院制定各专业委员会筹备方案,制定各专业委员会的章程,提出各专业委员会建议人选,根据筹备工作进展情况,适时召开各专业委员会成立仪式暨首届委员会会议。

今学期,先请文化建设委员会统一指导校园文化建设,精心打造以农圣文化为特色的优秀校园文化。组建专业团队,系统规划、统一设计校园文化标识,制定校园文化标识使用规范和标准,推广使用校园文化标识,增强校园文化识别度。开发具有农圣文化特色的校园文化产品,广泛开展以农圣文化为特色的中华优秀传统文化普及学习活动。将管理学思维运用到校园文化品牌创建中,彰显"让认真成为品质"的校风,打造具有农圣文化特色的育人软环境。

**制定标准化流程(SOP),实施绩效考核改革**。发展规划与政策研究室牵头,各处室、二级学院根据部门职责,对本部门重复性、常规性的工作或需要多个部门协作的常规性工作制定标准作业程序,将相关操作步骤进行细化、量化和优化,不断提高工作质量和效率。要认真研究,切实抓好绩效考核这个牛鼻子,调整处室考核方案,加强任务承担与工作成效考核,压缩评议权重,提高考核的客观性和奖优罚劣的公正性。研究制定"教师+"绩效考核方案,合理确定教师绩效考核指标和权重,突出工作业绩考核,调动教职工工作积极性。改革职员绩效考核办法,改变根据处室职级确定职员工作量做法,加大职员任务承担与工作成效考核,根据岗位工作成效、共性指标完成情况和评议成绩确定职员绩效考核等级。改革岗位绩效工资发放办法,提高绩效工资,加大优秀单位和个人奖励力度,参照欧亚学院做法,学校根据院系、处室考核成绩按一定系数划拨教师、职员岗位绩效工资,打破岗位平均化,由二级学院、处室根据教师、职员绩效考核成绩核算岗位绩效工资,每学期发放一次。将绩效考核结果与教职工评优、职称晋升和岗位绩效工资等挂钩,充分发挥绩效考核的引导和激励作用。完善中层干部述职评议办法,加大服务对象满意度在管理考核评价中的比重。

启动开展校内评估。2021年我们将迎来教育部本科教学工作审核评估,要高度重视。要发挥教学咨询委员会作用,加强自评,更加重视教学过程反馈、矫正,落实持续改进理念,进一步完善教学质量监控体系,加强质量管理,邀请校外高水平专家对二级学院进行校内评估。结合审核评估标准要求,制定评估指标体系、流程和评估计划。2018年试点评估贾思勰农学院、化工与环境学院。2019年评估机械、汽车、建工、软件学院。2020年评估其余二级学院。

**队伍建设方面深入实施师资优化工程　落实名师引进和全员培训。**引进3～5名博导、学科领军人才和学术带头人,建设3～5个高水平学科团队,招聘60名高水平博士。着力提升"双师型"教师比例。做好教师全员培训,邀请国内知名高校、科研院所专家到校开展专题报告,突出教育教学理念与方法、信息技术应用、教师科研能力和综合素养提升、课程教学方法改进等培训。做好新教师培训,加强干部职员培训。安排干部、教师有计划地赴国内外高校、科研院所访学进修、培训学习。鼓励教师担任外校研究生导师,对担任研究生第一导师的予以重奖。

设置公寓社区专职生活辅导员岗位。校园社区化建设是新时代加强大学生思想政治工作重要举措,公寓社区化是现代大学先进的管理模式。大学生公寓管理传统上是院系、学工责任制,但有利于"管"不利于"理",思政工作、心理辅导、事务办理、学习交流弱化,不利于大学生成长;二级学院干部抓公寓秩序,分散精力,疲于应付是中学的管理办法。社区化改革势在必行,成立学生公寓服务中心,组建社区专职生活辅导员队伍是社区管理改革基本保证,以此负责协调办理学生在公寓内的全部事务。要制定生活辅导员聘任条件,面向校内外公开选聘50名素质好、学历高的生活辅导员。聘任中层干部,老教师为社区生活导师,共同做好大学生思想工作与心理辅导。

**扎实做好合作项目　深入推进国际合作办学。**普及化、市场化、国际化是当今世界高等教育的发展趋势,国际交流合作将成为高校的新职能。经济全球化是大背景,科学无国界是学术之规律,互联网时代到来,飞机成为一般交通工具,"地球村"的形成,真正实现了"天涯若比邻",留学成为有经济条件有眼光家长的选择,在大城市已成潮流。要深入学习调研,制定完善的人才培养方案,加强协调,配齐师资,扎实搞好中德合作市场营销专业本科教育项目,推进中德汽车学院筹建工作。完善留学生接收方案与流程,在"一带一路"沿线国家招收留学生60人左右。推进与荷兰威腾堡应用技术大学开展"3＋1＋1"专本硕连读项目。做好专业外教招聘工作,引进2名计算机外教、2名英语外教、1名日语外教,实现引进德国、日本、荷兰工程师、技师的突破。对接上级主管部门积极参加国际性会议,开展大学生赴国外交流学习活动。制定二级学院国际交流合作考核办法和海外交流培训实施办法,选派干部、教师赴海外交流培训。积极开拓雅思、托福培训渠道。成立并运营好中荷现代农业合作交流中心。

**整合资源与数据共享,提升信息化应用水平。**推进智慧校园建设,进一步整合信息资源,实现数据共享。加强移动端应用开发,今年教职工通过手机实现考勤、请假、出差审批、费用报销、工资查询等功能,学生通过手机实现考勤、课表查询、成绩查询、网上缴费、请假等功能。优化招生、迎新、宿管、学工、教务、离校管理等应用,实现学生从入校前到离校后的全程信息化管理,实现学生画像、教师画像、校情综合展现,为学校管理决策提供数据支持。设置智慧校园"网上教育"模块,及时了解、不断满足学生的合理需求。

## 二、重视通识五专教育,实施大部制改革

组建通识学院。加强通识教育是欧美大学的普遍做法,"钱学森之问"让社会、教育尤其是大学有关人士深思。大量事实证明,拔尖创新人才,不是靠专业学习和培养出来的。国内许多大学非常重视通识教育并不断改革探索。新中国成立后我国大学借鉴苏联的做法,重视专业以及技术教育,在国家建设急需人才的培养上成果显著,但对通识教育不够重视,人文、科学素养有所弱化,特别是功利主义、应试教育盛行的情况下,从干部教师到学生认为通识教育可有可无的还不在少数。协调校内外优质资源组建通识学院是我校教育教学改革的重大举措,困难肯定不少,思想观念、认知的差距、经验主义恐怕是最根本的问题。我经常强调当教育干部就要多学习,阅读量决定视野眼界,狭隘性、格局小、目光短浅等现象有的是人性使然,但重要原因是不读书不学习所致,不学习不作为还好些,不学习有作为往往是乱折腾。加强通识教育,组建通识学院,探索本科生大一不分专业,学生入通识学院统一管理,促进文理融合,全面提升素质,弥补应试教育缺陷,为学生全面发展和人生幸福奠定基础。重视通识教育,组建通识教育学院得到教育厅领导以及高教专家认可和一致好评。要学习借鉴国内外通识教育的先进理念与做法,研究制定通识学院人才培养方案,明确培养目标、课程设置、管理模式。根据通识教育实施需求,科学设计通识学院楼功能区划,制定改造建设方案,高标准改建通识学院楼。从全校选拔最优秀教师到通识学院任课,聘请校外专家学者到通识学院开课,制定讲座计划,开设专家、名师系列讲座,参照其他二级学院完善通识学院机构设置。

组建五专部。五专部基建工程既将竣工,暑假前搬入新校区。设立五专部的重要性、必要性大家认识到,要按照规划认真组织实施。今学期各院系做好转段后五专学生的教育管理。研究制定五年一贯中高职有效衔接的人才培养方案,探索建立五专课程体系,深化人才培养模式改革,五专部管理体现中学特点,抓知识基础,抓习惯养成,抓素质提高。着力提高五专部人才培养质量。五专学院(五专学生转段后)机构设置与管理模式参照综合教育学院,由教务处统一协调各二级学院专业教师承担相关教学任务。

实施大部制。成立学部是整合资源、加强学科建设、克服院系间隔的必然选择,是超大规模高校的普遍做法。按专业分院系管理是专科高校的特点,我校已通过本科合格评估两年多了,大力发展本科教育是我校的立足点和未来发展方向。学科建设是本科高校教学科研及团队建设的总抓手。通过征求专家意见、校内调研及学术委讨论,可组建人

文社科学部、机电工程学部、园艺环境学部、建工艺术学部、经济管理学部。学部不是行政机构,是学术组织,主要把关学术问题,协调科研攻关和团队建设,落实教授治学。每个学部设主任1名,副主任1名,成员3~5名,负责组织开展学科建设、师资队伍、校企合作、产业学院、实验教学资源调配共享。成立学部学术委员会,负责指导学部学术工作和科研攻关,实现二级学院教授治学。

### 三、落实教代会决议　提升办学水平

年前教代会形成了5大提案和64项意见建议,学校对这些提案和建议进行了解答,提出了整改措施,有关责任部门必须高度重视,认真研究,明确整改时限,统筹抓好落实。教代会报告确定了学校2018年重点工作,各责任单位要抓紧行动,全力以赴,确保按照要求完成各项工作任务。在此,我强调以下四项工作。

**校地共生巩固提升三大科研平台**。完善科研管理机制,改革科研考核评价办法,激励教师融入地方经济社会发展,把问题当课题,主动联系行业企业、科研机构、政府部门、对接项目、争取资金。各二级学院要结合乡村振兴战略、新旧动能转换工程实施确定研究方向,申报校级课题,学校设立专项经费,支持校级优秀课题申报省级课题。完善相关配套政策,鼓励教师申报国家级、省部级科研项目,增强科研积极性,浓厚科研氛围。改革职称评定办法,晋升副高职称必须承担校企合作课题,晋升正高职称必须承担省部级以上课题;将重大创新成果作为破格晋升职称的条件;对以教学为主的教师淡化科研成果考核,坚决杜绝论文造假行为。科研、人事研究制定职称晋升办法中的相关条件标准,加强对二级单位科研负责人的管理考核,配备兼职科研秘书,落实工作待遇,切实抓好各单位科研工作。

支持建设市级以上重点实验室及人文社科基地。申报成功省部级以上科研平台的二级单位,当年考评一票认定为优秀。集中全校优势资源,提升三大科研平台,完善相关管理办法,鼓励教职工参与三大平台课题研究,实现省部级以上科研成果奖突破。设施园艺(蔬菜)创建省重点实验室,努力打造省级科研平台;海洋化工(卤水资源精细研发)争创省科技进步奖,将海洋精细化工企业融入蓝工院平台,组建博士研发团队,校企共建出成果;农圣文化(贾思勰与《齐民要术》研究)创建为国家二级学会,成立中国农业历史学会农学思想与齐民要术研究会。设施园艺研究积极对接潍坊市省部共建全国蔬菜质量标准中心,着力做好设施园艺相关标准研究立项、农业技术集成研发推广工作;海洋化工研究重点对接羊口、侯镇两大化工园区,关键是人才融入;农圣文化研究高标准办好第九届中华农圣文化国际研讨会,农圣文化研究丛书争取省级成果奖。

**人事管理要加强四支职员队伍建设**。招聘、选拔高素质人员,加强教学秘书、学工秘书、专职生活辅导员、实验室实验员队伍建设,要提高待遇,稳定队伍,拓展发展空间,通过制度机制鼓励业绩突出者专业化发展。研究制定四支队伍中的优秀人员,其待遇与在

编人员同等。设立专项科研经费,落实辅导员思政课题项目。加强辅导员、班主任专业能力建设,定期组织辅导员外出学习培训,实现省级辅导员大赛获奖突破。逐步探索教务、学务分离,实现校园社区化,探索书院制。

**校企合作实现创新创业促进成果转化。**推动二级学院与软件园入园企业精准对接,合力推进产教融合。加强与华为合作,尽快建立华为信息与网络技术学院。充分发挥软件园国家小微企业创业创新示范基地作用,鼓励师生小发明、文化创意、科研成果入园孵化。确定适当权重,将创新创业纳入教学工作考核,加强创新创业专兼职教师队伍建设,创立"必修＋选修"创新创业课程模式,完善从项目培育、孵化到运营的创新创业体系,新增 20 家以上优秀大学生创业企业。加强就业指导,提升优质就业比例。加强以赛促学,大学部、五专部力争国家级竞赛一等奖 1～3 项,立项 10 项国家级大学生创新创业训练计划项目。建成省示范性创客中心,举办省机器人创客大赛,建设全国青少年机器人等级考试服务中心、工信部 3D 打印培训中心。举办创新创业成果展。

**校办产业实现软件园提升企业增效。**软件园充分发挥国家级科技企业孵化器、国家中小企业公共服务示范平台作用,重点发展软件研发、文化创意、电子商务、高新技术四大产业,实现年产值和交易额 10 亿元,税收突破 1000 万元,力争潍科软件公司上市,争创 1～2 项省级以上荣誉称号。打造跨境电商品牌,电商企业实现交易额 7 亿元。运营好园区两个一站式综合服务大厅,引进阿里巴巴服务站,不断提升园区管理服务水平。落实增长型校办企业产值利润三年翻番计划,传统型企业产值利润年增长 10％以上。加快推进建筑公司混合所有制改革。开展好农业技术、驾驶员、电子商务、中荷农业人才、教师教育等各类培训,提高效益。加强预算管理,严格校办企业、培训机构、二级学院经济责任审计。

## 四、加强作风建设,促进健康快速发展

**坚持党建引领,加强作风建设。**改革创新项目落实,必须坚持党的领导。要在校党委领导下,落实教育部"党建质量年"部署,推进"两学一做"学习教育常态化制度化,认真开展"不忘初心、牢记使命"主题教育,以党建引领发展、促进改革。党员干部要发挥好先锋模范作用,全体教师要向党员干部看齐,同心协力,苦干实干,以实际行动促改革创新、抓工作落实。要加快工作作风再转变,党员干部都要对标习近平总书记的要求,坚持不懈纠"四风"转作风,向学习要本领,向执行要动力,向作风要干劲,克服工作中存在的不作为、不担当、不创新、不争先等问题,积极探索改革路径,创新工作方法,做到说实话、办实事、求实效。要进一步浓厚争先创优的氛围,学习软件园创优经验,争项目、创荣誉、有韧劲。机遇抓住是良机,机遇失去是危机,我们要大力弘扬崔效杰同志带领大家形成的"创业敬业、求是求新"的精神,瞄准项目争先创优,不断创造新业绩,开创新局面。

**加强审计监督,以廉政促发展。**领导班子成员落实"一岗双责",抓好职责范围内的

党风廉政建设，让纪律规矩入脑入心，落实到各项工作中。严格执行"三重一大"事项党委决策制度，强化重点部位、关键环节的监督审计，坚持用制度管权、管人、管事。要坚持抓早抓小，严肃查处不守纪律、不讲规矩，有令不行、有禁不止的顶风违纪行为。党风廉政建设出问题的实行"一票否决"。加强师德师风突出问题治理，引导广大教师依法执教、廉洁从教，大力营造风清气正的良好发展环境。年终组织院系处室、校办企业负责人述职述廉。争创潍坊市优秀廉政文化教育基地。

**抓好安全稳定，保障平稳发展。**坚持"谁主管，谁负责"，切实履行安全稳定工作第一责任人职责，形成党委统一领导、党政齐抓共管、职能部门组织协调、师生员工共同参与的安全工作格局。实施网格化管理，加强重点部位监控，及时排查、整治学校及周边存在的安全隐患，做到"纵向到底、横向到边"，平安校园建设全面覆盖。扎实做好大学生思政教育工作、五专部学生德育工作。强化源头防控，做好舆情监测和舆论引导，深入排查化解矛盾纠纷，营造积极向上的舆情氛围，确保意识形态安全。关心教职工发展，做好特困教职工帮扶，及时向老教师、老干部通报学校发展情况。工青妇组织要联合开展各类健康有意义的活动，主动为教职工提供服务，促进校园和谐稳定。

**严格追责问责，抓落实谋发展。**建立完善责任追究制度，推动"督查、考核、问责"一体化运行。严格按照新修订的岗位职责开展工作，强化工作落实的督查与考核。凡是校务委员会研究部署的工作、党委决策的重点项目，必须具体量化，责任到人，落实到位。各处室要增强争先创优意识，积极争取市级以上荣誉称号，纳入处室考核。干部要干在一线，冲在前面，主动抓落实。校级领导、各部门负责人要切实履行好主体责任，一步一个脚印抓落实、抓督查，形成"头雁效应"。对工作该抓不抓、落实不力、缺乏成效的部门、个人，要严肃追究责任，依章惩处。广大教师要树立高度的责任意识，不断提升教学能力和水平。纪委监察、督评、招标与工程监督、审计等部门要切实发挥职能作用，对教学事故要严厉追责。重点围绕落实不力、效能低下等方面，集中查处一批不落实的人或事，营造干事创业的浓厚氛围。

（根据笔者 2018 年 3 月 5 日"学习先进，改革创新　高质量推动重点工作落实——在 2018 年度全体教职工会议上的讲话"整理）

# 坚持以学生为中心　提高应用型人才培养质量

**编者按：**坚持以学生为中心，立足学生主动发展、终身发展，突出目标责任管理，深化管理服务、人才培养模式、教育教学方法等改革创新，深化校企合作、国际合作；全力引进高层次人才，以高质量发展迎接审核评估和申硕工作，加快应用型特色名校建设步伐。

以学生为中心是以人民为中心的发展思想对新时代高等教育的本质要求。我国高等教育即将进入普及化阶段，高校要实现内涵式发展，全面提高人才培养能力，必须将以学生为中心的理念贯穿到办学治校的方方面面，进一步明确办学方向和目标定位。

**要进一步明确办学方向**。立德树人是教育的根本任务。立德树人的成效是检验学校一切工作的根本标准。古人先贤提出人生有"三不朽"：立德、立功、立言。立德就是做人，教育就是树人。培养的人才有三个层面：一是自食其力的劳动者，二是未来社会的建设者，三是社会主义事业的接班人。大学立德树人，说到底就是培养社会主义可靠建设者和接班人。因此要把坚持正确的办学方向放在第一位，努力培育和弘扬社会主义核心价值观，引导学生做社会主义核心价值观的坚定信仰者、积极传播者、模范践行者。要坚持"四个自信"，落实"四个服务"，全面加强思想政治教育工作。设置思政部，下设教学中心、科研中心和心理辅导中心。推进思想政治课改革，加强思想政治工作研究，大力推进习近平新时代中国特色社会主义思想进课堂、进教材、进头脑。构建大思政格局，强化课程思政和专业思政，做好整体设计，做到课程门门有思政，教师人人讲育人。加强思政部与宣传部、学生处、团委、心理健康教育中心、人文社科学部科研协作，联合申报省部级以上思政类课题。坚持思政与农圣文化相结合，加强以农圣文化为特色的优秀传统文化教育，进一步挖掘农圣文化、中华优秀传统文化与当代人精神生活的联系，不断提高学生思想水平、政治觉悟、道德品质、文化素养，打造思政育人特色。坚持思政与互联网相结合，加强大学生网络传媒中心建设，强化互联网管理，加强对微博、微信、公众号的管理，引导学生遵纪守法，传播正能量。推进"易班"建设，继续办好"青马班"。

**要进一步明确目标定位**。建设"以质量著称的应用型特色名校"是我们的总体目标定位，我们一直坚持，可谓十年磨一剑。围绕目标定位，当前和"十四五"期间我们面临两项重大任务，一是通过本科教学审核评估，二是申办硕士授予单位。目标实现的关键在于落实，任务落实的抓手就是目标管理。一是建立目标体系。围绕审核申硕这两个基本目标，研究建立学校目标任务体系，将学校总体目标层层分解至各二级学院、处室，作为二级单位考核的重点内容。二是强化业绩导向。按目标任务完成度确定院系处室考核等次,加强量化考核,强化反馈机制,以业绩论英雄,切实发挥院系办学主体职能,提升处室服务质量水平。三是实施捆绑评价。教职工考核以所在院系处室考核等次为基础,与绩效发放、评先树优、干部奖惩任用等挂钩,充分调动每位教职工积极性、创造性,自觉将个体目标与学校目标相统一。四是推进管理扁平化。学校决策由分管领导组织协调各院系、处室贯彻落实,从决策到执行最多三个层次,限于"二传手",杜绝"三传手",对决策执行不力、耽误工作的单位及负责人进行追责问责。只要我们端正方向,明确目标,坚定信念,工作将无往而不胜。

新的学年即将开始,我们要以习近平新时代中国特色社会主义思想为指导,围绕审核评估和申硕两大基本任务,坚持以学生为中心,深化改革提高质量。就学年工作我谈七点设想。

## 一、坚持学校管理服务以学生的发展需求为中心

**提高管理服务育人水平**。人才培养是高校最重要的职能,育人质量是检验学校一切工作成效的最终标准。每个单位、每个部门都要将围绕学生、关照学生、服务学生作为工作的出发点,开展实实在在的工作。按照管理育人、服务育人的理念和要求,系统梳理、修订完善大学生学习、生活等相关的各项管理制度,构建依法依规、宽严相济、科学管用的学生管理制度体系。打造以育人为中心的学工系统,推进教务、学务适度分开,深化学务管理服务方式改革,提升学务管理专业化水平。坚持学生需求导向,优化服务内容、改进工作方法、创新工作载体,进一步拓展大学生事务部职能,积极推进社区"学生客厅"建设,凡是学生服务项目一律迁至大学生事务部或学生客厅,对落实不到位的处室负责人予以问责,增强学生"一站式"服务体验,不断提高学生幸福度、获得感。着力加强专业社团建设,提高普通社团质量,推动社团活动常态化、义工服务专业化。深入推进"六个一"活动,注重学生需求,引导广泛参与,着力提高实效,真正促进学生全面发展、个性化发展。探索建立大学生诚信档案制度,提高学生诚信意识、责任意识。坚持"严父慈母、严管细导"的双严管理和"三包靠"制度,进一步提高学生资助工作质量,做好精准帮扶。

**加强辅导员队伍建设**。辅导员是离学生最近、对学生影响巨大的教师。学生未必能记住每位专业老师,但一定能记住辅导员。要成立大学生辅导员服务中心,加强辅导员培训,重点学习有关政策、法规、教育心理学、思想工作方法。按1:200的比例配备辅导员,研究制定专职辅导员选聘、考核、进修、晋升办法,完善机制,提高待遇,让其安心工作,鼓励专职辅导员攻读相关专业硕士,打造专家级辅导员队伍。建立健全校领导、院系负责人联系师生、谈心谈话制度,开展"校长见面会""职能处室与学生见面会"等活动,调研学生需求,推动工作改进。

**提升后勤服务质量**。进一步改善学生公寓住宿条件,着力提升公寓管理水平,为学

生创造舒适、高雅的住宿环境。进一步加强食堂管理,提高饭菜质量,优化用餐环境,提升服务水平,争取再创建1个山东省高校示范餐厅。进一步提高后勤服务社会化水平,发挥好后勤两个服务公司的作用,让师生满意。高标准推进基建项目建设,学府东郡幼儿园9月份招生。东郡二期14栋楼、教授新村三期项目年底竣工,东郡三期争取100亩土地指标。五专部沿街楼9月底组织综合竣工验收。推进物业管理服务水平上档升级,成立业主委员会,联合开展打非除恶,营造优雅清静居住环境,提升学校小区居民幸福指数。

## 二、坚持创新人才培养模式以学生终身发展为中心

**全力办好通识学院,打造优质本科教育**。本科教育处于人才培养的核心地位、教育教学的基础地位、新时代教育发展的前沿地位。组建通识学院,大一本科新生统一接受通识教育,是我们落实《成都宣言》,坚持以本为本,加快人才培养思想创新、理念创新、方法技术创新和模式创新的重大举措,事关学生成长成才,也关系学校未来发展,必须全力办好。一要正确认识通识教育。通识教育是源自美国的舶来品,与中国大陆的素质教育、港台的全人教育是相近相通的。美国通识教育强调培养学生的4C,即沟通能力、批判性思维、合作精神和创造创新能力。因此,通识教育不仅是知识的补充,更重要的是立德树人,定位在人的精神境界、人生追求上,聚焦在人的终生发展、全面发展上,要实现从常识普及上升为科学思维方法的培养。二要强化公共课,开设选修课。要以学生发展为中心,不断加强通识课程体系建设。首先,思政、外语、高数、大学语文、体育等公共课必须加强。语言与写作能力日益得到社会的重视,清华大学将写作与沟通作为学生必修课程,日本社会学家大前研一说,"如果你的外语能力,特别是你的英文能力非常强大,那么你在这个世界上,在全球化时代,你会比别人多拥有50%的机会。"同时,尽可能开设选修课。一所好大学的重要标志是选修课的丰富,只有开设足量的选修课,才能更好满足学生的个性化发展需求,才可能培养宽口径、厚基础的专业人才。比如哈佛大学有3000多门选修课,清华大学有选修课1600多门。三要选配最优秀师资。要把学历高、职称高、教学能力强、科研能力强的教师配备到通识学院,集中全校最优资源向通识学院倾斜。制定计划,安排经费,邀请国内外专家每两周至少开一次讲座、作一次报告,浓厚通识学院学术氛围。四要着力加强价值塑造。通识教育是知识传授、能力培养和价值塑造三位一体的教育,其中,知识关乎当下成长,能力决定未来就业,而价值观则影响人的一生。价值塑造离不开文化的传承与思想的启蒙。要指导学生系统阅读经典名著,自觉进行跨学科学习,根据兴趣特长广泛参加各类社团,着力培养学生的表达能力、审美能力、批判性思维、道德自觉、公民观念,提升学生多元文化素养、全球化眼界,广博兴趣,全面发展。要加强以农圣文化为特色的中华优秀传统文化教学,增强学生的文化认同、文化自信,培养学生的家国情怀。五要着力培养学生综合素质。进一步修订完善人才培养方案,让学

生走出教室,走向社会,走进社区、工厂、农村,开展社会调查,增加义工体验,进行科技发明,锻炼解决实际问题的能力。要鼓励学生参与值周工作,参与学校管理,参加劳动锻炼,纳入实践学分。增强学生团队合作、组织协调、实践操作、创新创业的能力。促进通识学院与国际教育中心有机融合,为学生未来参加国际合作交流打下基础。落实学生导师制,引导学生做好人生规划设计。

**加快推进国际化办学,培养具有国际化视野的人才**。如今,中国高等教育毛入学率超过 45%,即将进入普及化阶段。市场化意味着学生有更多选择,高等教育日益成为买方市场。国际化已成为一个全球性浪潮,成为世界各国高等教育改革与发展的共同抉择和普遍战略。随着中国日益走向世界舞台中央,"一带一路"倡议深入推进,高校培养跨文化、跨种族、具有国际化视野的人才成为大势所趋。要全力办好同德国巴特洪堡应用技术大学本科合作项目,打造中外合作办学的亮点和品牌,由于我校办学条件尤其是双语教师资源不足,办好这个项目必须充分利用第三方的力量。这个项目来之不易,是教育部审批、山东高校十三五期间重大突破项目,教育厅将其作为重大国际合作项目给予充分肯定和赞赏。加快推进中德汽车学院筹办工作,尽快实现中外合作工科项目的突破。加大留学生招生力度,实现招收"一带一路"沿线国家留学生 100 人。拓展国际合作项目,落实"2+2"或"3+1"本科教育国际合作项目、"3+2"或"4+1"研究生培养合作项目 3 至 5 个,为五专、大专、本科升学提供国际渠道。坚持引智与本土培养并重,建立稳定的外籍教师队伍,同时有计划地推动本土师资进行海外提升,开展合作研究,不断提高师资国际化水平。推进学生双向流动,鼓励和支持学生海外学习、实习及文化交流,确定重点合作高校开展学生交换项目。注重国外优秀专业课程、教材引进,加强国际化专业课程建设,探索选取部分专业课程进行全英文授课试点。引进优质资源,充分发挥国际合作交流中心职能,打造留学服务品牌。

**深化政校企合作办学,培养学生的创新实践能力**。继续加强与政府、行业企业协作,着力解决二级学院校企合作发展不平衡的问题。进一步完善实践教学基地,深入企业开展调研,与更多优质企业共建实训室、共建专业。从行业企业聘请专业技术人员担任兼职教师,鼓励专业教师到企业挂职锻炼,将一线生产技术、管理经验用于教学,将教师参与政校企合作的实效纳入职称晋升的前置条件。推进与企业举办学术年会或学术研讨会工作,为教授、博士参与企业研发牵线搭桥,促进更多校企横向课题落地。充分发挥校企合作指导委员会作用,定期组织校企合作交流座谈会,邀请企业高管、高工来校做报告。实现企业车间与大学教室互通,企业工程师与大学教师同教,企业员工与大学生同学,企业转型升级与大学改革发展同频。

**加强育人平台建设,着力提升实践能力**。综合运用校内外资源,建设满足实践教学需要的实验实习实训平台。建设好山东省示范性首家创客中心,带动地方,辐射全省,争创全国样板。发挥山东省大学生创业孵化示范基地作用,培训创业导师,落实大学生创业优惠政策,提高大学生创业孵化成功率。推动三大省高校科研平台、蓝工院、众创教育研究院及校办企业、公司平台向本科生开放,推动学生早进项目、建团队、做课题,培养学生创新精神和科研能力。推进软件园企业与二级学院合作,作为学生实习实训基地,共同开展研发、协同申报项目。建立全国工业和信息化应用人才评测中心。建设学生实习岗位需求对接网络平台,为学生实习实践提供服务。

### 三、坚持深化教学方式方法改革以学生主动学习为中心

**分类施教,促进学生个性发展。** 五专部借鉴中学管理办法,着力培养学生良好的生活习惯和学习习惯,加强品德教育和基础知识学习,让学生学有目标、赶有方向,形成良好校风,打造一流职教品牌。专科教学要坚持面向市场、就业导向,改革招生办法,调整专业方向,以技师培养为目标,强化实践教学,对基础好的学生加强语数外教学,提高专升本(自考)率。本科教学参照《成都宣言》要求,坚持以本为本,推进四个回归:回归常识,学生要刻苦读书学习;回归本分,教师要潜心教书育人;回归初心,倾心培养建设者和接班人;回归梦想,倾力实现教育报国、教育强国梦;努力培养应用型综合性专门人才。

**深化课堂教学模式改革。** 要切实解决课堂教学"五无"(无板书、无衔接、无互动、无拓展、无应用)问题,坚决杜绝照本宣科、用 PPT 代替板书等不负责任的现象,以良心教学,以责任心育人。继续组织好课堂教学竞赛、骨干教师优质课评选、青年教师达标课等系列活动,搭建教师交流学习和展示教学水平的平台。围绕"教师怎么教"和"学生怎么学",来一次课堂教学革命,首要的是实现教学方式方法的大变革,更重要的是干部教师要实现思维方式和教育观念的根本性转变。落实"以学生为中心,以产出为导向,持续改进"三大理念,本学年,大力推动实施"课前预习、课中讨论、课后练习"三段式教学模式。课前预习,解决知识记忆理解问题;课中讨论,增强师生互动,培养学生思辨能力和批判性思维;课后练习,主要是实践拓展,培养学生解决实际问题能力。同时,结合微课、慕课及在线课程建设,不断提高课堂教学质量。新学期,各学院全部实施小组讨论教学、项目化教学,倡导参与式、探究式教学和线上线下、课内课外、校内校外混合式教学。实现"翻转课堂",将传统课堂与在线教学结合起来,通过智慧教室录制精品课、微课视频,实现优秀教师课堂、名师讲座线上开放共享。学年末组织评选教学改革能手,隆重表彰奖励。

### 四、坚持育人质量考核评价以学生学习效果为中心

**加强教学质量评价。** 教师的天职是教书育人,教学是第一工作,上课是第一责任。要把教学质量作为教师专业技术职务评聘、绩效考核的重要依据。成立专家考评小组对课堂教学进行评估。实行教师自我评价、学生评价、同行评价、督导评价等多种形式相结合的教学质量综合评价。利用现代信息技术手段,实施课堂教学动态评价,推进教学评价由结果评价向过程评价、硬性评价向弹性评价转变。人文社科学部牵头,信息化管理办公室、评建与质量管理办公室合作进行专门课题研究,制定课堂教学动态评价标准,增

强评价的客观性、合理性。研究设立教学奉献奖、教学质量奖、青年教师竞赛奖。启动校内评估,今学年自评 3～5 个二级学院。

**建立教学激励约束机制**。提高教学业绩在绩效分配、职称评聘、岗位晋级考核中的比重,充分调动教师教学积极性。所有副教授以上职称教职工要尽可能给学生上课,至少兼任实践课教师。要借鉴其他高校做法,对副教授以上职称教师实行任职考核,将考核结果与待遇挂钩,打破唯学历、唯论文、唯职称的限制。鼓励教师参加省级以上教学比赛,获省级一等奖以上的教师享受最高课时补贴,获省级二等奖的享受高一级课时补贴。将达标课作为职称晋升的前提条件。除访学、进修、培训、产假等原因外,教学工作量达不到学校规定要求或教学质量综合评价不合格的教师,其年度或聘期考核定为良好以下。

**建立学习效果多元评价机制**。坚持能力与知识考核并重,完善学业考核评价体系。深入实施学分制,鼓励学生通过参加社会实践、科学研究、创新创业、竞赛活动等获取学分,扩大学生学习自主权、选择权。进一步加强过程考核,将过程性考核比重提高至 50%,降低期末统考成绩的考核比重。鼓励学生辅修第二专业、参加行业考试。允许学生用期刊论文、大赛获奖、科研成果替代毕业设计(论文)。加强对毕业设计(论文)的全过程管理,提高毕业设计(论文)质量。将优质就业作为院系考核的重要指标,就业工作不力的院系评先树优一票否决。做好毕业生跟踪调查,学校创建校友总会,成立基金会,各二级学院成立校友专业分会,征求毕业生及用人单位的意见建议,不断改进教育教学工作。

## 五、坚持增强学校社会服务能力以学生实践能力培养为中心

**加强平台建设,实现科研成果突破**。着力打造农圣文化特色智库平台,农学思想与《齐民要术》研究会农民丰收节期间挂牌,切实发挥好国家二级学会的示范引领作用。加强乡村振兴与县域经济研究中心建设,努力打造省内一流的服务乡村振兴战略的智库平台和农林经济管理人才培养基地。成立县域教育发展研究中心,为县域教育发展提供智力支持。高规格、高层次筹办好第十届中华农圣文化国际研讨会。让本科学生参与三大科研平台建设。加大设施园艺实验室建设力度,为建设省重点实验室打好基础。蓝工院积极筹建省院士工作站,争创山东省工程技术研究中心,力争科研横向合作经费达到2000 万元。各二级学院、研究院所要积极申报国家自然科学基金、社科基金项目等国家级科研项目,冲击省科技进步奖和社科优秀成果奖,确保三等奖,争取二等奖。

**加强应用研究,促进协同创新**。以学部为单位,加强资源整合,组建跨学科、多领域的研究团队,集中力量实施攻关。深入开展博士、教授企业行活动,推进校地、校企深度合作,推进科研成果转化。聘请国内外专家,围绕蔬菜产业现代化、新品种研发、病虫害防治、设施农业等开展研究,鼓励博士教师参与寿光国家蔬菜质量标准体系建设研究尽

快出成果。争取用2～3年时间建好设施农业研究院,省级协同创新中心。做大做强环境检测中心。成立新材料研究中心。总之,要为人才培养建平台,做项目,领课题,人才培养质量不能落后时代。

**完善科研考核评价,增强科研动力**。进一步完善人才分类管理和考核评价办法,坚持凭能力、实绩、贡献评价人才,鼓励教师发明创造。支持教师围绕新旧动能转换、乡村振兴、区域经济社会发展、农圣文化特色建设、学府蔬菜品牌打造等方面出成果、快转化。加大有创新性、影响大的成果在职称晋升中的权重。发挥学部学术评价作用,健全学部学术委员会,职称评聘初审权下放至学部,各学部学术委员会负责制定职称评聘初审办法。学术委员会要严把科研成果质量关,维护学术规范,促进科研诚信,发挥学部科研攻关职能,各学部制定科研发展规划,按年度确定省级以上科研项目指标,纳入学部年度考核。按照申硕条件要求,各二级学院落实科研经费指标任务,加大科研经费完成情况在院系考核中的比重,按照完成经费总量和人均经费数量进行排名,完成情况差的院系要追责问责。建立科研院所动态调整机制,以三年为周期,组织专家对校内科研院所进行评估,对目标不明确、成效不显著、发展没后劲的科研院所予以裁撤。加强科研与教学融合,鼓励教师吸收学生参与科研项目,将最新科研成果用于课程教学,对成效显著的教师适当加大奖励。

**提升校办产业创收能力,更好地为人才培养服务**。社会服务是大学的四大职能之一,一所大学的价值体现在社会服务能力上,校办产业能直接为社会服务。校办产业是师生科研成果转化的结果,其立足点为人才培养服务,让学生参与实习是校办企业的职责,要研究二级学院与校办产业对接融合机制。软件园争创山东省跨境电商聚集区。推动环球软件在深圳创业板主板上市,潍科软件在新三板上市。选用自主选育的蔬菜品种,按照生产标准化、监控全程化、优质品牌化、销售网络化的"四化"标准,打造"学府蔬菜"高端品牌。高标准建设好农圣文化交流中心,积极承接各类培训项目,打造文化交流、培训服务窗口。成教学院、职业培训学校、电大、驾校、农技培训基地拓展培训项目,扩大培训规模,提升服务区域经济社会发展水平。

## 七、坚持党建引领队伍建设以学生健康成长为中心

**坚持党建引领**。党的领导是中国特色社会主义的本质特征,党政军民学,东西南北中,党是领导一切的。要在党委领导下,以党建引领队伍建设,以党建促进业务提升,以党建推进整体水平提高。要做好中央巡视组对山东高校巡视反馈意见的整改落实工作,积极参加党委组织的主题教育。全体教职工要积极参加各类主题教育,用习近平新时代中国特色社会主义思想武装头脑。校领导积极参加党委理论中心组学习,中层干部主动参加各党支部学习。切实加强师德师风和廉政建设,进一步优化校风、教风、学风,进一步做好大学生思想政治工作,引导学生知党恩跟党走,励志奋进,不负时光。教师是学师

更是人师，"传道、授业、解惑"，教师的政治思想、人生态度、道德情操、学识水平潜移默化影响学生，师德师风尤其重要。要研究制定年度考核、职称评聘、职务晋升、评先树优将思想政治、师德师风是否过关作为前置条件。

**重视意识形态工作安全**。坚持讲政治、管队伍、守纪律，切实增强意识形态建设的主动性。重点守好课堂主阵地、宣传思想阵地、网络媒体阵地，加强对课堂、新媒体、网站、论坛等平台的有效管控，强化政治纪律、政治底线，强化监管审核，坚决不给错误思想言论提供传播渠道。对传播错误言论的人员要予以追责，对有关学生要加强教育引导。校领导班子履行"一岗双责"，宣传部牵头协调学校意识形态工作，负责指导、督查、督办、考核，切实履行本单位意识形态工作主体责任，把工作抓实抓细抓好。广大干部教师都要提高政治站位、增强底线意识、端正思想观念，不要说错话、做错事。设立工作创新奖，对在省级以上媒体推介学校产生积极影响的部门及负责人给予奖励。

**发挥干部带头作用**。坚持正确用人导向，选拔想干事、能干事、干成事的人到管理岗位上，努力建设一支业务能力强、讲政治、乐奉献、勇创新的干部队伍。干部要牢固树立"一切为了学生"的服务理念，努力提升服务水平和质量，工作中不推诿、不扯皮，更新思想观念，打破思维定式，大胆实践，创造性开展工作，把各项工作抓实抓好。加强学生会干部队伍建设，将学生会建成学生之家，发挥好自治功能，推进学生会参与学校发展改革进程，成为连接学生与教师、院系、学校的桥梁和纽带。

**落实教职工分类管理**。争取招聘 50 名博士、30 名硕士。聘请具有博士学位或副教授职称以上人员 80 名。强化对高层次人才引进的协议签订、职责履行、结果考评的管理，完善教职工分类评价标准，围绕育人职责，落实教师分为教学为主型、科研为主型、教学科研并重型、管理服务型四种类型，实行分类管理、分类评价。深化职称制度改革，明确分类管理指导原则和岗位职责，加大协同创新权重，促进职称评聘更加合理、规范。围绕应用型人才培养，不断提升双师双能型教师比例，本学年聘任注册会计师、工程师等 10～20 人，争取列入人才招聘计划。加强实验员队伍建设，提高专业素质和综合能力。邀请知名专家学者开展教师培训、干部职员培训，组织干部、教师赴国内外高校访学、进修、培训，打造高素质教师队伍。

（根据笔者 2018 年 8 月 28 日"坚持以学生为中心，提高应用型人才培养质量——在2018—2019 学年工作会议上的讲话"整理）

# 内涵发展　协同育人　全面提高社会服务能力

**编者按:** 学校以高质量发展为主线,以目标责任体系落实为抓手,围绕本科教学审核评估和申硕两大任务,突出抓好高层次人才引进、协同创新、师德师风建设三个关键,着力做好党建引领思政品牌、教育教学质量项目、科研平台建设及成果、合作办学、后勤服务优化五大重点工作,全面提高社会服务能力。

本学年重点工作已经非常明确,学年开始已全面协调安排,新年伊始教代会工作报告中,根据形势发展对新的一学期、新的一年的工作又进行了安排部署,大家对重点工作的认识非常一致,总的来看新学期、新的一年工作总的指导思想是:以习近平新时代中国特色社会主义思想为指导,以应用型特色名校建设为目标,以高质量发展为主线,以目标责任体系落实为抓手,围绕教学审核评估和申办硕士授予单位两大任务,落实"1351"工作思路,坚持内涵发展,协同育人,全面提高社会服务能力,努力建设师生幸福、家长满意、社会尊重的应用型大学。

## 一、围绕一个大目标,着力推动两大基本任务顺利进行

当前,中国高等教育正处于由大众化向普及化过渡阶段,而我校又地处县域,建设应用型特色名校这一大目标是我校深入分析现实形势和自身特殊性做出的战略选择,也是在日益激烈的高校竞争形势下,寻求差异化发展、进行错位竞争的基本策略。作为中国蔬菜之乡的县办本科高校,我们要进一步凸显"农"字特色,做好蔬菜文章。山东省高等教育学会会长范跃进教授到我校指导时指出,潍科要抓住蔬菜生产及种子研发打造特色,带动学校发展。我们将设施园艺作为一个综合点,这是学校今后发展的重中之重。要举全校之力,进一步打造农学特色,培育设施园艺高峰,以此带动学科集成、科研攻关、专业发展、人才培养。成立设施园艺研究院,着力做好蔬菜新品种研发、新型栽培技术、病虫害防治、水肥一体化、土壤环境检测、设施园艺与智慧蔬菜研究以及高端蔬菜经营销售、品牌打造,并由此延伸,进一步办好乡村振兴与县域经济研究中心、农圣文化研究中心、农学思想与《齐民要术》研究会,加强农圣文化、农学思想研究,打造农学、工学、人文社会科学集成发展的大农学,力争成为全省"农"学特色最鲜明的高校。希望大家一定统一思想,凝聚共识,持之以恒,尽快出成果、见成效。

审核评估和申硕两大基本任务与应用型特色名校建设目标相辅相成,相互促进。市

三干会上,寿光市委市政府明确提出支持学院申硕。这一轮申硕的时间在明年,今年是最为关键的一年。而我们最大的短板是具有博士学位教师所占比例未达到25%的问题。另外,一所新建县办本科高校在文化积淀、学术成果、平台建设等方面差距非常明显,我们期待政策调整从国家特需方面寻求突破,我校农学、海洋化工特色还是有的。我们必须以"功成不必在我,功成必定有我"的姿态,积极谋划,抓紧准备,奋力一搏,不留遗憾,经得起历史考验,该做的能做的必须做好。

本科教学审核评估按常规应在2021年,这是继合格评估之后的又一次国检大考,对学校的发展十分重要。虽然还有两年的时间,但这项工作无疑是艰巨的,按常理分析,先审核评估后申硕,审核评估成绩优异才是申硕的坚实基础。上学期评建办组织了部分二级学院进行了自评,今学期要加大力度,继续推进这项工作,所有二级学院进行一次校内评估。希望各二级学院高度重视,自觉整改,自我完善,补齐短板,扬长避短,为顺利通过审核评估做好全面准备。

## 二、扭住三个关键不放松,全面提升内涵发展水平

**人才引进**。"人才是第一资源"。潍坊市、寿光市把"双招双引""双联双帮"作为今年的重大工作举措,并对我校提出了明确要求:引进10名学科带头人、50名博士,建设3个省级平台。学校已成立"双招双引"领导小组,对人才引进的目标任务进行分解。要按照项目化管理办法,压实双招双引责任;各单位要迅速行动起来,尤其是各二级院系主要负责同志要拿出更多的时间,投入更多的精力,走出去,招人才,引院所,谈合作。要放下架子、不辞辛苦做好"双招双引"工作,力争这一学期见到明显成效。要精准引才,落实"一人一议""一团队一议"政策,加大高端人才引进力度,重视对重点大学退休教授的引进,尤其是有博士学位的教授专家的引进。加大奖励力度,对招才引智、招商引资工作成绩突出的单位和个人进行特别奖励。

**协同创新**。创新是第一驱动力。创新驱动发展,新旧动能转换、企业转型升级、中国制造2025等一系列战略实施的根本动力在创新。市三干会上,林红玉书记要求我校提高服务社会的能力,我的理解是,培养应用型人才,必须走产教融合、校企合作之路,有效对接地方产业,为地方经济社会发展服务,鼓励教师参与到经济社会建设中去;如蓝工院博士团队积极对接化工产业,共建研发中心,效果显著;农学博士对接蔬菜产业在种苗研发、病虫害防治、土壤环境等取得一系列成果;乡村振兴研究团队搞的"寿光模式"研究,为政府决策提供服务,发挥智库作用。

科技创新成果大多是协同的、合作的,离开协同很难出成果,单靠我们自己的力量要取得省级以上科技奖恐怕很难。不管是校内协同,还是校外协同,必须靠制度和机制,关键之关键是责权利一致,唯此才能调动科研人员的积极性,给创新注入活力。在科研项目创新上,要特别重视柔性引进人才机制,签署合作协议,商定合作项目,对重点项目尤

其是围绕蔬菜产业、海洋化工申报省科技进步奖的项目,学校将在人、财、物方面予以特别支持。

本学期将协同创新列入二级学院的重点考核项目,支持教师参与协同创新、服务社会,对取得重大成果的予以奖励,落实协同创新、社会服务项目与职称评定挂钩的实施办法。加强学生双创项目与企业对接、与地方经济对接,支持师生优良双创项目入园孵化。本学期要组织两次教授博士企业行,深入企业生产一线调研需求,研究协同创新项目。人事处配合协同创新的实际需要,招聘高层次人才,为其解决编制,更好地服务企业创新、合作育人。

**师德师风**。习近平总书记指出,"师德是教师的灵魂","评价教师队伍素质的第一标准应该是师德师风"。师德师风直接关系到优良校风的形成,要按照"四有"好老师的标准加强师德师风建设。全体教师要自觉"明大德、守公德、严私德",履行育人的神圣使命。教师专业发展要落实两个核心理念。一是育人为本,即以学生为中心,一切为了学生发展,让学生主动发展,健康成长;二是师德为先。古人说:"道之所存,师之所存也"。为师之道,首重其德。人们常说,以德配位,德不配位,难成其事。作为大学教师,就应该有"大德",要坚持以德立身、以德立学、以德施教,不断用高尚师德、人格魅力和学识风范教育感染学生,成为塑造学生品格、品行、品位的导师,成为公民的楷模。本学期要认真组织《新时代高校教师职业行为十项准则》学习,规范职业行为,明确师德底线,评选师德标兵,发挥榜样引领作用。要加大师德师风督导力度,对在校内外言行不端、造成不良影响的依章进行处罚。干部作风是师德师风的关键,每位干部要牢固树立为师生服务的思想,急师生之所急,想师生之所想,接受师生监督,以过硬的干部作风带动优良的师德师风建设。

教育工作日复一日、年复一年,容易产生职业倦怠,解决之法就在于加强学习,参与科研。教师应该努力做真正的读书人,让学习成为自己的生活方式,借助思考提升自己、拒绝平庸。干部要自觉回归教育教学,教授要积极给学生上课。"不上课的教授是不合格的教授"。要研究制定相关办法,凡不上课的教授不能参与业务评优和带有竞争性的职位晋升,不上课的副教授不能晋升教授职称。要借鉴其他高校职称考评管理办法,赋予副教授以上职称人员教学科研任务,加强年度和任期考核。要打造学术共同体,充分发挥学部在科学研究、师资建设、职称初审中的作用,广大教师要恪守学术道德,净化学术环境。

### 三、抓好五项重点工作,进一步开创学校新局面

#### (一)坚持党建引领,努力做好大学生思想政治工作

**努力打造思政品牌**。要落实党委领导下的校长负责制,"三重一大"事项必须经校党

委研究决策。除《保密法》规定的事项，其余事项都要会前深入讨论征求意见，尤其学术方面必须经学术委员会讨论。上会研究形成意见后，面向中层干部和教职工公开，学校的一切工作都要接受全体教职工的监督，"阳光是最好的防腐剂"。坦坦荡荡、光明磊落，敢于负责敢于担当，不推脱不扯皮。要完善院系党政联席会议制度，发挥党组织政治保障作用。要在党委领导下，以立德树人为根本，构筑"全员、全过程、全方位"育人机制，形成思想政治教育齐抓共管的格局，努力培养德智体美劳全面发展的社会主义建设者和接班人。

**要提高政治站位。**增强"四个意识"，坚定"四个自信"，以实际行动做到"两个维护"。习近平总书记说，"马克思主义是我们立党立国的根本指导思想，也是我国大学最鲜亮的底色"，"思想政治工作是学校各项工作的生命线"。要努力构筑学科思政、课程思政、文化思政、网络思政、日常思政"五位一体"的"大思政"工作格局，落实教育部规划的课程、科研、实践、文化、网络、心理、管理、服务、资助、组织"十大"育人体系。要加强马克思主义理论、中国特色社会主义理论体系、习近平新时代中国特色社会主义思想教育，增强理想信念，提高心理认同。

要落实意识形态责任制。对舆论阵地，正确的思想不占领，错误的思想就会去占领。我们处在网络高度发达的全媒体时代，网上的内容鱼龙混杂，观点纷繁多元，同时，网络效率高、传播快、很便携，网络也因此成为敌对势力进行意识形态渗透、抢夺话语权、争取青少年一代的渠道。要坚持马克思主义在意识形态的主导地位，引导学生用马克思主义理论武装头脑，用马克思主义观点明辨是非，要增强敏感性，对错误的思想言论旗帜鲜明地予以反对。要加强网络安全教育，重视对"两微一端"的管理，每个人要对自己的"朋友圈""微信群"言论负责，把马克思主义主流意识形态融入其中，弘扬正能量，把姓"马"的氛围营造好，创造清朗的网络空间。在校党委领导下，积极参加理论中心组学习，积极开展"不忘初心、牢记使命"主题教育，不断提高干事创业的干劲和激情。

要改革思政教育的方式方法。好的思政课不仅要看"抬头率"，更要看"点头率"。本学期要组织三大主题教育。一要加强理想信念教育。把社会主义核心价值观同学生的生活、学习结合起来，把个人的理想奋斗自觉与中国梦结合起来，尤其是对大一学生，要重点组织开展相关活动，提高教育实效。二要加强"家国情怀"教育。引导学生自觉践行农圣文化的优良传统和精神，进一步弘扬中华优秀传统文化"忠"心与"孝"行。三要加强励志奋进教育。讲好校友故事、校园故事，落实好"4030"读书计划、"六个一"活动，不断给学生注入学习向上的动力。发挥"学生客厅"的作用，建设好修远学院，开展好修远大讲堂，通过邀请专家讲课、开展特色活动等对学生加强人文社科教育，纳入学分，确保实效。继续开展教职工义务劳动、义务捐树植树活动，师生共同维护校园清洁美丽。

### （二）坚持育人为本，努力在教育教学质量项目上求突破

坚持育人为本，以教学为中心，努力提高人才培养质量是高校永恒的使命。教学工

作要以向程春燕老师学习为动力,抓好课堂教学基本要求十二条的落实。加强课堂教学督导,完善督导制度,壮大督导队伍,加强优质课评选,创建评选机制,将优秀教师选拔出来,列出培训提升计划。全面推进体育俱乐部教学,充分发挥学生兴趣特长,提高体育教学参与度、实效性,促进学生"走下网络、走出宿舍、走向操场",拥抱健康。紧密对接社会需求和"十强"产业,成立蔬菜产业学院,与科大讯飞合作成立人工智能学院,促进学科交叉、专业融合,培养应用型复合型高素质人才。各分院、教务处、五专部、学生处、双创学院要积极组织参与政府主管部门举办的各类大赛、申报政府主管部门设立的教学成果奖项,争取省级各类教学竞争项目一等奖。要认真探索、进一步完善优质课与职称评聘挂钩制度,青年教师达标课成长制度。

要认真借鉴工程教育专业认证三大理念改进教学方法,构建教学模式:①坚持以学生为中心。教育目标围绕学生的培养,教学设计聚焦学生能力培养,师资与教育资源满足学生学习效果的达成,评价焦点是对学生学习效果的评价。关注点是学生的学习过程,构建以学为核心的教学模式,促进教学重心由教向学转变,真正让学生动起来、忙起来。②坚持成果导向。围绕人才培养目标设计教学过程。教学的出发点不是教什么,而是达成人才培养目标需要什么。要更加关注教育结果,以学习成效为目标进行逆向教学设计,评价重心由评教向评学转变。③坚持持续改进。为保障教学质量,建立常态性评价机制并不断改进,评价的唯一目的是改进。每个教师在持续改进中承担责任。要完善学生学习成效不断增强的质量保障机制,保障教学过程持续改进。

我们要认真学习国内外先进的教育理论,以改进我们的教学工作。2018 年美国的教育在关注什么? 美国的科技、高等教育还是非常发达的,"二战"以来很多具有世界影响的教育理论源自美国,比如布鲁姆的目标分类、加德纳的多元智能,"二战"以前则有杜威的教育思想,"新三中心论",等等。去年,美国教学思想组织发布 2018 年美国教育趋势报告,揭示如今美国教育工作者最为关注的 20 个教育发展趋势,其中排在前五位的是成长性思维、创新学习、目标分类法、信息素养、个性化学习,第六个是项目化学习。20 个热点内容中没有一项是学科知识、考试内容或者教学课件。人们一直关注的 STEM(科学技术、工程、数学)等也没有进入其中,由此可见当今美国教育的发展方向。成长型思维是当今美国流行的教育理论,它是斯坦福大学教授卡罗尔·德韦克创立的,她发现了思维模式对我们想要什么、能否成功达到目标至关重要。我们要自觉加强学习,积极转变教育理念,密切联系生产实际,杜绝照本宣科,以促进学生成长成才和长远发展为目标,着力创新教学方法,不断提高教学质量。

学校的教育工作,制度管理很重要。谁也不能否认制度的刚性作用。"双严管理"只能加强不能削弱,这对良好的校风、学风的形成至关重要。当然,教育更应该潜移默化、润物无声,因此,打造文化特色,浓厚育人氛围非常重要。道家崇尚"不言之教""自然纯朴""无为自化",提醒我们身教胜于言教。教育乃是以德育德、以心育心的事业。"3+1"包靠使我们的教育更有温度,以农圣文化为特色的传统文化教育使学生更有责任担当和家国情怀,社团活动培养学生的人文科学精神使其素质更高,这些都需要进一步加强,切实做好。班主任和辅导员是大学生重要的思想、生活、心理依靠,希望大家发挥学生人生导师的作用,担当管理者、教育者的责任。打铁必须自身硬,希望大家不断学习,提高自身素质,学校也将辅导员队伍建设当作重中之重认真抓好。

### (三)落实分类管理,努力在科研平台建设和成果上求实效

科研能力、科研成果、学科专业建设是学校发展所必需关注的,也是提高社会服务能力最直接的途径。六届三次教代会通过了教职工分类管理办法,鼓励优秀教师做好科研工作,更好服务社会。

进一步巩固"一院两中心"科研布局,建设发展好设施园艺研究院、乡村振兴与县域经济研究中心、县域教育发展研究中心。要为设施园艺研究院配强科研力量,提供资金支持,使其成为带动全校工程、农科、环境、信息等学科发展的枢纽。乡村振兴与县域经济研究中心要重点做好"寿光模式"研究,争取与国家发改委主管的中国经济体制改革研究会联合成立新时代乡村振兴与区域经济发展研究院,年内出版一本专著,召开一次研讨会,在《改革内参》上发一篇文章。县域教育发展研究中心要加强与全国新建本科院校联盟理事会对接,争取承办一次全国新建本科院校联席会议。

建好三大省级科研平台。与寿光蔬菜产业集团共建山东省设施蔬菜分子育种重点实验室。智能温室与环境防灾减灾实验室争创省重点实验室。园艺生物工程研究中心争创省发改委工程研究中心。鼓励优秀教师积极参与国家蔬菜标准中心建设。支持蔬菜病虫害防治项目争创省科技进步二等奖。农圣文化研究中心牵头办好第十届中华农圣文化国际研讨会、中国农业历史学会2019年年会,众创教育研究院办好山东省创客教育论坛。振兴人文社科项目立项,争取立项省级以上项目10个以上。

科研工作的关键是机制和人。要尊重科研规律,落实放管服改革,落实科研机构院长所长负责制,减少对科研人员的干扰,为科研人员潜心研究创造良好环境。从事科研的同志要顾全大局,为学校确立的主攻方向贡献力量,同时要恪守学术道德,增强风险意识,共同营造良好的科研氛围。要加强对科研工作的周期性考评,对不上课的科研人员、签约科研人员、协同创新科研人员跟上考评,落实奖惩。

### (四)拓展合作办学,努力提升办学质量和水平

和平发展,合作共赢是当今世界的主题,合作办学是高等教育发展大趋势。"人类命运共同体"理念已写入联合国文件,"一带一路"倡议正在有效实施。大国崛起、民族复兴最重要的是文化科技的影响力,面对百年未有之大变局,拓展国际合作办学东风劲吹、恰逢其时。我们提出建设应用型高校十年来,一直将校企合作列为立校办学的"六大工程"之一组织实施,融入地方产业,共享资源合作育人。在校校合作方面先后与山师、山农等高校开辟研究生合作培养项目取得成功。我校在国际合作、校企合作、校校合作方面取

得一系列成果,但在共建国际学院、产业学院、大学分院实现联合招生、共同育人、提升质量上还有很广阔的空间。校企合作办学方面,必须跳出区域产业局限性,远接亲戚,瞄准高科技、信息化、人工智能企业合作办学,确保人才培养质量不落后时代,进而实现优质就业。国际合作办学就我校条件,如双语教学、信息交流、异国文化、外事规则了解等有些不足,因此必须利用外力,借助第三方资源予以发展。建设大学办分校是好事,十多年前兴起的重点大学办独立学院的机遇我们没有抓住,当下能做的是校校共建产业研究院,但不是独立的办学单位。鉴于目前实际情况,在合作办学方面我们重点做好:要进一步加强与东软集团的合作,提升办学层次,争取以计算机软件学院为母体,建立东软学院。建好华为网络与信息技术学院,列入今年招生计划,争取招生实现开门红。领航学院要着力抓好优质就业,提升优质就业率。与深圳汇邦公司合作建好机器人实验室、培训中心并实现联合招生。要进一步办好中德市场营销合作项目,提高人才培养质量。着力推动中德汽车合作项目尽快落地。完善与韩国等高校联合培养博士项目。各二级学院拓展国际合作"2+2""3+2"等本硕培养项目。认真研究、充分借鉴兄弟院校留学生招生管理办法,今学期招收留学生达到 100 人。

### (五)关注师生需求,全面提高后勤服务水平

"兵马未动,粮草先行"。后勤保障关乎师生民心,事关学校发展。后勤服务社会化是改革的方向,满足师生需求是工作目标。每位干部、每位同志都要带着感情抓管理、带着热心搞服务,努力完善"三个循环系统",把"让师生满意"作为我们工作的基本标准。

进一步改造旧的学生公寓,再建 2~3 个公寓客厅,提升公寓配置水平,让学生更舒心、更满意。进一步更换教室旧课桌椅,争取暑假前全部更换完成。教室多媒体逐步配备智慧黑板,让智慧校园建设成果惠及师生的工作学习。进一步落实一般维修半小时办结制、督导团督导问题两天办结制。对各小区内破损路面进行维修,破损面积大的统一上柏油。探索小区规范化管理办法,完善治理体系。搞好生物工程研发中心扩建工程,满足设施园艺研究空间需要。探索吸纳社会资金建设游泳馆。建设主校区与五专部连接的天桥。与武装部配合建好士官学院训练基地,满足士官军事训练条件,为中小学军训、国防教育提供服务。抓好教代会议案建议落实,实施重点督办。依托护理学院,整合资源,探索合作模式,建设学校附属医院以方便师生。驾校、成教等各类培训机构要规范经营,提高效率,增加创收。

软件园巩固提升品牌影响力。要加大双招双引力度,年产值和交易额达到 13 亿元,争创国家级众创空间。大力推动师生创业项目入园,支持潍科、环球软件等瞪羚企业发展,年营业额要过亿元。支持环球软件与北大政府管理学院联合成立智慧城市研究院。支持山东众创教育研究院创客中心建设,支持承办第 20 届全国中小学电脑作品制作大赛。潍科种业打造好"学府蔬菜"品牌,美高斯麦拓展市场,环境检测中心做大做强,三家公司年营业额均要过千万元。进一步完善支持大学生创业孵化政策,提高入园孵化项目

数量和质量。

## 四、筑牢安全稳定"一条底线"，确保学校健康发展

安全稳定是做好一切工作的基础，是学校健康发展的底线。要时刻抓住安全稳定的突出问题和主要动向，分析研判各类风险，集中开展矛盾和问题排查工作，及时化解不安全不稳定因素。各级干部要认真履行"一岗双责"，落实好安全稳定责任制，做到守土有责、守土负责。加强安全检查制度、责任追究制度与督察制度落实，确保学校日常督查指导到位，发现隐患立即解决，坚决不留后患。严格落实楼长制，加强四大门安保管理，突出抓好饮食、医疗卫生、实验室、生产、实习实训安全。各二级单位要结合自身实际，制定安全稳定工作实施细则，确保安全责任落实横到边、纵到底。要完善科技防范手段，建立电子信息监控严密的安全防范体系。要狠抓安全稳定责任落实，实施安全稳定一票否决制。全体教职工要各负其责，时刻把安全稳定工作放在心上，抓在手上。深入落实"三包靠＋"制度，从济困助学、学业辅导、学习实践、就业创业等方面为学生排忧解难。加强思政教育和"一训三风"教育，利用新生入学季、毕业季、传统佳节等时间节点开展好丰富多彩的活动，凝聚统一学生思想。培育班级、宿舍文化，畅通朋辈互助团体辅导渠道，开展好大学生心理健康月、"三下乡"社会实践、"易班"网络互动平台建设等活动，让每位学生都有归属感、成就感。健全完善应急预案，强化应急演练，深化联动治理，提高事故防范和应急处置能力。

（根据笔者 2019 年 2 月 22 日"内涵发展，协同育人，全面提高社会服务能力——在 2019 年度全体教职工会议上的讲话"整理）

# 全面推进内涵建设　努力打造应用型特色名校

**编者按**：审核评估和申硕是学校的两大基本任务，内涵建设是一以贯之的治校方针，只有全面推进内涵建设，才能更好地完成两大基本任务。学校坚持立德树人根本任务，以学生为中心，以目标管理体系为抓手，深化改革，创新发展，打造应用型特色名校建设，努力建设师生幸福、家长满意、社会尊重的大学。

明年是我校由中专升建大学 20 周年，走过 20 年，四大里程碑值得铭记：组建大学（潍坊科技职业学院）、升建本科（潍坊科技学院）、合格评估（教育部本科教学合格评估）、申硕立项（硕士学位立项建设单位）。"忘记过去就意味着背叛"，回顾 20 年，弥足珍贵的是"创业敬业、求是求新"的精神，这一精神成为我们不断前行的精神动力。展望未来十年，要完成教育部本科教学审核评估和申办硕士授予单位两大基本任务，对此，我们信心满怀，时不我待。教育就像农民种庄稼，是慢活儿，"顺天时、量地利"，循序渐进，春种秋收。新的学年是组建大学 20 周年，也是大学第三个十年起始之年，我们要以高度的责任感和使命感，全面推进内涵建设，努力打造应用型特色名校，不忘初心，不负时光。2019—2020 学年学校工作的总体思路是：以习近平新时代中国特色社会主义思想为指导，以应用型特色名校建设为目标，以申硕和审核评估为动力，强化目标导向、正向激励；强化问题导向、创新发展；在思想政治、人才培养、科研工作、学工水平、国际合作、特色提升、综合管理七个方面全面发力，全面推进内涵建设，进一步提高学校声誉和综合实力，努力建设师生幸福、家长满意、社会尊重的大学。

## 一、齐抓共管，全面做好思想政治工作

坚持全员全过程全方位育人，是加强和改进新形势下高校思想政治工作的基本方略。做好当前思政工作，需要大家各负其责，形成合力。

**加强党对思政工作的领导**。在党委统一领导下，高度重视思想政治工作，牢牢把握社会主义办学方向、立德树人根本任务和促进学生德智体美劳全面发展的教育方针，牢牢掌握意识形态工作主动权，努力探索思政规律、教育规律、大学生成长规律，坚持教育的"四个服务"，强化师生"四个意识"，增强师生"四个自信"，自觉做到"两个维护"。

**全面深化思政课程教学方法改革**。发挥马克思主义学院中坚作用，调整创新思政课程体系，在开足 5 门思政必修课的基础上，重点加强习近平新时代中国特色社会主义思

想、以农圣文化为特色的中华优秀传统文化教育,结合新中国成立 70 周年进行红色革命文化、改革开放文化教育。统筹推进思政课程内容建设,认真组织好理想信念、家国情怀、励志奋进三大主题教育,推动思政课实践专题教学与学生实践活动、志愿服务活动结合。将思政课学习实践情况纳入综合素质评价体系,作为学生评奖评优重要标准。实行思政课教师集体备课制度,推广程春艳、郭爽教学法,丰富思政教学内容,创新教学方法手段,增强亲和力、针对性,提高点头率、认同感。马克思主义学院集中力量开展思政课教学重点难点问题研究、教学方法改革创新研究,积极申报省部级思政课专项研究课题,形成独具特色的"思政品牌"。全面加强课程思政建设。深入挖掘梳理各专业课程的思政元素,将知识教育同价值观教育结合起来,探索创建各专业课程的思政教学案例库,使专业课程与思政课程形成协同效应,构建"课程门门有思政,教师人人讲育人"的全员全课程育人格局。

**着力强化"互联网+思政"创新**。现在的学生无人不网、无时不网、无处不网,我们的思政工作也要紧随网络覆盖人人、时时、处处。要充分发挥"两微一端"的育人功能,注重网络思想引领,大力弘扬校园正能量;依法加强网络管理,严密把控网络舆情,提升网上舆情发现力、研判力、处置力,把握意识形态主动权,使网络由育人工作最大变量变成最大增量。加强网络思政队伍建设,坚持共建共享,强化内容创新,发挥学生在网络文化建设中的主动性、创造性,增强网络思政的亲和力、感染力,使网络真正成为传播核心价值观的高地。

## 二、优化学风,全面提升人才培养质量

**教师要真正严起来**。严师才能出高徒。提高质量要靠一流的专业、一流的课程,而其根本在于一流的教师。一流的教师一定是严格认真的教师。教师严起来就要让课程难起来。各位老师要认真落实"课堂教学基本要求十二条",充实课堂内容,创新教学方法,讲求授课实效,严于律己,追求卓越,着力打造"金课""金专业",杜绝"水课""水专业",以"责任高于一切"的教风引领带动"勤学苦练"的学风。

**学生要真正忙起来**。以促进学生自主学习、深度学习为导向,全面参与项目化、案例式教学,实现率达到100%,并纳入考评。积极运用国内外先进教育理念引领教学改革,深入开展合作式教学、混合式教学,打破老师照本宣科、学生被动接受的局面,充分发挥学生学习主体性。深化考试方式改革,加大平时考核力度,进一步提高过程性考核比重,引导学生将精力用在平时,使学习效果实起来。改革期末考试形式和内容,增加主观性题目数量、分数比重,引导学生深度学习,培养批判性、创新性思维。深入开展"4030"读书计划,日积月累,潜移默化。围绕应用型人才培养目标,加强实践教学,规范实验教学。加强毕业论文(设计)重复率检测,严把论文质量关,引导学生深入探究、真操实做,切实把人才培养质量提起来。

**深入推进分类施教**。本科着力完善理论体系教学，全面推进"新工科""新农科""新文科"理念落实，提高学生知识迁移应用能力、解决实际问题能力。专科将实践教学放在更加重要位置，培养高素质技术型、技能型人才。全面加强本科生通识教育，集中资源优势办好通识学院，进一步优化课程设置，提升学生人文科学素养，把价值观教育和培育精神放在第一位，重点培养学生沟通能力、批判性思维、审美能力、团队精神等。认真研究二次单招学生特点需求，将集中学习与分散学习相结合，送课到厂，送课下乡。士官学院打造品牌，形成特色，争取扩大招生100人以上，承办1次全国士官学院教学研讨会、现场观摩会。

**加强创新创业教育**。各二级学院聘请创业创新成功人士研究开设符合本学科特点的创新创业课程、项目，双创学院、二级学院组织好校级全员参与的普惠性双创大赛，提高学生参与的广度、深度。遴选若干优秀团队，重点培养，争取全国机器人大赛一等奖，夺取省级"互联网＋"创新创业大赛一等奖，争取国家二等奖。五专部确保获全国职业院校技能大赛一等奖1项，争取2项。

**打造职教创新发展亮点**。积极融入山东省国家职业教育创新发展先行区建设，申报示范学校，擦亮五专部品牌，探索"多元融通制"职业教育发展模式，积极争取"3＋4＋2"中职到专业硕士一体化培养试点，实现申办专业硕士点实质性突破。争取"2＋4"项目率先在我校试点，新上专业达到3个。五专部成立职教创新发展实验部，摆脱应试教育藩篱，全面实施素质教育＋职业道德教育，在提升综合素质、培养健全人格、塑造认真品质、提升专业能力与特长发展上下功夫、做文章、出经验。争取承办全国新建本科院校联席会议。

### 三、强化科研，全面提高社会服务水平

**着力加强科研团队建设**。落实科研机构院长主任负责制，统筹协调，加强合作，集中力量协同攻关，多出成果，出好成果。严格落实《潍坊科技学院科研型教师管理办法》，加强对科研工作的周期性考评、对科研人员岗位绩效考评，落实奖惩，优胜劣汰，激发科研人员主动性、创造性。科技处、社科处牵头，遴选重点校级科研团队，分别申报1个省级科研创新团队；积极争取科研项目立项，努力提高纵向科研经费占比，确保完成师均4万元科研经费指标。各二级学院（技术学院、综合学院除外）引进或签约博士不少于5人。各学部至少举办1次省级以上学术年会或研讨会。

**创建高水平科研平台**。三个省级科研创新平台尽快组织一次自评，对照要求，强优势、补短板，确保明年顺利通过验收。建好设施农业研究院，争创省级协同创新中心。推进智能温室与环境防灾减灾实验室建设，争创省重点实验室。争取与中科院合作建立蔬菜病虫害绿色防控中心，与沈阳农业大学合作建立设施园艺国家重点实验室分中心。蓝工院争取成立海洋科学山东省院士工作站，与青岛大学共建研究生培养基地。环境检测

中心检测项目达到 3000 项,业务范围覆盖周边地市。

**全力争取重点项目突破**。设施园艺研究院发挥资源整合优势,力争省级科技进步一等奖、全国科技进步二等奖。设施园艺生物工程研究中心积极申报国家级科研平台,设施园艺实验室争创省重点实验室。蓝工院依托海洋精细化工、卤水资源综合利用两个省级工程技术研究中心,争取省级科技进步二等奖。智能温室与环境防灾减灾实验室力争在关键技术方面实现突破。与寿光蔬菜产业集团共建好山东省设施蔬菜分子育种重点实验室,成功选育一批优良蔬菜品种。积极参与寿光国家蔬菜质量标准体系建设研究,力争本学年出一批代表性成果。自然科学、人文社会科学立项省级以上课题数量分别提高 20%以上。

**努力打造农圣文化特色智库**。发挥好新时代乡村振兴与区域经济发展研究院、农学思想与《齐民要术》研究会作用,加强"寿光模式"、农圣文化的研究与推广,建设高水平乡村振兴智库。乡村振兴与县域经济研究中心争创省级重点人文社科研究基地,"寿光模式"研究争取立项教育部人文社科研究项目。积极申报山东省社会科学优秀成果奖。办好第十一届中华农圣文化国际研讨会。设立"贾思勰农学奖",争取成为国家级奖项。

## 四、以生为本,全面促进学生健康成长

以学生为中心的本质是以学生发展为中心。一切为了学生的成长成才是我们工作的出发点。

**倡导双严管理下的学生主动发展**。双严管理是符合我校实际、行之有效的管理特色,必须坚持。但要清楚,学生是教育的对象,更是学习的主体。成功的教育必然是服务于、有助于学生的自觉成长、主动发展。要严格常规管理,促进学生言行文明,遵守学校制度规范。同时更要倡导自由精神,鼓励学生质疑思辨,引导学生活跃思维,积极创新。加强各类社团和学生自治组织建设,提高学生自我服务、自我管理、自我发展能力。努力为学生主动发展创设机会、搭建平台,教务处、各二级学院制定学生参与学校管理实施方案,列出参与管理项目清单,制定考核管理办法,让学生参与到学校管理的方方面面,营造严肃而活泼、和谐有活力的校园氛围。

**促进学生德智体美劳全面发展**。这些年来,我校一直坚持安排学生参加校园义务劳动,大学阶段以班为单位值周劳动,主要任务是清理校园卫生、协助安全保卫、参与学校各项管理,因学生值周劳动,我这个校长在网上挨了不少骂,我想学校资金再困难,购买劳务打扫校园卫生还是能做到的。让学生打扫自己的教室、宿舍、校园卫生这是最起码的劳动,它的意义不言而喻,古人说:"一屋不扫,何以扫天下。"饭来张口,衣来伸手,厌恶劳动怎么能担负家庭和社会的责任? 保护环境,良好卫生习惯是大学生的基本素养,因此将学生值周赋予学分,干部教职工"开展义务劳动一小时活动",我将和同志们一起在校园内打扫卫生,"身教胜于言教",这几年学生值周参加义务劳动已成习惯,网上为这件

事骂校长也偃旗息鼓了。可喜的是劳动教育已成为教育方针"五育"的内容之一。要扎实开展好"六个一"活动,注重质量,提高实效;深入开展三大主题教育,创新形式,丰富内容;不断深化"三为主"思政教育模式探索,提高德育实效。建好修远学院,不断完善课程体系,开好修远大讲堂。借助山东省青少年互联网服务与大数据平台,开展好"第二课堂"活动。落实体育俱乐部教学,以学生兴趣和身心发展需要为中心,设计课程,开展项目,促进学生深度参与,不断提高学生体质测试达标率。加强大学生艺术教育,提高大学生审美观点和审美能力,成立艺术教育中心,探索将音乐、美术赏析、经典影片赏析等列入大一必修课程。建好大学生艺术团,将话剧《贾思勰》搬上舞台,打造学校文化精品。开展好高雅艺术进校园活动,探索将周日作为经典电影放映日。持续做好校园服务课志愿服务工作,探索志愿服务向社区延伸,培养学生劳动观念、义工精神和社会责任意识。

**为学生发展做好服务**。进一步健全学生教育与服务体系,形成服务育人的合力。落实弹性学制,允许学生休学创业、开展社会实践,加强学生沟通协调能力、创新创业能力培养。探索建立团委领导下的班长负责制,增强团组织在青年学生中的凝聚力和影响力,推进班集体建设和思政工作开展。巩固提高公寓社区化改革成果和管理水平,破除院系条块分割落后管理模式,稳定提高社区专职辅导员队伍,着力搞好"易班"建设,实行"易班"导师制,辅导员担任"易班"班主任,聘请骨干教师、优秀党员、退休教师担任"易班"导师,打造团委工作品牌。落实好"3+1"包靠,全面提高帮扶工作的针对性和实效性。大学生事务部不断优化服务,全力打造流程最简、效能最优、服务最好的学校名片。明年"五四"评选表彰十大优秀学生、义工模范、优秀班干部、"六个一"活动标兵等各类先进学生个人、集体。承办全省高校团委工作会议。总结团委工作先进经验,争取在省级以上媒体、省教育厅工作简报刊发,着力打造山东一流、全国知名的团工品牌。

## 五、拓展合作,全面加快国际化办学步伐

**扩大国际学生招生规模**。明确目标,加强宣传,靠前对接,严格把控生源质量,争取招收留学生达到200人。做好留学生教学工作,配强师资,严格标准,确保教学质量。成立留学辅导中心,为出国留学人员提供咨询、培训等服务,争取逐步做大做强。

**办好中德合作本科项目**。集中学校优势资源,全力做好中德合作本科项目,是打造办学新亮点、加快建设应用型特色名校的需要,也是出色完成教育部、教育厅交给我们的一项重大任务。要借助第三方资源做好德方教授来华授课的对接服务工作,依法依章管理,研究教学模式和课程设置,尊重学生意愿,落实分类施教,帮助有出国愿望的学生实现留学梦。无出国愿望或外语不过关受限的,在我校顺利毕业。确保中德合作项目的正常运转。加大工作力度,新上一个中德合作工科专业,争取列入明年招生计划。

**拓展国际合作办学项目**。推进与荷兰农学项目、日本医养结合项目合作,争取尽快落地。实现与俄罗斯等独联体国家的联合办学。拓展与韩国的博士培养项目合作,扩大

培养规模。各二级学院积极完成 1 个"3＋1""2＋2"本科教育国际合作项目或"3＋2""4＋1"研究生培养合作项目,纳入院系考评奖惩。根据教学需要,年内再聘请 3 名优秀外籍教师,选拔 10 名优秀教师到欧美国家深造。

### 六、凝练特色,全面打造学校亮点品牌

**打响考研深造品牌**。提高育人质量,坚持就业导向,是我们工作的基本遵循。考研深造是优质就业的评价内容,这是全国高校通例。我校本科毕业生考研率连续 8 年达到 30％以上,专升本考取人数连续 16 年位列全省高校第一名;根据第三方统计,我校学生深造率位列全国同类院校第一名。保持领先的深造率是我校人才培养质量的生动体现,满足了学生需求,赢得了家长满意,得到了社会认可,也已成为我校的一张闪亮名片。高校的竞争某种程度上就是特色的竞争,根本上是质量的竞争。我们要牢牢把握人才培养质量这个根本,持之以恒地抓教风,促学风,进一步浓厚"勤学苦练"的氛围,促进每名学生成长成才,为学生实现自己更高的人生理想加油助力。

**擦亮农学特色品牌**。与老牌高校相比,我们的农学专业起步晚、底子薄,但依靠地域产业优势,经过十几年发展,做到了全国同类院校一流专业前三强,(第三方评价公布结果)。要充分发挥农学专业人才、平台、产业资源优势,瞄准前沿需求,开展科研攻关。设施园艺研究院要加强科研合作,整合本地、省内外以至国内外优势资源,争取引进 1 名"千人计划"学者、1～2 名国外农学领域专家,强强联合,争取重大科研成果、高层次成果奖项的突破,将农学专业打造为全国同类院校的标杆,争取相关排名第一。同时,着力加强"新农科""大农学"建设,围绕农学这个中心,整合校内农林经济管理、农圣文化研究等专业、平台、人才资源,实现校内相关学科专业的集成,形成服务乡村振兴、新旧动能转换的合力,打造实现学校弯道超车的差异化发展优势。

**优化环境化工品牌**。高端化工属于省市新旧动能转换"十强产业",我校在这方面有人才储备,有平台基础,有专业优势。蓝工院要立足寿光传统盐化工、卤水化工产业优势,加强与地方高新技术企业合作,聚焦产学研用一体化发展,共建产业学院、省重点实验室,提升校企协同创新能力。加大与省内外高校、科研机构合作,引进 1～2 名国外环境领域专家,着力提升两个省级工程技术中心建设水平,实现筑巢引凤、引凤建巢的良性发展,打造服务新旧动能转换的新高地。

**提升校企合作品牌**。校企合作、产教融合是应用型特色名校建设的必由之路,也是现代职业教育创新发展的必然选择。各二级学院加强与软件园企业深度合作,推进人才共培、师资共享、项目共研、成果共转,充分发挥软件园产学研用一体化平台作用。各二级学院必须与全国大型企业、上市公司成立产业学院,共建专业,联合招生合作育人。各二级学院聘请企业工程师、高级技师数量达到本学院专任教师数量的 1/10。蓝工院、设施园艺研究院、材料检测中心、建工结构实验室等平台分别与企业共建研发中心。

### 七、完善机制，全面提升管理服务水平

**严格落实制度管理**。落实党委领导下的校长负责制，充分发挥党委的政治核心作用，"三重一大"事项必须经校党委研究决策。健全以章程为核心的学校管理制度体系，与时俱进，跟进新时代，做到凡事有章可循、有规可依。完善落实教职工代表大会制度、学生代表大会制度，按要求做好信息公开，充分发挥师生员工的民主管理、民主监督作用。优化学工管理制度，合理调配管理队伍，各负其责，分工合作，确保学工系统运转协调、高效。落实好安全稳定责任制、意识形态责任制，各级干部认真履行"一岗双责"，加强安全检查制度、督查制度与责任追究制度落实，确保学校日常督查指导到位，发现问题立即整改，发现隐患及时解决，努力争取省平安校园建设集体或个人记功奖励。进一步完善学校内部控制制度，全面加强学校内部审计，提高经济运行效益，保护学校权益。充分发挥学校、学部两级学术委员会作用，推进教授治学，努力打造学术共同体。强化目标管理制度，严格按照目标管理体系任务完成度考核，落实奖惩。畅通师生反映问题渠道，支持教职工通过正常渠道，逐级反映问题；对违规信访、诬告中伤的，校纪委、监察室、督评室、组织人事加大查处力度，严肃问责，根据有关规章制度追究相关人员和部门主要负责人责任。

**健全教职工分类管理**。针对教学、科研、管理服务三支队伍，分别制定以绩效为导向的考核评价体系，强化岗位管理，促进人岗匹配，突出绩效考核，实现奖优罚懒。探索改革提高绩效工资和课时工资办法，体现多劳多得、优劳优酬，重在奖优，拉开档次，对做出突出贡献的干部教职工予以重奖。激发教师队伍活力，完善教授岗位激励机制，逐步探索实施教授岗位等级晋升管理办法，适时设置三级教授岗位，为高层次人才发展创造条件。

**强化校院两级办学**。加强院系办学主体地位，进一步扩大二级学院办学自主权。加强二级学院党的建设，二级学院院长是党员的兼任副书记。完善院系党政联席会议制度，推进二级学院集体决策、科学管理。增强财务预算管理刚性，避免随意性，杜绝个人说了算。简化财务结算流程，为教师科研人员提供方便。适当增加二级学院办学经费预算，邀请专家报告讲座由二级学院根据需要确定，相关经费列入预算；学部或学校层面加强协调，扩大专家报告讲座受益面。

**着力提高服务满意度**。进一步深化后勤社会化改革，不断提高后勤服务质量和水平。加强精细化管理，充分发挥后勤维修服务两个公司的作用。全面实现一站式报修，不断提高一般维修半小时办结率、督导团整改问题两天办结率。开展好校长（院长）接待日活动、职能处室与师生面对面活动，调研师生需求，倾听师生呼声，从师生反映最强烈的问题抓起，从师生最不满意的地方改起，从师生最欢迎的事情做起，补齐短板，优化服务，全面提高师生家长满意度。要高度重视师生身体健康，成立学生健康发展中心，按规

定搞好体检,做好传染病防治,确保学生每天锻炼一小时。工会成立太极拳培训中心,聘请教练,落实经费,在教职工中开展太极拳运动。在党委统一领导下,开展好"不忘初心、牢记使命"主题教育,党员干部教师积极参加党委理论学习中心组学习,师生员工加强在"学习强国"平台的学习,工会、团委、妇委会、学生会组织师生开展健康有意义的文体学习活动。

**提升社会服务能力**。软件园引进 2~3 家信息文化企业,园区企业年产值达到 13 亿元,税收达到 1500 万元,争创国家级众创空间、国家级电子商务示范基地。环球软件、潍科软件营业额分别达到 1 亿元,潍科软件争取在科创板上市。潍科种业"玉玲珑"番茄在济南、青岛、潍坊等地市打响品牌,销售额过千万元。建筑安装公司争取成为国家房屋建筑工程施工总承包特级企业。教师进修学校承载全市教师培训职能,要发挥教师教育学院优势,注重与教育局对接,科学合理做好全市教育干部及教职工的培训。培训学院、众创教育研究院分别完成培训 1 万人次以上。电大是从中央到地方独立的成人教育系统,在国家构建终身教育体系中发挥巨大作用,办好电大意义重大;成教学院是高校履行社会服务职能的重要方面,成教学院要加强与各二级学院的对接协调资源,依法办学,规范管理。加强学校"城市公园"建设,围绕层次和档次、品质和品位、人文与科技做文章,提高精细化管理水平,校园向全体市民开放。承办全省高校园林工作会议,在全省高校推介学校园林工作经验。

（根据笔者 2019 年 8 月 26 日"全面推进内涵建设,努力打造应用型特色名校——在 2019—2020 学年工作会议上的讲话"整理）

# 立德树人　目标导向　进一步提升特色发展水平

**编者按:**学校以习近平新时代中国特色社会主义思想为指导,坚决打赢疫情防控阻击战,全面落实学校六届四次教代会精神,深化产教融合,坚持协同创新,促进校地共生,全力推进"三大学科特色"打造、"两大育人模式"创新,深化分类管理,落实绩效考核,通过抓内涵促进特色发展,努力开创学校高质量发展新局面,全面提升应用型特色名校建设水平。

自 2001 年成立专科高校以来,我校已走过两个十年的光辉历程,第一个十年的巨大成就是实现由专科升建本科的跨越,第二个十年的巨大成就是顺利通过教育部本科教学合格评估,成立硕士学位三级建设单位,其突出特点是第一个十年是外延扩张,第二个十年是内涵发展。展望第三个十年是教育部审核评估和硕士授予单位申办,其特点是全面提升。总结过去两个十年的经验,展望第三个十年的前景,倍感自豪,信心满怀。我们走过的每一步都留下了深深的脚印,我们想做的事情基本上都取得了成功,弘扬"创业敬业,求实求新"的精神,把握创新发展主题,走出了一条县办大学发展之路。根据学校六届四次教代会的精神,我想新的一年总的考虑是:以习近平新时代中国特色社会主义思想为指导,坚决打赢疫情防控阻击战,全面落实学校六届四次教代会精神,深化产教融合,坚持协同创新,促进校地共生,全力推进"三大学科特色"打造、"两大育人模式"创新,深化分类管理,落实绩效考核,抓内涵建设促特色发展,努力开创学校高质量发展新局面,全面提升应用型特色名校建设水平。

## 一、坚持立德树人,全面做好思想政治工作

立德树人是学校的根本任务,人才培养是学校的中心工作。围绕"培养什么人、怎样培养人、为谁培养人"的根本问题,必须认真贯彻党的教育方针,坚持马克思主义的指导地位,用习近平新时代中国特色社会主义思想武装头脑,筑牢"四个意识",增强"四个自信",做到"两个维护",讲政治,顾大局,不忘初心、牢记使命,坚定理想、信念、信心,努力落实社会主义大学"四个服务",持续提升,不断前进。

要按照党委统一部署,完善二级学院党政联席会议制度,党员干部自觉参加党委(党支部)的理论中心组学习,提高政治站位,增强程序观念、规范意识,落实好民主集中制。在党委领导、党建引领下,努力营造风清气正、干事创业、担当作为的氛围,大力弘扬学校

精神,践行校训,优化"三风",推进文化治校,让自觉、自律、自尊、认真、负责成为全体教职员工的共同意志和价值追求。

要建设校园学术共同体。深入推进教授治学,健全完善学部学术委员会,充分发挥学术委员会在师资队伍、科研平台建设、职称评定、校企合作方面的作用,促进理念转变,加强团队建设,提升科研能力水平;发挥学术研讨会的作用,崇尚学术自由,严肃教学纪律,做到学术研究无禁区、课堂教学有底线。

要加强网络管理和舆情引导。在党委领导下,牢牢把握意识形态工作的主动权,充分利用公众号、易班平台、师生微信群等新媒体弘扬正能量,要增强法治思维,把工作做实、做细、做好。要重视师生的合理诉求,全面做好四类特困生的帮扶工作,积极帮助师生解决实际困难。推动与腾讯(山东)企鹅新媒体学院的合作,打造正能量、有魅力的融媒体中心。

要构建"三全"育人机制。人人都是教育者,德育没有观众席。"身教胜于言教",我们每个人都要用自己的人格修养、道德境界、高尚品行、优良作风感染学生,引导学生,做到春风化雨、润物无声,无声胜有声。要发挥思政课的主阵地作用和专业课的主渠道作用。发挥马克思主义学院的作用,进一步推广程春艳、郭爽思政课教学法,推进吴桂坤心理辅导与思政教育有机结合法。落实好课程思政实施方案,做好课程思政这篇大文章,打造大思政特色和立德树人样板。

## 二、坚持目标导向,全面达成共同愿景

"应用型"是我们坚定不移的办学目标定位。回顾学校举办本科教育十多年来,大专教育20年来,建校35年来,我们每一步都留下了扎实的脚印。今天,我们共同前进在新时代的光明大道上,面对高等教育大众化、现代化、国际化的进程,我们信心满怀。

今年初的教代会上,我们提出:升建本科30周年时,争取成为硕士学位授予单位,实现特色鲜明、齐鲁闻名、多项指标进入全国同类高校前列;升建本科40周年时,建成综合性应用型大学,人才培养质量、科研水平、社会服务能力显著提升,打造成应用型中华名校;升建本科50周年时,建成创新型、国际化、世界闻名的应用型大学。

"千里之行,始于足下。"中国梦、潍科梦,不是敲锣打鼓就会实现的,我们要以"功成不必在我"的精神境界和"功成必定有我"的历史担当,一步一个脚印地扎实推进。自顺利通过本科教学工作合格评估,我校进入新的发展阶段,当前两项重大任务摆在我们面前,一是教学质量审核评估,二是申办硕士授予单位,我们一直在努力。今年年底,我们将迎来这一轮的申硕评估,若按上一轮的评估标准,我校的师资结构、教学科研成果等尚有不小差距,但我们必须积极准备,探索中职—高职本科—专业硕士职业教育衔接"多元融通制"实验,争取教育部立项后实现申硕的突破。明年,我们将迎来教育部本科教学审核评估,这个"国考"大关必须过,并要以优异答卷通过。能否顺利推进事关学校全局的

两大基本任务，做好今年的工作至为关键。

围绕两大基本任务，春节前后，我冥思苦想，可谓绞尽脑汁！我担任学院"大管家"已达十年，在大家的共同努力下，十年的发展可谓步步登高，"潍科"社会声誉越来越好，学生及家长的满意度越来越高。我虽然没有多么高远的境界，但责任感、使命感时刻挂在心头，驱使自己不敢怠慢，必须勇往直前，因为"生于斯，长于斯，死于斯"！面对两大基本任务，怎么推进？从哪里突破？教育规律不是行政命令，育人没有一蹴而就的事情，教育上所谓的改革调整一旦行政主导学术，教育就会面临灾难性后果。思来想去还得坚定不移抓内涵建设，促进特色提升，全面推进应用型特色名校建设，唯此，尊崇学术，落实教授治学，完成两大基本任务应是水到渠成、自然而然的事情。今学期、新的年度我们围绕目标任务、共同愿景必须做好的工作主要有六个方面：

一是教学上，以实施"双万计划"为动力，抓"一大三率"。"双万计划"是教育部新时期本科高校专业建设和课程改革的总抓手。要聚焦"四新"专业建设，深化专业改革，着力优化课程体系，分管教学的刘相法同志牵头，今年每个学部至少实现1个专业、1门课程入选"双万计划"。积极开展专业认证工作，着力推进8个省一流本科专业认证，确保通过国家二级专业认证。"一大"就是抓学科专业能力大赛。在全面提高大赛参与度、覆盖面的同时，分管双创学院的李广伟同志牵头，各二级学院要单独或联合组队参赛，至少拿1项全国一、二等奖，重点突破"互联网＋"大赛全省一等奖、全国二等奖以上奖项。"三率"就是教务处及各二级学院进一步抓好考研率、专升本率、优质就业率。今年本科生的考研率要确保30％以上、优质就业率45％以上。要围绕"双万计划""一大三率"目标任务的实施，研究制定奖励方案，突出重点，分级奖励。研究将入选国家"双万计划"、获"互联网＋"大赛全国二等奖以上列入职称晋升的破格条件。

二是科研上，以争取省以上科技进步奖为动力，抓省部级平台、课题和横向合作研发成果。基本任务是实现"2＋3＋5＋30"的目标，即2项省部级奖励、3个省级以上平台、5项发明专利、30项省部级以上课题。要围绕设施园艺和海洋化工，努力争取省科技进步二等奖的突破。机电学部争创科技部科技成果奖。加快与贵州大学合作建设农蔬区块链实验室，争创省重点实验室。推进山东省智能温室与环境防灾减灾重点实验室申报工作。乡村振兴与县域经济研究中心争创山东省重点人文社科基地；成立乡村振兴与区域经济发展研究会，力争成为国家二级学会。争取立项科技、社科类省部级以上竞争性课题项目30项以上，力争在国家自然科学基金和社科基金项目上实现新突破。要高度重视发明专利和横向合作研发成果，争创省青年创新团队。实行重大科研项目国内招标制、校企合作横向服务项目制，设立专项资金进行支持。做好济南大学（寿光）产业技术研究院入驻软件园工作，加强与济南大学在科学研究、学科建设、人才培养方面的深度合作，联合申报山东省创新发展基金重大项目。

三是学工上，以建设"班团一体化"山东省高校样板为动力，抓易班导师制、团队品牌、双创成果和新媒体影响力。要完善团委领导下的班长负责制，发挥好二级学院团总支作用,着力打造班团一体化学工亮点。启动活力团支部工程,组织团干部培训班,打造50个"活力团支部"和10个"红旗团支部"。争取举办全省团的工作现场会。要扎实推进"三大主题教育"和"六个一"活动,以社团实际效果进行考核。新媒体中心努力做大做强,打造大学生网络创新平台,为学生创业孵化创造条件,创出经验。学工要围绕人才培养这个中心开展工作,以"4030"读书计划为抓手,让校园安静下来,学生安静下来,营造读书学习的浓厚氛围。要持续深入推进体育俱乐部教学,创新体育锻炼项目和形式,充分利用学校体育场馆及相关设施,提高学生参与度,培养学生运动习惯,增强学生身体素质。

四是国际交流上,以做强中德合作项目为动力,抓好中德合作工科项目,今年实现招生。招收"一带一路"留学生达到200人。各二级学院要争取国际合作"3+1""2+2"本科项目和"3+2""4+1"研究生项目,积极引进外教,增加双语专业课程,通识学院外语教学和外语专业学生由外教承担的课时要占到1/5。

五是校园文化上,以传承农圣文化为特色的优秀传统文化教育为动力,在农圣文化与国学教育融合上做好文章。加强农圣文化研究和传承创新,要有一个主打的文艺节目,作为校内外演出的保留节目;要出版新的校园文化读本,对"一训三风"、学校精神、文化标识重新释义,与时俱进;要重新规划校史馆,以人才培养为主线,以专业为基础,丰富内容,展示成果;要创新设计学校网站和公众号;要制作高端学校宣传片;要在学术交流中心建成农圣文化展览馆。要充分认识到美育对人的发展的重要性,孔子说,"兴于诗,立于礼,成于乐",工会、团委、妇委会要在党委的统一领导下,积极组织师生开展各类文体活动。今学期开始,工会牵头,各二级学院每月组织一次集体过生日活动;团委牵头组织集体婚礼活动;软件园、校办企业举办年会活动。通过活动打开隔阂,增进沟通,增强师生凝聚力和主人翁意识,促进师生身心健康。

六是队伍建设上,以优化师德师风为动力,加强学科建设和学术共同体建设。今学期,大家一起学习了美国作家帕克·帕尔默的《教学勇气——漫步教师心灵》一书,希望大家从中找到建设学术共同体的理由、动力和指引。自身的认同与完整,不再分离的教学、教学的恐惧,以伟大事物为中心等,这些话语是帕尔默教育思想的主要元素,而教师教学上出问题,根源就在这里。当前我们之所以重视师德师风,其根源也在这里。此外,教育评价存在的问题,在帕尔默那里也都揭示出来了。循着《教学勇气——漫步教师心灵》的指引,我们要进一步增强学术共同体的理念,努力构建以学术为中心的师师、生生、师生共同体,以伟大事物为中心的共同体,以此增强自身认同与完整的自觉性,克服我们内心的恐惧,正视教育教学的悖论,实现不再分离的教学,推动理念转变和教学模式的根本性变革。

要将师德师风考核放在第一位。认真落实中组部、中宣部、教育部等七部门联合印发的《关于加强和改进新时代师德师风建设的意见》,查摆问题,补足短板,引导广大教师以德立身,以德立学,以德施教,争做"四有"好老师。要改进师德师风评价方式,把评价权交给同事、学生,重视自评和互评的价值。要加大师德考核奖惩力度,对师德问题零容忍,一般的问题引导纠正,突破底线的问题予以严惩。要坚持以本为本,实现"四个回归"。各学部要以平台建设、课题研究为抓手,加大高层次人才引进力度,各二级学院完成引进3~5人。全力推进学科建设,要深化课程改革,积极培育教学成果奖项目,如:园校一体合作育人,设施园艺与农圣文化融合育人;职业教育"多元融通"衔接育人等。8月份评选校级重点项目,整合全校资源打造、设立专项资金支持,力争省级一等奖以上教学成果奖,下决心突破这一轮教育部教学成果奖,要积极协调,内外结合形成合力。集中做好省部教学成果奖,事关"两项基本任务"的完成和学校持续健康发展。

### 三、坚持特色发展,全面打造办学亮点

"内涵发展,特色提升"是十年来治校的基本方略,要着力培育三大学科特色,创新两大育人模式,总结提炼归结为"3+2"特色。围绕乡村振兴和新旧动能转换,培育设施农业、海洋化工、智能制造三个学科特色。围绕应用型人才培养,打造"园校一体"为特色的产教融合育人模式、以农圣文化传承创新为特色的通识教育模式。

一要加强研究。各学部、二级学院要做好设施农业引领多学科交叉产教融合应用型人才培养研究、培养海洋精细化工应用型人才研究、基于农圣文化与乡村振兴实践的通识教育模式创新研究、"园校一体"产教融合协同创新育人模式改革研究。二要完善措施。学校资源要向特色创建倾斜,组建队伍,开展攻关。对参与"3+2"特色项目的教学、科研、社会服务的教职工,在评先树优、职称评聘、破格晋升等方面优先考虑。针对农学、化工类专业招生不热问题,专门制定招生宣传和激励办法,对参与学科大赛的老师、学生予以特别奖励。三要重点突破。加大学科带头人的挂职力度,加强内外合作,突破农学教学成果少、"双万计划"落实不够、专利少、社会服务能力弱等问题。围绕"园校一体"特色打造,软件园加大招商力度,提升产业创新水平和创收能力;入园企业优秀经理、文化科技商务人才聘为学生实践教师;引进大疆、易瓦特无人机项目,共建无人机培训学校;鼓励师生创业,新增学生创业企业20家以上;软件园争创山东省大学科技园、国家级电子商务示范基地。

### 四、加强综合管理,全面为学校中心工作做好保障

在党委领导下,进一步健全以章程为核心的规章制度体系,严格落实按制度办事、按规矩办事,实施民主管理、教授治学,完善二级学院办学的相关制度。加强财务预算监管,切实提高预算执行水平。院系、学生公寓、校园公共设施零星维修经费包干,落实公物损坏赔偿制度。严格执行招投标程序,严格落实物资采购程序,规范项目建设管理。落实处室、分院办学经费包干,增强二级学院在人、财、物方面的办学自主权。支持二级学院面向社会开展服务,进一步完善相关管理办法,定编制、定课时、定岗位、定项目、定

经费,提高二级学院创收能力,增强二级学院办学活力。全面加强内部审计,提高经济运行效益。

高度重视教育厅高校分类考核工作。各部门要按照分工,主动谋划,创造条件,改进工作,今年总评成绩保二争一。各部门、二级学院要有不拿第一就是混的觉悟和干劲,除有明显客观条件制约的项目外,各个考核项目都要拿第一。要加大分类考核工作奖惩力度,今年考核项目没有进入前三名的相关工作分管领导、责任处室负责人要做检讨,扣发当年岗位工资,取消评优资格。

按照破"五唯"的要求,认真总结职称评定的经验,改革职称评定办法,将省部级以上课题、发明专利及成果转化、横向服务的效益作为高级职称评定的重要条件;坚决落实参与地方经济社会发展横向合作项目作为职称晋升的前置条件;加大"3+2"学校特色创建成果在职称评定中的权重。要改革完善考核评价机制,改革完善绩效工资制度,落实好教职工分类管理和分层评价考核,对"干部、职员、教师""助教、讲师、副教授、教授"的不同职责全面考核,构建奖优机制,对同一序列履职好、成果突出的予以重奖,打破平均分配,拉开绩效工资档次,落实有副高以上职称的干部兼课制度,不在教学一线的副高以上职称教职工,全部纳入实践教师系列进行考核。

落实好教代会三大议案,提升服务育人水平。深化智慧校园建设,全面推进教育教学、服务管理的供给侧改革,智慧校园系统实现数据融合、"一网通办"。按时推进对专家公寓地下车库的改造,实现地下车库联通。进一步优化面向师生的后勤服务提升半小时办结制的质量。餐厅全面推行"6S"管理,落实学生参与膳食管理各环节,确保饮食安全,提升学生满意度。对图书馆二楼大厅重新装修,改善图书馆阅览环境。

软件园积极调整产业发展方向。加大软件信息、大数据、互联网、文化创意等"四新"企业招引力度,产值和交易额达到13亿元,税收力争达2000万元。飞翔集团提高规模效益,实现产值超过20亿元,税收超过5000万元。各校办企业要积极提质增效,提高创收能力,确保完成年度经济指标。各培训机构要依法依规经营,进一步拓展业务,提升服务地方发展能力。

要筑牢安全底线,全面抓好疫情常态化防控。安全稳定是一切工作的底线和基础。全体师生要自觉增强安全意识,加强自我防护,确保自身健康安全。各部门要强化安全责任落实,做好自查自纠,督查问题要及时整改到位,提早谋划,坚决消除各类安全隐患。今年春节以来,降雨量较往年明显增多,要切实做好防汛准备,加强防溺水教育,确保不出问题。要切实抓好意识形态阵地建设,深入开展意识形态教育警示月活动,做好意识形态风险点自查自纠,加强校园网、新媒体账号及学生社团管理,加大网络舆情监控力度,严格落实"一会一报"制度,加强反恐防暴、招生就业等重点领域风险分析研判,防范宗教渗透,严防邪教入侵。要落实"属地管理,分级负责"要求,全面排查梳理苗头隐患,及时解决问题,有效化解矛盾,全力做好全国"两会"期间安保维稳工作,维护校园安全稳定。

当前,疫情防控取得重大战略成果,但必须充分认识疫情防控的严峻复杂形势。高校是疫情防控的重中之重,要克服麻痹思想、厌战情绪、侥幸心理、松劲心态,坚决杜绝个别部位防控值班搞形式、走过场的情况。要按照省教育厅及各级政府部门的部署,研究制定疫情常态化防控工作方案,持续抓好常态化防控措施落实,继续加强校门、楼宇两级防控,督促软件园企业严格落实防控要求,坚守"外防输入、内防反弹"的底线,确保打好疫情防控"持久战"。要精准摸排师生健康状况,精准掌握学生返校方式,分批错峰错时开学。要严把复学返校关口,严格按照预案程序和标准。各部门要落实好主体责任,层层压实责任,完善应急预案,搞好应急演练,做好物资保障。全面加强餐厅、教室、宿舍、图书馆及活动场所管理,坚决落实好疫情常态化防控措施,做好其他传染病的防控。充分发挥辅导员、易班导师、任课教师、心理咨询师作用,加强对学生的心理健康教育,对重点学生要开展"一对一"心理评估和辅导,要加强与家长的沟通交流,发挥家校共育作用,构建全员参与、多方联动的心理健康教育工作机制,确保学生生命安全和身心健康。要强化督导,建立干部、教职工、学生组成的督查队伍,及时解决防疫工作不重视、措施不到位、环节不严密等问题。

(根据笔者2020年5月20日"立德树人,目标导向,进一步提升特色发展水平——在2019—2020学年第二学期工作会议上的讲话"整理)

# 迎评促建　优化结构
# 开创应用型特色名校建设新局面

**编者按**："十三五"收官之年,学校深化内部治理结构改革,提升治理体系现代化水平,做实学部、做优本科、做活学院,全面推进内涵发展、特色提升、校地共生,力争高质量教科研成果实现突破,进一步提高学校综合实力和社会服务能力,以优异成绩迎接教育部本科教学审核评估,为"十四五"开好局,为申办硕士授予单位奠定坚实基础。

"十三五"收官之年,我们迎来建校 20 周年,走过内涵发展的十年。"十四五"开局之年,我们全力迎接教育部审核评估,积极推进申办硕士授予单位工作。我想本学年,学校工作总的思考是:以习近平新时代中国特色社会主义思想为指导,发扬"奋力攀登、勇争一流"的精神,锚定应用型特色名校建设目标,对标审核评估和申硕要求,改革创新,迎评促建,落实"以生为本,适合的教育"理念,深化内部治理结构改革,提升治理体系现代化水平,做实学部、做优本科、做活分院,全力加强学科专业建设,着力提升思政教育实效、学科专业特色、人才培养质量、应用科研能力、内部治理水平,全面推进内涵发展、特色提升、校地共生,力争高质量教学成果教科研成果突破,进一步提高学校综合实力和社会服务能力,为"十三五"收好官,为"十四五"开好局,努力建设师生幸福、家长满意、社会尊重的大学。

## 一、坚持党建引领,提升思政教育实效

**切实加强基层党建工作**。按照党对教育工作全面领导的要求,坚持马克思主义在思想文化领域的指导地位,坚持社会主义办学方向,全面贯彻党的教育方针。在校党委领导下,不断发挥部院处室党支部政治核心、政治保证作用,规范化建设校园文化,进一步加强思想政治工作。坚持以党建带队伍、聚心力、树正气,自觉讲政治、顾大局,增强"四个意识",坚定"四个自信",做到"两个维护"。

**深化"三全育人"改革**。立足学生个性发展,完善"适合的教育",围绕学生中心促进全面发展,优化课程课堂,丰富实践内容,营造浓厚氛围,改善方式方法,完善机制保障,努力构筑"三全育人""十大育人体系"的长效机制。落实立德树人根本任务,深化党群联动协调、班团一体化建设、易班导师育人、项目清单落实、点评问效激励"五制联动",实施

"铸魂育人工程"，持续开展好"理想信念、家国情怀、励志奋进"三大主题教育，落实"4030"读书计划和"六个一"实践育人活动。进一步加强思政课程和课程思政建设，全体教师深入挖掘各门课程的思政元素，扎实推进全员育人，将社会主义核心价值观教育、以农圣文化为特色的优秀传统文化教育全方位贯穿、深层次融入人才培养全过程，引导学生爱党爱国爱社会主义。加强思政课教师、辅导员和导师队伍建设，进一步提升思政工作队伍的理论素养和业务水平。深入推广程春艳、郭爽、黄登翠老师思政教学法和辅导员工作法，不断丰富思政教育时代内容，创新思政教育形式，提高思政教育实效，及时总结典型做法，争创省级以上思政教育成果，打造具有潍科特色的思政教育品牌。

**确保意识形态领域安全**。进一步加强宣传思想阵地建设，推动校内主流媒体强劲发展，力争实现新闻信息全方位覆盖、全天候延伸、多领域拓展，推进党的声音、社会正能量在各类终端更广泛、更深入传播，占领新的舆论场。校园传播平台要坚持一体化发展，把马克思主义主流意识形态融入"两微一端"，切实加强网络安全教育和舆情管控，弘扬主旋律，培育积极健康的网络生态，打造立德树人的绿色环境。严格落实意识形态责任制，制定意识形态工作责任清单，做好意识形态领域风险点排查整改，落实考核评价、责任追究制度，实现意识形态责任落实闭环管理。加强意识形态工作队伍建设，落实信息员制度、"三包靠＋"制度，加强全体师生以及退休干部职工思想引导，加强对重点人员的教育管理，帮助师生解决实际困难，传播正能量。落实好"一会一报"和"一事一报"制度，加强抵御和防范宗教渗透工作，建立完善舆情应对工作机制，确保学校意识形态领域安全稳定。

**提升学工服务水平**。完善修远课程体系，开好修远大讲堂，打造"第二课堂"活动品牌。大学生事务部打造流程最简、效能最优、服务最好的学生服务品牌。深化社团改革，不断推进社团规范化、特色化、品牌化发展。积极参与团省委"青鸟计划"，建立一批定向社会实践基地，培育一批潍科特色社会实践品牌项目。推进志愿服务向社区延伸，提升专业社团服务社区能力。加强学生自治队伍建设，鼓励优秀学生参与学校管理，组织好各类学生先进集体、个人表彰。进一步加强心理健康教育，完善心理咨询服务体系，开展形式多样的心理健康教育活动，促进学生健康成长。规范资助资金管理，创新资助模式，做好困难学生的精准帮扶工作。节假日图书馆、实验室全天向学生开放，落实情况纳入考评。持续开展好"校长接待日""职能处室面对面"活动，倾听学生声音，服务学生需求，提高学生获得感、满意度。

## 二、做实学部，推进学科建设

**强化学部的协调功能**。我校学部制改革与通识学院建设被评为教育厅高等教育十大改革案例，得到厅领导和高等教育专家的肯定和赞扬。按照促进学科集成、优化专业布局、加强资源整合、构筑学科高峰的原则，调整设置五个学部，各学部统一设置教学与教师发展中心、科研与社会服务中心、党政办公室。充分发挥学部统筹规划与整合协调职能，将全部资源向人才培养集聚，所有实验室向学生开放。将学生的科研参与度纳入学部考核。各学部要认真做好"十四五"发展规划，聚焦核心目标，整合优势资源，加强重点建设，着力优化教师队伍结构，打造高水平教学科研团队，提升学科专业特色，加强深化，加大措施，力争在"双万计划"、"双高计划"、省部级教学成果奖、科研成果奖方面实现突破，提升育人质量与服务地方经济社会发展能力。

**发挥学科建设的龙头作用**。本科高校发展的龙头在学科建设，学科建设的抓手在科学研究，科学研究的关键在团队建设。各学部要加强顶层设计，推进资源调度整合，对师资队伍、科研平台、研究团队、产科教融合基地等进行一体化统筹、前瞻性建设，切实解决重专业、轻学科，重分块式管理、轻整合式发展的现象。要凝练学科特色、发展重点，进一步缩减专科专业，科学合理增设本科专业，推进专业集群建设，实现学科协同发展。农学与环境学部、机电信息学部要探索加强学科群建设。要面向地方产业、社会需求开展学科专业建设，推进产教、科教融合，提升社会服务能力。

**加强高层次人才引进**。加强学科专业建设的关键是人才。每个学部要引进1~3名学科拔尖人才，本学年全校至少引进10名学科带头人，重点引进设施农业、海洋化工、智能制造三大特色学科方面的高水平人才和团队，力争引进农学方面的国家级人才。鼓励教职工在职攻读博士学位，规范管理、稳定提升高层次教师队伍。杨专志同志牵头，人事处为主，督评、教务、研管办参与研究，将高层次人才引进纳入学部及二级学院考核的方案，着力提升博士教师比例。

**打造特色学科亮点**。按照建设新工科、新农科要求，坚持学生中心、成果导向、持续改进策略，围绕服务新旧动能转换、乡村振兴战略，推动人、财、物等资源向设施农业、海洋化工、智能制造三大优势特色学科集中，优化师资队伍，创建高水平科研平台，打造学科亮点、专业高峰。围绕山东八大战略布局和地方产业需求，进一步扩大优势特色学科创建范围，组织2019年度学校一流学科建设情况评估，评选2020年度校级重点学科。

**力争教科研成果突破**。教学方面，要充分发挥学部协调作用，集中优势资源，邀请专家指导，积极向上对接，确保新增"双万计划"项目数量全省同类高校第一。做好设施农业引领多学科交叉应用型人才培养实践；产教融合培养海洋精细化工应用型人才探索；基于农圣文化与乡村振兴实践的通识教育模式创新；"园校一体"产教融合协同创新育人模式改革，打造应用型人才培养亮点。着力打造省级教学成果特等奖，为冲击国家级教学成果奖积蓄力量。研究启动"双高计划"建设，找准着力点，为学校长远发展提前布局谋篇。科研方面，农学与环境学部力争本学年实现省科技进步奖的突破，机电信息学部争创省部级科技成果奖，经济管理学部力争"寿光模式"研究成果在国家主流媒体宣传推介。以三大特色学科为重点，集中全校优势资源，进一步凝练方向，积极培育省级以上科技进步奖的新增长点。加强校内合作与校外联合，争取省级以上重大科技项目立项实现突破。

### 三、做优本科，提高人才培养质量

**注重优化本科教学**。按照专业类别、层次重组二级学院，探索本科与专科教学适度分离，推动学校优势资源向本科教学倾斜。修订完善人才培养方案，深化本科教学改革，做优教学项目，打造本科教育特色品牌。各学部要聚焦"四新"专业建设，加大"双万"计划实施力度，新增5～8个省一流专业、6～10门省一流课程，首批8个省一流本科专业通过国家二级专业认证。高度重视、认真研究努力做好。本科生大一不分专业，集中推进通识教育的改革，不断规范本科教学，严格教学管理，严控教学质量，严把考试和出口关，建立完善本科教学全流程监控—反馈—调整—提高机制。提高本科生主持或参与教师科研项目数量和质量，引导学生求真学问、练真本领、出好成果。进一步提高本科生优质升学比例，提高学生考研品牌影响力。年内完成所有二级学院校内评估，扎实做好整改提升，确保明年顺利通过教育部审核评估。

**深化教育教学改革**。明确课程归属，以课程负责人为主体，制定完成全部课程标准，构建通识教育课、专业核心课、创新创业课三位一体的优质课程体系。持续推进课堂教学改革，加大在线课程及教学平台建设，项目化、案例式教学实现率达到100%，合作式、混合式教学比例大幅提升。加大实践教学力度，制定完善实习、实验、课程设计等实践环节质量评价标准。立项自编实践教材10部，争取立项省级规划教材。打造一批有深度、有难度、有挑战度的"金课"，培养评选一批校级教学名师，力争省本科教学改革项目立项实现突破。

**加强创新创业工作**。推进与500强企业等共建专业、实训基地，深入开展"教授博士企业行""工匠进校园"活动。切实提升产教融合实训基地建设质量和水平，为应用型人才培养提供全方位保障。将创新创业能力和成效作为人才培养质量的重要标准，加大对创新创业学生的规划、指导、支持力度。双创学院、团委统筹规划好综合类和创新创业大赛，李广伟同志牵头、组织协调，力争在挑战杯、"互联网＋"创新创业大赛在今年基础上实现国家银奖以上新突破。教务处、各学部、分院负责专业性技能比赛，争取国家一等奖10项、省级一等奖80项，纳入学部及分院考核。创客中心积极推进5G、人工智能、大数据、区块链等新兴技术项目落户，建设潍坊市人工智能体验中心，每年完成全市中小学人工智能体验轮训4万人以上。承办2020年山东省学生创客大赛，争取承办山东省创新创业教育师资专项培训，软件园新增20个大学生创业项目。做好市场需求调研、毕业生就业质量跟踪调查，有针对性地改进提升就业指导工作，举办好不同类别、层次、形式的就业招聘会，不断提高毕业生优质就业率。

**深入推进国际合作**。全面做好中德合作市场营销项目，迎接教育部国际司评估。做好3个本科学术互认项目的运行管理，做好与荷兰高校开展的农学合作项目，与日本高校开展的医养结合项目。各二级学院积极做好"3＋1""2＋2"本科教育国际合作项目或

"3＋2""4＋1"研究生培养合作项目,确保完成 1 个以上项目,纳入院系考评。加强与俄罗斯等独联体国家高校联合办学,拓展国际学生生源基地。聘请 3 名优秀外籍教师,进一步扩大与海外高校联合培养博士规模。慈建华同志牵头,以国际交流合作处为主,成立出国留学辅导中心,打造雅思培训品牌。加大国际学生招生力度,不断提高生源质量,在校国际生达到 200 人以上。

## 四、做活分院,增强自主办学能力

**推动自主办学**。按照重心下移、目标考核、责权统一原则,完善校院分级管理体制,推动二级学院自主管理、自我约束、规范运行、加快发展。扩大二级学院办学自主权,发挥好二级学院在招生工作、教育教学、管理服务、创业就业等方面的主体作用。扩大二级学院财务管理自主权,实现责权利相统一。落实好二级学院党政联席会议制度,加强纵向贯通、横向协调,实现规范管理,为学校的安全稳定、有序和谐奠定坚实基础。

**加强制度管理**。各二级学院要适应新形势,把握新要求,尽快建立完善各项规章制度,确保学院各项工作有章可循、有规可依,推进学院管理的制度化、规范化、科学化。作为实施人才培养、科学研究和社会服务的"前哨",各二级学院要切实履行管理责任,体现新担当,展现新作为。注重教师岗位管理,让"户口不动、工作变动"成为常态。加强教师评价体系建设,回归师道尊严、教育本真,创建自由、自律、自尊的教学共同体。一要严抓教学管理,深入落实学校《新时代课堂教学基本要求十二条》,完善教学质量监控,加强教学质量反馈整改,构建主体评价办法,慎重运用学生评教结果,促进教学相长,不断提高教学水平。二要严格学生管理,逐步清退"混学""怠学"学生,引导学生求真学问、练真本领。三要严管厚爱结合,坚持"以学生为中心",优化常规管理,尊重学生个性,提高学生自主发展、自我服务能力,落实"严父慈母,严管细导",促进学生自主、健康、全面发展。

**抓好工作落实**。修订完善二级学院考核评价方案,促进各二级学院落实学校目标管理体系和各二级学院重点工作,争先创优。各职能处室要加强协调,优化服务,及时督导,科学考评,建立健全校院两级互动协调、充满活力的管理运行机制,确保学校各项工作任务落到实处。

## 五、加强应用科研,提升社会服务能力

**推进科研平台提升**。确保三个省级科研创新平台通过验收。完成农蔬区块链实验室一期建设,创建潍坊市重点实验室,争取 3～5 年内建成山东省重点工程实验室,积极参与山东省区块链产业联盟创建,争取联合建立环渤海湾设施蔬菜创新实验室。农学与环境学部积极推进与中国农科院、全国蔬菜质量标准中心、华盛农业公司等的合作,成立寿光蔬菜医学院、蔬菜产业标准化学院,新增 1 个省共建重点实验室,筹建李文保教授实验室。建筑与艺术学部创造条件,争取三年之内将设施农业结构与环境防灾减灾实验室

争创省重点实验室。机电信息学部深化新型材料实验室建设,创建 1～2 个市级工程技术中心,申报 1 个省级工程技术中心。经济管理学部加强特色智库建设,乡村振兴与县域经济研究中心争创山东省重点人文社科基地。

**提高应用科研质量**。农蔬区块链实验室加强与公共大数据国家重点实验室、浪潮等合作,力争在科研攻关、技术交流、成果转化方面取得突破;农学、机电等学部,环球、潍科等企业积极参与农蔬区块链实验室建设,加快推进相关项目研发;编写区块链技术培训教材,纳入选修课程体系。加强与济南大学(寿光)产业技术研究院合作,联合申报山东省创新发展基金重大项目。设施园艺研究院争取申报蔬菜品种权 3～5 项,登记 5～7 项,立项制定蔬菜质量地方标准 2～3 项。蓝工院争取立项国家自然科学基金项目 1 项,申报发明专利授权 5 项。加强农圣文化、寿光模式、多元融通制职业教育模式、通识教育等特色项目研究,立项人文社科类省部级以上课题 15 项以上。学校纵向科研经费比例提高 5 个百分点,权威期刊公开发表核心学术论文和 A、B 类出版物增长 15％以上。办好"寿光模式"与新时代乡村振兴研讨会和第十一届中华农圣文化国际研讨会,以高质量研究成果、高水平研究团队提高学校在相关领域的影响力。

**加强横向合作研发**。发挥学校学科专业、人才、信息和文化优势,落实相关实施方案,加强跟踪考核评价,推动学部对接产业、分院对接企业、教师对接项目,全体教职工积极走出去,服务地方经济社会发展。实行重大科研项目国内招标制、校企合作横向服务项目制,设立专项资金,鼓励支持科研人员走出去,加强与地方企事业单位开展合作研究、协同创新。加强横向科研的实效评价,评价不合格或不参与评价的横向项目不能参与职称评审。科技处、社科处牵头,争创 2 个省级科研创新团队。根据申硕基本要求,加大考核评比力度,确保各院系处室师均年科研经费不低于 4 万元。环境检测中心加强与潍坊市生态环境局寿光分局合作,完成营业收入 600 万元以上。

## 六、完善内部治理,提升综合管理水平

**强化目标管理**。各部门按照学校目标管理体系责任分工,"快干、实干、拼命干,创业、创新、创一流",确保高质量完成学年和年度工作目标任务;职能部门加强考核,落实奖惩。强化创新意识,各院系部门、全体教职工要发扬"奋力攀登,勇争一流"的精神,在各自领域争先创优。强化作风建设,各级干部要切实增强担当精神和服务意识,以身作则,提高管理执行力。促进整体优化,后勤服务部门、工青妇等群团组织,要围绕学校中心工作,切实发挥职能,促进学校安全、和谐、稳定。加强校级干部日常值班、督导团责任落实,学期末对责任落实、问题整改情况进行评比考核。狠抓重点任务落实,将本科高校分类考核作为校长主抓项目,明确目标,细化分工,压实责任,落实奖惩。近期组织一次摸底评价,强优势,补短板,力争今年分类考核总成绩全省同类高校保二争一,分项第一数量较去年有较大提升。研究制定学校"十四五"发展规划编制工作方案,组建若干规划

编制工作小组，全员参与，集思广益，高质量研制学校"十四五"规划。

**打造高效后勤**。后勤服务管理既要高效率，又要高效益。重新规划、建好校史馆、农圣文化展馆，做好天元餐厅室外造型改造、学术交流中心大厅天棚安装、学生公寓维修。加强学校"城市公园"建设，强化人文科技元素，加强校园景观、建筑文化设计、文化纪念品开发，提升品质品位。餐厅全面推行"6S"管理，争取再创一个省高校示范餐厅。做好机构设置调整后的预算管理，切实提高预算制定和执行水平。全面加强学校内部各类审计，防范经济风险，提高经济运行效益。高水平承办好全国新建本科院校联席会暨第二十次工作研讨会、山东省高教管理科学研究会高校发展规划工作委员会 2020 年会，展示潍科形象，彰显潍科风采。

**产业提质增效**。校办企业加强自主管理，规范经营，确保安全生产，实现资产保值增值。企管处、飞翔集团加强监管，确保各类企业、培训机构完成年度利润目标。飞翔集团实现产值超过 20 亿元，税收超过 5000 万元。环球软件尽快在科创板上市，力争全年销售收入突破 1 亿元。推进潍科软件在新三板上市。组建潍坊飞翔汽车租赁公司。做大做强"学府蔬菜"。潍科影视争取第一部网络大电影年内上映。软件园在智能制造、软件研发、文化创意产业企业引进及横向合作共建研发中心等方面创造新业绩。

**凝聚发展合力**。在校党委领导下，工青妇、民主党派组织、学生会、各学术组织，要围绕立德树人、特色发展贡献才智，举办好各个层次的会议和联谊活动，加强对特困教职工的救助，对教职工的困难提供力所能及的帮助。各部门对师生员工的合理诉求要认真回应，对工作中出现的缺点错误要接受批评、坚决改正，对无理取闹、损害大局的不正之风予以回击。

**营造良好环境**。要严守安全稳定底线，严格按照 2020 年"安全生产月""安全生产万里行"活动方案和三年行动计划要求，落实好各项制度规范、安全措施，全面排查安全隐患，及时整改到位，确保教育教学、实习实训、企业生产等各方面的安全。要严守廉政底线，切实发挥好纪委监察室等职能处室作用，加强廉政教育，按制度和程序办事，确保廉洁从教，营造风清气正、干事创业的发展环境。要严守疫情防控底线，站在讲政治的高度，坚决克服麻痹思想、厌战情绪、侥幸心理、松劲心态，扎实做好常态化疫情防控，统筹推进疫情防控和业务开展，完善工作方案，落实好防控措施，储备好相关物资，确保不出任何问题。

（根据笔者 2020 年 9 月 8 日"迎评促建，优化结构，开创应用型特色名校建设新局面——在 2020—2021 学年工作会议上的讲话"整理）

# 瞄准目标　创新发展
# 开启应用型特色名校建设新征程

**编者按：**迈步"十四五"，瞄准新目标。学校以习近平新时代中国特色社会主义思想为指导，瞄准工作目标，狠抓任务落实，推动创新发展，努力实现突破，全面推进学校高质量发展，提高社会服务能力，开启应用型特色名校建设新征程。

2020年山东省启动评选省支持应用型高校建设，第一批评选15～20所高校，这是一个标志性的重大竞争项目。根据我校连续两年在山东省高校分类评价中位列同类高校第二名的成绩，我校有望跻身首批支持校。"十年磨一剑，试锋在今朝。"从2011年春我校提出应用型高校建设目标定位到今天已有整整十年。十年间，我们共同奋斗完成了规模扩张向内涵发展的转型，突破教育部合格评估和硕士单位授予立项建设单位重大关节点，各项办学指标直线上升，社会声誉显著提高，根据第三方评价机构发布的信息，我校已跻身全国同类学校名校，在全省同类学校中名列前茅。迈步"十四五"、瞄准新目标，要大力弘扬"创业敬业、求是求新"的精神，咬定应用型特色名校建设不放松，围绕审核评估和申办硕士点两大任务，创新发展、不断跃升，全面开启应用型特色名校建设新征程。新的学期，新的一年，我想强调以下五个方面的工作。

## 一、强化目标管理，争创应用型特色名校建设新成果

应用型特色名校建设是我们既定的总目标，要始终坚持，持续推进。具体来讲，就是要培养社会满意的应用型人才，培育在全国产生影响的成果，创造可供借鉴的办学经验，通过应用型特色名校建设，实现在全省高校有位次，在全国高校有影响力。

今年学校确定了25项工作要点、33项具体目标，可以说，"2533"就是我校今年的工作安排、目标任务。特别是33项国家级、省部级项目，各分管领导牵头协调相关处室尽快逐项研究制定实施方案，要做好任务分解，明确进度；要责任到人，组建团队，合力攻坚；要找出问题，制定措施，补齐短板；要及早行动，加强对接，争取外部资源支持，确保各项目标顺利推进，以优异成绩如期完成各项目标任务。国家级项目突破是学校可持续发展的大事，"唯此唯大"，能否突破事关大局，申硕条件是基本的门槛，即使博士教师占比超过25％，申硕依然渺茫，因为我们的国家级平台、教学科研成果没有突破。为此，一是

加强校级项目成果培育。对我校发展来讲,省部级、国家级教学科研成果非常重要,但校级项目成果是基础,要早谋划,快培育,厚积薄发,水到渠成。二是确保省部级项目实现突破,包括省部级科研平台,自然科学、社会科学课题,省级科技进步奖等,重点是山东省本科高校分类考核名次要保二争一,山东省应用型本科高校建设项目如期完成,本科招生录取分数确保全省同类高校第一,大众网等第三方评价确保全省同类高校第一。三是争取实现国家级目标的突破。这是我校与省内同类优秀院校的最大差距所在,包括尽早谋划国家级教学成果,着力争创国家级一流专业、一流课程,确保实现"挑战杯""互联网+"创新创业大赛金奖、银奖的突破等等。学校将加强调度,定期督导,确保目标落实有序推进,取得实效。年前寿光市委召开会议,对各项工作未进入潍坊市前三名的,从分管领导到责任部门都要做检讨。我们要借鉴这些做法,加强目标落实考核评价,加大奖惩力度。各处室、学部、学院要根据教代会确定的学校"十四五"目标任务,研究制定本部门"十四五"规划,根据学校 2021 年工作要点和目标管理体系制定好本部门的工作计划,规划处要加强谋划,党政办促进落实。

## 二、强化常规管理,全面优化提升办学水平

**以迎接审核评估为主线,狠抓规范化建设。** 把 2021 年定为审核评估年,以迎评为抓手提高办学规范化水平。评估标准就是规范,刘相法同志要加强协调,评建办发挥好牵头作用,规划处发挥好参谋作用,教务处发挥好中心作用,各处室院系各负其责,共同努力,完成二次"国考"这一事关学校发展的重大任务。一是成立专班,理清职责,集中力量迎评;二是挂图作战,列出问题清单,扬长补短;三是以评促建,促进治理水平提升。要抓好教学规范,也就是教学常规落实和教学研究,从优化人才培养方案入手,必须做到人才培养方案制定有行业专业人才参与。要关注课堂,重视学习,扎实搞好达标课、优质课、示范课,规范教学各个环节的管理,浓厚教学研究氛围,培育评选课堂教学改革先进个人、先进院系。要落实毕业论文双导师制,学生毕业论文设计指导要有行业企业人员参与。四是要抓好各项办学规范,聘请校外专家指导,列出问题清单,制定达标时间,切实解决拖后腿的问题。要全校动员,全员参与,各部门立足本职,人人有责,为审核评估做贡献。

**以三大主题教育为主线,优化学生工作体系。** 围绕立德树人根本任务和各级党委关于加强思想政治工作的要求,以庆祝建党 100 周年为契机,加强党史学习,深入开展"理想信念、家国情怀、励志奋进"三大主题教育,将学生管理队伍、辅导员、易班导师、"三包靠+"、心理健康教育有机融合、相互配合,坚持问题导向,精准做好学生的思想政治工作。要健全考核机制,评选优秀辅导员、易班导师,及时推介经验,树立先进典型表彰奖励。要充分挖掘校友资源,编辑出版校友故事第二辑。学工处牵头,各院系参与,将"六个一"活动项目化,促进学生人人参与,加强考核,计入学分,"五四"青年节评选表彰"六

个一"活动先进集体、先进个人。要充分挖掘社会资源,请专家劳模作报告。李广伟同志牵头,搞好文明教室、文明宿舍、文明餐厅评选,让"三面红旗"真正飘扬流动起来。引导大学生文明素质、正确三观的形成。各分院要建立与家长沟通机制,建立微信群,及时宣传学校工作亮点,弘扬正能量,及时通报学生在校取得的成绩,让家长放心满意。进一步提升学生公寓社区化管理水平,转变思想观念,巩固改革成果,不能半途而废,要不断改进完善。要发挥好学生会的自治作用,思想政治教育要延伸到公寓社区,确保实效。加强社团管理,引领社团健康发展,真正成为学生发展特长、健康成长的平台。五四青年节以分院为单位搞好社团风采展示,评选优秀社团。

**以教学科研为中心,全面提升服务育人水平。**立德树人是学校根本任务,教学科研是学校中心工作。学校所有处室、各项管理、所有人员、一切工作都要围绕这个中心开展,最终是以服务学生健康成长为着力点。要提高预算编制的科学性,增强预算执行的刚性,严格落实切勿随意。要严格固定资产管理,运用智慧校园平台,搞好资产大清查,依章依规管好用好学校资产。寇兴亭同志牵头,以总务处为主,有关单位参与,扎实搞好"三节"(节约用水、用电、能源)活动,对浪费现象予以曝光追责。进一步规范会议管理,做好会议审批、备案、预告,着力压减会议数量规模,提高会议质量效率;教学及各类业务会议尽量安排在周三下午召开,督评室、教务处抓好落实情况督查。要加强对工程项目、维修服务、物资采购质量、招投标程序的监督管理,吸收专业人士成立监督工作小组。膳食处要把膳食安全放在首位,加强班组管理,搞好成本核算,进一步提高教职工午餐质量,学校对教职工午餐进行补贴,确保上午第四节上课的教师,值班督导人员吃好午饭。加强软件园管理,对入园企业全面规范,做好排查清理,落实入园退园政策,清除安全隐患;要尽快与开发区对接,招引层次高、影响大的电商项目。规范校办企业管理,飞翔集团要履职尽责,加强新上项目大额资金流转的管理,确保企业资金安全、生产安全。学府东郡项目要强化管理,精打细算,降低成本,提高效益。各培训机构要加强与机关企事业单位对接,提高培训质量,扩大业务范围。做好智慧校园建设,更好地服务教学科研和学工管理。全面实施网上办公,研究重大事项做到事前讨论、形成意见、网上流转。各学部加强实验室安全管理,提高实验室使用效率,实行网上预约,向参加大赛、参与课题研究以及本科生开放。丰富图书馆馆藏,提高生均图书数量,达到本科生2万人标准。在党委领导下,认真做好教代会议案建议落实,工青妇组织发挥好职能作用。落实好上级有关要求,将新冠疫情防控和传染病防治各项措施落实到位,确保师生身体健康。

### 三、强化改革创新,不断开创高质量发展新局面

高质量发展是新时代主题,改革开放是新时代的重要特征,要以高度的责任感、使命感、紧迫感,着力寻找改革创新的突破口,不断推动各项工作开创新局面。

**在做实学部上。**学部制改革已进行了半年,可以说刚刚起步,许多工作还不到位。

按照做实学部的要求，理顺关系，提高效率，负起责任，整体优化。学部设立专项经费纳入预算，保障职能作用发挥，努力在教学与队伍建设、科研与社会服务、科研平台建设、高层次人才引进、现代产业学院建设上有所作为，寻求突破。张友祥同志牵头，研究制定学部工作规范，学术委员会办公室要加强学部的协调。各学部要发挥好学部学术委员会的作用，全面落实教授治学。

**在做活分院上**。要进一步夯实二级学院办学主体地位，强化专业教学、日常管理、安全稳定、制度落实等责任。二级学院院长要肩负校长的某些责任，千条线万条线总要归于二级学院，可以说吃喝拉撒睡、生老病死退都要管，等靠没有出路，从发展规划到工作落实都要管起来。当然，人才培养是核心，重点是教学管理和学生工作。要落实经费包干，扩大二级学院在用人、招生、项目、创收、奖惩等办学自主权，进一步增强分院活力。

**在做优本科上**。要按照学校"十四五"两个75%的目标要求，压缩专科，扩招本科，今年实现本科与专科招生平衡。集中优势资源向本科教学倾斜。要加强通识教育研究，吸纳先进理念，开阔教育视野，克服轻视通识教育的思想。纠正办通识学院没有必要甚至认为影响专业教学的错误认识。坚持大一不分专业，融合资源集中强化通识教育，为本科生未来的专业学习和健康发展奠定良好的素质基础。进一步优化人才培养方案，认真总结经验，防止走偏，防止过早开展专业教学。通过竞聘高层次人才担任本科分院的院长。鼓励高学历、高职称（博士学位）优秀教师给本科生上课。提高本科生参与科研项目的比例。为本科生宿舍安装空调，改善居住环境，给本科生假期留校学习创造条件。满足本科生选修课需求。加强对本科生毕业设计的指导，建立并落实本科生毕业论文抽检制度，评选优秀毕业论文。根据本科生教学的需求，规划建设两个公共教学楼，打造高雅、安静、舒适的教学环境，由教务处统一协调排课，提高智慧化水平，实施物业化管理，给本科生晚上、双休日、节假日自修创造条件。推进公共英语教室的规范建设，满足学生成长需求。李成祥同志牵头基建、教务、总务研究建设标准，及早施工、搞好配置、暑假启用。

**建设三大产业学院**。农学与环境学部负责建好智慧蔬菜产业学院、海洋精细化工产业学院，加强与寿光蔬菜产业集团合作办学，与默锐集团共建科研平台；机电与信息学部整合办学资源，依托地方产业，与汇邦机器人共建智能制造学院。教务处加强协调，学部负责，人事处、财务处配合，整合资源尽快办好。要以三大产业学院建设为突破口，推动校地共生、产教融合，提升社会服务能力。

**科研向智慧蔬菜倾斜**。只要我们抓住蔬菜，围绕一棵菜的前世、今生和未来做好文章，就能创出特色，保有优势。按照教代会通过的意见，70%的科研经费向设施农业、智慧蔬菜研究领域倾斜。李美芹同志发挥学校与标准中心职务双兼优势、协调资源，在蔬菜标准制定上出结果。成立蔬菜育种研究中心，以蔬菜种子研发为核心，推动良种产业化，打造学府蔬菜品牌，提升"玉玲珑"番茄单体品牌影响力。以智慧蔬菜研究带动环境土壤、水肥一体、建筑设计、新型材料、机械制造、物联网等各方面的提升与突破。教师在相关领域做出重要贡献的,在职称评定上优先考虑,可以破格晋升。

**重视毕业生留寿率**。围绕寿光产业实际调整设置五专、普通专科专业,为毕业生在寿光就业创业创造条件。招生就业处、各二级学院要高度重视,做好工作,确保毕业生"留寿率"达到30%以上,将留寿率作为专项列入院系综合考核。提高"留寿率",五专部贡献大。办好五专部,让寿光百姓孩子享受优质大学教育资源,是我们的良心也是责任。创业带就业,软件园要创造条件,今年支持至少50家学生创业公司入园。各二级学院通过校企合作提高毕业生优质就业率,总体上达到45%以上。

**为学生深造提供优质服务**。自考、专升本、考研是学生深造的三大途径,考研、专升本已成为学校人才培养的重要品牌,对招生、社会声誉和学校高质量发展产生了重要影响。考研工作时刻抓在手上,一刻也不能放松。针对社会上专升本辅导的乱象,乱拉生源乱许诺对院系的冲击以及导致的不稳定,学校尽快成立专门的辅导机构,为学生迎考深造提供良好的辅导服务,面向社会市场化运作,打造专升本和考研品牌,努力做成鲁中地区专升本和考研的知名辅导中心。将该项工作列入社会服务项目进行考核,有关同志尤其干部要以学校大局为重,摒弃个人利益、院系局部利益,要与校外培训公司划清界限,各二级学院要围绕专升本,考研工作做好配合,后勤各部门要跟上服务。

**拓展国际合作**。夯实与德国合作办学项目,好事必须办好,珍惜来之不易的合作项目,牢固树立以生为本的理念,发挥第三方中介机构的作用,确保相关专业具备条件的学生赴德学习顺利实现。外事无小事,依照法律和政策规范办理相关业务。着力开辟与俄罗斯等前苏联国家的合作项目,在联合办学、学生交流、来校留学等方面实现突破。加强留学生管理,不断提高生源质量。加强通识学院与国际教育中心合作,通过大一本科生与外国留学生联谊交流,增强学生外语学习能力和跨文化交流能力。

**落实分类分层考核**。学术委员会要加强对学部、高层次人才业绩和科研平台的分类考核评价。有关处室,加强对各类各层教学、科研、管理服务人员的考核。学部要抓好教师社会服务专项考核。各有关处室根据职责,进一步研究完善各项工作考核评价办法,重量化、重结果、重奖惩。

## 四、强化思想作风建设,营造良好的工作氛围

开启新征程,作风是保证。作风建设永远在路上,没有最好,只有更好。以干部作风带校风、教风、学风,营造讲政治、敢担当、争一流、守底线的工作氛围。

**提高政治站位**。习近平总书记提出要增强政治判断力、政治领悟力、政治执行力,全体干部教师都要切实增强"四个意识",坚定"四个自信",做到"两个维护",落实好各级党委的决策部署,恪守政治底线,确保意识形态安全,全面落实党的教育方针,确保学校沿着正确的方向前进。

**坚持问题导向**。"创业敬业、求是求新"精神是学校健康发展的不竭动力,今天我们

仍需要大力发扬这种精神。要按照奋力攀登、勇争一流的要求和精神状态全力投入工作，要聚焦问题、分析问题、解决问题，把问题当课题。全体干部教职工要坚决抵制、自觉克服搞小圈子的问题，不干工作、不担责任的现象，违反纪律、胡乱发声的问题，不顾师德、挑唆矛盾的问题。要借工作纪律作风大整顿、大改进、大提升的契机，深入开展好"三守一争"活动，各处室要自觉检查管理服务方面存在的问题；各学部要组织检查教风学风方面的问题；每名干部要检查讲政治、顾大局和责任担当方面存在的问题；每位同志要检视自我修养和学习方面的问题。以问题为导向，切实研究整改措施，立行立改，共同营造风清气正的育人环境。

**落实廉洁自律**。要守底线，懂规矩，知敬畏。在干部使用、职称晋升、工程项目、物资采购等环节严格按程序办理。要加强对校企合作、学生实习、社会服务项目、培训机构的监督审计，严肃查处体外循环、账外账、虚报成本的问题。要加强对校办企业的监管，落实责任制，对不尽责、不履职、问题突出的严肃追责，对校办企业另开门户、假公济私、偷税漏税等问题严肃处理。要正确对待、积极配合市纪委巡视，认真做好问题整改。

**勇于担当作为**。一切工作成绩都是干出来的，干部就是干字当头，干部不干就没有价值、没有地位、没有威信。干工作首先是靠精气神，要有昂扬向上、富有激情的良好状态；干工作就要真抓实干，以上率下，带头研究问题，带头攻坚克难；干工作就要立说立行，雷厉风行，一抓到底。有问题不研究解决，有困难就绕着走，一心想当太平官是不负责任的表现。要建立容错机制，将干事创业与谋取私利区分开来，将干事业的缺点不足和不担当作为引发的问题区别开来，不担当就是失责，失责就应该追责。工作要心无旁骛、专心致志，在岗一天，尽职一日，不问进退，不留遗憾。天地可鉴，明月可表，我们所做的工作经得起良心的叩问和历史的检验。

（根据笔者 2021 年 2 月 27 日"瞄准目标，创新发展　开启应用型特色名校建设新征程——在 2020—2021 学年第二学期工作会议上的讲话"整理）

# 不辜负老同志期望　推动学校健康快速发展

**编者按：** 重阳将至，饮水思源。潍坊科技学院取得的成绩，离不开全院干部教职工的齐心协力、共同努力，更离不开各位老干部、老教师、同志们的关心帮助。展望未来使命重大，责任光荣。我们将承继传统、开拓创新，不辜负老同志期望，推动学校在新的起跑线上，继往开来，谱写新篇。

"四时令节惟重九"，明天就是我国传统的节日重阳节了，也就是充满温馨的老人节，尊老敬贤是中华民族的优良传统。值此重阳佳节到来之际，今天我们欢聚一堂，共叙友情，共谋发展。各位老领导、老同志身体这么好，心情和精神这么愉快，我们感到由衷高兴。你们是学校大家庭的尊长，是学校的功勋，我们深深地感到没有你们，就没有学校辉煌的昨天和充满希望的今天！

刚刚过去的 2010—2011 学年度是很不平凡的一个学年。春节过后老领导崔效杰同志突然离开了我们，崔效杰同志的去世，对寿光教育对科技学院是很大的损失，我们不仅在感情上难以割舍，工作上也深感压力巨大。十多年来，崔效杰老书记带领大家克服重重困难，励精图治，开拓创新，学校由小变大，由中专到专科，由专科升为本科。他"创业敬业、求是求新"的精神，已成为学校一面永不褪色的旗帜；他只争朝夕、拼搏进取的作风，已成为我们一种勇往直前的自勉；他团结协作、清正廉洁的干事作风，已成为我们一本干事创业的宝典；他教书育人、为人师表的襟怀，已成为我们一份至高无上的情感。我们非常明确地认识到，纪念我们的老书记，就要继承他的遗愿，发展好学校的事业；要让所有老领导、老教师放心，就必须始终保持老书记的一股干劲、一种精神，把我校不断推向新的发展高度。

新学年开学后，我们在全校深入开展了向崔效杰同志学习的活动，继续坚持"以生为本，质量为魂，科学发展，引领社会"的办学理念，总结凝练了"敬业创业、求是求新"学校精神，确立了"建设高水平应用型特色大学，培养高素质应用型专门人才，为地方经济社会发展服务"的目标定位，创新实施了"内涵发展、特色提升、制度管理、和谐校园"的治校方略，通过"抓稳定促发展，抓内涵促提升，抓管理促教学，抓规划促建设"，学校各项工作稳步推进健康发展。

上一个学年特别是刚刚过去的上一个学期，全校上下齐心协力，各项工作稳步推进，不断开创学校工作新局面。取得的具有标志性成果有：一是招生实现新突破。今年完成各类全日制招生 9154 人，其中统招本科 1518 人，统招专科 3726 人，各类非统招 392 人，普通本科、专科报到率均列全省同类院校之首。二是专升本与就业成绩突出。专升本考取 993 人，录取率达 48％。占全省计划的 13.9％，再夺全省第一，这是我校连续 8 年夺得全省第一，就业率保持在 95％以上。三是大赛获奖创新高。计算机技能大赛再次夺得全国一等奖，这也是我校代表山东省高校第二次夺得全国一等奖。大学生"挑战杯"科技创新大赛，我校夺得山东省特等奖，10 月中旬代表山东队参加全国金牌角逐。我校承办了全省大学生机电产品创新设计大赛，全省 73 所高校云集我校参赛，我校夺得 8 个一等奖。另外在省级汉语速录、英语技能、动漫创作大赛中获一、二等奖。四是体育比赛项目荣获金牌。我校承办了山东省大学生武术锦标赛，共获得 11 枚金牌，金牌数量再夺全省第一，同时我校也获得招收武术、篮球高水平运动员的资格。五是科研方面成绩显著。李美芹博士团队研究的"鲁硕红"蔷薇项目通过山东省林业厅和科技厅的新品种鉴定，苗锦山博士"辣椒雄性不育种质创新"通过教育部成果鉴定，肖万里老师"一种茄子一边倒整枝方法"、郝建波老师"一种教学演示试验台"获国家发明奖。六是师资队伍建设成效显著。大力实施人才强校战略，尹伟伦院士被聘为我校名誉院长、特聘教授，外聘 110 多位专家为学校兼职、客座教授。实施师资队伍建设"十百千"计划，最近新引进博士 20 名。七是校企合作全面展开。搭建了产学研一体化平台，学校软件园落户高新企业 56 家，清华阳光、默锐化工等大企业相继在软件园建设研发总部，毕业生受到用人单位的好评。八是内部设施配套水平显著提高。推进学生公寓标准化建设，2011 级新生住进了标准化公寓，各个公寓楼建设了洗澡间。4 万平方米的图书馆开放，本科生考研掀起热潮，有近 600 台微机的大型电子阅览室即将启用，清华同方、中国知网数据库开通，极大地方便了师生的科研和学习。九是人才公寓二期开工。高度重视事关教职工切身利益的人才公寓二期工程建设，调动一切社会资源，克服重重困难，千方百计完成厂房拆迁，软件园人才公寓第二期工程顺利开工，明年年底教职工能够入驻，这项民生工程，将进一步改善教职工的住房条件，未来三至五年内青年教师住房问题得以解决。十是学生社团快速发展。社团作为校园文化重要载体，对学生成长、个性与特长的发展起到了重要作用，在中国寿光第 11 届蔬菜博览会上，我校 3000 多名学生参与了志愿者服务，展示了当代大学生的风采，一批优秀学生干部加入党组织，学生思想面貌焕然一新。

上学年特别是第二学期取得的成绩，主要是市委市政府和各级教育主管部门正确领导、指导的结果，是全校上下深入开展向崔效杰同志学习活动，弘扬"创业敬业、求是求新"精神的结果，更是全校干部教职工齐心协力、共同努力的结果，也是老干部、老教师、同志们关心帮助的结果。当然，在看到成绩的同时应清醒地看到我们存在的不足和许多继续改进的问题。

新的学年开始，面对新形势新任务，我们倍感任重道远，我们有信心在新的起跑线上，继往开来，谱写新篇。新学年我们提出了"3163"基本思路，就是明确"三个一"、实施"六大工程"、落实"三大保障"。

要明确"三个一"就是：把握"一个目标定位"，进一步推进建设高水平应用型特色大学、培养高素质应用型专门人才、为地方经济和社会发展服务的力度。明确"一个学院精神",进一步弘扬"创业敬业、求是求新"的精神,不断开创学校各项工作新局面。明确"一个治校方略",就是"内涵发展、特色提升、制度管理、和谐校园",推进学校平稳健康快速发展。

要实施的"六大工程"是考研突破工程、科研突破工程、队伍建设工程、文化校园工程、校企合作工程、服务优化工程。力争三年实现教师队伍"百名博士,千名硕士",全面提升办学水平,努力提高办学实力。

要打造"三大特色":是在特色品牌创建上,努力打造"产学研一体化特色,做大做强软件园";在学科建设上努力打造"工学和农学两大学科特色,争创省级重点学科和实验中心";在通识教育上努力打造"农圣文化人文特色,争创全省人文社科基地"。

当前,学校全体干部教师工作热情高涨、思想认识一致、团结和谐稳定,这是我们干好工作的前提和基础。"十二五"期间,我们要紧紧把握创新发展这一主题,坚定发展信心,提升内涵特色,创新发展举措,努力建设应用型特色高校。

事业发展像接力棒一样传递,当接力棒传到我们这代人手中的时候,虽然倍感压力,但充满希望、信心满怀。崔效杰老书记带领大家打下了学校发展的良好基础,全体干部、教职工弘扬"创业敬业、求是求新"的精神,上下齐心、众志成城,传承创新,不辱使命,决心不辜负各位老领导、老同志的信任和期望。

从中专到大专,由专科升本科,每一步的跨越发展都凝聚着各位老领导、老同志的心血和汗水,大家为学校发展贡献了才智,奉献了青春,创造了经验。大家虽已退休,仍然关心教育,关注学校发展,并时常给予指导,给了我们无穷的力量和勇气,极地增强我们干好工作的底气。

"新竹高于旧竹枝,全凭老干为扶持"。时代在前进,事业在发展。我们将坚持应用型高校建设的目标定位,弘扬"创业敬业、求是求新"学校精神,牢记教诲,吸纳经验,开拓创新,推动学校健康快速发展。"老骥伏枥、志在千里",真诚希望老领导老同志老有所为、老有所乐,继续关心和支持学校发展。我们将进一步弘扬中华民族尊老敬贤的优良传统,将尽所能为老同志们解决实际困难,在工会成立老干部服务中心,对老干部工作学习生活跟上服务,建设老干部活动中心,落实老干部福利待遇,组织老干部外出学习,让老同志们分享学校发展成果。

祝大家健康、快乐、幸福!

(根据笔者在 2011 年 10 月 30 日重阳节离退休教师座谈会上的讲话整理)

# 建设蓝工院和文创大厦
# 进一步推动产学研一体化

**编者按：** 潍坊科技学院坚持教学、科研、服务一体化，走产学研结合之路，建设了寿光市软件园。园内重点建设山东半岛蓝色经济工程研究院、文化创意大厦，打造技术开发、企业孵化、成果转化和高层次人才培养集聚的创新平台，为寿光乃至全省蓝色经济建设和文化创意产业发展做出贡献。

产教融合，服务地方是应用型大学的使命，也是提高人才培养质量的基本途径。潍坊科技学院坚持"应用型"目标定位，大力提高社会服务水平，推进教学、科研、服务一体化，走产学研结合之路，校内建设寿光市软件园。软件园是集软件研发、技术支撑、商务服务、人才培养、教育培训为一体的高科技产业发展基地，也是学校师生科研、实践、创业基地。目前，已有印度格特维公司、清华阳光、北京恩源中国蔬菜调度呼叫中心等 85 家企业入驻，从业人员 1600 多人，年产值达 5 亿元，离岸外包业务已打入美国、日本、捷克等国市场。学校成立了动画制作中心，已完成了动画片《仓颉造字》人物设定；投资 189 万元的 52 集动画片《农圣贾思勰》成为寿光市重点文艺创作立项资助项目，已完成前期制作准备工作，现正在制作中；动漫《寿光名称的由来》已完成剧本，正在进行前期人物设定、场景设计等工作。软件园先后被确定为山东省服务外包示范基地、山东省服务外包人才实训基地、山东省服务外包人才培训机构、山东省公共服务平台，被评为全省校企合作培养人才先进单位，被团中央授予青年就业创业见习基地。产学研一体化，建设优质育人平台是大学培养优秀人才的重要条件。育人理念、育人模式、育人方法有机统一，人才培养质量才能得到不断提高。寿光软件园作为潍坊科技学院校中园是办学的亮点特色，进一步完善育人功能、促进成果转化、实现产教融合意义重大。为进一步提升软件园科研水平，推动文化产业发展，为人才培养创设更好的平台，市政府支持园内建设两幢高标准科研研发和文化产业大楼，即在软件园内建设山东半岛蓝色经济工程研究院及文化创意大厦。

软件园内建设蓝工院，搭建产学研用一体化平台，有效提高人才培养质量和社会服务能力。2012 年 4 月，经山东省科技厅、民政厅批准，依托潍坊科技学院申办的山东半岛蓝色经济工程研究院落户软件园，成为全国第一家针对国家蓝色经济战略建立的地方综合性科研机构。研究院将依托潍坊科技学院环境化工人才优势和办学特色，联合国家海洋局、中国科学院、中国海洋大学以及山东省重点支持的大型企业和高新技术企业，引进高端专家,聚集优势学科和研发人才,建设海洋精细化工研发中心、卤水资源开发利用中心、节能环保研发中心等十大产业技术研究中心,成为山东海洋产业和区域优势企业的研发中心、蓝色经济区域科技创新平台、科技成果转化推广平台,为山东半岛蓝色经济区建设提供技术支持和智力支撑,为寿光经济社会发展做出积极贡献。研究院项目规划总占地面积9960平方米,总建筑面积3.8万平方米,地上10层,地下1层,项目总投资6570万元,计划于2014年9月竣工投入使用。

软件园内文化创意大厦建设将为动漫制作、软件研发、3D打印、平面设计、建筑规划、书画艺术、影视制作提供空间,文创大厦也是艺术传媒学院的教学楼,创设各类师生艺术工作室,建设学生创意创业平台,真正实现教、学、研、创一体化,为师生提供教学、实训、社团活动、创意创业各类配套用房,为文化企业、信息服务业提供研发条件,促进科技成果的商品化、产业化,依托国家、省、市及开发区的优惠政策,扶植企业发展壮大。项目总用地面积9400平方米,总建筑面积3.8万平方米,地上10层,地下1层,项目总投资6558.9万元,将于2014年9月竣工投入使用。

今天在此举行隆重的奠基仪式,标志着两大工程正式开工建设。我们将精心组织项目建设,严把工程质量,加快施工进度,争取早日建成并投入运营。

加强横向合作,促进产教融合。与海洋化工企业共建研发中心10个以上的基础上,5年内建成省级工程技术中心,10年内建成省级重点实验室;引进博士30名以上,引进泰山学者带项入院3~5项,尽快争取省级科技进步奖的突破;依托研发中心本科生全部参与化工技术研发,争取3年内实现学科专业技术大赛省级一等奖。引进文化设计等公司20家以上,与艺术传媒、建筑设计教学深度融合。以此推动软件园发展和育人质量提升,为寿光乃至全省蓝色经济建设和文化创意产业发展做出积极的贡献。

(根据笔者2012年9月29日"在山东半岛蓝色经济工程研究院、寿光市软件园文化创意大厦开工奠基仪式上的讲话"整理)

# 做好职称评定工作　加强中青年教师队伍建设

**编者按：**中青年教师是高校育人的中坚力量，也是讲师队伍的重要组成部分。应重视讲师队伍存在的问题和不足，进一步优化中青年教师队伍。中青年教师要努力成为学者型教师。

召开中级职称教师（讲师）专题会议，主要是为了加强中青年教师队伍建设，进一步发挥育人的中坚作用，提高应用型特色名校建设水平，同时借此机会与广大青年教师交流沟通思想认识，明确前进方向，使其更加自觉地肩负起立德树人的重任，为完成学校"十三五"规划的目标任务做贡献。

办学以师为本。一个学校的发展必须依靠素质精良的教师队伍。办大学首先要有教授队伍，按当前的国家标准须达到 30％，教授短缺可以采取外聘方式解决。讲师是高校教师队伍的主体，也是课堂教学的中坚力量，靠聘任难以满足教育教学需要。根据我校实际情况，同志们除了上课，还要担任班主任、辅导员，工作起来有时不分昼夜，十分辛苦，有讲师职称的中青年教师承担这些繁杂而重要的管理育人工作，而这些工作其他教职工无法替代。

学校可持续发展的希望在讲师队伍。教授带学科、办专业，这个关键作用很重要。今天的讲师就是明天的教授，现在决定未来。讲师的素质水平可以预见明天教授的素质水平。同时，讲师也能带动新参教青年教师的成长，具有承上启下的作用。

大到国家社会，小到单位组织，中坚力量非常重要。党的十八大提出我国"两个一百年"奋斗目标，习近平总书记提出实现中华民族伟大复兴的中国梦。当前中国面临的是保持经济的中高速增长，人民生活迈向中高端水平，跨越中等收入陷阱，实现全面建成小康社会的目标。一些专家提出建设"橄榄型"社会，壮大中产阶层（中等收入人群），这是社会的中坚力量，依靠他们创造财富、创新发展、促进消费、稳定社会。就学校而言教师队伍的橄榄型中间部分就是讲师队伍，是教育教学的中坚，也是学校明天的希望所在。

我校从中专—大专—大学的跨越发展，从 2008 年升格本科到 2016 年教育部本科教学工作合格评估，从专升本全省同类学校第一到本科生考研率达到 30％以上，招生范围从一个省到 12 个省，从各类大赛上百个奖项到一次性就业率保持在 95％以上，从本科录取线一路攀升到社会满意度不断提升等所取得的一系列成果都离不开讲师队伍的巨大贡献。建设应用型特色名校，实现内涵发展、特色提升，也必须加强讲师队伍建设。

我校讲师队伍在教育教学上发挥巨大作用的同时也存在一些现象和问题，必须引起高度重视。个别同志缺乏对教育的热爱和对学生的关爱。爱是教育的核心,没有对教育的热爱、对学生的爱,教育就无从谈起。有的同志将从事的神圣教育工作仅仅看作是职业而非事业,缺乏奉献精神。大家知道自古以来有两种职业非常特殊,一是教师,二是医生,教师是教书育人,医生是治病救人,这两个职业靠的都是良心,任何的量化管理都不能解决根本问题。很多同志做教师是冲着这个职业饭碗来的,并非因为爱心和兴趣,也不是因为觉得教育事业崇高和神圣。古人说,"人无远虑,必有近忧"。当一个人将教育看做是职业的时候,这份职业的意义仅仅挣工资、养家,格局境界大大降低,实际工作中必然失去对教育价值的追求,容易出现职业倦怠,外在表现就是面对学生时面孔冷酷,眼神无光,甚至挖苦讽刺的语言不时冒出;不注重教学方法,不重视科研,整天盯着待遇、职称,甚至热衷于议论家长里短,为人师表的先生形象、公民楷模的君子风格、渐行渐远走向庸俗化。每学期,我们都会有教学事故通报,有的老师擅离职守不上课,有的选修课教师不认真组织课堂教学,有的教师上课照本宣科,备课不充分不了解学情,学生都明白的知识滔滔不绝地讲,对重点、关键知识,需要拓展深化的却简单带过,学生听讲的兴趣,从哪里来? 课堂上学生成了玩手机的"低头族"。近几年,我校重视对三类困难学生的关照,每人包靠1~2名困难学生,大多数同志落实得很到位,但个别同志根本未重视此项工作,认为这是搞形式。可想而知,对待困难学生都如此漠然的人,难称其为有爱心之人。针对上述诸如此类的问题,大家可以思考一下,这样的教师对教育既无信仰、也无信念,怎么能履行教书育人的职责呢? 怎么能成为称职的人民教师呢?

个别同志功利主义严重,师德师风存在问题。师德就是教师的职业道德、思想品德、社会公德。习近平总书记在视察北大时强调:"国无德不兴,人无德不立。"古今中外,都重视思想文化建设,其核心是道德建设。一个国家一个民族的影响力,靠经济、靠军事,最终还要靠文化。我们的文化、价值观能站在道义制高点,被世人接受,这是真正的强大。《泰坦尼克号》获世界大奖多项,创收20亿美元的纪录,靠的是艺术,更重要的是价值观。过去,人们称呼教师为"先生",代表着知识和某些道德规范。"师者,所以传道、授业、解惑也。"传道,是教师的首要职责。

因职业的特殊性,对教师职业道德的要求高于其他行业,在一个村落,"先生"不仅是知识的化身也是道德标杆,因此教师为人师表理应是公民的楷模。教育是以人育人、以德育德的事业。2015年新修订的《教育法》指出,教育的根本任务是立德树人。人们常说,有德无才是次品,有才无德是危险品。教师要做公民楷模,首先应是学生的楷模。中国古代崇尚君子人格,教师应选择"敬仰圣贤,愿做君子"。

中级职称(讲师)人员会议,职称必须要谈,这是关系老师们切实利益的问题,焦急、迫切的心情都可以理解,但应该理性对待。我校职称评聘方案一直在不断修订和完善,不可能做到十全十美,整体合理不代表能照顾到每个人的诉求,大家提出意见和建议是可以理解的。但是,表达诉求要有正确的方式方法,不顾底线在网络上发表不实言论,污蔑他人和学校,甚至组织家属上访等方式实不可取。

最近我正在拜读中国教育学会会长钟秉林教授的著作《大学的走向》，获益良多。作为社会组织，大学与教会一样，都具有超强的稳定性，是恒久的社会组织。教会之所以具有稳定性，本质上靠的是信仰，而大学的稳定性，则是基于人类对真理的尊重与追寻。

研究教育规律、高等教育规律、教学方法对大学教师而言至关重要。当下，有的教师主宰课堂，灌输式教学，对问题不讨论，淡化了探究真理的批评判性思维培养。不重视实践，脱离实际教学，实习实训落实不到位，项目化教学、案例式教学不落实，还奢谈什么应用型人才培养？究其原因，是不注重学习，不注重科研，缺乏创新动力，习惯于当个"教书匠"，"当一天和尚撞一天钟"，将富有艺术性、创新性、复杂而深刻的教育工作简单化，不断机械性地重复劳动，逐渐生发职业倦怠，学生产生逆反心理，教学质量必然会大大降低。

教代会已通过了我校"十三五"规划，任务目标非常明确，总的来讲，就是要建设应用型特色名校。具体来讲综合考核与单项考核位于全省同类学校前列，本科专业达到35个，本科生占在校生比例达到65％以上，教师队伍中要有150名博士、100名教授、350名副教授，创造条件推进专业硕士点的申报。努力达到师生幸福，家长满意，社会尊重的大学这样的理想境界。

业绩考核与职称评定是队伍建设的关键。要依据政策，借鉴学习，制定更加合理的方案，突出育人导向、提升科研水平。职称评定事关教师切身利益，必须公平公正公开，严格按程序办事，发挥校与分院两级学术委员作用，对著作、论文、专利、课题等学术成果予以把关。当前，我校副教授队伍相对薄弱，讲师向上发展的空间很大。具有讲师职称的教师队伍庞大，其中有一部分中职讲师有待评转大学讲师，这是办大学客观需要，大家要维护大局，增进共识。在中职讲师岗位满编的情况下，如何解决50岁以上中职讲师以及高级讲师的聘任问题应引起重视并研究解决办法，要参照中学职称晋升情况适时予以解决，原则上不能快于中学。在这个问题上中青年教师要想得开，要进修提升学历，教学科研积累业绩，及早进入高教职称系列，进而参与副教授以上职称评聘。"十三五"期间是重大机遇期，广大青年教师要努力进取创造条件，尽快加入教授队伍，为学校健康快速发展做出更大的贡献。

上学期我们共同经历了国家"大考"的考验，教育部本科教学合格评估有望顺利通过，全校师生尤其是各位中青年教师为此付出了心血和汗水。通过合格评估，标志着我校以健康可持续发展之势跃升到新的发展台阶。新起点、新目标、新征程，在此对广大中青年教师提出三点希望：

希望广大中青年教师严格要求自己，加强对教育规律的认识和把握，坚定正确的价值方向，加强师德师风修养，不断提高业务水平，增强立德树人的使命感。以社会主义核心价值观为指导，做"有理想信念，有道德情操，有扎实知识，有仁爱之心"的高素质大学教师。

希望广大中青年教师努力弘扬学校精神，真正让认真成为品质，加强学习，教书育人，言传身教，做学生敬佩的老师。认真负责的老师才能培养出认真负责的学生；老师热爱读书，学生们才能以此为榜样，更加热爱读书。浓厚的书香氛围，有利于师生共同成长。

希望中青年教师立志做学者型教师，把教育教学中的问题当成课题深入研究，不断改进教学方法，以自己高尚的人格、对教育的挚爱、过硬的业务素质，赢得学生的爱戴，实现人生价值，为建设应用型特色名校做出新贡献。

（根据笔者 2016 年 4 月"在学校中级职称教师专题会议上的讲话"整理）

# 加强培训学习　全面提升管理服务育人能力

**编者按：**行政处室干部职员是学校管理服务工作的主体组成人员，在学校发展中发挥着重要作用。行政处室干部职员应当增强共同体意识，为学校发展做贡献；增强高层次需求，为事业人生添彩；增强底线思维，维护学校大局。

为了进一步加强管理服务队伍建设、提高行政处室干部职员服务意识和管理能力、更好地为教学科研服务，加快建设应用型特色名校建设的步伐，今天我们在这里举行行政处室干部职员培训开班仪式。今天我算是开讲第一课的人。

培训很重要，培训是福利，是学习化社会的常态。人需要不断地学习，适应社会发展和工作岗位需要。干部更需要学习，在学习中开阔眼界、增大格局、增强本领。去年，我们组织了处室干部、职员的一轮培训，收到了很好的效果。但由于工作繁忙，特别是迎接教育部评估而搁置。今天，我们正式启动第二轮培训。希望大家提高思想认识，处理好工学矛盾，不要有逆反心理，自觉主动地参与培训，通过培训学习增强服务意识，全面提升服务育人的能力。

当前，全国正在深入学习贯彻党的十八届六中全会精神，同时高校正在贯彻全国高校思想政治工作会议精神，上学年，在大家共同努力下我校顺利通过了教育部本科教学工作合格评估，这是学校发展史的重大里程碑。为寿光孩子享受优质本科教育资源，深化"多元融通制"职业教育衔接研究，五专部新校区建设已启动；寿光蔬菜学院建设正在论证，聘任设施农业全国第一位院士李天来教授、博士生导师宋或教授为特聘教授。职称评聘工作正在进行中，教授新村扩建业已启动，学校各项工作的有序推进。学校的健康发展，日常工作有序运转离，不开广大教职员工的努力和付出。今天，借此机会，与大家交流几点思考和认识。

## 一、增强学术共同体意识，为学校发展做贡献

读《罗马人的故事》了解到，古罗马人以地中海为中心建立了一个庞大的帝国，后人称之为古罗马共同体。在这一共同体内，崇尚法律、信仰自由、开放包容、同化异族，古罗马在继承古希腊文明基础上，创造了新的辉煌。古希腊、古罗马成为西方文明的重要源头，深深影响着今天的欧美文化。党的十八大以来，习近平总书记在谈到国际关系时的讲话中已 60 多次提到人类命运共同体的概念，以人类命运共同体理念引领世界新秩序，

其内涵是超越国家和意识形态的全球观,也表达了中国人民实现中华民族伟大复兴的中国梦过程中追求和平发展的愿望。通过学习习近平总书记系列讲话,我们对人类命运共同体的概念有了更深入的理解。共同体概念有不同的内涵,就大学而言是建立学术共同体。

大学本质上是为学术而学术,为科学而科学,不断地追寻真理。同时,大学也应该是道德文化的灯塔,是创造知识、培养优秀人才、服务引领社会的圣洁之地。它理应是一种学术共同体,与党政机关和社会组织有本质的区别。大学不仅是学者们的工作场所,更是学者、职员、学生共同的精神家园,其特点是围绕立德树人、尊崇学术产生共同的理想、共同的目标。山东大学徐显明校长将学术共同体比作一个三棱柱,那么大学的主体——教师、职员和学生——则是棱柱体上相互联系、不可分割的三根支柱、三个平面。

学校正常运转,共同体健康有序,离不开行政服务人员。我校有 2000 亩校园、近 3 万名学生,学生学习、生活秩序有条不紊,校园美丽洁净,这离不开学工系统、保卫系统等各部门职员的奉献。学校是一个大系统,其运转需要各个部门相互配合。因此,每个行政处室、每个岗位都是不可或缺的,承担的职责都十分重要,若一个环节中断、缺损,势必会导致整个系统的混乱。

学术共同体的建构需要有大家共同认可的核心价值文化,具体而言就是有共同的愿景和理念、尊崇学术的兴趣和追求、视立德树人为己任、行为规范和价值观等。我校大多数行政处室人员的薪酬待遇是与职称挂钩的,而职称是一种学术标志,潜心学术应是一个学者的生存方式。行政处室人员,即使不做学术或学术水平不高,也要有古人说的“身不能至而心向往”的情怀。我校的目标定位是“应用型”,核心理念是“以生为本,适合的教育”,早已将“让认真成为品质”“责任高于一切”“勤学苦练”定位为校风、教风和学风。内涵发展、特色提升、制度管理、和谐校园的治校方略,实施的“六大工程”“四项管理”的工作举措已深入师生心中,尤其是崔效杰同志带领大家建设大学的过程中形成的“创业敬业、求是求新”精神,已成为创新发展的不竭动力。以上这些元素构成了我校的核心价值文化,作为共同体的成员应形成共识,增强认同。

学术共同体的健康发展,需要大家的忠诚服务。服务与社会分工有关,而与社会分层无关,并无高低贵贱之分。当每个个体共同服务于这个共同体之时,这种服务所体现的价值就是平等的。搞好服务是行政处室人员的职业要求、职业底线,行政处室人员既要为教授服务、也要为学生服务,教授也要为学生服务。我们借鉴山东大学倡导建立“三个循环服务系统”的理念,学生最终的落脚点和着力点。管理就是服务,是现代管理的基本理念,良好的服务对提升育人质量、办学水平,推动特色名校建设意义重大。

## 二、增强高层次需求,为事业人生添彩

著名心理学家马斯洛于 20 世纪 40 年代提出需求层次理论。他认为人类的需求从

低到高分为五个层次,分别是生理需求、安全需求、爱和归属感(社交需要)的需求、尊重和自我实现的需求。其中尊重和自我实现的需求是高层次需要。

马克思主义认为,人们首先必须满足吃、穿、住、行等基本生活需要,然后才能从事政治、科学、艺术、宗教等等。按照上述观点分析,我们在物质方面的基本需要已经解决,低层次的需求也已经得到满足。当前,我们处在实现"两个一百年"奋斗目标的美好时代,我们工作固定、收入稳定、居有定所、病有所医、困有所助、老有所养。按照马斯洛需求层次理论,前三个低层次需要已基本得到满足,当然我们总是向往更好,这无可厚非。

尊重的需要离不开尊严地工作、尊严地生活。"志者不饮盗泉之水,廉者不受嗟来之食",中国传统文化尊崇"士可杀不可辱"的君子风骨,无不反映出人的内心都渴望得到别人的尊重。但要想得到别人的尊重,首先必须做到尊重他人,尊重他人是一种高尚的品德。自尊自律是一种良好的心理状态,以自己的人格、品德为人处事、实现自身价值、赢得他人尊重和社会认可,长此以往,就能形成"口碑"。

要正确认识自己,准确定位自己。"尺有所短,寸有所长""坚车能载重、渡河不如舟""自知者明,胜人者力,自胜者强"。要认识到自己长处和短处,取长补短、扬长避短,发挥自己的聪明才智,尽己所能履行好职责,不虚度美好时光、感恩社会、感恩组织、感恩他人,上对得起党和国家,下对得起教师学生,更重要的是对得起自己的良心。

需求也是人的欲望,"欲望是推动社会发展的巨大杠杆",欲望有正向反向之分,即便正向欲望也应适度。古人云"贪如火,不遏则燎原;欲如水,不遏则滔天"。人的欲望要克制,人的期望值要适当,这关乎人生幸福。有时,期望值越高,失望就越大,最终陷入痛苦深渊。适当的期望值,能维持心理平衡,也是获得幸福感的关键。

俗话说"相由心生",一个人的颜值真正源于内心修养,而非表面的容颜。长相由物理长相和精神长相构成,人的一张脸最终呈现的是这个人的灵魂。物理长相源于先天遗传,取决于父母;精神长相可以后天修行,取决于自己。莎士比亚有句名言,"上帝赐给了你一张面容,而你自己又造了一张"。当下,整容在韩国很流行,在中国也悄然兴起,但再好的手术刀也抵不过另外两把刀,作家毕淑敏采访的医生说:"一把刀是时间,时间会冲刷整容的效果;另一把更尖锐的刀就是心灵的雕刻!只有心底的明媚,才能滋养旷日持久的赏心悦目。"整容先整心,因此,不管是对物质财富的追求还是自尊的需要都不应过高,只有准确定位、合理诉求、坚定理想信念,相信爱是教育的本质,共同肩负育人的神圣职责,才能真正体味幸福,实现自我价值。

### 三、增强底线思维,维护学校大局

这几年,"底线"一词经常见诸报端和领导人的讲话中。"底线"一词原本有两个含义:一是指潜藏在敌人内部的人;二是指球类及各类比赛场地中短边的边线。现在多用于指做人做事的原则界限。增强底线思维,关键是要将他律与自律结合起来。他律是指外部监督与约束，主要指党纪国法、规章制度。党的十八大以来中央提出要扎实制度的笼子，这主要是针对公共权力的制约监督而言的。自律是指自我管理、自我约束，就是自己把控自己。"人非圣贤，孰能无过"，再进一步也可以说，"人非圣贤，孰能无私"，每个人都有私心，这天经地义，但是我们为人做事既要符合人情，还要符合法理规矩，只有把握好两者的平衡点，才能尽可能做到有私而无过。

儒家传统文化提倡"慎独"，这是自律的最高境界。佛教文化讲究"持戒"，这也是自我觉悟、自我约束。我们讲的做好思想政治工作，树立正确的世界观、人生观、价值观，习近平总书记形象地比喻为"总开关"，说的都是通过人的修养和主观世界的改造，提高思想境界，达到自律。

增强底线思维，要有敬畏之心。康德有句名言"有两件事物我愈是思考愈觉神奇，心中也愈充满敬畏，那就是我头顶上的星空与我内心的道德准则"。先哲告诉我们面对大自然，人类社会要有敬畏之心。古人云"头顶三尺有神明"，我们是唯物主义者，头顶悬着的不是神明，而是党纪国法这把利剑，我们要心存敬畏，恪守底线。

党的十八大以来，以习近平同志为核心的党中央坚持党要管党、全面从严治党，把铁的纪律挺在前面，大力度反腐，得到人民的拥护。党十八届六中全会全面加强党的建设，研究从严治党重大问题，通过了《关于新形势下党内政治生活的若干准则》《中国共产党党内监督条例》，对党员干部提出新要求，我们每位干部教职工都要认真学习并且自觉遵守，认真思考我们的言行是否符合《准则》《条例》的要求，是否符合宪法、法律的规定。

目前，我校正在进行职称评聘，这项工作有两个底线：一是国家和省市有关职称评聘的政策；二是我校教代会通过的相关制度。职称评聘关系到教职工的切身利益，我们都靠职称吃饭，绞尽脑汁、想办法晋升职称、及早晋升职称的急切心情，都是可以理解的，咨询、议论、质疑也是正常的。由于我校中职高级讲师人员超编，人社部门按照编制规定没有下达相应的指标，有些同志又评聘不上副教授，个别人就组织召开秘密会议，建立微信群，还要组织集体上访，扰乱了学校的稳定局面，引起了公安部门的注意。当然，绝大多数同志是受到别人的唆使，没有考虑到问题的严重性，当认识到问题性质时，及时改正并进行了深刻的反省。对中职高级讲师的聘任问题学校高度重视，我们都理解大家的诉求，评而不聘的焦虑心情。学校要研究办法适时解决，要对50岁以上老教师、中青年教师分别对待，经市政府批准后，50岁以上老教师按中学职称评聘程序逐步落实聘任，中青年教师还得进修提升学历评转到副教授系列，努力创造教学科研业绩晋升教授。

我们需要思考，当个人利益、局部利益得不到满足时，大家应该怎么办？答案是：应该坚守底线。这个底线就是法律政策、教代会决议。不可否认，我们的职称评聘办法不可能做到绝对公平，可能存在一定缺陷，甚至对某一个人而言不那么合理，但教代会通过的制度必须在当年内遵照执行，针对存在的问题在新一次教代会上予以修订。另外，五专部校区建成后，中职高讲可能有新的评聘空间，学校也将尽力争取指标。个人利益与集体利益、局部与整体有时会发生矛盾，解决的办法就是在不违背法律政策、制度的前提下,尽量照顾好个人利益,但突破底线是不可能的。还是谈中职高讲的聘任问题,是市委市政府考虑大学现实师资情况和未来的发展做出的决策,就是要促进评转,壮大副教授以上高层次人才队伍这是大势所趋,是办学的基本条件,今年我校已顺利通过教育部教学合格评估,50岁以上老教师中职高讲聘任问题,我们会积极争取政策,在适当时候逐步解决聘任问题,请大家放心!

增强底线思维,还要做到工作不越界、工作有所为。工作不越界是指在决策与执行、执行与监督、管理与服务(第三方)方面,要做到"运动员"与"裁判员"分开,即执行和监督分离。干部不作为、不担当,就失去了当干部的资格,阻碍了工作、影响了发展,也就突破了底线,必须采取组织措施,该调离的调离,该撤换的撤换。希望大家要有大局意识,打破局部利益,不要考虑个人小算盘,要积极推进工作开展,及时落实校务委员会会议决定。常思单位发展之路,常想工作推进之法,总结经验,学习榜样,在岗一天实干一日,落实好权责统一,负起主体责任。

我校顺利通过了教育部本科教学工作合格评估后,我们又站在新的发展起点上,全校师生正朝着"十三五"规划提出的建设应用型特色名校的奋斗目标奋进,让我们携起手来,心往一处想,劲往一处使,愉快工作、愉快生活、认真负责、主动服务,努力建设师生幸福、家长满意、社会尊重的大学。

(根据笔者 2016 年 12 月 23 日"在行政处室干部职员培训开班仪式上的讲话"整理)

# 立足长远发展　推进六个重点项目建设

**编者按：**立足学校长远发展，学校研究确定 2021 年暑假要努力做好的六个重点项目。公共教学楼改造、设施园艺实验中心提升、教学成果奖申报、学生深造辅导、专家公寓幼儿园建设、学生公寓空调安装等，要成立专班落实责任，抓紧实施，如期完成。确保新学年顺利开学，推进应用型特色名校建设。

暑假对于普通教师和学生来说，无疑是舒心祥和的。而对于干部和后勤人员来说则是辛劳忙碌的，因为很多基础建设、设备大修、实验室建设、教室宿舍调整、新生入学准备等都需在暑假开展。记得 2018 年暑假，李成祥、马爱胜等同志冒着酷暑高温，盯靠通识学院整修项目按时竣工，确保大一新生顺利入学。

今年，学校暑假工作任务异常繁重，经过自下而上的调研讨论，上报党政联席会议研究的暑期推进项目共 19 个，其中有 6 个重要项目事关学校高质量发展和师生切身利益，做好这些项目对提高办学水平、打造特色亮点，推进应用型本科高校建设意义重大。各分管校领导牵头，有关处室负责人负责，要尽快成立暑期项目推进工作专班。要理清责任部门、明确任务目标、制定进度计划、完善推进举措，开学前搞好验收总结，确保如期高质量完成任务。

一是公共教学楼改造。公共教学楼整修改造，是切合本科教学需求的重要举措，也是教代会确定的重要议案之一。改造方案由刘相法同志牵头、经教务处充分调研，根据本科教学实际提出并经大家讨论研究通过的。李成祥同志牵头，基建处负责，暑假前已经组织施工。要高标准配置、信息化布局、物业化管理、打造一流学习空间，为本科生教学共用、自修选用、假期在校学习提供良好服务。从这个暑假开始，假期留校学习、返校学习的学生，学校要提供必要的服务，公共教学楼、图书馆、实验室要向本科生开放。根据相法同志及教务处的调研和初步规划，要满足本科教学需求，至少建设两个公共教学楼，因此成祥同志及基建处假期工作任务更为繁重，可能要牺牲整个假期。

二是设施园艺教学示范中心升级建设。设施园艺教学示范中心已于 2013 年初建成省级示范中心。升建设施园艺国家级教学科研平台，是打造学科特色、提升人才培养质量的重大举措。建设方案是由刘相法同志与教务处、学部经认真分析研究提出。经大家讨论，一致认为此建设项目具有前瞻性，对学校未来发展、申办硕士授予单位意义重大，必须全力做好。相法同志牵头，教务、基建、学部参与，成立专班负责推进建设。要精心搞好规划设计，定位设施园艺国家级教学实验中心，以蔬菜新品种研发为主线，展示蔬菜种子标本,演示分子育种过程,对水肥一体化设施、土壤环境分析、病虫害防治、智能化设备、蔬菜生产标准、新式大棚构造、蔬菜深加工与品牌打造销售、省部级课题、由博士专家团队等通过声光电、图表文字、先进仪器予以呈现,两年内实现实验中心由省级升建国家级的设想。

三是申报省级以上教学成果奖。获评省级以上教学成果奖是学校人才培养质量提升的集中体现和重要彰显。上一届我们荣获省级教学成果二等奖 6 项,在全省同类高校中是最多的,但省级一等奖尚未突破,更没法冲击国家级奖项。今年年底,山东省教育厅将组织新一届教学成果奖评选,这是一次重大机遇,必须认真组织,全力准备,力争实现省一等奖、国家二等奖的突破。要成立工作专班,总结提炼"园校一体"合作育人、农圣文化为特色的通识教育育人模式改革实践与成效,研究归纳"多元融通制"职业教育衔接育人体制创新,学科方面主要围绕设施农业、海洋化工、智能制造及现代产业学院建设等予以总结申报。此项工作关乎专业内涵建设、人才培养质量,事关全局和未来发展,必须高度重视。学校支持项目工作专班利用暑假外出学习经验,聘请专家到校指导,突出教学特色,凝练申报材料,倾力突破此届省教学成果一等奖,力争省特等奖、国家二等奖。

四是考研、专升本辅导。学校专升本、考研已形成品牌,拉动了招生,极大地提高了社会声誉。教务处、考研辅导中心、各二级学院要高度重视,时刻抓在手上,确保考研率保持在 30% 以上。近几年,社会上冒出了大量专升本辅导机构,对学院这块"肥肉"更是虎视眈眈,甚至个别干部、教职工参与其中,社会辅导机构的渗透,堂而皇之地在教学楼设点违背了以生为本的理念,腐蚀了部分干部和教职工,在某种程度上造成学生学业秩序的混乱。成立专升本辅导中心,按照市场化要求运作,尊重学生的选择,给学生提供辅导服务非常必要。暑假组织考研及专升本学生辅导,总务、后勤部门要做好服务,辅导教师纳入社会服务项目管理,教务处研究绩效奖励办法。要以一流的师资和教学服务质量赢得学生及家长的信任,办就办好,办出品牌。要着力打造潍坊市考研、专升本辅导中心,进一步增强学校社会服务能力。

五是专家公寓幼儿园建设。民生无小事,顺势而为之。专家公寓幼儿园建设项目是关系教职工及业主切身利益的事项。俗话说,"三个臭皮匠顶个诸葛亮"。针对教职工子女入园问题,大家在一起研究讨论时,孟强同志提出了一个很好的意见,即借用软件园小记者站培训中心楼房与专家公寓联通,建设一个标准化幼儿园。这样,既解决了幼儿入园的问题,又很好地避免了家长穿过校园接送孩子的问题。此建议得到大家一致认同,也得到专家公寓教职工和其他业主拍手称赞。李成祥同志牵头,基建处负责,软件园、专家公寓配合,按标准配置,如期竣工,确保开学正常使用。探索研究与潍科软件亲子阅读中心共建、管理运营,以先进理念和办学特色打造幼教品牌,让孩子们接受更为优质的教育。

六是学生公寓安装空调。学生公寓安装空调是改善住宿条件的重要举措。经充分调研,学生公寓安装空调,无须学校投资,可实行市场化运行。此项工作经过多次讨论,但因暑期放假,立秋后开学,考虑安装空调用处不大,因此并未落实。后因暑假学生可留校或提前返校学习,公寓安装空调提上日程。寇兴亭同志牵头,总务处负责,公寓中心参与,分两步(先安装假期留校学习宿舍及大一宿舍,后安装大二以上年级宿舍)三个月内安装完毕。要严格按政府采购组织招投标,引进品牌产品,重视售后服务,确保顺利推进。

暑期 19 项工作,项项重要。有很多重要的常规性工作,如招生、职称评定、日常防疫、安全稳定、假期培训、物资准备,要认真对待,按要求办好。有时间性较强的工作,如招生工作;有政策性较强的工作,如职称评定;有必须抓好的底线工作,如防疫与安全稳定。各项目推进工作专班要尽职尽责,积极谋划,扎实推动,确保如期完成。

同志们,"但行前路,无问西东",是情怀更是担当。不求尽如人意,但求无愧于心。站一天岗放一天哨,大家要坚守工作岗位,心无旁骛干工作。暑假中干部更忙,项目专班上的同志更累,暑天高温工作条件更差,希望每位同志以高度的责任感和奉献精神,紧盯紧靠抓工作,对照时间表,严把质量关,推动做好 19 个暑期项目工作,为确保顺利开学做好充分准备,集中力量做好六个重点项目,为学校高质量可持续发展,为顺利完成审核评估和申办硕士授予单位奠定坚实基础。

(根据笔者 2021 年 7 月 3 日"暑假重点项目调度会上校长的讲话"整理)

学生教育篇

# 了解校史　牢记校训

　　**编者按**："创业敬业、求是求新"是潍坊科技学院发展历史中高度概括的精神，"修身、博学、求索、笃行"的校训是潍科人的精神指引。潍科学子要铭记校史，践行校训，努力成为品学兼优，身心双健、动脑动手、创业创新的应用型人才。

　　历史是重要的。"忘记历史就意味着背叛。"不忘本来才能开辟未来，善于继承才能更好地创新。了解校史是为了守成，更是为了创新。潍坊科技学院起源于寿光县成人中专，寿光县成人中专是由王焕新校长带领大家，在十分艰苦条件下于1984年创立的。经过十多年的苦心办学，1998年在成人中专的基础上创立了成人高等教育性质的山东经济职业技术进修学院，这在当时高教资源十分短缺的时代，产生了广泛的社会影响。进入新世纪，享誉齐鲁的潍坊化工学校、寿光水产学校、寿光电大并入学院。1999年年底寿光市委市政府，审时度势，思维超前，决定支持时任教育局长张文南同志提出建设"一大两高"（建设一所全日制大学，组建寿光一中和新建现代中学两所高中）的思路。崔效杰同志带领大家于2001年创办了全日制专科院校——潍坊科技职业学院。学院的成立承载着人们对高等教育大众化的期盼，满足了社会、家长、学生的需求，也是对成人中专和齐鲁经济技术职业学院的继承和创新，可以说学院应运而生，顺势而存。十多年来，崔效杰同志带领大家克服重重困难，励精图治，开拓创新，将"千亩校园，万人大学"变为现实，创建了以农学为龙头，以工学为主体，以商经艺术为两翼的学科体系，坚持"以生为本，质量为魂，创新发展，引领社会"的理念，坚持专家治学方针，实施人才强校战略，大力加强高层次人才队伍建设，学院很快在农圣贾思勰的故里、菜都圣城崛起，成为当地较有影响力的大学，是全国唯一的县办大学。

　　2007年，在市委市政府大力支持下，学校申请专科升本科。崔效杰同志带领大家，经过认真准备，2008年，通过教育部专家评估组的评审，学校顺利实现升建本科，成为一所全日制普通本科院校。潍坊科技学院挂牌成立，这是学校发展史上重要的里程碑。"雄关漫道真如铁，而今迈步从头越。"学校开启全新的本科高校建设的新征程。目前学校占地2000亩，教学公用面积40多万平方米，政府财政正式在编教师1500多人，目前拥有副教授以上教师189人，有博士职称的教师有近30名，开学后在校生将达到26000人。设11个院系，41个专科专业，17个本科专业。学校还借鉴美国斯坦福大学在校园内建设工业园区的经验，建设了总占地800多亩、一期工程占地17万平方米的软件园，成为学校产学研一体化办学的平台,也是山东省服务外包示范基地,已有清华阳光、北京恩源等 50 多家高科技企业公司落户,为软件学院、美术系、经管学院、工商学院的学生提供了很好的实习基地。学院还建有建筑公司、驾驶员培训学校、环球、潍科软件公司、美高斯麦化妆品公司等,为学生实习、创业提供了很好的条件。学校的发展特别是近十年的发展集中体现了潍科人"创业敬业、求是求新"的精神,我们开展向崔效杰同志学习活动就是要学习这种精神。它已成为学校精神,是鼓舞我们奋发进取、创新发展的不竭动力。

同学们来自四面八方,走进寿光来到潍科,潍科是寿光的大学,了解寿光才能更好地认识潍科。寿光地处渤海莱州湾畔,有 58 公里的海岸线,100 多万人口,2010 年财政收入列全省第三位,第九届全国百强县位列第 26 位。寿光农业优势突出,是著名的"中国蔬菜之乡",北到哈尔滨,南到广州,西到新疆都有寿光蔬菜,北京人餐桌上 1/4 的蔬菜来自寿光。寿光居民存款近 400 亿元,人均存款接近 4 万元。寿光北部主要是盐业和盐化工,寿光海岸有丰富的卤水资源,寿光的食用盐同样供应全国,海洋精细化工业蓬勃发展,已成为寿光的支柱产业。学校也围绕盐化工,在软件园成立海洋精细化工研发中心。另外寿光造纸、制药、机械制造、汽车制造等在全国也很有影响,晨鸣纸业是中国大型企业集团,致力于建设成为全球最具影响力的造纸企业。凯马汽车是山东机械工业百强企业,已成为全国重要的载货汽车生产基地。学校刚刚承办的山东省大学生机电产品创新设计大赛,是泰丰集团赞助的,泰丰新能源汽车已出口到澳大利亚等国家和地区,寿光工业的发展为学生实习、毕业生就业创造了有利条件,我校毕业生就业率一直保持在 95% 以上。

寿光是"中国优秀旅游城市""国家园林城市""国家卫生城市"和"国家环保模范城市"。2005 年寿光成为胡锦涛总书记先进性教育活动联系点,胡锦涛曾到寿光视察并发表重要讲话。2007 年,江泽民同志来到寿光,并为寿光市蔬菜高科技示范园题名。寿光历史悠久,人杰地灵。史传汉字鼻祖仓颉在此创造了象形文字,世界上第一部农学巨著《齐民要术》作者贾思勰诞生在这里。寿光经济发达,百姓富庶,很多创业者选择寿光,也真诚希望同学们热爱寿光,毕业后能在寿光创业发展。我们也真诚承诺,学校不会让困难学生失学,在寿光求学,政府和学校都有救助体系,学校设立了充足的勤工助学岗,保证家庭特别困难的同学圆满完成学业。

来到学院就是一家人,学院自然一家亲,学院是你求学生活的地方,从报到的那一刻起潍科成为你的母校,也是大家共同的精神家园,是你们起航的港湾。今天你以学院为荣,明天学院因你而自豪! 下面我想以"牢记校训,成长成才"为题,谈以下几点认识,与同学们共勉。

我校校训是:修身、博学、求索、笃行。校训体现了德才兼备的人才标准和求学奋进、学以致用的治学态度。

**修身:**出自《礼记·大学》,原文是"古之欲明明德于天下者,先治其国,欲治其国者,先齐其家;欲齐其家者,先修其身;欲修其身者,先正其心"。修身是指修养身心,努力提高自身的思想道德修养水平。就是要注重陶冶身心、涵养德性，使自己具备足够才华和美德。

"修身"说到底就是道德修养，我们日常所说的"为人"，先做人后做学问，先做人后做官也是这个道理。《大学》的开篇就说"大学之道，在明明德，在亲民，在止于至善"，从古人的思想追求中，我们可以领会和领悟出大学的功能。在大学我们可以修养品性，坚定志向，端正意念，获得知识，通过自己精神境界的丰富与提升，增强自己引领社会、服务国家、贡献世界的信心和能力。修身的起点是孝，孔子说："入则孝，出则悌"，概括了修身的基本内容，这是最起码的要求。修身的至高境界是"慎独"，自觉地约束自己，主动地做好事，与人为善，有家国情怀。修身的至高层面是"爱国"，爱国从爱家乡开始，修身从孝敬父母开始。孝道是道德的原点，由此再到"泛爱众而亲仁"，在学校里才能爱老师、爱同学；到社会上才能爱他人，助人为乐。爱祖国就要勤奋学习、立志成才，"祖国发展我成长"；爱家乡就要热爱学习、珍爱生活，"故乡是我摇篮"；爱学校就要学好专业、增长本领，那是"太阳升起的地方"；爱同学就要关心他人，互助友爱，同学友谊"天长地久"。同学是缘分，也是人生的重要资源，大家要互帮互助，亲如兄弟姐妹。"一种习惯收获一种性格，收获一种命运"，要培养自己良好的习惯。每周不忘给父母打个电话，同学有困难主动帮助，见到师长学会微笑打招呼，生活中，学会礼让。懂得节约资源，保护环境。穿着得体，忌浓妆艳抹，当然大学校园里不反对、不抑制个性。男女生在一起要符合文化传统，不伤风化。学生谈恋爱学校的态度是不提倡也不反对，但必须符合大学的主流文化价值观。从幼儿园开始老师教导，家长叮咛，教给我们很多看似平常却关乎一生的行为习惯，但不是每个人都能做到的，也不是每一个大学生都能做好的。为什么在中学的好学生有的到大学堕落了，值得深思。"千里之堤，溃于蚁穴"，于小事上见精神，不积小德，难养大德，基本品德有问题，怎能建成人生的辉煌大厦！

**博学**：语出《论语·子张》，原文是"博学而笃志，切问而近思"。意指广泛地获取知识和具有渊博的学识。要博览群书，博采众长，文理兼容，古今贯通，具有宽厚扎实的基础理论和精湛的专业技能。

"博学"是谈学习，对学生来讲学习是天职，一个不学习的学生，对不起国家和社会，也对不起父母和自己，虚度光阴荒废学业，属不肖子孙。要打好知识基础，学好专业，主动学习广泛阅读，真正地学会学习；在学习中构建人生观、价值观，促使格局提升，转变思维。21 世纪，创建学习型社会、建设学习型组织是党和国家的战略目标。21 世纪的文盲不是不识字的人，而是不会学习的人。信息化社会需要的"T"型人才，要有宽阔的知识面，还要有较深的专业知识和能力。在今天这个终身学习与竞争的社会，我们每个人只有依靠不断学习才能与时俱进。国家的飞速发展为大家创造了更多成才机遇的同时，对个体素质也提出了更高的要求，谁更懂得主动学习，谁将拥有更多的选择未来生活的权利。学习是成才发展的必由之路，应对明天的竞争与挑战，我们必须努力学习，以积极的心态、主动的姿态迎接知识经济时代的挑战，迎接美好的明天。一分耕耘一分收获，"学问勤中得，萤窗万卷书"。我们正处于人生的春天，正处于放飞人生梦想的季节，处于播撒与实现理想的岁月。年轻没有失败，有的只是抱负，愿同学们珍惜属于自己的每一天，珍惜每一次成功与失败，珍惜每一份感动。这些都将构筑你人生的风景线！从学校方面来讲，开设选修课和开放图书馆，为同学们创造了更优越的学习条件；从学生方面来讲，要养成读书的习惯，让读书成为生命的过程、生活的需要。进入大学，每个同学都要有成才的规划，志愿升学就是专科升本科、本科考研究生；立志就业就要多实习多实践。不管往哪个方向发展，勤学苦练是基础，希望每个同学都保持高中阶段的学习热情，不懈怠、不迷茫，多读书、多实践，不断用知识提升自己，积极构建正确的人生观价值观，为美好幸福的人生奠定基础。

求索：语出诗人屈原的《离骚》，原文是"路漫漫其修远兮，吾将上下而求索"，意思是探索未来，求自然之道、索立身之法。要努力探索真理、追求真理，奋发向上、锐意进取，勇于创新、开拓事业。世界名校哈佛大学校训："与柏拉图为友，与亚里士多德为友，更要与真理为友。"大学是认识掌握真理，探求真理的地方，更需要求索，它与大学自由精神、批判性思维、崇尚学术的氛围是一致的。

大学生"求索"表现的是对知识、理想的执着追求。跨入大学的校门，是人生的关键性转折。在大学里，面对新的生活环境，要尽快适应，学会自我学习；面对新的知识领域，要广泛涉猎由博而精，对知识的选择要有重点，对专业的钻研要有侧重，在知识结构的形成上有自己的主动性，以某个中心知识区为圆点，形成自己的知识体系，走向社会后，因其博而有较全面的应付能力，方能因其专而有驾轻就熟的才能。人生贵有理想，求学之道，贵有目标。有了进取的目标，学习才会有动力，生活才会有趣味，才会有良好的精神状态，才有孜孜不倦的求索勇气。科学的探索都是艰辛的，马克思早就说过："在科学的道路上没有平坦的大路可走，只有在崎岖小路上攀登不畏劳苦的人，才有希望到达光辉的顶点"，其实求索就是钻研，靠的是钻劲，要有"钉钉子"精神。"天道酬勤"是人世间的真理，门捷列夫在睡梦中发现元素周期表，居里夫人能发现放射性元素，两次获得诺贝尔奖就是很好的例证。中国有句俗语，"天上不会掉馅饼"，国外流行一句话，"世上没有免费的午餐"，都说明一个很简单的道理：不劳而获，不合情理。

笃行：语出《礼记·中庸》，原文是"博学之、审问之、慎思之、明辨之、笃行之"，意思是指实事求是、知行合一、执着追求、坚持不懈。"有志者事竟成"，明确了目标之后就要脚踏实地，身体力行，学以致用，不懈努力，持之以恒。做到"博始问学，诚固明信，求贵睿索，笃必衡行"，弘扬并践行学校精神，学有所成，早日成为祖国的栋梁人才。

"笃行"说的是"做"和"用"，就是一心一意地做，坚定不移地做。"一打纲领，不如一个行动"，古人云："行胜于言""知行合一"。现实生活中的失败者往往是"语言的巨人，行动的矮子"，说到做不到，有志向没有行动，空谈误国，空话损己。因此，希望同学们想就要壮志凌云，做就要脚踏实地。

笃行，更深层次的含义应是学以致用，学的目的是为了用，学而无用就失去学习的全部意义。学校的目标定位是建设高水平应用型特色高校,培养高素质应用型专门人才,就是培养懂技术会管理的面向经济社会一线的专业技术人才。同学们大学毕业走向社会的立足点,必须建立在能在生产一线管理、一线解决实际问题上。要想大学里学习掌握的知识技能"用得上,有用会用",就必须注重实验、实习、实训、实践环节学习和锻炼,要蹲在实验室,走进生产线,苦练基本功,掌握过硬的技术和能力。近几年中国教育快速发展,博士学位的授予量在世界第一,但工学博士的数量并不大。现实的问题是,一方面大学生就业难,另一方面是技师荒,据了解,一个熟练技工年薪 5 万~10 万。"十二五"期间,我们正在进行教育改革实验,我校承担"职业教育一体化实验",进行中专—大专—大本—专业硕士一条龙"多元融通制"教育实验研究,其目的就是培养既有理论基础,更有动手能力的应用型人才。

"修身、博学、求索、笃行"的校训给我们指出了成长成才的路径,我们所培养的人才应该是品学兼优、身心双健、动脑动手、创业创新的人才。这样的人才能创造人生的辉煌,为社会做出贡献。大学是人生的一段美好的经历,新起点,新生活,新希望,每个人都是命运的主宰者。我不能选择智商,但我能选择勤奋;我不能选择家庭,但我能选择大学;我不能选择自己的容颜,但我能选择修养;但愿每个同学都有正确的选择。知识改变命运,现在决定未来。在此,我特别想说的是,家庭不富裕的同学要自尊自信,昂起头,挺起胸,大胆往前走。学校庄严承诺不会让任何一个学生因家庭困难而辍学,潍科校园里没有冬天!

(根据笔者 2011 年 9 月 9 日"在 2011—2012 学年开学典礼暨 2011 年教师节庆祝大会上的讲话"整理)

# 在大学度过美好的时光

**编者按：**美好的人生是每个人的追求和希望。莘莘学子应发挥主人翁精神，勇于担当、认真践行、积极实践，在知识的海洋里扬帆起航，传承、弘扬学校优秀传统，书写、创造人生美好未来，实现青春的光荣与梦想。

"十二五"期间，我校将全面加强内涵建设，不断凝练办学特色，努力打造质量品牌，力争进入应用型人才培养的特色名校之列。到 2015 年，学校的普通本科在校生将超过 1 万人，副教授占教师人数比例超过 30% 以上，内涵发展、办学特色显著提升。我们将紧紧抓住山东省与教育部共建潍坊国家职业教育创新发展实验区的机遇，加快构建中职—高职—本科职业教育发展新体系，共同建设研究生培养基地，在校企、校地、国际合作办学方面取得重大突破。我们将不断巩固提升考研率、专升本率、就业率，潜心培养高素质应用型专门人才，努力把学校建设成为学生向往、家长放心、社会满意的高水平应用型特色大学。

同学们，你们怀着对未来的美好憧憬迈入潍坊科技学院，经过紧张的军训生活，对学校已有了一定的了解。学校条件与大家的期待可能还有一定的差距，也许你们正在为专业的选择、宿舍的安排、饭菜的口味纠结。请你们相信在今后的工作中，学校将始终坚持"以生为本"理念，努力打造"适合的教育"，以学生成长成才成功为动力，立足学生发展需要，实施个性化教育，搭建学生成才的"立交桥"，确保每一名学生能得到充分的发展，实现自己的梦想与追求。学校将不断加大教学投入，进一步改善办学条件，为同学们的健康成长和全面发展提供更加优质的教学设施、更加便利的生活条件、更加优质的教育服务、更加优越的育人环境。你们困难的解决、期望的满足、梦想的实现，永远都是学校工作的出发点和落脚点！

同学们，大学生活已经开始，你们将在潍坊科技学院开启一段人生最美好的大学时光。你们是学校的新主人，学校的精神要靠你们来传承和弘扬，学校的未来要靠你们去书写和创造。共同的光荣与梦想已将我们紧紧地连在了一起。在这里，我想和大家分享几点感想。

**首先，志存高远，勇于担当。**个人的成长和发展与国家的命运密不可分。中央电视台《寻找最美乡村教师》节目采访中国第一位女航天员刘洋，是什么让她想成为一名航天员的？她说，是国家不断富强、科技不断进步，使她产生了飞天的梦想。当前，我国正处在全面建设小康社会、建设社会主义现代化国家、实现中华民族伟大复兴的关键时期。

生长在这样一个伟大时代,同学们应将实现个人理想与担当社会责任、报效祖国人民紧密联系起来,自觉践行社会主义核心价值观。勇于担当就要负起责任,大学生的责任是勤奋学习,努力成才,报效家国。当代大学生应保持清醒头脑,做到理性爱国。希望大家树立"同心砥砺,济世兴邦"的鸿鹄之志,诠释"天下兴亡,匹夫有责"的豪迈情怀,秉承我校"创业敬业、求是求新"的精神,励志奋进,不断积蓄智慧和力量,不辜负父母、师长的期望,努力成为有益于民族繁荣和国家富强的优秀人才,成为在中华民族伟大复兴事业中勇于担当、勇挑重担的"国民之表率,社会之栋梁"。

**其次,自主学习,积极实践**。信息社会是学习化社会,学习将贯穿我们每个人生命的过程。学习也是学生的天职,是大学生的第一要务,学好专业、掌握本领、塑造价值观,为幸福人生奠基。希望在座的每位同学要养成自主学习的习惯,提高自主学习的能力。高等教育的重点是知识的创新,创新是成长的动力,探究学习的方式主要是教师与学生围绕问题共同讨论、互相启发、教学相长。因此,同学们要自觉地转变学习方式,从中学被动接受式转为主动摄入式。自主学习的精髓是要有批判精神质疑态度,在学业上对任何事物包括已有定论的东西都可以问一个为什么,你们要把老师当作朋友,学会积极主动地向老师们提出问题,一起讨论问题,"我爱我师,我更爱真理"。大家要激发好奇心、启迪想象力、学会独立思考、建立批判性思维。知识来源于实践,又应用于实践。"纸上得来终觉浅,绝知此事要躬行",既要饱览群书、潜心学问,也要积极参加实验实训、顶岗实习,积极投身社会工作、社团活动,要善于把理论和实践结合起来,善于动脑、勤于动手、勇于探索,在实践中巩固专业知识,掌握专业技能,不断提高综合素质。大学三四年的时光其实是短暂的,稍纵即逝。俗话说:"一寸光阴一寸金,寸金难买寸光阴"。只有珍惜青春、珍惜时光,而不是痴迷游戏、沉溺玩乐,才能让每一天都过得有意义,"不负时光,方能成才"。

**第三,牢记校训,践行认真**。"修身、博学、求索、笃行"是我们的校训。校训是以做人为起点的,"修身、齐家、治国、平天下";以学业进步为动力,为精彩人生奠定基础;以不断进取为精神支撑,以"学以致用、学做合一"的实际行动和效果为最终落脚点。实践校训最需要的就是认真。"让认真成为品质"正是我校的校风。要求我们认真学习,认真工作,认真对待世界上的一切。认真作为一种作风是做好工作的基本要求。但是,在当今市场经济的冲击下,社会上有一股浮躁之风,好做表面文章,急功近利,甚至金钱至上、唯利是图,认真离我们渐行渐远。2007年年底,上海市政工程管理局收到了一封寄自英国一家设计公司的来信。信中说,外白渡桥的"桥梁设计使用年限为100年,现在已到期,请对该桥注意维修",并"建议检修水下的木桩基础混凝土桥台和混凝土空心薄板桥墩"。100年已超过了现代人的平均预期寿命,对建造商而言,老板可能换了数任,工程技术人员可能换了多茬,时过境迁,物是人非,但建造商对自己产品认真负责的态度却一直没改,留给消费者的信任却一直没丢。这种穿越时空和国界,显然由一代一代的集体来传承的职业责任和认真态度,的确让人为之震撼!希望同学们把"让认真成为品质"的校风变成一种文化自觉,融化在血液中,时时、处处、事事认真,认真对待学习和生活中的每一个环节、每一个步骤,让认真充实大学生活,让认真成就美好的人生。

**第四,学会感恩,善待他人**。感恩是一种美德,也是一个人优秀品质的体现。心存感恩,才会尊重他人;学会感恩,才会有奉献精神;懂得感恩,才会发奋努力。我们每个人都要感激父母的养育之恩,感谢亲朋好友的帮扶之情,感怀老师的培育之心,感恩改革开放、民富国强的伟大时代。在座的很多同学是第一次远离家乡来到一个陌生的地方,开始远离父母的集体生活。我由衷希望各位同学要理解父母的心情,牢记父母的嘱托,严以律己,宽以待人,强化组织纪律性和集体荣誉感,从集体生活中培养自己的团队合作精神。"独学而无友,孤陋而寡闻。"只有关心同学、合作学习融入集体,才能走出自我懂得包容,体谅他人关注公益,收获友谊和快乐。"己欲立而立人,己欲达而达人",为人民服务是党的宗旨和高尚的道德品质,也是当代大学生的境界和素养。马克思说过"自然本身给动物规定了它应该遵循的活动范围,动物也安分地在这个范围内活动,不试图超越这个范围,甚至不考虑有其他范围存在,人不同,人能选择,能这样选择是人比其他生物更为优越的地位"。选择感恩、选择关爱、选择进取,也就拥有良好的精神世界。

同学们,今天你们已经迈出了大学生活的第一步。"海阔凭鱼跃,天高任鸟飞。"让我们携起手来,为了心中的梦想,一起自由飞翔!

(根据笔者 2012 年 9 月 10 日"在 2012 级新生开学典礼暨教师节表彰大会上的讲话"整理)

# 打好走向未来的深厚根基

**编者按：**大学是走向社会和未来的重要人生阶段。刚步入大学的学生应当适应环境，融入学校；立志成才，规划未来；牢记责任，勇于担当；放飞梦想，不断成长。

办学以教师为本。教师是学校发展的第一资源，有高水平的教师，才能有高水平的教育。我们要大力倡导学术至上、教师第一的校园文化。要按照"十百千"队伍建设规划，引进高层次人才，培养学科名师和带头人，"十二五"期间引进培养博士100名。促进教师职称评转，壮大教授队伍。要坚持内部分配向教学、科研一线倾斜，大力提高副高以上职称教师的课时工资，鼓励50岁以上高职称教师上课，取消50岁以上高职称任课教师坐班制，落实好一线教师职称评聘的优先权。

教学以学生为本。我们始终坚持以生为本的核心理念，关爱每一个学生，关心每一个学生的成长，帮助学生解决实际困难，尤其是落实好"三类困难学生"帮扶制度。在此，我代表学校庄严承诺：潍科的校园里没有冬天，确保每一个学生不因经济困难而失学！希望每位同学都抬起头来走路，学校和老师是你坚强的后盾。我们要让来到潍科的每一名学生都能找到成功的支点，得到充分的发展，沿着不同的路径成才成功，实现自己的梦想与追求。

同学们，你们经过了充实的高中生活，经历了高考的磨炼，毅然决然选择了潍坊科技学院，开启了人生中至关重要的新历程。此时此刻，在你们收获成功喜悦的同时，新的任务、新的挑战、新的征程已经摆在你们每个人的面前，对于未来，需要你们认真地思考并做出明确的回答。今后几年在潍科的大学生涯将奠定你们走向未来的深厚根基。怎样打好根基，把握自己的命运，我想给大家提几点建议：

**第一，适应环境，融入学校**。适应环境也是一种能力，适应环境越快能力越强。教育心理学实验证明，一种习惯的培养可以21天完成。由中学到大学学习、行为、生活、交际等习惯会有很大变化。著名心理学家马斯洛说："习惯改变，性格跟着改变，性格改变，人生就跟着改变"。尽快适应环境是心理调节能力强、良好心理素质的重要表现。人生总有一些重要的时间节点，进入大学学习是人生旅程中的一个重要的转折点。常言道"物随心转，境由心造"，希望你们要尽快了解学校、适应学校、融入学校。学校的校训是"修身、博学、求索、笃行"。校训以做人为起点，以学业进步为动力，以不断进取为精神支撑，以"学以致用、学做合一"的实际行动和效果为最终落脚点。实践校训最需要的就是认真。"让认真成为品质"正是我校的校风。认真，就是严肃对待，从不马虎。认真是干好工作的基础，我们要认真学习，认真做事，认真对待世界上的一切，让认真成为一种文化自觉，融化在血液中，时时、处处、事事认真，以踏实的工作，不懈的努力，用事业的成就来彰显自己的人生价值。认真需要高度的责任心。"责任高于一切"是我们的教风。责任就是担当，就是付出。责任让人勤奋，责任让人上进，负责任的学校、负责任的教职工队伍一定能培养出负责任的学生。"勤学苦练"是我们的学风，同学们要静下心来，勤于学习，勇于实践，不断积累，掌握真才实学，练就过硬本领。"创业敬业、求是求新"是学校精神，老校长王焕新、崔效杰带领全体师生靠着这一精神立校办学跨越发展，我们要了解校史汲取前行的力量，认同文化，融入学校，开启人生中美好的大学历程。上大学是人生的重要经历，学习专业知识是重要的，更重要的是大学文化的浸染，如思维方法、认知能力、基本素质等，其中的价值观将影响你的一生。

**第二，立志成才，规划未来**。立志，就要立下自己的人生方向和目标，明确了目标，就会有不竭的前进动力。人生须立志，古人云："志不强者智不达。"爱因斯坦说："在一个崇高目标的支持下，不停地工作，即使慢，也一定会获得成功。"来到大学，你们会发现上课少了、自学多了，必修课少了、选修课多了。你们还会发现未来的选择也不再唯一，无论是考研、升本、留学，还是就业、创业，这一切都需要认真规划并做出选择。这几年，一部分专科生在校三年不仅取得自考本科毕业证，其中每年大约有 20 位考取了研究生，一个专科生在校三年凭着坚韧的志向和非凡的努力实现"三级跳"，在座的同学们受到什么样的启发？我校本科生考研率一直保持在 30％以上，据了解全国本科生考验研率平均在 22％上下，怎么理解我校高的考研率现象？一届届毕业生带着"潍科"烙印走向社会，成为经济社会发展的中坚，得到社会和用人单位的好评。若潍科毕业生没有志向，没有责任感、没有认真的品质是很难想象有这样好的社会声誉。全面、准确地剖析自我，确定自己的奋斗目标，积极规划自身的学业生涯，融入学校内涵发展之中，投身到祖国宏伟建设之中，志向高远、脚踏实地一步一个脚印，不断进步走向成功，"天道酬勤"是人世间不变的真理。

**第三，牢记责任，情系家国**。"人无德不立，国无德不兴"。一个人的善或恶、好或坏、成或败，无不源自于其品德。负责任敢担当是一种心态，更是一种美德。作为当代大学生，要树立高度的责任感，将国家的需求和使命与个人的价值追求结合起来，将为社会做事的责任与做人的责任结合起来，要有为国家图富强，为民族谋复兴的情怀与担当。中国传统文化中"孝悌"是道德的根本，子女是父母生命的延续，更是父母心中的希望，作为子女肩负的责任是学业进步，修身做人，成家立业，光耀门庭，这些看似是世俗的却恰恰慰藉父母的。人生不同角色担负不同的责任，国家的、社会的、家庭的、母校的、院系的……担当责任就要自觉践行社会主义核心价值观，铸牢理想、信念、信心之基，不断加强个人修养，做一个无愧于时代的有为青年。

**第四，放飞梦想，不断成长**。梦想是人生的翅膀，有了梦想，人生才能飞翔。我校的校歌是《飞翔》。大学,是新的梦想开始的地方。党的十八大描绘了全面建成小康社会、加快推进社会主义现代化的宏伟蓝图,习近平总书记提出了实现中华民族伟大复兴的"中国梦"。"中国梦·潍科梦",到 2015 年,学校的普通本科在校生将超过 1 万人,总建筑面积将超过 100 万平方米,积极争取专业硕士授予单位,努力建设应用型特色名校。"中国梦·潍科梦·我的梦",青年的青春梦、幸福梦成就美丽的中国梦。同学们要肩负起时代赋予的重任,志存高远,胸怀博大,脚踏实地,放飞青春梦想。"读书、思考、实践"是人才成长的基本规律,学生的主业就是学习,实践是最好的学习。希望大家博览群书、提升素质、学会思辨、探索真理、加强实践、苦练技能。不久的将来,你们将承担起祖国建设和民族复兴的伟大历史使命。

同学们,你们的大学生活已经开始,你们将在此开启一段人生最美好的时光。你们是学校的新主人,学校的精神要靠你们来传承和弘扬,学校的未来要靠你们去书写和创造。

(根据笔者 2013 年 9 月 6 日"在 2013 级新生开学典礼暨教师节表彰大会上的讲话"整理)

# 大学是奋斗的起点

**编者按：**大学生是家庭和学校的希望，是国家和社会的未来。在大学这个人生新起点上，广大学子要心怀梦想，加强修养，勤学苦练，惜时如金，努力成才，为民族复兴、国家富强、社会进步做出自己的贡献。

同学们，大学生活已经开始。三四年时间，一千多个日夜，如同万里长征。经过严格的军训生活，你们已经迈出了大学生活的第一步。如何度过未来的大学时光，事关事业人生、幸福人生。在这里，我谈几点感想，与大家分享。

**首先，要有大学梦。**大学梦与"中国梦·潍科梦·我的梦"紧密相连。人的灵性在于有丰富的想象力，有梦想才会有动力。大学是人生中最美好的青春时光。大学梦是美好的、远大的，也是具体的、现实的，它就是你在大学三四年的奋斗目标，专科生可以有本科梦，本科生可以有考研梦，毕业就上岗的有就业梦，更要有自主创业梦，最可贵的是志向高远的报国梦。没有梦想人生就会失去色彩，没有为梦想而奋斗的激情生活就会平淡无奇、碌碌无为。每名同学都要有自己的大学梦想，有自己的成长规划。从潍科走出去的学子，像李璐璐励志奋进一路奔跑，现在已是清华大学的生物学博士；像房健心怀家国，自主创业，带领山东开创集团、百度山东代理公司创造非凡业绩；被誉为雕砚大师的校友齐增升用一技之长编织梦想，持之以恒，精益求精，在砚台沙雕刻艺术上取得非凡业绩；而更多的是在经济社会发展的平凡岗位上，广大校友放飞梦想、脚踏实地，一步一个脚印、默默无闻敬业奉献，在平凡的工作岗位上创造非凡业绩，技师、工程师、会计师、农艺师……一批批校友成为社会中坚。个人梦想与祖国融为一体，个人进步与国家发展一致，个人价值才能更好地实现。人生成长靠"三力"——目标引力、内部动力、外部压力，梦想是"三力"的汇集点。"志贵有恒"，俗话说，"无志者常立志"。梦想的实现需有"咬定青山不放松"的执着精神和"不到长城非好汉"的壮志豪情。苏轼有言："古之立大事者，不惟有超世之才，亦必有坚忍不拔之志"，相信同学们一定能理解"坚忍不拔"之含意。"树活一张皮，人活一口气"，有志才有浩然之气，才能成就事业，梦想变为现实。学校坚持以生为本，实施"适合的教育"，为个性发展创造条件，为成长成才搭建立交桥，为每个同学实现梦想助力，也为同学们梦想的实现而骄傲。

**其次，要加强修为。**加强修养、提升境界就要培养人文精神与科学精神，这是车之两轮、鸟之两翼，两者不可偏废。同学们已经看到，在我们校园南北中轴线上，安放了三座人物塑像：至圣先师孔子、科学巨匠爱因斯坦、道德楷模雷锋。孔子为代表的儒家文化给我们树立了处事做人的准则。1988年诺贝尔奖获得者在巴黎集会,提出人类要在21世纪生存下去,就要回到2500年前的孔子那里汲取智慧。在市场经济迅猛发展和科技日新月异的时代,我们更需要寻找久违了的人文精神。习近平总书记在北大考察时提出了"勤学、修德、明辨、笃实"的要求,指出中国历来讲究"格物致知、诚意正心、修身齐家、治国平天下",号召全国要进一步弘扬中华优秀传统文化。孔子是中国传统文化的代表,相信孔子思想、中华优秀传统文化在社会主义核心价值观的指导下,必将在新的时代迸发出新的光芒。爱因斯坦是科学巨匠,他创立的相对论具有划时代意义,我们可以不研究相对论,但应培养科学精神,提升科学素养。世界上有三位犹太人在自然科学、精神分析学、社会学方面有巨大贡献。爱因斯坦的相对论告诉我们宇宙空间内不存在什么神;弗洛伊德的研究结果表明,人的内心世界有各种欲望,不存在神;伟大导师马克思指出人类社会发展是生产力与生产关系、经济基础与上层建筑矛盾运动的结果,社会领域没有什么神的存在。可以说,命运掌握在自己手中,良好品性、优异的学业成绩在于修为,人生价值的实现在于奋斗。回到中国传统文化中,就是:事在人为、道法自然、众善奉行。今天,我们积极践行社会主义核心价值观,雷锋是道德楷模,他助人为乐,为人民服务,道德修为要以雷锋为榜样,做好人做好事,做一个道德高尚的人。

我们的校训是"修身、博学、求索、笃行",其中修身是第一位的。在大学,不仅要学习知识和技能,更要培养品质,磨炼意志,塑造灵魂。为学先为人,修身就是做人。德国哲学家康德说,世界上最使人惊奇和敬畏的两样东西就是头上的星空和心中的道德律。我们学习的知识会陈旧,但良好的道德修养却不会过时。同学们是未来的社会中坚,立业靠本领,做人须修为,要自觉加强道德修养,从现在做起,从身边做起,"勿以恶小而为之,勿以善小而不为",自觉践行校训校风,做一个有良知的人,做一个诚信的人,做一个认真的人,做一个进取的人。经过大学的磨炼,使自己的胸怀更加宽广,道德更加高尚。

**第三,要勤学苦练**。大学是人生的一段重要经历。上什么样的大学很重要,又不重要,没人能保证上了重点大学就一定有美好的未来。人生是不断奋斗的过程,大学是人生的重要阶段,应该怎样度过?有些同学可能认为,中学阶段很累,进入大学应该放松了,其实不然。大学不是休息的驿站,而是奋斗的起点。在国外,很多大学都是宽进严出,是学习压力最大的学段,不少学生进了大学,学习过不了关,拿不到毕业证。有人说,中国的中学要求过于严苛,而大学要求却过于宽松,这种说法确实在某种程度上反映了中国教育存在的实际问题。我国大学管理相对宽松,严进宽出使绝大多数同学都能毕业。上了大学就放松自己,意志薄弱、不能自控的学生,在大学堕落了,从中国最著名的大学到一般大学这样的例子不胜枚举,实在令人痛心!为什么把"勤学苦练"定为我校学风?就是要让大家明白,大学不是休憩站、玩乐场。要勤奋学习,苦练技能,既要学习好理论知识,也要提升专业技能,还要积极参加社团活动,而影响你一生的,是在急功近利的当下、被很多人忽视的人品与价值观更需要在勤学苦练中形成。上大学应该更忙而不是闲,他没有了中学时期老师监督跟靠,确有了大量的自主学习空间。要自觉成为素质全面,德才兼备特长发展,知识广博,专业精湛,团结合作,肩负责任,奋发进取的优秀大学生。我国正在构建终身学习体系,学习将会贯穿生命的全过程,同学们要通过阅读拓展知识面,通过勤学苦练形成过硬的专业能力。只有这样,你的梦想才能实现,你的人生才会精彩。数量充足的教室、设施先进的图书馆、环境优美的校园,为同学们读书学习提供了方便。各级各类技能大赛、丰富多彩的文体活动,为同学们锻炼自己创造了机会。学校实训中心、软件园、大学生创业园,为同学们实习实训、施展才能搭建了平台。同学们要充分利用学校的各种有利条件,勤奋读书,苦练本领,加强修养,持之以恒,不断进步,努力提高。

**第四,要惜时如金**。子在川上曰:"逝者如斯夫!"一寸光阴一寸金。人生的意义在于过好每一天。网上有一条很火的励志公式:$1^{365}=1$;$1.01^{365}\approx37.8$;$0.99^{365}\approx0.03$,也就是说,不思进取,就等于原地踏步;每天多努力一点,一年之后,将会有很大的进步;相反,每天放纵一点,日积月累,将会落后别人很远,甚至一事无成。进入大学,不仅是为了三年或四年后获得一纸文凭,更重要的是上大学的过程。这个过程应该是奋斗的、向上的、提升的。时间稍纵即逝,大学阶段仅占人生的大约三十分之一,但它却决定着人生的道路。一定要珍惜时光,不求一日千里,但求日有长进。每天多学习一些知识,多锻炼一下身体,多增长一点技能,多开阔一下视野……每天多前进一小步,回头已是千里路。当你毕业那天,你会感到自己的大学生活是充实的,自己已经成长了很多,进步了很多。

进入潍科以后,你可能与在其他大学上学的中学同学沟通,会有一个对比,在潍科不轻松,管理严。有的同学对此有意见,甚至骂老师,骂校长。其实,要想轻松很简单,放开不管就行。我们要思考一个问题,到底是管得严好还是放得松好?人都有惰性、懒散、好玩天性,若达不到"克己""慎独"的境界,那么:"欲如水,不遏则滔天",时光飞逝而过,到头来则一事无成。我校多年的教育教学实践证明,要对家长负责,要对学生负责,要对未来负责,就必须严格管理,通过制度约束来克服自身的弱点。多年来,我校为社会培养了大批高素质应用型人才,深受用人单位欢迎,毕业生工作认真负责,动手能力强,能解决实际问题;专升本率、考研率、就业率都保持在高水平,赢得家长和社会各界的好评。去年省人社厅公布数据显示,我校毕业生就业率位居全省58所本科高校第二位。没有严格的管理,这些都是很难实现的。我校是潍坊国家职业教育创新发展试验区试点院校,正积极构建从中职到专业硕士"四学段三衔接"的一体化人才培养体系,专升本、本升硕的空间更为广阔,同学们要实现升学梦,严格的管理是坚实的保证。俗话说,"严是爱,松是害。"几年以后,你会发现,这个"严"是多么地有必要!当然,严格的管理必须体现人性化,严中有爱,严在当严处,努力营造自由的学术氛围,为同学们主动发展、个性发展、潜能发挥创造条件,鼓励同学们在创意、创新、创业的乐园里不断收获新成果。我们坚持"以生为本"的办学理念,实施"适合的教育",就是要尊重差异,尊重个性,尊重每一个学生,研究、制定适合每一名学生成长发展的具体方案。特别是对经济困难、学习困难、心理困难的学生,学校会倾力帮助。我们将进一步完善助学保障体系,"决不让一个困难学生辍学"是我们的庄严承诺。也希望有困难的同学抬起头走路,自信、自立、自强,通过自身的努力,赢得人生出彩的机会。

同学们,当你们大学毕业时,很快就将是中国第一个百年奋斗目标实现之日,你们也必将是中国实现第二个百年奋斗目标以及中华民族伟大复兴的中坚。现在决定未来。你们是家庭和学校的希望、国家和社会的未来,希望大家加强修养,努力学习,苦练本领,只争朝夕,努力实现自己的大学梦想,为民族复兴、国家富强、社会进步、家庭荣光做出自己的贡献!

(根据笔者2014年9月10日"在2014级新生开学典礼暨教师节表彰大会上的讲话"整理)

# 办学以师为本

**编者按：**办学以师为本，教授就是大学。潍坊科技学院建校 30 多年的辉煌成绩是靠广大教师履行教书育人职责、敬业奉献取得的。大学是学术共同体，教师是这个共同体的根本和主体。教师的学术道德水平决定着大学的育人水平。努力营造"尊重学者、崇尚学术"的氛围，老师要甘当人梯，甘当铺路石，以人格魅力感化学生心灵，以学术造诣启迪学生智慧，鼓励学生超越自己。

办学以师为本，教授就是大学。潍坊科技学院建校 30 多年来，组建专科院校 15 年来，升建本科 8 年来，一步一个脚印，实现又好又快发展，依靠的就是教风优良、素质精良的教职工队伍。在潍坊人民功勋、老校长王焕新，寿光人民功勋、老领导崔效杰的带领下，广大教职工创业敬业、求是求新，学校实现了从中专到大专再到本科的跨越，成就了从"百亩校园、千人学校"到"千亩校园、万人大学"的梦想，创造了在县城办大学和县政府办大学的奇迹。特别令我们引以为豪的是，我校专升本连续 12 年位列全省同类高校第一名，每年有 1000 名左右学生实现升学愿望；本科四届毕业生考研率全部达到 30％以上，其中 2015 届考取研究生 301 人；毕业生一次性就业率一直保持在 95％以上。近几年我们集思广益，齐心协力，努力实现由规模扩张向内涵发展的转型。潍科毕业生以其高度的社会责任感、良好的素质、认真的品质、过硬的能力赢得了社会的好评。这些辉煌成绩依靠的是广大教师履行教书育人职责、敬业奉献取得的。

"国将兴，必贵师而重傅。"大学是学术共同体。学校领导、行政服务人员、教师、学生都是平等的，但教师是这个共同体的根本和主体。师德决定校德，也决定生德，教师的学术道德水平决定着大学的育人水平。因此，教授就是大学，教授的学术权威必须得到应有的尊重。教师的尊严感首先来自教育对象——学生由衷的尊敬，其次来自学校干部、行政部门的良好服务。目前，我校正在积极准备迎接教育部本科教学工作合格评估，已启动品牌专业创建工作，努力建设应用型特色名校。而做好任何教育教学工作，最关键的是师资队伍。我们要为教师发展创造更好的条件，努力营造"尊重学者、崇尚学术"的氛围，着力促进青年教师尽快成长，以师德师风建设为抓手、"双师型"教师队伍建设为关键，让爱学生、爱岗位、爱教育成为广大教师人生幸福的源泉，真正达到"愉快工作＝愉快生活"的美好境界。

古人云，"师者，所以传道、授业、解惑也"。教师是人类文明的传递者、学生人生方向的引路人，履行立德树人的神圣职责。习近平总书记于 2014 年教师节前夕在北师大与师生座谈时,勉励广大教师要做"四有"教师,即"有理想信念、有道德情操、有扎实学识、有仁爱之心",这为我们的师资队伍建设指明了方向。

新型的师生关系是民主的、平等的、合作的。教学相长是一条主要的教育原则。亚里士多德说,"我爱我师,我更爱真理"。辩证思维、批判精神是创新人才的必备素质。一个好的老师也一定会以博大的胸怀接纳来自学生的质疑和批评。"芳林新叶催陈叶,流水前波让后波",古人说,"弟子不必不如师,师不必贤于弟子","青出于蓝而胜于蓝",这是教育规律,也是人才成长的规律,是值得我们信仰和遵循的。"海阔凭鱼跃,天高任鸟飞",老师要甘当人梯,甘当铺路石,以人格魅力感化学生心灵,以学术造诣启迪学生智慧,鼓励学生超越自己。学生的成功才是为师者莫大的幸福!

（根据笔者 2015 年 9 月 10 日"在教师节表彰大会上的讲话"整理）

# 进取成功　告慰母亲

**编者按：**大学生活的开端，充满了喜悦、希望，但也充满了对未来的疑惑。作为大学新生"开学第一课"，校长在 2015 年开学典礼上强调了大学生的责任与担当，告诫青年学子要珍惜韶华，拼搏进取，用成功回报父母、回报母校、回报祖国。

"以生为本，适合的教育"是我校确定的根本教育理念。新学年工作的指导思想中，我们提出要"建设师生幸福、家长满意、社会尊重的大学"。怎样实现这个设想？最根本的是让学生成长、成才、成功，这是学校管理服务、教育教学等一切工作的出发点和落脚点。前些天，学生处编辑《新生入学手册》，让我在开头写几句话，我思考了一下，写了《致新同学》：

感谢你，选择了潍科；梦起蔚然，青春不会后悔；

欢迎你，来到潍科，海阔天空，只为理想放飞；

古人说："千里之行，始于足下"；

即便暂时落后，也要奋起直追；

相聚潍科，奋斗最美，只为青春绽放光辉；

亮耀潍科，舍我其谁，大学之旅定有作为；

要切记：勤学苦练，脚踏实地；

既然心怀梦想，就要进取成功，那是对母亲最大的告慰！

我想这个寄语，要向同学们表达几层意思。

**一是表达感谢欢迎之意。**中国大地上有 2550 多所普通高校，其中新建本科院校有 700 多所。在家长的支持下，你们选择了潍科，有的同学从千里之外来到这里，作为校长我要表达感谢欢迎之意，这既是礼仪，也是真情表达：感谢家长和同学们对潍科的信任。考好大学难，有了分数选择大学更难，当你决定报考潍科的时候，一定进行了研究分析，并被这所学校的某些方面、某些元素所吸引。今天，你们走进了潍科，但愿你们不会后悔。

学生不后悔，家长就放心。要做到这一点，校长是有压力的，老师是有责任的。我想，我们必须做好两个方面：首先是让学生接受良好的教育，学到真本领，实现奋斗目标；其次是提供好的服务，包括严爱结合的人性化管理。为此，学校将进一步落实"适合的教育"，搭建人才成长的立交桥，让每个学生找到成功的支点，想就业的成功就业，想升学的如愿升学；更重要的是，让同学们能以较强的素质和能力立足社会，不仅成为某个方面的专才，更要成为优秀公民，甚至公民楷模。学生的成功就是老师的成功，更是母校的成功。

**二是提醒大家全新的大学生活已经开始。**大学是人生的一段重要经历。在我国高等教育进入大众化的今天，没有接受大学教育无疑是人生的一大缺憾。但上了大学并不意味着成功。如何度过转眼即逝的大学阶段，结果会有很大不同。拿到大学毕业证并不难，难的是培养过硬的素质和真实的本领。

在同学们站在新起点开启大学生活之际，首先应明确自己的志向，搞好人生规划与设计。坚定的理想信念，持之以恒的执着追求，坚持到底的顽强意志是成功的基本条件。理想目标的实现是对意志力的考验，一个人是否优秀、能否成功，在所有的非智力因素中，意志力是核心。不要为没考上名校而苦恼，不要为选择潍科而无奈，已经步入成人阶段的你，人生的马拉松比赛刚刚开始，人生的命运最终由自己主宰。大学阶段就是奠定人生成功基础的舞台。"英雄不问出处"，潍科将以独特的风格成为你人生的加油站、进取成功的动力源。

为实现人生的美好理想，在大学阶段一定要练就实践能力、创新能力，增强社会责任感，这是大学的使命，更是每位大学生的奋斗方向。具备了这些能力，也就为报效祖国、服务社会、实现人生价值、创造幸福生活奠定了坚实基础。

能力的基础是素质。记得爱因斯坦说过一句话，把学过的东西忘掉后剩下的就是素质。这句话已指出了素质和能力的关系。素质第一位的是思想品德，核心是社会责任感。一个人只有对国家负责，对社会负责，对工作负责，对家庭负责，对自己负责，才会有博大胸怀和远大志向，才会有学习、工作的强大动力，才会把干好某项事业当作神圣使命去全力完成。

大学教育的特点是专业教育。在中学，有的为数理化而头疼，有的因政史地而烦恼；在大学，你们可以选择自己喜爱的专业。现代社会分工越来越细，信息化与经济全球化时代，我们不仅参与国内分工，并且越过国界参与国际分工，世界500强、中国500强企业都是这样。所谓人才，首先是专才，学好专业是大学生的基本任务，通过"第一课堂"掌握扎实的专业知识和深厚的理论功底，为提高专业核心能力打好基础；通过"第二课堂"练就过硬的专业本领，提高实践能力。做到既能说会道，又能动手操作，既能独当一面，又有团队精神，将理论与实践有机结合，成为应用型复合人才；当然，通识课、专业基础课、英语等都是学业的基础，也是文化知识素质，是必须学习的，通识课培养人文与科学素养，特别是其中的价值观将影响你的一生。

有分工，必然就需要合作。现代社会，大到飞机火箭，小到手机电脑，几乎没有哪个产品或项目不是由成千上万的人、数十上百家公司合作完成的。对每个人而言，也只有通过团结协作、沟通合作才能完成一项事业，取得一定成果。俗话说，"众人拾柴火焰高","一个篱笆三个桩,一个好汉三个帮",培养沟通合作能力对个人成长至关重要。学校 100 多个社团为同学们搭建了发展个性、团结协作的平台,丰富多彩的课外实践活动将帮助你提升合作的能力,体味成长的快乐。

大众创业、万众创新是时代特征。大家知道,美国斯坦福大学造就了"硅谷"这个世界高科技和信息产业的王国,大家喜爱的苹果手机、影响世界的谷歌等公司都落户于此。它给我们提供的经验是,产教融合办园区,科技孵化搞产业。潍科无法与斯坦福大学相比较,但不妨碍把它作为标杆去学习。我们建设的"校中园"——寿光市软件园,就是向斯坦福大学学习的结果。软件园已成为国家级科技企业孵化器,也是山东省大学生创业孵化示范基地,山东省第一家创业创新学院落户于此。今天软件园还是一株幼苗,但十年后可能长成一棵参天大树。作为学校独具特色的产学研平台,软件园为学校育人、科研、创业提供了巨大支撑,尤其是入园科技文化企业的技术、管理人员担任我校实践教学导师,有力提高了应用型人才培养的质量。2013 年我校代表队获全省大学生"挑战杯"大赛特等奖,2014 年获山东省"挑战杯"创新创效创业竞赛一等奖、山东省大学生创业大赛银奖,昨天刚刚结束的全省大学生"互联网+"创新大赛中,我校代表队获银奖。目前,软件园正着力打造大学生创业园,每学期学校都组织创新创业大赛,我们也已经把创业创新教育列为必修课程,这些都为同学们提供了创新创业的平台和机会。希望同学们秉承学术自由精神,敢于质疑,提高批判能力,打破创新神秘、创业难成的陈旧观念,大胆创意,敢于创业,在创新创业的洪流中大显身手。

现代社会,人生角色不断变换,工作岗位也不断转换。统计数字表明,在发达国家,人的一生一般有 7、8 次岗位转换;我国"211""985"高校毕业生从事的工作与所学专业对口的也仅占 30% 左右。据统计,中国中小企业平均寿命不足 3 年,集团企业平均寿命不足 8 年,即便经济发达的美国,中小企业平均寿命不到 7 年,跨国公司平均寿命不到 40 年。当然,这是从企业注册然后消亡的表面现象来看的。但不争的事实是,市场竞争优胜劣汰,企业不断倒闭、转型,新企业不断成立,员工也随之不断地转岗、重新开始。即使你的岗位相对稳定,也必须跟上信息社会发展的步伐,具备不断学习新技术、新工艺、新流程、新方法的能力,否则就会被日新月异的时代淘汰。同时,人生的风风雨雨,你也必须面对,有时是鲜花掌声,有时是荆棘挫败。增强社会适应能力,培养终身学习的能力非常重要。

**三是勉励大家要让成功告慰母亲。**有人说,人生有三个不同的母亲。第一个母亲是生母,她给了我们生命,给了我们自然性格,给了我们一个家。第二个母亲是祖国,她给了我们民族品格、民族精神,给了我们一个伟大时代。第三个母亲是母校,她给了我们知识,引导我们成长,给了我们文化品格,给了我们一个精神家园。望子成龙是母亲的殷切希望,这是我们每个人都能深切感受到的。

成功是人生的意义所在。何为成功? 其实它是一个相对意义上的概念。世俗以金钱为标准衡量成功与否,是很可悲的事情,这使得很多人没有成功感和幸福感。海尔公司倡导一个理念：把每一件简单的事做好就是不简单，把每一件平凡的事做好就是不平凡，海尔作为电器品牌，无疑在世界上是成功的，它的大成功是由一个个简单、平凡的小成功积累而成的。当你早上按时起床，叠好被褥，收拾好床铺，清理好卫生，这些都是收获良好生活习惯的成功，不要小看这样的小成功，我校农学院有两个"考研最牛宿舍"，12名女生全部考研成功，她们的大成功就是由平时的小成功、好习惯积累而成的。媒体上时有报道某些大学的学生出问题了，甚至像马加爵那样损害他人、葬送自己，这些问题的发端往往就在宿舍，最初是抽烟喝酒或室友间有小摩擦，随之便自甘堕落、消沉，最终酿成大祸！当你认真上好一堂课，认真做好一次实验，认真完成一份作业，这就是一个个小的成功。当你把同学视作兄弟姐妹，互帮互助，合作学习，共同进步，愉快度过每一天，你一定感受到这一天是成功的，并因此而更加快乐。"天道酬勤"、"好人好报"、"种瓜得瓜，种豆得豆"，这是天地间不变的道理。一点点、一个个、一天天的小成功，一定会成就未来的大成功。

子女是父母的希望，孝道是传统美德，忠诚是可贵品质。课下拿起你的手机给父母发条微信，发个自拍照，及时汇报在学校取得的点滴成功，相信父母的苦累将会化作幸福的喜悦。

同学们，从你们怀揣录取通知书、办完报到手续的那一刻起，你们已经成为潍科的主人，并将在这个美丽的校园度过大学时光。有人说，大学就是"酱缸"，工作学习在这里的师生，必定受到学校文化的浸染，而形成独特的味道、品格。创新是大学的灵魂，守成是大学的脚跟。潍坊科技学院作为一所新建本科院校，以应用型人才培养为目标定位，以"修身、博学、求索、笃行"为校训，"让认真成为品质"为校风，"责任高于一切"为教风，"勤学苦练"为学风，以"双严"管理为特色，办学30多年来，形成了"创业敬业、求是求新"的学校精神，这些已成为潍科人奋力前行的不竭动力和精神源泉。校园里留下了一个个敬业守望的感人故事，我们校友中涌现出一批批创业创新的杰出人才，他们在实现自身价值的同时，为国家做出了贡献，为社会树立了榜样。希望老师们、同学们在社会主义核心价值体系的指导下，弘扬学校精神，承继优良传统，不断开拓创新，为实现"中国梦、潍科梦、我的梦"而努力奋斗。

（根据笔者2015年9月10日"在2015级新生开学典礼暨教师节表彰大会上的讲话"整理）

# 快乐学习　成长成才

**编者按：**面对即将开始的大学生活，如何规划大学学习生活，让自己快乐学习、成长成才？在 2016 级新生开学典礼暨教师节表彰大会上，校长对新生提出几点要求和希望：一是不忘初心，坚守梦想；二是提升能力，不断创新；三是自立自强，合作共进；四是铁肩担道，常怀感恩。希望同学们刻苦努力，学好本领来回报父母、回报社会、回报国家。

面对即将开始的大学生活，如何规划大学学习生活，让自己快乐学习、成长成才？我希望同学们做到以下几点。

**一是不忘初心，坚守梦想。**《华严经》曰："不忘初心，方得始终。"习近平总书记在庆祝建党 95 周年大会上告诫全党，"一切向前走，都不能忘记走过的路；走得再远、走到再光辉的未来，也不能忘记走过的过去，不能忘记为什么出发。"所谓初心，就是我们希望自己成为怎样人的最初设定。同学们，不论做什么事情，都请勿忘初心，孝敬父母是初心，善待自己是初心，忠诚朋友是初心，报效国家是初心。潍坊科技学院建设应用型特色高校的初心是希望把学生培养成高素质应用型专业人才，具体来说，我们要把本科生培养成未来的工程师，专科生培养成未来的技师。若把政治思想、情商、精神和价值观融入其中的话，可以表述为"红色工程师""红色技师"，人文学科以此类推。大学是人一生中最为宝贵的时光，希望同学们保持本心，明确目标，勤学苦练，勇于创新，不断反思，努力成长为公民楷模，国家栋梁。

有人说，梦想是人生的一座灯塔，有梦想人生才有希望，为梦想而奋斗，人生才有意义。走进潍科的你们应该都有自己的梦想，希望大家不断清晰自己的努力方向和奋斗目标，更加坚定自己的选择和梦想。所谓命运不过是人生的方向盘，驶往哪个方向掌握在自己的手中。有些同学高考失利，成绩不理想，但这只是一时的，关键是进入大学后个人如何规划自己的人生。我校工商管理学院 2012 级国际商务专科生陈苗苗同学，2015 年专科毕业时也考完了全部自考课程，拿到自考本科毕业证，参加 2016 年研究生入学考试被大连海洋大学录取。据了解我校每年有 20 名左右像陈苗苗这样的同学考取研究生。实践本科学生王树军、马晓茜、朱涛，付出比别人多几倍的努力，3 年时间获得自学本科学历并顺利考取研究生。同学们，"世上无难事，只要肯攀登"，大家要以这些同学为榜样，为自己的大学生活确立目标，坚持不懈持之以恒，"只问耕耘，不问收获"，享受奋斗的过程不留人生的遗憾。学校愿为同学们梦想和目标的实现提供最大程度的支持。

**二是提升能力，不断成长。**"不积跬步，无以至千里；不积小流，无以成江海。"世界上没有所谓开天辟地的"洪荒之力"和"十方神器"，有的只是不懈的力量积蓄和常年的汗水付出。希望同学们在学业上大处着眼，小处着力，脚踏实地，打好人文科学基础，练好专业基本功。学校正在积极推动课程体系和教育教学方法的改革，增加选修课数量，给同学们提供更多的选择机会。理论与实践融合、独具特色的人才培养体系，将会为你们提供最优质的学习条件。希望同学们践行"勤学苦练"的学风，在学习中沉心静气，从通识课中获取素质提升的养分，在专业课上学到最新的前沿知识，从实践课中提高实践创新能力，在社团活动、青年志愿者活动中，培养集体主义情怀，发展个人特长。这样，就能够提升报效祖国、服务社会的能力，也就为实现人生价值、创造幸福生活奠定了坚实基础。

创造是青春的标志，创新是青年的灵魂。这是一个大众创业、万众创新的时代，未来二、三十年人类社会将演变成一个智能社会，智能社会的到来必将带来创新创业发展的黄金机遇期。希望同学们珍惜机遇，用知识武装自己，用能力证明自己，在创新的浪潮中奋勇争先、开拓进取；在创业的实践中不畏困难、砥砺前行，力求学以致用，创造价值，服务社会。学校为大家创新能力的培养提供了广阔的舞台，创新创业学院、创新创业大赛、创新实践基地是学校独具特色的产学研平台，软件园为育人、科研、创业提供巨大支撑。2013年我校代表队获全省大学生"挑战杯"大赛特等奖，2014年获首届山东省创新创效创业竞赛一等奖、山东省大学生创业大赛银奖，2015年获全省大学生"互联网＋"创新大赛银奖，2016年获"挑战杯—彩虹人生"全国职业学校创新创效创业大赛一等奖。目前，软件园正着力打造大学生创业园，每年学校都组织各类创新创业大赛，创业创新教育也已列为必修课程，这些都为同学们提供了创新创业的平台和机会。希望同学们秉承学术自由之精神，敢于质疑、提高批判能力，打破创新神秘、创业难成的陈旧观念，尽情地创青春、创未来，将所思所学运用于实践，用知识创造价值，用创新成就梦想。

**三是自立自强，合作共进。**这是个崇尚知识的时代，但比知识更重要的是自立自强的能力。我校坚持学生全面发展和个性化发展相统一的人才培养理念，鼓励同学们在人生发展的道路上敢于追求个性、张扬个性、积极向上；能够寻求属于自己的大学道路和主动人生，明辨是非，学会选择，学会判断；热情洋溢，健康上进，让活泼、友爱、激情、阳光、快乐成为在潍科的最美记忆。近几年，随着国家助学体系的不断完善，学校为家庭困难学生开辟了绿色通道，确保每位学子都能如愿进入大学。在这里，我也代表学校郑重承诺：不会让一个学生因家庭困难而辍学，潍坊科技学院的校园里永远没有冬天！大家都参加过18岁成人礼，这不仅仅是一个仪式，更是宣告成为独立个体的分水岭，你将承担起法律赋予的权利义务和责任，要以成年人的标准要求自己，勇于承担责任，生活上自主自立；学习中，改变中学被动学习的惯性思维，真正培养大学思维，合理规划自己的大学学习生活，不负时光、不负韶华，用知识武装自己，用知识改变命运。

里约奥运会，中国女排时隔12年再度登上奥运之巅，引发国人强烈情感共鸣。中国女排30多年来有过辉煌，也历经低谷，但不论顺境逆境，女排团队始终密切配合，不离不弃,才能得以再次书写传奇。对个人而言,只有通过团结协作、沟通合作才能取得事业的成功。培养沟通合作能力对个人成长至关重要。学校 100 多个社团为同学们搭建了团结协作的平台,丰富多彩的课外实践活动将帮助你提升合作的能力,体味成长的快乐。

**四是铁肩担道,常怀感恩。**潍坊科技学院从中专算起建校 30 多年来,伴随中国改革开放的铿锵脚步,一路走来,创造了县办大学的奇迹,依靠的就是教风优良、爱岗敬业的教职工队伍和励志奋进、学风优良的莘莘学子。我们要建设高素质应用型特色名校还有很长的路要走,这需要全校上下共同努力。同学们,站在一代代潍科人的肩膀上,置身于"两个一百年"奋斗目标和中华民族伟大复兴的时代浪潮中,你们要有勇气、有学识、有本领,做走在时代前列的奋进者、核心价值观的践行者、服务社会的奉献者。"为天地立心,为生民立命,为往圣继绝学,为万世开太平",这是古人的教诲,更是青年应该肩负的责任。从今天起,你们大学生活的点点滴滴都将写入潍科的历史,也必将创造潍科的辉煌,潍坊科技学院未来灿烂的画卷上必将有在座各位书写的浓重笔墨。

中华文明历来注重道德教化,也有"滴水之恩,当涌泉相报"的祖训。知恩不报非君子,麻木于恩更堪怜。接受高等教育,承载着家人、社会和国家的关爱与期许,得到了许许多多的恩泽和帮助,应该知恩、懂恩、感恩、报恩。要感恩父母。中国的父母最不易,竭尽所能,为孩子付出自己的全部。不论是贫是富,不论知识是多是少,父母都是永远值得我们爱和感恩的人。要感恩母校和老师。学校是一个人成长成才的地方,母校是学子的精神家园,老师为培养学生付出了无尽的心血。感恩母校和老师,最好的行动就是发奋学习,成人成才。要感恩社会。儒家文化强调"己欲立而立人,己欲达而达人",马克思说:"人是社会关系的总和"。我为人人,人人为我。建设和谐社会,倡导人心向善和心灵升华,新时代的大学生不仅应该懂得回报,更要树立责任意识、自立意识、自尊意识、健全人格和高尚情操,懂得奉献与索取、施恩与受恩的辩证关系。要感恩党和国家。党和国家倡导改革开放,建设中国特色社会主义。中国已稳居世界经济体第二位,我们高等教育进入大众化阶段后,为我们接受高等教育创造了条件。国家的稳定发展繁荣,为大学生提供了成长的沃土。实现中国梦,需要大量的专门人才和创新拔尖人才,大学生无疑是主力军。只有常怀感恩之心、常留感恩之意、常存感恩之情,才能发自内心地刻苦努力,学好本领来回报父母、回报社会、回报国家。

(根据笔者 2016 年 9 月 9 日"在 2016 级新生开学典礼暨教师节表彰大会上的讲话"整理)

# 书写无愧于时代的青春乐章

**编者按:** 30 多年来,潍科人秉承"修身、博学、求索、笃行"的校训,弘扬"创业敬业、求是求新"的精神,在奋斗中谱写了精彩绚丽的教育华章。希望莘莘学子站在人生新的起点上,树立自信,立志成才;勤学苦练,知行合一;脚踏实地,勇于创新,书写无愧于时代的青春乐章。

"国将兴,必贵师而重傅。"中华文明上下五千年,浩浩荡荡,延绵不断,靠的是师道和孝道传承。孔子为万世师表,以儒家文化为代表的优秀传统文化铸就了中华民族的风骨。教师肩负着立德树人的神圣职责,是学生人生方向的引路人,也是民族优秀文化以及人类文明的传承者。办学以师为本,教师的学术道德水平决定着大学的育人水平,也从根本上决定着大学发展的高度。长期以来,广大教师为人师表,率先垂范,身体力行,为学校的建设发展付出了艰辛劳动,贡献了聪明才智,做出了重大贡献。在此,我代表校务委员会,向全体教师表示崇高的敬意和衷心的感谢!教授就是大学,教授的学术权威必须得到应有的尊重。我们要为教师发展创造更好的条件,努力营造"尊重学者、崇尚学术"的氛围,让尊师重教在学校蔚然成风,让爱生爱教成为教师幸福的源泉。希望各位老师牢记使命,不忘初心,努力成为"有理想信念、有道德情操、有扎实知识、有仁爱之心"的好老师,坚守岗位,再接再厉,做好教育改革的奋进者,当好学生成长的引路人。

俗话说,"一方水土,养育一方儿女"。"大学是一个文化酱缸",一所大学的历史、传统和文化会浸染每个学子,在无形中融入师生的血脉,并在人生中留下抹不去的印记。我校 1984 年初建中专、2001 年升为专科、2008 年改为本科,30 多年来,潍科人秉承"修身、博学、求索、笃行"的校训,弘扬"创业敬业、求是求新"的学校精神,在实践中不断提升学术水平和人生境界,在奋斗中谱写了精彩绚丽的教育华章。

"一训三风",学校精神等文化基因是潍科人的力量源泉。建校之初,在潍坊人民功勋、老校长王焕新,寿光人民功勋、老领导崔效杰的带领下,广大教职工弘扬学校精神,团结拼搏,艰苦奋斗,学校实现了从中专到大专再到本科的跨越,成就了"千亩校园、万人大学"的梦想,成为全国唯一的县办本科高校。目前,学校占地 2000 亩,建筑面积 100 万平方米,设 13 个二级学院,73 个本专科专业,形成了以工学为主体,农学为特色,工学、农学、理学、法学、文学、管理学、教育学、艺术学等多学科协调发展的学科体系。全日制在校生 2.8 万多人,教职工 1800 多人。

学校以"建设高水平应用型特色名校,培养高素质应用型专门人才"为目标,落实"适合的教育"核心理念,坚持内涵发展,特色提升,以生为本,严格管理,实现了持续、快速、健康发展。在教育部本科综合改革专业、国家"卓越农林人才教育培养计划"试点项目、省高校优势特色专业、省级实验教学示范中心、省级工程技术研发中心、省高校重点实验室、省高校人文社科研究基地、省高校人才培养模式创新实验区建设等方面取得了较好的成绩。学校深入实施产教融合、校企合作,在校内建设了 26 万平方米的软件园,被评为国家级科技企业孵化器、山东省大学生创业孵化示范基地。同时,建设了山东半岛蓝色经济工程研究院、山东省众创教育研究院、山东半岛机器人研究院,形成了"一园三院"的办学格局,为师生教学科研、实习实训搭建了广阔平台。2016 年,我校全面通过教育部本科教学评估,表明学校跃升到了一个新的发展高度,实现了由规模扩张向内涵发展的转型。今年 7 月,山东省教育厅通过《山东高等教育综合改革简报》对我校"深化产教融合培养应用型人才"的办学成果和经验向全省高校进行了推介。

"让认真成为品质""责任高于一切""勤学苦练"是潍科人的精神品格。在这里,"认真"已成为一种学习、工作习惯,融入每位师生的血液中,成为潍科人的精神气质和文化自觉。在这里,我们的教师用认真严谨的态度对待教书育人的神圣事业,一丝不苟,精益求精,真正做到专心致志,以事其业。在这里,我们的学生深知,勤学才能博学,苦练才出绝活,只有勤学苦练,才能百炼成钢,从而领略"山登绝顶我为峰"的风光与豪迈。我校普通本科毕业生考研录取人数占毕业生总数的比例连续 6 年超过 30%,专升本考取人数连续十五年同类高校全省第一,山东省首家创业创新学院落户我校。学生参加全国、全省各类技能竞赛获特等奖、一等奖 200 多项。学生在软件园创业企业达到 50 多家。毕业生就业率始终保持在 95% 以上。上一学年,我校 3 个科研平台获批山东省高校科研创新项目。立项国家自然科学基金等市厅级以上科研项目 90 余项,国家级大学生创新创业训练计划项目 12 项,教育部产学合作协同育人项目 10 项。番茄新品种项目获中国技术市场金桥奖。建设了海南蔬菜育种基地和产学研合作示范基地。学生志愿者项目获评全国"最具影响好项目"。

同学们,当前,我国正深入实施创新驱动发展、"中国制造 2025""大众创业、万众创新"等战略,我校也在积极建设应用型特色名校。这既为我们提供了更好的发展机遇,也对我们提出了更高的要求。作为师生共同体,大学的第一功能是人才培养,科学研究、社会服务、文化传承创新等职能都是为人才培养服务的。换句话说,你们的成长成才,是我们学校一切工作的价值和意义所在。站在人生新的起点上,学校将为你们的成长搭建优质的平台、创造优良的条件。在此,我提几点希望和建议,与同学们共勉。

**第一,树立自信,立志成才**。人生是一场马拉松,不在于开始跑得多快,也不在于中途某段跑得多慢,关键在于你有没有坚定的信念,一直往前跑。有些同学高考失利,成绩不理想,这就好像赛程中暂时的落后,并不意味着最后的失败,相反,暂时的领先也不等于最终的成功。我们要有自信,人的能力是无限的,你们的前途将会更加光明,关键就在于进入大学后你如何规划自己的生活。潍科紧张而充实的生活会让你明白,成功绝不仅仅取决于你过去的成绩和基础,也不依赖偶然的机遇和巧合,而是来自对于自我的勇敢挑战,来自在挑战中的成长和成熟。在潍科,已有1400余名本科生通过自己的努力,考取了研究生,有的还考取了清华大学等国内外名校的博士生,站到了科学研究的前沿。在潍科,每年有数百上千名专科生通过专升本考试,进入其他本科高校就读;上百名同学通过自学考试,既拿到专科毕业证,又拿到国际承认的自考本科证。在潍科,有众多毕业生心系社会,扎根基层,在平凡岗位上发光发热,为社会做出贡献,创造幸福人生;还有很多毕业生,百折不挠,成功创业,带动一方就业,成为创业的先锋。

"志不立,天下无可成之事。"同学们现在就要思考自己的未来:要成为一个什么样的人?十年八年之后,希望看到一个怎样的自己?这个目标未必要宏大,但一定要发自本心,出于自己的热爱,这样,你才能走得更久、更远。习近平总书记指出,"一个人的理想志愿只有同国家的前途、民族的命运相结合才有价值,一个人的信念追求只有同社会的需要和人民的利益相一致才有意义。"追逐大梦想,也要从实现小目标着手。希望你们能够做好每一天,时常总结反思,以优秀的学哥学姐为榜样,见贤思齐,自我管理,勇于挑战,一点一滴塑造自己的品质,一步一步向人生的目标迈进。只有这样,才能如我们的校歌中所唱,为报效祖国勇敢担当,为服务社会奋力前进,成为一个对社会、对国家、对未来有价值的人。

**第二,勤学苦练,知行合一。** 随着互联网的发展,智能化时代已向我们走来,知识更新一日千里,新事物层出不穷。将来的文盲不是不识字的人,而是不会学习的人。大学不是学习的终点,而是新的起点。只有始终勤奋学习,才能跟上时代前进的脚步;只有学会学习,才能为人生之旅提供不竭的动力。学校会做好分类教学、分类指导,开展"小组讨论学习"改革,同学们也要积极尝试自主学习、合作学习、探究学习。学校将加强学习过程管理,降低期末考试成绩比重,加大过程考核的比重,督促大家努力学习。我们相信,养成自主学习、善于学习的习惯,将受益终生。加强通识教育,人文与科学并重,是大学生成长的根基。因此,同学们的学习既要"专",也要"博",既要学习一以贯之的刺猬之道,也要培养灵活多元的狐狸思维。希望同学们博览群书,跨专业读书。我们将实施大学生读书"4030"计划,除教材之外,本科生在校四年读40本书,专科生在校三年读30本书。智慧校园已初步建成,不要只把手机当作聊天玩耍的工具,而是作为学习的终端,充分利用丰富的网络教学资源,接触大师,汲取营养。我们要培养的是应用型人才,因此,同学们既要重"学",更要重"用"。习近平总书记强调,"读书是学习,使用也是学习,并且是更重要的学习"。才干来自"勤学",也来自"笃行"。"勤学"就要"下得苦功夫,求得真学问";"笃行"就得"于实处用力,从知行合一上下功夫"。不论你学习什么专业,都要在学习中努力实践,将所学知识与具体应用相结合,做中学、学中做,要以成为优秀的工程师、优秀的技师为目标,积极参与到项目教学中去,师生共同探索知识的奥妙,共同体味"实践出真知"的真谛。

要做到优秀,就要德才兼备,又红又专,既要有过硬的本领,又要有正确的价值观。哲学家贺麟曾说:为学与做人是一步工夫,敦品与励学是一件事情,增进学术就是培养品格,追求真理也是砥砺德行。教育的目的在于培养人的幸福人生。何谓幸福?亚里士多德说:"幸福就是灵魂在不受阻碍的生活中通往至善"。幸福不在于你是什么,而在于你做什么。崇德、乐群是中华传统文化的价值取向,希望同学们以社会主义核心价值体系为指导,积极学习、发扬广博深邃的中华优秀传统文化、富有地方特色的农圣文化,丰富自己的人文精神、家园情怀和责任担当意识,修养健全人格,培育君子风格。在这里,我向大家发出"六个一"的倡议,就是在大学期间,要人人参加一个社团、一个志愿服务队、参与组织一次活动、参加一项学校管理、当一次值周班长、有一个看家体育项目。通过参与活动和管理服务,培养团队观念、奉献精神,树立"为人民服务"的价值追求,锻炼管理才干,这对你们的一生都会是有益的。幸福的人生同样离不开对美的追求,希望同学们在勤学苦练之余,用心感受科学之美,学会欣赏自然之美、艺术之美,并用一生去追求人性之美,以坚守理想、品格高尚的圣贤为榜样,知行合一,躬身实践,完善自己,温暖社会。

**第三,脚踏实地,勇于创新**。大学可以说是创新的源头、创新的梦工厂。但是,真正有影响力的创新,都来源于扎扎实实的研究、实实在在的探索,来源于在某一领域的长期坚守、深耕细作。比尔·盖茨的不断探索、精益求精缔造了微软,乔布斯的持续改进、推陈出新成就了苹果品牌,你们学哥学姐的成功,也无一不是脚踏实地、长期努力的结果。走进大学是你们人生事业的开始,大学第一年对你们至关重要。有人说,大学是一个分水岭,有人从此走向事业的辉煌,也有人从此走向人生的平庸,而命运的金钥匙是由自己掌握着的。在中学,你们的学习、生活通常有老师包揽,而在大学,自主、自立将成为你们学习、生活的主旋律。你们一定要从开始就养成良好的学习、作息、锻炼习惯,认认真真上好每一节课,坚持每天锻炼一小时,沉下身子、耐住性子、脚踏实地,打牢基础。要记住,深度决定高度,厚积才能薄发。你们不仅要熟练掌握专业知识和基本技能,更要注重培养批判性思维能力;抓住各种机会,通过各种途径,培养提出问题、发现问题、解决问题的能力。

青春的魅力在于创新,大学的风景莫过于创造。学校软件园、创业园、省创业创新学院为你们搭建了广阔的创新平台,各类创新社团、技能大赛为你们提供了广阔的舞台。大学期间,你们可以在文体活动中施展才华,可以在学科竞赛中探索切磋,更可以在创新创业的实践中谋划未来。学校将为你们的创新创业活动保驾护航,除了提供专业师资指导、资金支持,学校将把创新创业教育纳入课程体系,进一步完善学业评价办法,对在省级以上学科竞赛获奖的同学,予以专业课程免修、免考,直至毕业论文免写的激励措施。习近平总书记说,广大青年"要敢于做先锋,而不做过客、当看客,让创新成为青春远航的动力,让创业成为青春搏击的能量,让青春年华在为国家、为人民的奉献中焕发出绚丽光彩"。希望同学们抓住机会,勤于实践,敢于超越,充分展示、尽情释放自己的奇思妙想,书写无愧于时代的青春乐章。

(根据笔者 2017 年 9 月 8 日"在 2017 级新生开学典礼暨教师节表彰大会上的讲话"整理)

# 与新时代共舞　成就精彩人生

**编者按：**开启新的人生旅程，书写新时代的青春故事。校长在 2018 级新生开学典礼上寄语莘莘学子，站在人生新的起点上，要以远大理想成就精彩人生，要以不懈奋斗描绘美丽青春，要通过不断学习创新度过大学四年美好时光。

今年是改革开放 40 周年，从 1978 年到 2018 年，我国创造了人类经济和社会发展史上的一个个奇迹。在改革开放浪潮中，学校抓住机遇，1984 年建立了中专，2001 年组建专科，2008 年升建本科，2016 年通过教育部本科教学工作合格评估，2017 年成为硕士学位授予立项（培育）建设单位。短短 30 余年，学校实现了从中专到大专再到本科的跨越，成就了"千亩校园、万人大学"的梦想。这一成就的取得，靠的是"修身、博学、求索、笃行"的文化基因，靠的是"让认真成为品质"的精神品格，靠的是"创业敬业、求是求新"的学校精神，靠的更是一代代潍科人"功成不必在我、功成必定有我"，一茬接着一茬干的不懈奋斗。

如今的潍科大而美，大在规模，美在内涵。学校占地 2000 多亩，设 16 个二级学院，开设 76 个本、专科专业，形成了以工学为主体，农学为特色，理学、管理学、教育学等多学科协调发展的学科体系。全日制在校生近 3 万人，教职工 1800 多人。坚持应用型高校建设和人才培养的目标定位，实施"适合的教育"核心理念，以学生为中心，坚持内涵发展，特色提升，落实"严父慈母、严管细导"双严管理，不断推进办学模式和人才培养模式改革，实现了持续、快速、健康发展。上学年，学校"深化产教融合培养应用型人才"的典型经验经山东省教育厅向全省高校推介。农圣文化研究传承成果丰硕，成为中国农史学会常务理事单位、山东农史学会副理事长单位。被大众网评为山东最佳社会声誉高校。获 5 项省级教学成果奖。获国家级大学生创新创业训练计划项目 12 项，教育部产学合作协同育人项目 10 项。校内建设的软件园，被评为国家级科技企业孵化器、国家中小企业公共服务示范平台、山东省大学生创业孵化示范基地。同时，建设了山东半岛蓝色经济工程研究院、山东省众创教育研究院、山东半岛机器人研究院，形成了"一园三院"的育人格局。学生参加全国、全省各类技能竞赛获特等奖、一等奖等 200 多项。普通本科毕业生考研率连续六年超过 30%，专升本考取人数连续 15 年位列全省高校第一名，毕业生初次就业率保持在 95% 以上。

同学们，我们面临的发展环境和国际形势越来越复杂、竞争越来越激烈。第四次工业革命方兴未艾，人工智能、区块链、量子科技等蓬勃发展，人类社会即将迎来智能时代。无论是难以预测的人工智能时代，还是日趋激烈的竞争形势，归根到底都是人才的竞争。站在人生新的起点上，学校将为你们的成才搭建优质的平台、创造优良的条件。希望同学们接过时代的接力棒,成为德才兼备的社会主义建设者和接班人,成就精彩人生。在此,我提三点希望和建议,与同学们共勉。

**成就精彩人生需要理想支撑**。习近平总书记指出:"青年一代有理想、有担当,国家就有前途,民族就有希望。"党的十九大宣告中国特色社会主义进入新时代,向我们展示了"两个一百年"的美好蓝图。作为千禧一代,你们从毕业走向社会建功立业的几十年时间,恰与国家第二个百年奋斗目标的过程相吻合,你们将是 2035 年基本实现现代化的排头兵,更是 2050 年建成社会主义现代化强国的中坚力量。新时代是拥有无限可能的时代,既拥有广阔发展的空间,也承载着伟大的时代使命。

大学是人生最重要的一段经历,是求知欲最强、创造力最丰富的阶段,也是由被动学习到主动学习的转变阶段。学什么、能学到什么、学得怎么样将完全由你们自己决定。如果单纯想获取毕业证书并不难,难的是如何真正丰富学识、增长才干、形成正确的价值观念。与过去相比,今天的你们拥有更多更好的机会和选择去实现人生价值。当然,也面临着更多不确定的诱惑与挑战,若信念动摇,就可能成为功利的附庸,失去人生的意义。只有内心坚定的人,才能不为外物所动,始终保持对事业的专注、对目标的坚持。大学三四年的状态可以决定你们未来的样子。大学是不同人生的分水岭,胸怀宽广、志向高远、脚踏实地、奋力拼搏者将为精彩的人生奠定基础;心胸狭隘、目光短浅、好逸恶劳、意志消沉者将为平庸的人生埋下伏笔;人生的命运永远掌握在自己手中。希望你们坚定理想信念,具有家国情怀,做好人生规划,明确奋斗目标。"仰无愧于天,俯无愧于地,行无愧于人,止无愧于心",是古代圣贤的价值追求,当代大学生要弘扬中华优秀传统文化,坚定理想信念,读书修为成长成才,对得起国家、对得起父母、更要对得起自己。

**青春的美丽需要不懈奋斗**。走过十八岁,转身成公民。你们将远离父母的叮嘱和呵护,成为独立的社会个体,肩负起法律赋予的权利和义务,完全为自己的言行负责。大学的三四年是人生最美好的年华,除了奋斗别无选择,选择了奋斗就选择了美好未来、幸福人生。每一代人的幸福只能靠每一代人自己去创造,而且每一代人都应承担对前辈、对自己、对后代的责任。希望同学们"在奋斗中释放青春激情、追逐青春理想。"

大学是学习的黄金时期,应该把努力学习作为首要任务,作为一种责任,一种精神追求、一种生活方式。今天的你们一起考入潍科,同样的老师,同样的课程,同样的起跑线,努力的程度不一样,几年后就会有着完全不同的未来。我们主张丰富和发展个性,尊重学生的个体差异和不同选择,但我们坚决反对不读书、不学习、消磨时光、虚度岁月的行为。经过分析,我们发现某些女生背包的大小与成绩成正比关系,背包越精致、越小巧,知识的占有量就越少,前途就越渺茫,当你的书包装不下一本书的时候,还去奢谈什么青春梦想,差不多的人生其实差很多。有的同学沉迷于网络游戏,在吃鸡、撸啊撸中迷失自我;有的同学进大学的唯一目标就是找个对象,在卿卿我我中消磨时光;而不懈奋斗的同学坚守本心,对学习依旧充满激情,在奋斗中实现青春梦想。在潍科,从来不缺奋斗的人物。这里既有求学于清华大学的李璐璐博士,也有考入山东省人民政府办公厅的聂建华、自主创业的房建、全国首届中华砚雕大师齐增升，更多的是在平凡岗位上，奉献无悔青春的一批批潍科学子们创造人生的精彩。即便是高考失利的学生，通过在综合学院的学习，95％以上都获得了自考本、专科证书，每年有 20 人左右考上了研究生。他们的故事告诉我们：幸福都是奋斗出来的。年轻人只有刻苦学习、勤奋进取，才能为实现人生价值打下坚实的基础。请相信，山再高，往上攀，总能登顶；路再长，走下去，定能到达。

**大学的过程就是不断学习创新。**古人云："大学之道，在明明德，在亲民，在止于至善。"大学自产生以来就是探寻真理的地方。习近平总书记在视察北京大学时说："学习就必须求真学问，求真理、悟道理、明事理。"我们的校训"修身、博学、求索、笃行"，要求修养身心、勤奋好学、科学求真、知行合一。在知识更新日趋加速的今天，仅凭一纸毕业证书、一个熟悉专业就安稳一辈子的时代一去不复返了。要想跟上时代发展的步伐，就必须不断学习，不学习就要落伍，不学习终会被时代淘汰。

"学如弓弩，才如箭镞。"大学不仅在于大，更在于学。大学的根本任务是立德树人，教师的天职是教书育人，而学生的本分是读书学习。不要在最美的年华，做一个只会玩手机的胖子。"腹有诗书气自华"，我们已经启动大学生读书"4030"计划，除教材之外，本科生在校四年读 40 本书，专科生在校三年读 30 本书，通过博览群书，增强文化底蕴，涵养人文素养和科学素养。"术业有专攻"，希望同学们学好专业知识，成为有技术本领的红色技师、工程师。学校会做好分类教学、分类指导，推广小组讨论教学、项目化教学，倡导参与式、探究式教学和线上线下、课内课外、校内校外混合式教学，同学们也要积极尝试自主学习、合作学习、探究学习。"纸上得来终觉浅"，希望同学们积极参与社会实践，做到知行合一，在这里，我要向大家发出"六个一"的倡议，在大学期间，人人参加一个社团、一个志愿服务队，参与组织一次活动、一项学校管理、当一次值周班长、有一个看家体育项目。"儒有博学而不穷"，希望同学们认真学好通识课程，积极选修其他课程，扎实学好专业课程，培养沟通能力、批判性思维、合作精神和创造创新能力，为未来发展打下坚实基础。

"苟日新、日日新、又日新。"创新是新时代发展的主旋律，机遇从不眷顾因循守旧、满足现状者；从不等待不思进取，坐享其成者；而是垂青善于和勇于创新的人们。学校软件园、创业园、省创业创新学院、省创客中心将为你们搭建广阔的创新平台，各类创新社团、技能大赛将为你们提供广阔的舞台。学校将为你们的创新创业活动创造条件，配备专门创业导师，落实创业优惠政策，提高创业孵化成功率。推动省高校科研平台、蓝工院、创客中心及校办企业、公司平台向你们开放，让你们早进项目、建团队、做课题，培养创新精神和科研能力，落实创新行动，走在创新创造的前列，做锐意进取、开拓创新的时代先锋。

老师们，同学们，这是一个伟大的新时代，只要有梦想、有奋斗、有机会，一切美好都能创造出来。愿同学们肩负起时代的使命，心中有阳光，眼里有远方，脚下有力量，与新时代共舞，成就精彩人生！祝老师们节日快乐、工作顺利！祝同学们学业有成、生活顺意！

（根据笔者 2018 年 9 月 10 日"在 2018 级新生开学典礼暨教师节表彰大会上的讲话"整理）

# 潍科遇见　成就更好的自己

**编者按:**人应该有两个故乡,一个是现实地理的故乡,一个则是精神上的故乡。大学正是一个人成长的精神故乡,在这个故乡里,我们读书学习,励志奋进,坚定理想信念,形成主动学习、独立思考、合作沟通、反思批判的思维能力,为精彩人生积蓄磅礴的青春力量。

同学们,今年是新中国成立 70 周年。70 年来,在中国共产党领导下国家取得了举世瞩目的伟大成就,实现了从站起来、富起来到强起来的伟大飞跃,我们进入了新时代。潍科始终与国家共命运,与时代同步伐。1984 年创建中专,2001 年组建专科,2008 年升格为本科,2016 年通过教育部本科教学工作合格评估,2017 年成为硕士学位授予立项(培育)建设单位,建校 30 余年,便实现了从中专到大专再到本科的跨越,成就了"千亩校园、万人大学"的梦想。我们已拥有 16 个二级学院,79 个本、专科专业,形成了以工学为主体、农学为特色,理学、文学、管理学、教育学、艺术学、医学等多学科协调发展的学科体系。自 2012 年第一届本科生毕业以来,考研率连续 8 年超过 30%,深造率居全国同类高校第一,2017、2018 连续两年大众网测评满意度全省同类高校第一,成为全国同类高校一流院校。这一成就的取得,靠的是"修身、博学、求索、笃行"的文化基因,靠的是"让认真成为品质"的精神品格,靠的是"创业敬业、求是求新"的学校精神,靠的更是一代代潍科人的接续奋斗。我相信,你们会从母校建设应用型特色名校的奋斗征程中汲取精神滋养,为国家发展、学校荣光、个人成长注入磅礴的青春力量。

大学的初心就是立德树人,重在价值塑造,培养学生专业发展以及独立思考、合作沟通、批判思维、主动学习、完善自我能力。今天,你们的大学生活正式开启,进入人生最重要的阶段。古希腊德尔斐神庙上有句箴言是"认识你自己",老子在《道德经》说:"知人者智,自知者明",如何定位自己,如何度过大学生活,这是你们现在必须思考的问题。

**理想信念是青春奋勇前行的灯塔。**"志不立,天下无可成之事。"理想指引人生方向,信念决定事业成败。一个人的堕落,往往是从理想信念的丧失或缺失开始的。有的同学进入大学,迷失自我,在网络游戏,在花前月下、卿卿我我中蹉跎时光;有的同学书包越来越小巧,妆容越来越精致,抖音越拍越熟练,游戏越玩越在行,但事实告诉我们这些形形色色的东西与知识占有量、与人生的境界格局往往成反比例关系。作为校长,我见过太多的悔恨者,不过时光不会倒流,走错的路终究不能回头。希望你们能够执着于梦想,付诸行动,最终到达人生的诗与远方。

习近平总书记说："核心价值观，其实就是一种德，既是个人的德，也是一种大德，就是国家的德、社会的德。"明大德在政治上就是选择马克思主义信仰，坚定中国特色社会主义信念，增强实现"两个一百年"奋斗目标和中华民族伟大复兴"中国梦"的信心。一个人的成功需要无数因素支撑，但共同的基础便是忠诚，其最高表现形式是对理想信念、价值观的忠诚。若理想信念动摇，就可能成为功利的附庸，失去人生的意义。在这里，我要告诉男同学，要扛起责任，敢于担当，要有家国情怀和志愿者精神，做顶天立地的男子汉；我还要告诉女同学，"清水出芙蓉，天然去雕饰"，青春是最美的衣表，清纯是最美的形象，切莫浓妆艳抹，误读青春，要做知书达礼、温文尔雅的新时代淑女。

眼界决定境界，格局决定结局。"井底之蛙，所见不大；萤火之光，其亮不远。"大学从不问英雄出自何方，种种辉煌已成过往，今天的你们又处于同一起跑线，都有广阔的空间和无限的可能。当然，也面临着更多不确定的诱惑与挑战，最近火爆全国的电影《哪吒》中生而为魔的哪吒喊出了"我命由我，不由天"的壮志豪言，最终改写人生命运。其实，每个人都是自己命运的开拓者，我们朝着梦想每一次义无反顾地前行，都为我们改变人生轨迹埋下了伏笔。希望你们修炼自治心，自立、自理、自制、自强，让人生可以走得更稳；修炼公共心，博爱仁恕，做合格公民，让人生可以走得更远；修炼进取心，勤勉耐劳、笃学奋进，让人生可以走得更快。

**读书学习是实现梦想的必由之路**。"大学教育就在于更高层次的心智状态。"大学有两种最基本的权利，一种是教师的权利即学术自由，一种是学生的权利即接受最好的教育。当前，经济全球化势不可挡，"一带一路"倡议得到广泛响应，人类命运共同体理念深入人心，中国已日渐走进世界舞台的中央，比以往任何时候更需要大量的优秀人才。21世纪最需要的是具有全球胜任力的人才，既要具备人文科学素养和外语能力，又要兼具合作沟通、批判性思维和创新能力。大学时期是求知欲最强、创造力最丰富的阶段，也是由被动学习到主动学习的转变阶段。大学生要守住"学"的本分，借鉴世界先进的"深度学习"理念，批判地学习、融入原有的认知结构，增强解决实际问题的能力。美国心理学家马丁教授研究表明，智商与学习关联度为 0.32，而自律与学习关联度为 0.67，一个人成功与否的关键在于时间管理和自我管控。大学从来不存在逃避学习的"安全区"，更没有可以无限重来的"时光机"，要想摘得"天空中最亮的星"，就要"一步一步往上爬"，将读书学习做到极致。

苏联教育家苏霍姆林斯基说："一种热爱书、尊重书、崇拜书的气氛，乃是学校和教育工作的实质所在。"大学的特点是专业教育，但不能忽视人文和科学素养教育，因为技术本身没有情感，没有价值观，只有专业技术与情感价值正向结合，才能为社会做出更大的贡献。一个人的精神发育史就是他的阅读史，让教育回归本真，阅读便是其中最重要的回归。在移动互联网时代，知识以"碎片化"的颗粒状方式随时随地向我们涌来，碎片化学习成为常态。但大学生的知识结构应是完整的、系统的、有序的，因此自主学习阅读能力显得十分重要。为此，学校启动了"4030"读书计划，除教材外，本科生四年读 40 本、专科生三年读 30 本以上经典名著,以提升素质、开阔视野、汲取能量,涵养人文和科学精神,为未来的发展和一生的幸福奠定基础。

古希腊哲学家苏格拉底说:"教育不是灌输头脑,而是点燃心火。"大学就是要点燃你们求知的心火,引领你们打开更为精彩的空间。在知识高度分化又高度综合且广泛交叉的今天,仅靠一个熟悉专业就安稳一生的时代一去不复返了。要想取得事业的成功,就要通识与专业融合地学,就要理论与实践结合地学,将知识基础专业技术、创新能力、价值塑造有机结合起来。为此,学校成立了通识学院和艺术教育中心,加强文学、科学、艺术教育,培养沟通能力、批判性思维、审美能力、人文科学素养。我校启动了教学模式改革,推广项目化、案例式教学,促进自主学习、深度学习。成立了修远学院,开通了尔雅网络课程,可以自主选择选修课,也可以积极参与第二课堂,实现自我提高。实施了创新创业扶持计划,配备专门创业导师,开放软件园、省创业创新学院、省创客中心等创新平台,为大学生实践能力和创新能力提升创造条件。

**励志奋进是青春最美的底色**。雨果曾说:"谁虚度了年华,青春就将褪色。"据说,世界上有两种动物可以到达金字塔尖,一种是雄鹰,在于它拥有坚强有力的翅膀;一种是蜗牛,在于它拥有坚忍不拔的毅力。我们虽没有雄鹰的翅膀,却有蜗牛的毅力。同学们都已年满 18 岁,成为独立的社会个体,享有法律赋予的权利与义务。据统计,你们中间超过 70% 是"家庭第一代大学生",承载着家庭、社会和国家的希望。高考前,父母和老师总讲:"现在辛苦一下,等考上大学就解放了",但今天,我要告诉你们,这是一个善意的谎言,在潍科的每一天都将不会轻松,潍科一直在努力打造有深度、有难度的"金课",实施了学业预警机制,取消了毕业清考,杜绝"严进宽出",鼓励同学们向着更高更难挑战自己。

"知者行之始,行者知之成。"大学所学不能只停留在书本上、头脑里,应该落实到行动上。在这里,我向大家发出"六个一"的倡议:在大学期间,人人参加一个社团、一个志愿服务队,参与组织一次活动、参加一项学校管理、当一次值周班长、有一个看家体育项目。做到知行合一、以知促行、以行求知。有人说强者有三个重要条件:最野蛮的身体、最文明的头脑和不可征服的精神,而身体是一切的基础,希望同学们积极参加体育俱乐部活动,走出宿舍、走下网络、走向操场,去锻炼好迎接一切挑战的身躯。

"青春须早为,岂能长少年。"青春就是一场盛大的远行,没有什么成功的捷径,只有奋斗才是开启幸福人生的金钥匙。在大学里,如果没有真正为一份所热爱的事业付出百分百的努力,你可能永远都不知道自己原来可以这么优秀。你们是用几年的努力去换几十年的事业人生,还是用几年的安逸去换几十年的漂泊不定,希望你们认真思考,并作出正确选择。潍科的校园从不缺乏奋斗者,这里既有从专科一路深造到清华大学的李璐璐博士、同济大学的王洪涛博士,也有创业成功的百度山东开创公司董事长房健、全国首届中华砚雕大师齐增升,还有散布在全国各地、各行各业、奉献无悔青春的一代代潍科学子们。希望你们能够从杰出校友的奋斗经历中感悟到成长的真谛,心向阳光、无问西东,不负寒窗、不负韶华,用奋斗成就无愧于自己、无愧于父母、无愧于时代的精彩人生。

同学们,一代人有一代人的使命,一代人有一代人的担当。你们这代人注定不凡,将全程参与并见证"两个一百年"奋斗目标和社会主义现代化强国的实现。愿同学们珍惜这个伟大时代、珍惜在大学里遇见的每一个人、经历的每一件事、拥有的每一段时光,把人生理想汇入时代洪流,让青春梦想与家国情怀共振,用奋斗成就最美的芳华。遇见潍科,未来可期,一切都是最好的安排!

(根据笔者 2019 年 9 月 10 日"在第 35 个教师节庆祝大会暨 2019 级新生开学典礼上的讲话"整理)

# 懂得珍惜　让青春绽放最美芳华

**编者按：**大学之道，在明明德。潍坊科技学院有"修身、博学、求索、笃行"的校训、"让认真成为品质"的校风、"勤学苦练"的学风，这些令代代潍科人无比骄傲的精神品格，是一代代潍科人前行路上的不竭动力。

2020年是我国实现第一个百年目标、全面建成小康社会的收官之年。伴随国家波澜壮阔的历史进程，潍科始终与国家共命运，与时代同步伐。

如今的潍科已走过20个年轮，由小到大、由专到本、由弱到强，一路走来，硕果累累。有全日制在校生3.1万余人，拥有5个学部、13个二级学院、81个本专科专业。今年，学校获得山东省"挑战杯"、"互联网＋"大学生创新创业大赛三项金奖，实现了历史性突破。2020年全国新建本科院校联席会议将在我校举办，办学影响力持续提升。自2012年第一届本科生毕业以来，考研率连续9年超过30％，列全国同类院校第一名。2017—2019连续三年大众网测评满意度全省同类高校第一。近年来，涌现出了团十八大正式代表孟金鹏，中华全国学联第二十七届委员会正式代表张满意，全国大学生志愿服务西部计划优秀志愿者杨洪义、孙枫毅，山东省大学生"青春贡献奖"徐靖淋、王鹏程，从专科一路深造到博士的李璐璐、王洪涛等优秀学子。我相信，风华正茂的你们携手意气风发的潍科，定能汇聚起磅礴的青春力量，创造出无愧于伟大时代的新辉煌！

同学们，2020年注定将成为我们生命中不可磨灭的印记。新冠肺炎疫情夺走了全球89万余人的生命，给人类社会带来了巨大冲击。我国在以习近平同志为核心的党中央坚强领导下，坚持人民至上、生命至上，以钟南山为代表的专家学者、医护人员、快递小哥、社区工作者等等，一个个平凡的人毅然成为"最美逆行者""生命摆渡人""健康守门员"，合力取得抗击疫情斗争重大成果。潍科的老师们一边参与学校、社区防疫，一边开启"十八线网红主播"之路，实现了"停课不停教、不停学"。同学们积极配合防疫、居家学习，克服了疫情影响，顺利考上了大学。在此让我们以热烈的掌声向参与抗疫的每一个平凡而又伟大的人们致以最崇高的敬意！

疫情之下，每个人的心灵都经受了一场洗礼，对生命有了更深的感悟。无论是处于顺境还是逆境，经历欢乐还是苦痛，都应该保持对生命的敬畏，拼尽全力去珍惜、守护在意的人、看重的事和最初的梦。在此，我有三点感悟，与同学们共勉。

**要珍惜伟大时代，厚植家国情怀**。你们何其幸运，求学于一个百舸争流、千岩竞秀的伟大时代。这是最好的时代,经济繁盛、科技繁荣、文化繁茂。人类积攒了几千年的文明成果都能为你们所用,你们拥有比以往任何时期都更能施展才华、实现抱负的广阔舞台。一个国家最好看的风景,恰是这个国家的年轻人。现在的你们,就像早上从东方升起的太阳,正处于最有朝气、最具活力、最富创造力的年龄,应当满怀自信地去拥抱新时代,勇于肩负起时代赋予的重任。

"人无精神则不立,国无精神则不强。"理想信念是人生的支柱,精神家园是永恒的乐章,它连接过去、现在和未来。无论是中华传统文化还是社会主义核心价值,都提倡集体利益高于个人利益,为社会、国家和民族奉献的人生才能永恒。只有坚定理想信念,才能守护精神家园。老子说:"致虚极,守静笃。"越是喧嚣复杂的环境,越要懂得坚守信念的价值。庄子说:"哀莫大于心死。"有的同学进入大学,在王者荣耀里游戏人生,在花前月下蹉跎岁月,在精致妆容里迷失自我,最终虚度年华,毕业时悔恨不已。古人云"虽不能至,然心向往之"。大学是一块净土,是道德感最强的地方。希望你们选好历史长轴上的坐标,在骨感的现实面前,树立更多丰满的理想,做一个有道德感的人、一个有良心的人、一个向善的人、一个有责任感的人、一个对公平正义有着坚定信念的人,让校园成为文化归属和心灵安顿的精神家园。

"天下兴亡,匹夫有责。"我们每个人都不是一座孤岛,正如鲁迅先生所说,"无穷的远方,无数的人们,都和我有关"。"修身齐家治国平天下"是古人的家国情怀,对自己、对家庭、对社会和国家负责是新时代的家国情怀。人生最大的幸事,莫过于个人的理想与国家的前途同向而行;青春最大的荣光,莫过于个人的成长与民族的复兴交相辉映。希望同学们在"理想信念、家国情怀、励志奋进"三大主题教育活动中汲取力量,把个人理想融入民族复兴的百年浪潮,成为澎湃奔涌的"后浪",到命运的激流中奋勇搏击,书写出精彩的人生华章。

**要珍惜大学时光,安心读书学习。**德国哲学家卡尔·雅斯贝尔斯说:"大学是一个由学者与学生组成的、致力于寻求真理之事业的共同体。"大学有两种最基本的权利,一种是教师权利即学术自由,一种是学生权利即接受最好的教育。学者以学术为生存方式,学生以学习为使命。善待学生、尊重教师应成为校园风尚。师道尊严是传统的文化价值,师生平等是新型师生关系,自由、自律、自尊是学术共同体的应有之意。我们一直致力于打造师生学术共同体,实施导师制和启发式教学,每一位老师、每一部经典都将引领你们打开别样精彩的广阔天地。"吾爱吾师,吾更爱真理",真理面前人人平等,希望你们能够保持思维的定力,独立思考,敢于质疑,让真理之光照亮青春逐梦的道路。

"大匠诲人,必以规矩。"纵观历史先贤和身边成功者,无不是将自律融入到血脉之中,成为身体和灵魂的一部分。无法抵制诱惑,是人生诸多痛苦的根源。我们处在自媒体、全媒体时代,利益多元复杂,各种诱惑奔涌而来。一部手机就可能成为成功与失败的关键,将其视为学习终端,学业则步步提高,将其用作娱乐消遣,学业则如临深渊。热衷于低俗的娱乐,往往是退步堕落的开始。有的同学将大学作为全新的起点,有的则看作是学习的终点，不同的选择，成就不同的人生。待几年后，有的同学意气风发、登高望远；有的则一无所获，黯然离场。希望同学们，律己修身，奋发有为，于实验室中验证理论，在图书馆里对话先贤，书写出与时代同样光彩的人生华章。

"书籍是人类进步的阶梯"，"读一本好书就像与一个高尚的人谈话"。书籍提升个人素质、境界和能力。防止娱乐至死的最好药方是读书，而读书贵在坚持。"坚持，是一种可以养成的习惯。"坚持阅读、学习可以造就人生的辉煌，成就卓越的内涵。"现在决定未来"，只有学会自主学习、自我管理、自我教育、自我服务，增强人文底蕴，弘扬科学精神，才能成为全面发展的人。为此，落实"4030"读书计划，支持学生在云购买平台购书，学校买单，读后归图书馆。鼓励在教学楼、教室建设图书角，实现书籍资源共享。

**要珍惜青春年华，奋斗成就未来。**"奋斗是青春最亮丽的底色。"年满18岁，已是法律意义上的成年人，应担负起应有的责任。无论追求怎样的人生，奋斗都应该是打开幸福之门的金钥匙。"穷且益坚，不坠青云之志。"奋斗的道路不会一帆风顺，往往荆棘丛生。弱者习惯将挫折看作是前进路上的障碍，导致"山重水复疑无路"，而强者却将挫折变成翻山越岭的桥梁，实现"柳暗花明又一村"。希望同学们保持咬定青山不放松的定力，高喊"我命由我，不由天"的壮志豪言，用奋斗成就一番事业。

"教育即生活，教育即生长"。"做中学""知行合一"是现代教育思想的根基。要做读书人，不做书呆子。"世事洞明皆学问，人情练达即文章"，实践才能出真知。一个人的情商比智商更为重要，沟通合作、表达接纳、组织协调、助人为乐、义工精神等等诸多智力外因素将决定成败。希望同学们参与到"六个一"活动中去，在社团志愿服务队、文艺活动、学校管理、值周班长、体育项目中锻炼成长，为实现精彩人生积蓄力量。

在这里，我要特别强调健康是奋斗的基础。联合国教科文组织认为人的健康包括"三要素"，即生理健康、心理健康、社会适应性健康。目前，大学生生理健康最大的问题是运动不足。希望同学们养成良好的饮食习惯，加强身材管理，走出教室、走出宿舍、走下网络，"每天运动一小时，健康工作四十年，幸福生活一辈子"。心理健康需要正确认识自己和他人，正确对待人生成败。"没有完美的个人，只有完美的团队"。希望同学们以"己欲立而立人，己欲达而达人"的人生境界，见贤思齐，合作共赢。以"胜不骄、败不馁"精神状态，真正理解幸福的含义，学会与内心对话，获得心理的愉悦、心底的明媚。进入大学，同学们面临人生角色、教育场景、学习方法的诸多变化。"察势者智，顺势者赢，驭势者独步天下"。要顺应社会发展大势，把握事物本质规律，顺势而为，以奋斗之我，在新时代建功立业。

同学们，军训是大学的第一课。希望你们珍惜军训机会，在训练中磨砺意志，培养爱国主义情怀，增强国防意识，加强组织纪律，为今后的学习打下良好的基础。军训期间，同学们要主动走进校史馆，阅读《校园文化概览》，了解潍科、认同潍科，从学校的发展历程、文化底蕴中汲取成长的力量，让潍科的事业薪火相传。

"少年负壮气，奋烈自有时。"今天，同学们正式开启崭新的大学生活。新起点，新征程,新目标。让我们在习近平新时代中国特色社会主义思想的指引下,弘扬"创业敬业、求是求新"的精神,珍惜伟大时代、珍惜大学时光、珍惜青春年华,胸怀理想、志存高远,不问西东,不负韶华,用奋斗成就无愧于自己、无愧于父母、无愧于时代的人生芳华!

(根据笔者 2020 年 9 月 10 日"在第 36 个教师节庆祝大会暨 2020 级新生开学典礼上的讲话"整理)

# 致毕业生的四点希望

**编者按：**每一所大学都有自己的精神气质。大学生生涯的结束，充满了忧伤、不舍，也充满了对未来的希望。校长在大学生涯的"最后一课"——2012年毕业典礼上对毕业生提出四点希望，希冀毕业生做事认真、负起责任、懂得感恩、学习创新，做社会主义事业合格建设者和接班人。

2008年学校升建本科是学校发展史上的重大跨越，今天，我校有了首届本科生毕业，作为校长我将毕业证书和学士学位证书颁发给每一位毕业生。毕业证代表着学习的经历，学位代表着学习水平和层次，一所新建本科院校具有学士学位授予权是正规办学的标志，是学校发展过程中的一个里程碑，首届本科生具有重要纪念意义。在同学们学有所成带着潍科烙印走向社会的重要时刻，作为师长，对大家提出四点希望以共勉。

**第一，做一个认真的人**。认真，就是严肃对待，从不马虎，以严肃的态度或心情对待。前几天我和寿光的一大型企业的负责人聊天，听他谈到公司的骨干很多是我们潍坊科技学院的毕业生，其特点是工作认真，年薪20万元以上的人很多，有的已经干到副总，我感到非常欣慰。相反在公司里有些名牌大学的毕业生还是他们的下属，有些名校毕业生"这山望着那山高"，工作不认真、不扎实，马马虎虎，最终被对手远远地甩在身后。众所周知，日耳曼民族以近乎呆板的严谨认真闻名于世，正因如此才造就了奥迪等卓越的品牌。认真是干好工作的基础，只有具备认真的品质，才能不断完善自我，为未来发展、成就卓越人生打下坚实的基础。时势在变唯此品质恒存，希望大家把"让认真成为品质"的校风真正融入内心中，成为一种文化自觉，时时、处处、事事认真，认真对待工作中的每一个环节、每一个步骤，以踏实的工作，不懈的努力，用事业的成就来彰显自己的人生价值。

**第二，做一个有责任心的人**。责任就是担当，更是付出。责任是一种心态，一种美德，更是一种品质。在中国传统文化中，仁的最高表现是孝忠，孝是尽家庭责任，忠是尽国家责任，因此有家国情怀就有责任担当。大学生是未来社会的中坚，肩负民族复兴的重任；大学生是家庭的骄傲、父母的希望，敬业爱岗有业绩，成家立业负责任，奉献社会回报父母。责任感是衡量一个人精神要素的重要指标，责任心是成就事业的可靠途径。大学毕业生带着知识、带着能力、带着责任感走向社会，唯责任让人勤奋，唯责任让人上进，唯责任让人理智。一个没有责任心的民族，肯定是一个败落的民族；一个没有责任心的企业，肯定是一个是失败的企业；一个没有责任心的人，他的一生也注定是失败的。希望大家肩负起责任，忠心献祖国，孝心献父母，关心献社会，信心留自己。事业是人生幸福的基础,应立足本职干事业,脚踏实地不漂浮,在平凡的工作中担当起自己应负的责任,在工作中锤炼自己,提高自己,不断走向成功。

第三,做一个感恩的人。感恩是一种美德,也是一个人优秀品质的体现。我们每个人首先要感激父母的养育之恩,"谁言寸草心,报得三春晖"。要感谢亲朋好友的帮扶之情,感怀老师的培育之心,"滴水之恩,当涌泉相报"。感恩伟大祖国,经济快速发展,国力持续增强,"位卑未敢忘忧国"。学校在发展过程中一直坚持"以生为本、质量为魂"的理念。为此,我们做了大量工作,但是仍然存在很多不足。但在这个宏大而美丽的校园,尽职尽责的老师、互帮互助的同学,与你一起塑造积极正向的人生观、价值观、世界观。今天,你们就要以合格大学生身份走向社会、远走高飞,实现人生价值。母校是学子的精神故乡,在母校度过大学时光,走过四季感受冷暖,喜怒哀乐不曾放弃,收获知识与能力,收获成长与友谊,应不忘母校师生情谊。感恩是干事创业的精神力量,有一颗感恩的心,生活才会更和谐、人生更幸福。生活是一面镜子,你笑,它也笑;你哭,它也哭。感恩赢得美丽人生,获取向前向上向善原动力。

第四,做一个学习创新的人。20世纪联合国教科文组织就有官员预言:21世纪的社会是学习型社会,未来的文盲是不会学习的人。我们处在信息化社会,科技创新日新月异,谁不学习谁就落伍。大学的经历重在过程,知识会忘掉也会老化,唯价值观与思维方法、批判精神、学习习惯、创新与实践能力成为素养将受益终生。温家宝曾说:"读书让我们积极并有安全感,学习才会创新,创新才能提高效率,提高效益,有业绩,贡献大,就会创造人生的辉煌。""读书、思考、实践"三位一体,保持大学的阅读习惯,思考工作中的问题,问题当课题。发明创造固然重要,改进亦是创新,创新带来效益推动社会发展。"天道酬勤"是人世间不变的道理,曾国藩在家书中将"戒奢戒逸戒骄"作为家风传承成就家族的繁衍,造就一个个栋梁之材。爱迪生一生勤奋,每天工作十几个小时,晚上坚持学习两三个小时,成为世界发明大王;创造新东方奇迹的俞敏洪,用餐时间限定在20分钟,接待客人不超过15分钟,确保读书学习和工作的时间。古今中外在发明创造上取得成果的都是勤奋学习勤奋工作的,所有的成功都是创新的结果。

同学们,大学时光,是你们一生中最美好、最珍贵、最值得怀念的岁月。校园里留下了你们指点江山、激扬文字的青春豪情;留下了你们挑灯苦读、孜孜以求的奋斗足迹;留下了同窗之间、师生之间的深厚情谊。同学们,未来属于你们,更精彩的人生故事等待你们去书写,希望你们带着潍科的文化精神基因,在自己的工作岗位上创造更大的业绩,学校也等待你们增添更加绚丽的色彩!无论你们走得多远,无论你们飞得多高,母校永远是你们坚强的后盾,永远是你们的精神家园,欢迎你们常回家看看!

(根据笔者2012年6月21日"在2012届毕业生毕业典礼上的讲话"整理)

# 逐梦新时代　奋斗正当时

**编者按**：新时代赋予新使命，新使命开启新征程。逐梦新时代，要做公民之楷模；逐梦新时代，要做不懈的奋斗者；逐梦新时代，要做信念的坚守者；逐梦新时代，要做潍科的代言者。新时代的广阔天地，追寻梦想正当时。

新时代赋予新使命，新使命开启新征程。今天，你们即将奔赴新时代的广阔天地，继续追寻自己的梦想。临别之际，我想和大家分享一些自己的思考和感悟，与大家共勉。

**逐梦新时代，要做公民之楷模**。榜样的力量是无穷的。"一个有希望的民族不能没有英雄，一个有前途的国家不能没有先锋。"中华民族是圣贤英雄辈出的民族，虽然不是每个人都能成为圣贤英雄，却应以他们的精神价值作为引领，照亮内心世界的星空，做人之君子，成公民楷模。

公民楷模首先要有教养。教育家苏霍姆林斯基说：在人类心灵的花园中，最质朴但是最动人的花朵是人的教养。我们的八字校训第一个便是"修身"。修身，修的是素质和品质，是境界和格局。去年，我送给毕业生一段话，今天再次把它送给大家，那就是"对上以敬，对下以慈，对人以和，对事以真"。

公民楷模要有情怀。"一枝一叶总关情"，于细微处见精神。当外卖小哥送餐迟到时，是给予差评还是报以微笑？当老人跌倒时，是勇敢去扶还是视而不见？当我们衣食无忧时，是否关注身边的弱势群体？当我们成为大多数时，是否尊重少数人的权利？当面临良心拷问时，是坚持原则还是随波逐流？你们的选择就是中国未来的样子。这个时代缺的不是完美的人，缺的是从心里给出真心、正义、无畏和同情的人。希望你们心中有圣贤英雄，践行君子人格，做公民的楷模，引领社会风尚，推动社会发展。

**逐梦新时代，要做不懈的奋斗者**。党的十九大向我们展示了"两个一百年"的美好蓝图，我们跨入新时代，拥有无限的可能。当你们拿到毕业证时，是否想过自己即将从学校"大染坊"进入社会"大熔炉"；又是否想过 2021 年、2035 年、2049 年这三个历史节点？从全面建成小康社会到基本实现现代化，再到建设现代化强国，整整 30 年的时间，你们将是亲历者、见证者，更重要的是建设者。

回顾学校发展历史，有四个关键节点：2001 年，建立潍坊科技职业学院；2008 年，顺利实现了专升本；2016 年，学校顺利通过教育部本科教学工作合格评估；2017 年，学校成为硕士学位授予立项建设单位。一代代潍科人正是秉承"创业敬业、求是求新"的精神，才实现了学校健康快速发展。如今，这一精神已融入潍科人的血脉，成为实现我们幸福人生的不竭动力。每个人都有追求幸福的权利,但对幸福的理解各不相同。有人说幸福是一种感觉,做自己喜欢的事,但我们更相信"只有奋斗的人生才称得上幸福的人生"。正如一位科学界泰斗说的"我用100%的时间工作,我用100%的时间生活"。当我们将事业与生活融为一体的时候,在生活中找到事业的乐趣,在事业中发现生活的色彩,幸福已然来到我们身边。

事业是人生之基,没有事业,幸福也无从谈起。事业不能以金钱、权力为标准,应将所从事的工作当作事业。"空谈误国、实干兴邦",社会上从不缺有想法的人,真正缺的是将想法付诸实践的人。或许我们离所谓的成功还有很长的路要走,但没有比人更高的山,没有比脚更长的路,请相信,没有白走的路,每一步都算数。希望你们把自己的事业融入国家的发展,把自己的人生融入社会的进步,努力做新时代的建设者。

**逐梦新时代,要做信念的坚守者。**信念是支撑人生大厦的精神支柱,理想是引导人生之舟破浪前行的精神灯塔。世界很美好,世道很艰难。人生道路不可能一帆风顺,我们总会遇到坎坷挫折,疲惫与焦虑会困扰我们,金钱和名利会诱惑我们,当我们信念动摇,就可能成为功利的附庸,失去人生的意义。只有内心坚定的人,才能不为外物所动,始终保持对事业的专注、对目标的坚持。哲学家爱默生说,"一心向着自己目标前进的人,整个世界都会给他让路"。因此,我们要慎独慎初慎微慎欲,做到"心不动于微利之诱,目不眩于五色之惑"。

"格局决定结局,态度决定高度"。你的目标有多高,你就能走多远,你的格局有多大,事业就能做多大。人生的成功不在于你赢过多少人,而在于你帮过多少人;不在于你索取有多少,而在于你奉献有多大。你帮过的人越多,服务的地方越广,那你成功的机会就越大。为人民服务是高尚的道德境界,我们必须把帮助他人,服务社会作为首要的价值目标。

信念的坚守源于内心的定力,需要不断地学习。大学毕业证书证明的是一段经历,所学专业表明未来的一个发展方向。在日新月异的信息化社会,仅凭一纸毕业证书、一个熟悉专业就安稳一辈子的时代一去不复返了。随着智能化时代的到来,专业逐步走向深化、细化和综合化。以不变应万变的根本方法就是不断学习、不断创新、不断适应,让学习成为常态,成为生命的一部分。

**逐梦新时代,要做潍科的代言者。**一流的高校一定有一流的学生,学生、校友的成功就是学校最大的成功。去年,我们推出了校友故事,美国康奈尔大学的许延帅博士、清华大学的李璐璐博士等为代表的校友在学术之路上不断攀登,但更多的是近十万校友在不同岗位上敬业奉献,发挥聪明才智创造美丽人生。每位校友的成功故事都体现了"创业敬业、求是求新"的精神,让认真成为品质,一步步走向成功。

我经常接触校企合作的企业老板,他们认为潍科的毕业生工作更加认真,比同期进入公司的名牌大学毕业生进步更快。作为校长,我感到莫大的欣慰和无比的自豪。"九层之台,起于累土;千里之行,始于足下。"希望你们不要担心没有"双一流"的学历,只要你们执着认真,不断进取,发扬工匠精神,努力成为红色技师、工程师,就一定能够创造双一流的业绩。我相信,潍科精神必将在你们身上延续,而潍科故事也必定会因你们而更加精彩!

同学们,一代人有一代人的使命,一代人有一代人的担当。你们是与新时代共同前进的一代,既拥有广阔发展空间,也承载着伟大时代使命。希望所有毕业生无问西东、无问功利,只问奋斗、只问初心,成就你们这一代人的芳华,不负新时代的重托。也请同学们记住,无论何时何地,潍科都是你坚定的后方,随时随地挺你! 你赢,陪你笑傲江湖! 你输,陪你东山再起!

(根据笔者 2018 年 6 月 30 日"逐梦新时代　奋斗正当时——在 2018 年毕业典礼上的讲话"整理)

# 面临抉择的智慧与勇气

**编者按：**人生由一个个选择串起，曾经的选择成就了现在的自己，今天的选择也将造就明天的自己。选择需要智慧，选择更需要勇气，希望我们选择善良，选择合作，选择担当，选择学习，铸就更加美好的未来。

同学们，毕业是到站，也是启程，你们将会面临更多的人生抉择。选择需要智慧，曾经的选择成就了你们的现在；选择更需要勇气，今天的选择也将造就你们的明天。人生路上常常遇到"十字路口"，有句话说"路线对了头，一步一层楼"，希望你们认真思考人生的方向，能够一次又一次做出正确的选择。

**选择善良**。一位文化名人说过："一个人最值得珍视的是仁慈的天性，这远比聪明重要；如果缺乏仁慈的天性，就应该通过艰苦修炼来叩击良知；如果连良知也叩击不出来，那就要以长期的教育使他至少懂得敬畏、恪守规矩。"毕业不是教育的结束，良知需要一生的叩问。人类需要公平，但社会应该立体，立体就是等差，以等差实行公平，才有真正的可能。当你们开启新征程的时候，会面对财富、地域、家庭、学历等客观存在的等差，但仁慈的天性、修炼的良知，懂得敬畏、恪守规矩与等差无关。人人都可能登上道德高峰，成为精神的富翁。

善良是一种天性，也是一种能力。做优秀公民，成公民楷模，首先应具有君子人格。君子文化是祖先留给我们最大的精神遗产，君子的底色便是善良。面对生活的挑战、人生的诱惑、不良的风气，是屈从名利，还是坚持真理？是随波逐流，还是保持敬畏？是明哲保身，还是据理力争？"君子喻于义，小人喻于利"，选择考验我们的灵魂，不同的选择成就不同的人生。选择善良的人多一个，社会的公平正义便会增一分。小到捡拾垃圾、保护环境，大到担当道义，报效国家，从个人价值的实现到社会主义核心价值观的弘扬，从重视家庭、讲孝道到服务社会、尽到责任，无不体现着君子人格，更应该成为新时代大学生应有的素质。

**选择合作**。"独行快，众行远。"构建人类命运共同体，合作共赢已成为世界大势。世界单边主义背离了全球化时代分工与合作，现实生活中，个人主义否定了团队合作精神。在各行各业的赛场上，没有永远的冠军，只有配合完美的团队。无论是阿里巴巴、腾讯、华为这些世界级企业，还是嫦娥、神州、北斗这些国之重器，都是由团队创造的伟大成果。前段时间，多伦多猛龙队创造由美国境外球队夺取 NBA 总冠军的历史，靠的也是配合默契的团队进攻。

合作的要义在于分享。马克思说过,"人们所奋斗的一切都与利益有关"。合作固然需要共同的价值观为基础,利益的分配共享则是达成合作的根本。李嘉诚的经营之道正是在利益面前让利他人,本来给对方 3 分利就可以,但要给 4 分利,以巩固合作,赢得市场。当个人利益至上,狭隘意识作怪,一切合作将无从谈起。很多同学将选择创业,合伙人是创业的基本形式。在齐鲁大地、孔孟之乡,合伙人的滞后,成为与南方发达地区差距的主要原因,究其根源在于狭隘的利益观。只看眼前利益,零和博弈,结果是两败俱伤;放眼长远,合作将蛋糕做大,才是增强自身、持续发展的长久之道。当然合作不否认竞争,不回避功利,优胜劣汰是自然社会的法则,但竞争要遵守规则,有序的竞争才能带来事业真正的成功。

**选择担当**。人在一生中会扮演很多角色,每个角色都有特定的责任。只有扛起责任、敢于担当、勇于挑战,才能赢得人生出彩的机会。如果不是出身富贵,忠诚和勤奋是成就事业的唯一机会。尽心尽责、问心无愧才是真正的幸福人生。希望你们弘扬"创业敬业、求是求新"的精神,不论身处什么岗位,担任什么角色,都能践行"对上以敬,对下以慈,对人以和,对事以真",都能做到"居处恭,执事敬,与人忠",找到事业成功和人生幸福的平衡点。

每个人都渴望幸福,而"幸福都是奋斗出来的"。当我们翻翻历史书、读读名人传、看看当代史,哪位古今中外的成功人士没有一段曲折的奋斗史。习近平总书记曾寄语青年学生,"当代青年是同新时代共同前进的一代,广大青年既拥有广阔的发展空间,也承载着伟大的时代使命"。时代已向你们发出召唤,你们的担当蕴含着国家的前途,也承载着民族的希望。一个人能量的大小取决于内心信念坚定的程度,相信梦想和目标会让你充满正能量,从而不知疲倦。希望你们"不忘初心,矢志不渝",面对鲜花不停步,面对荆棘不退缩,"撸起袖子加油干",让奋斗的汗水铺就通往幸福的道路。

**选择学习**。这是一个飞速发展的时代。2016 年,阿尔法狗战胜围棋九段李世石,标志着人工智能时代的到来。同年,英国科学家霍金在《卫报》的一个专栏写道:"工厂自动化已经让众多传统制造业工人失业,人工智能的兴起很有可能会让失业潮波及中产阶级,最后只给人类留下护理、创造和监督工作。"你们读大学的这几年,中国"慧眼""悟空"遨游太空,C919 大型客机飞上蓝天,"嫦娥四号"奔向月球背面。以大数据、量子科技、5G 为代表的新一轮创新浪潮正在勃然兴起,中国迎来了创新驱动、科技引领的新时代,比以往任何时候都更需要有学习能力、创新能力的人才。世界每天在变,唯有坚持深度学习、强化学习、对抗学习才能应对。由"知识人"向"创新人""智慧人"转变,才能跟上时代节拍,不至于被社会淘汰。

"凡有所学,皆成性格。"受专业影响,你们的认知、思维方式烙上了深刻的专业印记,但所学专业不过是人类庞大知识体系的一个微小分支,各有所长,又有所短。学习的目的不仅在于获取知识、掌握技艺,更重要的在于完善自身、塑造价值、全面发展。这世上从没有稳定的工作,只有稳定的学习能力,在专业逐步走向深化、细化和综合化的今天,仅凭一纸毕业证书、一个熟悉专业就安稳一辈子的时代一去不复返了。在智能化时代，每个人的一生都是以学习为半径的圆，半径越大，拥有的天地越广阔，实现的人生越立体。愿你们不断学习，终身学习，丰富科学与人文精神，既要德才兼备、技艺超群，更要人格完善、人生精彩。

同学们，明天开始，你们将实现华丽转身，由潍科学子变成潍科校友。希望你们从此带走的不仅有一纸毕业证书，更有潍科精神、潍科品格。我相信，你们已经做好准备踏上新征程。衷心祝愿你们一帆风顺，鹏程万里！也请你们记住，无论你们身在何方，你们都是潍科永远的牵挂，母校的大门也永远向你们敞开。再见了，亲爱的同学们！愿你们永葆赤子之心，纵使尝尽世间冷暖，归来仍是白衣少年。

（根据笔者 2019 年 6 月 27 日"面临抉择的智慧与勇气——在 2019 年毕业典礼上的讲话"整理）

# 于平凡之中成就卓越

**编者按:**我们终要回归平凡,但平凡并不意味着平庸。伟大出自平凡,平凡造就伟大。一个国家既需要功勋卓著的英雄,也需要默默付出的普通劳动者。每个人都可以在平凡中成就不平凡,都可以在平凡中成就卓越。

夏风拂柳,揽月莲开。相遇即是缘起,每一个走进生命的人,每一段旅程发生的事,都不是偶然。几年前,你们怀着梦想选择了潍科,得遇天下志同道合之人。几年间,你们"书生意气,挥斥方遒",在象牙塔内追求科学真理。今天,你们带着更大的目标和激情,准备迈向更为广阔的天地。此时,站在时间的长轴,回首过往,内心无限感慨。我们一起走进了新时代,一起抗击了新冠肺炎疫情,一起见证了国家的发展,共同书写了丰富多彩的潍科故事。

同学们,你们即将告别大学,走向社会。对事业、爱情、友谊等人生美好愿景的追求成为前行的动力。我们都曾有"乘风破浪由此始,壮志未酬誓不休"的豪迈。今天,我要以一个长者的身份告诉同学们,我们终要回归平凡,但平凡并不意味着平庸。习近平总书记说:"伟大出自平凡,平凡造就伟大。"一个国家既需要功勋卓著的英雄,也需要默默付出的普通劳动者。当代中国不缺雄韬伟略的战略家,缺的是精益求精的执行者;不缺各类规章制度,缺的是不折不扣的执行者。我希望你们能够从潍科出发,让认真成为品质,于平凡之中成就卓越。

**成就卓越需要以德立身**。马克思说:"在选择职业时,我们应该遵循的主要指针是人类的幸福和我们自身的完美。"只有为同时代人的完美、幸福而工作,才能自己也达到完美。无论是中华优秀传统文化,还是社会主义核心价值观,都强调"崇德、乐群",提倡在处理物质和精神关系时,将精神生活、精神生命放在更高位置;在处理集体与个人关系时,将个人价值和集体发展相统一,集体利益高于个人利益。唯有"崇德、乐群",方有家国情怀,责任担当。其实,爱国并不抽象,并不遥远,有一片孝心,记一段乡愁,爱一个岗位,守一颗善心,献一份力量,这都是爱国的直接表达。

最近有一部热播电视剧《觉醒年代》,很多人追问有没有续集?有一个高赞回答说,现在的幸福生活便是续集。当下,我们生活在和平年代,远离了社会动荡,却面临诸多诱惑,容易迷失本心。君子必然是有文化、有知识的人,君子与小人间是修养而非文化的差别。《平凡的世界》说:"每个人的生活同样也是一个世界。即使最平凡的人,也得要为他那个世界的存在而战斗。"希望同学们在自己的平凡世界里,确立诚信、责任、正义、感恩的优秀品质,保持对事业、对职责、对团队、对理想信念、对价值观的忠诚,做新时代的君子,让成功的"事业圈"与内心的"感恩圈"深度交集,收获人生的幸福。

**成就卓越需要以学立世**。今年是中国共产党成立 100 周年,百年间中国早已"沧海桑田,换了人间"。你们求学期间,中国北斗组网成功,"天问"一号着陆火星,"嫦娥"五号挖土归来,"天和"开启中国空间站时代。以大数据、人工智能、5G 为代表的新一轮创新浪潮正在全面兴起,中国迎来了创新驱动、科技引领的新时代,比以往任何时候都更需要有学习能力、创新能力的人才。

然而,智能时代,个性化、碎片化信息在我们身边形成思维的数字化牢笼,无形中摧毁着社会的凝聚力。人们往往讨论科技如何解放、服务人类,然而真正的危险是人性被人工智能所侵蚀,失去应有的温度和学习向上的动力。毕业并不意味着学习的终结和人格完善的终止,你们将在实践中深化认知,健全人格。如何适应"苟日新,日日新,又日新"的智能时代,事实证明,正视社会情感和精神追求,终生学习的能力、勇于创新的精神成为必然的选择。希望同学们坚信知识的价值,守住精神的高地,找到热爱的事业,保持人性的温度,在人生中赢得主动、赢得未来。

**成就卓越需要以能立业**。社会上很多人从事的工作可能与兴趣有关,但兴趣不是事业的唯一动力,责任和能力更为重要。大学不是输送利益的文凭贩子,而是弘扬知识与思想的道场。我坚信,即便没有"双一流"的学历,即便是社会中的平凡一员,只要有从大学获取的人文科学素养,塑造的价值观和扎实的专业知识,勇于承担责任,坚持不懈地奋斗,就一定可以获取"双一流"的能力,创造"双一流"的业绩。潍科的校友中从来不乏追求卓越的成功者,他们是海南海洋热带学院学科带头人陈浩,是 30 多次深入武汉疫情"红区"报道的战士王震,是从专科一路到清华大学博士的李璐璐,是企业家房健、郑新山。在他们身上有一种共性,凭借对事业的专注,在厚积薄发的坚守中,练就了硬核的本领,成为各自领域不可或缺的人才。

"天下大事,必作于细",一个人做一件事不难,难的是一辈子把一件事做到极致。平凡人再普通,只要在一个擅长的领域精准沉淀多年,也会达到令内行人惊叹的水平。能够到达金字塔顶端的有两种动物,一是有绝对实力的雄鹰,二是勤奋努力的蜗牛。事实上,蜗牛比雄鹰富有,它的坎坷经历都是宝贵财富。人生在世,没有信手拈来的幸福,也没有不劳而获的成果。青春因梦想而精彩,青春因奋斗而饱满,梦想和奋斗就是青春的一对翅膀。一切激发梦想的事情都是可爱的,一切为梦想而努力的人们都是可敬的。希望同学们既从大处着眼,又从小处着手,"既要脚踏实地于现实生活,又要不时跳出现实到理想的高台上张望一眼",专注当下每一刻,用心做好每件事,用奋斗去创造"诗和远方"的理想生活。

同学们,当今世界正在经历百年未有之大变局,我们生活的世界充满不确定性。但我坚信,在中华民族伟大复兴的征途上,你们这代人的勇敢、担当、学识、创新,必将让你们避免"内卷"和"躺平"。作家梁晓声说:"人应该有两个故乡,一个是现实地理的故乡,另一个则是精神上的故乡。"潍科愿做你们的精神故乡,为你们点亮一盏不灭的心灯。今天,芳华正茂的你们又将风雨兼程,就让我们许下青春之约,相会于中华民族伟大复兴时。愿你们历尽千帆,回首时,眼有星辰大海,胸有万家灯火,心有繁花似锦,少年初心不改!

(根据笔者 2021 年 6 月 23 日"于平凡之中成就卓越——在 2021 届毕业生毕业典礼上的讲话"整理)

学术交流篇

# 立足地方经济社会发展
# 提高新建本科院校办学水平

作为我国高等教育的重要组成部分,新建本科院校在培养应用型人才、推动高等教育改革、促进区域经济社会发展等方面的作用日益凸显,但新建本科院校在发展中依然面临不少问题,不断提高新建本科院校的办学水平具有十分重要的现实意义。

新建本科院校大多由高职高专升格而成,办学时间短,高等教育经验不足,面临不少困难和问题,主要表现在:学校办学定位、发展定位、人才培养定位等不明确;师资层次偏低,结构不够合理;学校历史积淀少,文化单薄,尚未形成具有特色的校园文化;规章制度不健全,且很多沿用了高职高专的制度,不适应本科院校发展需要。这些问题严重阻碍了新建本科院校科学发展,必须予以重视并解决。

## 一、找准定位,明确发展方向

学校定位是指学校根据自身条件、客观环境、社会需求和发展潜力等所做出的角色选择,包括学校类型定位、办学层次定位、人才培养定位、发展目标定位等,它决定了学校发展的方向,也是新建本科院校发展必须首先解决的问题。

潍坊科技学院地处中国蔬菜之乡,山东半岛蓝色经济区、黄河三角洲高效生态经济区和胶东半岛高端产业聚集区三区建设的节点位置。针对现代农业发达、海洋经济得天独厚、高端产业方兴未艾的区域特征,结合学校的办学基础与实际,学校确立了"建设高水平应用型特色大学,培养高素质应用型专门人才,为地方经济社会发展服务"的发展战略,在此基础上,进一步明确了与发展战略相对应的基本要素和发展目标,即坚持"以生为本,质量为魂,科学发展,引领社会"的办学理念,弘扬"创业敬业、求是求新"的精神,落实"内涵发展,特色提升,制度管理,和谐校园"的治校方针,努力把学校建设成为应用型人才培养的特色名校。

## 二、立足地方,开展校企合作

立足地方、融入地方、主动为区域经济社会发展服务是新建本科院校的历史使命,而校企合作是新建本科院校谋求发展、不断提升竞争力的必然选择。潍坊科技学院围绕区域经济社会发展需求,积极实施区域化、应用性的学科专业建设与发展战略,构建了"以工科为主体,经管、文法为两翼,农学为特色"的具有区域特色的应用性学科专业体系。

创新并实践了"以校企合作为平台,以产学研用结合为手段,以教学做统一为基础,以现场教学、顶岗实习、订单培养为载体,以职业道德、专业技能、实践能力培养为重点"的应用型人才培养模式。学校与印度高校和企业联合举办了中印计算机软件学院、中印软件公司;牵头组建了山东省软件产业职业教育集团;与山东省教育厅合作成立了山东教育软件研发推广中心。还与80多家大中型企业建立了合作办学关系,联合培养了大批经济社会发展急需的高素质应用型人才。

### 三、错位发展,打造办学特色

《国家中长期教育改革和发展规划纲要(2010—2020年)》指出:高校要克服同质化倾向,形成自己的办学理念和风格,在不同层次、不同领域办出特色,争创一流。这无疑进一步明确了新建本科院校要特色办学、错位发展的发展战略。

潍坊科技学院充分发挥地处中国蔬菜之乡的优势,努力开展农学尤其是蔬菜方面的应用性研究,大力推广农业实用技术。学校先后成立了蔬菜花卉研究所、植物病虫害防治研究所、作物育种研究所、生态与植保研究所等15个科研机构,在生物组培、良种培育、花木繁殖、病虫害防治等方面开展了数十项应用研究,仅农业方面的国家级星火计划项目就承担了10项,有力地促进了当地蔬菜产业的发展,加快了当地农业现代化的进程。学校还在校园内建设了建筑面积25万平方米的软件园,构建了集软件研发、技术支撑、人才培养、教育培训为一体的高科技产业发展基地,已吸纳国内外80多家知名企业和科研院所入驻。借助软件园这一平台,学校已成为地方软件产品研发推广的中心,软件人才培养培训的高地,有力推动了当地高新技术产业的发展。

(原载《大学》学术版,2011年第5期)

# 建设蓝工院科研平台　服务地方经济社会发展

　　**编者按：**服务地方经济社会发展是地方高校的使命，也是社会价值所在。山东省是海洋大省，海洋科技优势得天独厚，潍坊市是山东半岛蓝色经济区主体区的重要组成部分，是主体区连接内陆联动区的枢纽，海洋资源丰富，经济基础较好，在潍坊寿光建立山东半岛蓝色经济工程研究院优势明显，发展前景广阔，必将有力推动区域经济社会发展，对产教融合、校企合作、提升大学服务社会的能力、加快应用型高校建设意义重大。

　　山东半岛蓝色经济区、黄河三角洲高效生态经济区两大国家战略和《潍坊市蓝色经济区发展规划》《寿光市蓝色经济区发展规划》的实施，山东省、潍坊市和寿光市"十二五"发展规划及寿北开发战略的深入推进，为建立山东蓝色经济工程研究院创造了发展机遇，提供了良好的政策环境。

　　潍坊北部沿海开发势头强劲，已形成了较好的发展基础。2011年，寿光市完成地区生产总值540亿元，财政总收入69.2亿元，其中地方财政收入41.6亿元，地方财政收入位居全省县级第三位。寿光市蓝色经济区发展规划提出，努力建设海洋特色鲜明、开发格局合理、优势产业突出、城乡一体发展、人民生活富裕、生态环境美好的山东半岛蓝色经济发展先行区，重点发展海洋精细化工、战略性新兴产业、高端生态农业等八大产业。今年，寿光市确定了20家海洋特色企业进行重点培育，申报大地盐化、默锐化学等8家企业列入省蓝办重点企业，对这些企业实行重点扶持。到2015年，寿光市争取建成八个500亿级的海洋特色和高效生态产业基地。良好的经济基础，为研究院建设提供了坚实的资金保障。

　　寿光市是全国科技进步示范市、中国最具创新力城市，拥有各类科技人才6万多人。拥有海洋领域高新技术企业11家，潍坊市级以上工程技术研究中心9家，其中省工程技术研究中心3家。近年来，在海洋精细化工、海水种植养殖、新能源开发等方面进行了有益尝试，并取得了显著成效。

　　山东半岛蓝色经济工程研究院所在的寿光市软件园规划建筑面积46万平方米，已建成25万平方米，拥有藏书150万册的图书馆和投资4820万元的综合服务平台，目前已有国内外80多家企业、科研院所和培训机构入驻，企业年产值超过3.5亿元。软件园是山东省服务外包示范基地、山东省服务外包人才实训基地、山东省重点服务外包人才培训机构、省级公共服务平台。

潍坊科技学院是教育部批准的普通本科高校,校园占地 2000 亩,建筑面积 76 万平方米,现已开设化学工程与工艺、应用化学、生物技术等 20 个与地方支柱产业或蓝色经济产业发展紧密相关的本科专业,另有轻工生物技术、风能与动力工程、新能源科学与工程等 5 个山东省企校共建工科(本科)专业。学校现有硕士以上学位专任教师 500 多人,并拥有包括中国工程院尹伟伦院士等知名教授、专家在内的一支兼职教授队伍。学校将在三年内再培养和引进 100 名博士。近年来,学校与中国海洋大学、山东师范大学合作成立了山东省研究生联合培养基地,牵头组建了山东省软件产业职业教育集团。寿光市软件园良好的基础设施,潍坊科技学院较强的综合实力,为建设山东蓝色经济工程研究院提供了必要条件。

### 山东半岛蓝色经济工程研究院未来发展设想

**发展定位和发展目标**。通过 3～5 年的建设,把山东半岛蓝色经济工程研究院建成国家工程技术研究中心,成为山东海洋产业和区域优势企业的研发中心、蓝色经济区域科技创新平台、科技成果转化推广平台,逐步建成山东科技型企业和高校实现产学研用紧密融合的重要平台、山东省海洋产业和战略性新兴产业发展的研发基地与高端人才的聚集地,为山东半岛蓝色经济区建设提供技术支持和智力支撑。

到 2015 年,建成 15 个研究中心,科研人员达到 200 人,合作单位达到 50 家,承担省部级以上科研项目 50 项,科研成果转化实现产值 5000 万元。到 2025 年,建成 20 个研究中心,科研人员达到 300 人,合作单位达到 80 家,承担省部级以上科研项目 80 项,科研成果转化实现产值 1 亿元。

**建立完善的管理运行机制**。研究院坚持面向市场、整合社会科技资源、建立技术创新联盟的思路,建立职责明确、评价科学、开放有序、管理规范的现代科研院所制度。研究院在业务上接受山东省科技厅和青岛国家海洋科学研究中心领导。专业技术研发机构按照"规范化建设、市场化运作、课题化管理、绩效化评价"的原则建设管理。各科研中心围绕山东蓝色经济产业的技术需求选择研发课题、组建研发团队,实行固定岗位和流动岗位相结合、人员使用与项目课题相结合的制度。形成上有高层专家、中有研究机构、下有服务企业的新型自主创新运行机制。

**成立研究院理事会**。理事会是研究院的领导机构,由山东省科技厅、国家海洋局、青岛国家海洋科学研究中心、潍坊市政府、潍坊市科技局、寿光市政府、潍坊科技学院、寿光市科技局、寿光市软件园、中国海洋大学、默锐化学有限公司等相关政府部门、高校、科研机构与企业组成。理事会主要任务是确定研究院发展战略及工作重点。

**成立专家咨询指导委员会**。专家咨询指导委员会是研究院学术咨询机构,主要负责对研究院的研究方向、重点课题、引进人才等重要事项进行评估,由两院院士牵头,主要从全国知名高校、科研院所遴选专家。委员会设主任委员一名、副主任委员若干名。

　　**成立研究院日常管理机构**。研究院设办公室、科研合作部、成果转化部、投资管理部。人员组成以潍坊科技学院、市科技局、寿光市软件园为主。主要负责研究院的日常管理和运行工作,并管理协调各研发机构开展科研及技术转移业务等。

　　**建设完善的基础设施**。按照"统一规划、分步实施、滚动发展"的原则,坚持资源整合、开放办院、逐步完善,采取加盟式及参股入股等多种形式引进或组建专业研发机构,共同建设研究院。今年投资 1.5 亿元,在寿光市软件园内建设 2 万平方米的山东半岛蓝色经济工程研究院研发大楼、3 万平方米的创意大厦。今年 6 月动工建设,明年 9 月投入使用。

　　**成立六个研发中心**。按照建设方案,今年研究院将与青岛国家海洋科学研究中心、中国海洋大学、华能集团等科研院所、高校和企业合作成立海水资源开发利用、海水蔬菜、新型材料、海洋油气装备、海洋能源、海洋生物医药等六个研发中心。按照"政府引导、学校主体、企业参与、产学研结合"的运作模式,根据项目的具体情况,采用课题制或项目负责制,以科研院所或企业为主导开展科技研发和产学研联合攻关。

　　**设立建设及研发专项资金**。研究院建设采取政府支持性投资为引导、高新企业投资与社会融资为主体的投入机制。公共服务平台建设以潍坊科技学院和寿光市软件园投入为主,专业研发机构建设以企业投入为主。积极探索运用多种融资模式,形成多元化的研究院建设投融资机制。

　　**积极引进高层次人才**。制定并落实研究院人才引进计划和人才队伍建设优惠政策,与中国科学院、中国工程院、青岛国家海洋科学研究中心、中国海洋大学合作,采取全职、兼职、双聘等多种灵活有效的方式,积极引进两院院士等学科带头人和所需的高层次专门研发人才。研究院将为引进的高层次人才提供充足的研发经费,优先提供住房,并在家属随调、子女入学等方面给予一系列优惠政策,满足高层次人才工作和生活要求。

　　**加强与科研机构、企业的合作**。进一步加强与中国科学院、中国工程院、国家海洋局、青岛国家海洋科学研究中心、中国海洋大学、海化集团、华能集团等高水平科研机构和大学以及重点高新技术企业的合作,不断提高研究院竞争力和影响力。

　　(根据笔者 2012 年 5 月 19 日"在山东蓝色经济区域科技创新平台建设研讨会上的发言"整理)

# 大学的使命

## ——在韩国京东大学的演讲

**编者按：**国际交流与合作是大学的重要职能，潍坊科技学院与韩国高校合作成效显著。在文化交流、互派留学生、联合培养博士等项目取得重大突破，在办学理念、文化传承创新、学术共同体建设方面互相借鉴，共同提高。

今天，我和我的几位同事代表中国潍坊科技学院来到韩国京东大学访问，主要是探讨两校文化交流、互派留学生、开辟联合培养博士等项目。在此，我对韩国京东大学校长全晟镕教授及工作人员的热情接待表示衷心的感谢！

美丽的京东大学生态、优雅、精细以及注重文化积淀的气息令人感动。热情友好的师生幸福感写在脸上。从潍坊科技学院来到在这里深造的学子以及中国留学生学业精进，我们一行甚是欣慰。看到校园内用汉字悬挂或镌刻的校训、名言警句，我们倍感亲切。我想借此机会与各位交流有关大学的使命任务以及共同关心的教育问题。

潍坊科技学院地处中国山东省潍坊市，位于山东半岛。中国山东半岛与韩国隔海相望，是距离韩国最近的地方；从历史到现代，人员往来、经贸及文化交流频繁。山东被誉为齐鲁大地、圣人之乡，历史文化丰厚，影响中国历史进程和中华文化品格的"中华十二圣"出自山东，尤其以孔孟创立的以仁为核心的儒家文化深刻影响中国也影响着世界，主张做人做事做学问的诸多原则至今闪烁着真理的光芒。谈到"中华十二圣"，作为一个潍坊人不得不谈的是"农圣"贾思勰，因为山东潍坊是农圣故里。距今 1500 多年前，中国南北朝时期，贾思勰撰写的《齐民要术》是世界上最早的农学专著，被誉为古代农业百科全书，几千年农耕文明作为中华传统文化的主体内容展现其中。该书记叙的大农业生产经验及技术，今天用现代生物、生态以及有机化学理论来审视仍然是正确的。具有划时代意义的达尔文的《物种起源》多次引用《齐民要术》的内容以求证生物进化理论。在韩国也有《齐民要术》研究组织和专家。农圣文化体现的家国情怀与责任担当、大农业及生态农业思想、顺天时量地力尊重客观规律、知行合一躬行践履的实践精神、居安思危防患未然的忧患意识、忠于职守勤政为民的职业操守等都是中华优秀传统文化的基本内容。

教育传递文明，大学肩负文化传承创新的使命。潍坊科技学院扎根齐鲁大地，汲取圣人先贤的智慧，以文化人，重视以农圣文化为特色的中华优秀传统文化通识教育。我们面对的事实是，在中国不断扩大改革开放的进程中，传统文化不可避免地受到冲击，中西文化交锋，多元文化交融，网络文化泛滥。大学应以"扬弃"的方法论，坚守民族的文化之根,并不断吸收借鉴世界上的先进文化。比如韩剧曾风靡中国大陆,我们时而观看,不仅欣赏剧中美女,更重视了解"韩流"风格及风土人情,也从中借鉴吸收有意义的东西。一切事物都在运动变化中,人类社会进步发展的脚步从没有停息。大学是社会的文化高地,虽然不能与世俗为伍,但必须与时俱进,兼收并蓄。因此,要用民族的优秀传统文化、世界上一切先进文化、人类社会积淀的人文与科学精神,塑造大学生优良品德和价值观,培养大学生成为优秀公民,新世纪的君子。让大学生崇尚和平正义,追求自由平等,增强文化自信,尊重多元文化,具有批判思维,不断成长成功,为人民谋幸福,为国家图富强,为人类求进步。

大学是学术共同体,以人才培养为己任。学术共同体秉持自由之精神,追寻探索真理是其本质,崇尚真理面前人人平等,不屈从权威,不献媚世俗,不被利益左右,维持共同体内的人员平行关系。师道尊严是儒家文化的教育价值观,尊重是人的高层次需求也是人高素质的体现,但在学术共同体内还是要回到古希腊哲学家亚里士多德那里去,"我爱我师,我更爱真理"。教授治学,崇尚学术,真理至上。大学应以专业教学培养学生技术水平和能力,以讨论式教学培养学生的批判性思维,以实验实训教学培养学生的实践创新能力,以丰富选修课和社团活动促进学生的个性发展。

中国高等教育已经实现大众化,像潍坊科技学院这样的新建本科高校模仿研究型大学的精英教育是没有出路的,甚至会走入死胡同。坚持应用型目标定位,推进产教融合、校地共生,将产业及社会上的问题当课题,师生参与企业技术创新和新产品新工艺的研发,致力于培育经济社会发展的应用型专门人才是必然选择。潍坊科技学院面对山东乡村振兴、潍坊农业产业化现代化实际,背靠环渤海海洋经济圈,着力以设施园艺打造农学特色、以海洋化工形成工科特色,主动融入地方经济社会发展之中。学校借鉴斯坦福大学建产业园区的经验,在校内建设了产学研一体化平台——软件园,为学生实习、成果转化,师生创业提供条件,以此形成了园校一体合作育人特色。软件园已成为山东省大学生创业孵化基地,师生创业的上百家公司落户软件园,其中环球软件、潍科软件公司被确定为国家高新技术企业、山东省软件工程技术中心,为应用型人才的实践创新能力培养创造了条件。"毕业即就业,就业即高手",是潍坊科技学院这样的应用型大学的价值所在,我们一直在为此努力。

在信息化和经济全球化浪潮中,京东大学以人为本,致力于就业专业教育,获优秀评价和认证;学校面向世界,开展国际交流合作;与韩国优秀企业合作,针对企业专项人才开设课程,给学生提供就业保障。京东大学以高的人才培养质量、高的就业率、高的办学水平飞跃发展成为首都圈的大学。见贤思齐是圣人的教诲。古人说,"它山之石,可以攻玉"。京东大学独特的办学风格和优良的办学经验值得我们学习借鉴。期待两校能以此次访问为契机,进一步拓展本科生教育合作项目,启动研究生博士联合培养项目,推进文化交流项目。同时,我们诚挚邀请京东大学校长全晟镕先生及同事访问潍坊科技学院。

"横看成岭侧成峰,远近高低各不同。"民族的也是世界的。大学有共同的使命,可以一起探讨人才培养这一永恒的课题。一所大学彰显的特色即是它的高度，京东特色、潍科特色……保持特色应是大学的信念和追求，用当今中国流行的一句话说，就是"弯道超车，错位发展"。儒家文化讲究"和而不同"，潍坊科技学院愿与京东大学共同探索大学之道，特色发展之路。

"欲穷千里目，更上一层楼。"愿两校的合作更加紧密，不断跃升上新台阶，开创新局面，创造新成果！祝京东大学鹏程万里，大展宏图！祝大家健康快乐幸福，友谊之树常青！

（根据笔者 2012 年 11 月在韩国京东大学的演讲整理）

# 坚持科研兴校　努力研发蔬菜新品种

**编者按：** 高水平大学的一个重要标志是科技创新能力和社会服务能力的高水平。潍坊科技学院坚持科研兴校，建立农业科学和环境科学两个院士专家工作站，大力研发蔬菜新品种，建设管理寿光菜博会学院厅，展示世界最新栽培技术。学校积极开展社会培训，实施校企合作，大力推进科研成果转化，服务区域经济社会发展。

学校以建设高水平应用型特色大学、培养高素质应用型专门人才为目标，坚持教学中心地位不动摇，积极推进教学改革和创新，不断加强学科建设，形成了以农学为龙头，工学为主体，文管、经艺为两翼，结构合理、协调发展的学科体系。2013 年本科毕业生考研率达 35.6%，专升本考试录取人数连续十年列全省同类院校第一名，就业率一直保持在 95% 以上。近 5 年来，大学生参加全国、全省各类技能大赛，获特等奖、一等奖等奖项 200 多项。学校连续两年获省教育厅优秀人才培养奖。

科研助力教学育人，科研与社会服务是大学的重要职能。师生参与到项目中去，学生的实践能力创新能力才能得到有效培养。寿光蔬菜闻名全国，农业产业化是潍坊的一大优势。"一粒种子改变一个世界"，蔬菜良种依赖进口是蔬菜产业发展的瓶颈，潍坊科技学院要立足寿光蔬菜产业发展的实际需要，致力于蔬菜新品种研发。

学校坚持"内涵发展，特色提升"治校方略。高度重视科研工作，立足地方产业发展，着力打造农学特色。科研兴校，建立了农业科学和环境科学两个院士专家工作站。在设施农业特别是蔬菜育种方面取得了一系列成果。投资 500 万元建设管理的寿光菜博会学院厅，展示了 343 种蔬菜新品种与世界最新栽培技术，得到了各级领导和专家的好评，市委市政府给学院记集体三等功。新建了 64 亩蔬菜花卉新品种繁育基地。近年来，共承担科技部、教育部，省科技厅、教育厅等课题 162 项，获国家专利 108 项，出版著作、教材 230 部，发表论文 2616 篇。建有蔬菜花卉研究所、植物病虫害防治研究所、生态与植保研究所等 15 个科研机构。在蔬菜育种生物组培、病虫害防治等方面开展了 50 多项应用研究。李美芹博士、苗锦山博士团队选育出拥有自主知识产权的"鲁硕红"蔷薇、"潍科 1 号"和"潍科 2 号"大葱新品种等 10 余种蔬菜花卉新品种。李金堂博士编著的《蔬菜病虫害防治图谱》系列丛书入选"全国农家书屋重点建设工程体系图书"。设施园艺实验教学中心是山东省普通高校实验教学示范中心，建筑面积 4000 多平方米，是博士科研和教学实践的重要平台。建有山东半岛蓝色经济工程研究院，这是全国第一所针对国家"蓝色经济"战略建立的地方综合性科研机构。

积极服务区域经济社会发展，大力实施校企合作育人。应用型高校建设与应用型人才培养根本出路在产教融合、校企合作。围绕设施园艺、机械制造、智慧农业、物联网，斥资 5000 多万元的汽车机械实训大厦已投入使用，知名品牌企业生产流水线将引进校园，实现校企合作的纵深发展。学校建有盐化工与生物技术等 5 个省级企校合作专业。先后与晨鸣集团、联盟集团、默锐科技、凯马集团、泰丰模具、海尔、海信、澳柯玛、潍柴动力等 300 多家企业开展了深度合作办学，积累了丰富的经验。通过校企合作，建立了稳定的实践教学基地，实现了学习、实训、就业无缝对接。2013 届本科毕业生总体就业率 96.62%，列全省 58 所本科高校第二位。与省教育厅后勤服务中心联合成立了山东教育软件研发推广中心。每年完成各类成人教育和社会培训 3 万多人次。

努力建设软件园，搭建产学研一体化平台。在校园内建设了占地 812 亩，规划总建筑面积 38 万平方米，总投资 8.9 亿元的软件园。目前已有中国普天科技、台湾华幼网、苏州嘉钇、解放军总后勤部影视制作中心等 96 家企业、科研院所入驻，从业人员 1200 多人，年产值达 5.2 亿元，离岸外包业务已打入美日等国家市场。软件园已形成软件研发、服务外包、文化创意、信息服务等五大品牌产业。软件园人才集聚为承担教学和科研任务的设施园艺教学中心的提升创造了条件，蔬菜育种、园艺技术、植物保护、土壤环境等横向合作科研项目进展顺利并取得初步成果。学校办学实践的成功，得到了教育部副部长鲁昕、李卫红和省内各级领导及专家的充分肯定，先后获得荣誉称号 100 多项。

寿光是中国蔬菜之乡，位于山东半岛中北部，有全球最大的设施蔬菜基地，蔬菜面积达 90 万亩，周边辐射 200 多万亩，建有亚洲最大的蔬菜物流园和全国最大的蔬菜、种子市场。寿光市经过近 30 年的发展，已经成为中国蔬菜产业的领军之地，产业化程度已与世界发达地区比肩，目前世界主流农资公司均在寿光设有办事处，仅育苗工厂已经超过 400 家，成为中国最大的蔬菜种苗培植中心。一年一度的国际蔬菜科技博览会，使寿光完成了一个从区域性蔬菜产地到具有国际性影响的蔬菜产地市场的大跨越，每年推行大棚滴灌、无土栽培等标准化新技术 200 多项，新发展无土栽培大棚蔬菜 3000 多亩，蔬菜质量全部达到 A 级或 AA 级标准。在寿光开展番茄系列新品种鉴定工作，对于番茄的优质、高产将起到积极的推进和示范作用。

此次番茄系列蔬菜新品种鉴定，对促进我校应用科研、提升服务地方的能力、打造学校农学特色、更好地实施人才培养具有重要作用。我们将坚持应用型目标定位，推进产教融合、校企合作，持续做好蔬菜新品种研发，为乡村振兴和农业现代化做出贡献。

（根据笔者 2014 年 1 月 18 日"在番茄系列蔬菜新品种鉴定会上的致辞"整理）

# 应用型本科高校特色发展的实践探索

**编者按:**《国家中长期教育改革和发展规划纲要(2010—2020 年)》提出,重点扩大应用型、复合型、技能型人才培养规模,向应用型转型发展日渐成为新建本科院校的共识和选择。潍坊科技学院以建设适应地方经济社会发展需要的应用型普通本科高校为目标,依托专业办企业,产教融合育人才,搭建产学研平台,政校企协同创新,服务国家发展战略,推动地方经济转型,传承创新地域文化,深化国际合作,初步探索出了一条适合自身的应用型特色发展之路。

截至目前,中国新建本科高校有 300 多所,学校数量、人才培养规模均占中国本科高等教育规模的 1/3。

近年来,诸多新建本科高校不断深化改革,逐步改变了盲目照搬老牌本科院校的办学定位,加快向"应用型"转型发展,促进了中国高等教育大众化的发展进程,为中国经济社会发展培养了一大批专门人才,推动了地方经济社会发展。

但由于办学时间较短,缺乏本科教育办学的历史积淀,发展基础相对薄弱,在内涵式发展过程中仍面临着人才培养定位不够清晰,专业设置、教学内容与生产和社会实践脱节,人才培养方式单一,实践教学体系不够健全,教师队伍实力偏弱,高技术、高层次人才不足,人才培养的职业性不突出,缺乏竞争力等诸多困难。

潍坊科技学院坐落于中国蔬菜之乡、中国海盐之都——山东寿光。寿光市位于山东半岛蓝色经济区和黄河三角洲高效生态经济区建设的交叠地带,同时处在潍坊国家职业教育创新发展试验区核心区域,区位优势明显。

作为一所地处县域的应用型本科高校,潍坊科技学院充分发挥地处"中国蔬菜之乡"和"蓝黄"两区叠加位置的区位优势,紧紧围绕"应用型"办学定位,主动服务地方经济社会发展,形成了产教融合、分类施教人特色。

潍坊科技学院是潍坊国家职业教育创新发展试验区试点院校、应用技术大学联盟成员单位、中德论坛成员高校。学校校园占地 2000 多亩,建筑面积 99 万平方米,其中教学科研仪器设备总值 1.43 亿元,馆藏图书 165 万册。现设 12 个二级学院,67 个本专科专业,全日制在校生 2.8 万余人,教职工 1500 余人。

学校类型定位:适应地方经济社会发展需要的应用型普通本科高校。

办学层次定位:以本科教育为主,同时举办专科层次高等职业教育,适时开展专业硕士学位研究生教育。

学科专业定位：以工学为主体，农学、化工与环境、机械与计算机为特色，实现工学、农学、理学、管理学、文学、教育学、艺术学等多学科协调发展。

人才类型定位：适合地方经济社会发展需要，适应生产、建设、管理、服务一线需要的高素质应用型专门人才。

服务面向定位：立足潍坊，服务山东，辐射全国，主动为地方经济社会发展服务。

我校围绕应用型本科高校建设和特色发展进行了实践探索。

## 一、依托专业办企业，产教融合育人才

产教深度融合是现代职业教育发展的重要方向。潍坊科技学院坚持走产学研结合之路，着重从专业设置、培养方案、课程教学和人才培养途径等方面进行改革与创新，构建知识、能力、素质三者有机融合的应用型人才培养模式，着力培养学生的责任担当、专业技术、创新创业、沟通合作能力，人才培养质量不断提高。

建立了相对完整的现代职业教育人才培养体系。学校既有中职起点的五年制高职、专科层次的高职、应用型本科，也与山东师范大学、山东农业大学等高校建立了研究生联合培养基地，与中国海洋大学等高校联合培养在职工程硕士、农业推广硕士、教育硕士，建立了相对完整的现代职业教育人才培养体系。

创新人才培养模式，架起学生成才立交桥。学校以行业需求、地方经济发展需求和学生就业为导向，突出应用型人才培养特色，充分利用潍坊国家职业教育创新发展试验区建设平台，推动"四学段三衔接"（多元融通）现代职业教育人才培养体系改革，开展了"3＋4"联合培养本科试点，初步构建了现代职业教育人才培养立交桥。目前，"3＋4"中职与普通本科分段培养已招收首届学生。

建立学科性公司，打造优势专业。按照"利用专业优势办产业，办好产业促专业"的思路，支持教师科研成果转化，学校成立了18家学科性公司。目前，学校整合学科性公司组建了山东飞翔软件产业集团，吸纳学生实习、实训、参与项目研发，促进了学科专业建设，提升了应用型人才培养水平。

其中，依托中印计算机软件学院教师创业成功的环球、潍科两家软件科技有限公司被认定为国家高新技术企业、山东省软件工程技术中心，服务外包业务进入欧美市场，为全球8个国家2万余家客户提供IT服务，荣获中国政府行业信息化最具影响力企业奖、省级"一企一技术"创新企业。

依托建筑工程学院成立的建筑安装公司成为房屋建筑工程施工总承包壹级企业，先后荣获山东省建筑工程质量最高奖"泰山杯"奖5项。

推动产教融合，突出专业技能培养。实施学生成长导师制，帮助学生确定成才方案，制定职业生涯规划。落实与行业企业、科研院所联合培养人才模式，深入实施学生技能训练计划，突出技能培养。

分类施教,促进学生人人成才。与默锐化工等签署合作协议合作育人,与地方企业共建冠名班,建设实习实训基地,教师与企业技术人员互兼相容,应用型人才培养质量显著提升。实施"适合的教育",学校对本科、专科、五年制大专学生采取不同的培养模式,对就业、考研、专升本的学生分别进行教学指导,真正使学生学有所获、扬其所长。深入实施学生创业培育计划,在校生创业企业达到22家。

学生连续三年获全国职业院校计算机技能大赛一等奖,全国大学生电子设计竞赛、全国教育工程就业技能大赛等一等奖。近年来获全国、全省各类技能大赛特等奖、一等奖200余项,获奖500余人次。

毕业生就业率一直保持在95%以上,2015届毕业生初次就业率达96.7%。学校打造"适合的教育"、培养应用型人才的实践被中央电视台、中国教育报等媒体报道,产生广泛影响。

## 二、搭建产学研平台,政校企协同创新

协同创新是当今世界科技创新活动的新趋势,高校是产学研协同创新中的重要环节。潍坊科技学院深入推进校企联合培养人才,实现了招生与招工同步、实习与就业联体,提高了人才培养质量,降低了企业成本,实现了校企共赢。

校内建设软件园,搭建产学研合作平台。学校与寿光市商务局合作在校园内建设了软件园,是集软件研发、技术支撑、商务服务、人才培养、教育培训为一体的高科技产业发展基地,也是师生科研、实践、创业基地,目前已有110余家企业入驻,师生创业办公司达22家,378名学生在软件园就业,学生4700多人次在软件园实习实训。

目前,软件园的服务外包、软件研发、文化创意、电子商务等产业已初具规模。软件园先后被确定为团中央青年就业创业见习基地、山东省服务外包示范基地、省级高新技术创业服务中心等。2014年,软件园被科技部认定为国家级科技企业孵化器,入选首批山东省电子商务示范基地、省重点文化产业园区,成为区域高科技产业的孵化器和高层次人才的聚集地。

组建职教集团,校企联合办学。学校联合87家企业、学校、行业协会,牵头组建了山东软件产业职业教育集团,实现了职业教育资源共享。与海尔、联盟集团等企业合作成立了企业冠名班,在80家企业建立了稳定的校外实训基地。

开展教授、博士企业行,实现校企共享共赢。学校教授、博士企业行活动常态化。多名博士担任默锐化学集团研发项目负责人,给企业带来显著经济效益,也有效促进了学校科研水平的提升。

## 三、围绕国家发展战略,推动地方经济转型

高等教育因其全局性、先导性和基础性地位,在经济转型升级过程中具有极其重要

的作用。潍坊科技学院积极响应国家战略,坚持科研兴校,立足地方经济建设需求,充分发挥自身优势,不断提高社会服务能力,全面提升学校综合实力和核心竞争力,实现了学校与地方经济的共同发展。

建设蓝色经济工程研究院,服务"蓝黄"国家战略。经山东省科技厅、民政厅批准,建设了山东半岛蓝色经济工程研究院,是全国第一所针对国家蓝色经济战略建立的地方综合性科研机构,下设 10 个研发中心,并与山东大学联合建立了济南分院,还将与中国海洋大学联合建立青岛分院。

目前,研究院承担省级科研项目 20 余项,成立了山东省卤水综合利用工程技术中心等 8 大科技研发平台,开展了 30 余项应用研究。下设的环境检测中心服务范围覆盖省内 9 个地市。研发的地下卤水河蟹育苗技术在湖北大规模推广,产量提高 10% 以上,带动农民增收 30% 以上。

成立院士专家工作站,引领区域科技创新。经山东省科协批准,学校建立了农业科学、环境科学两个院士专家工作站。充分发挥院士专家的技术引领作用,努力突破关键技术制约,推动产学研用紧密合作,引领区域科技创新。

研发蔬菜花卉新品种,服务现代农业发展。学校建立了生物工程研发中心,建成了占地 100 多亩的蔬菜花卉新品种繁育基地,选育出拥有自主知识产权的 15 个蔬菜新品种和"鲁硕红"蔷薇新品种,通过了省级鉴定并产业化推广,带来了可观的经济效益。"鲁硕红"蔷薇被省林业厅认定为优良品种。"潍科红"系列 3 个番茄新品种在山东、山西、湖北等地推广种植 26000 亩,新增产值 6000 万元。

学校建立了蔬菜花卉研究所、蔬菜病虫害防治研究所等 17 个科研机构,在生物组培、病虫害防治、软件研发、精细化工及新材料研发等方面开展了 60 多项应用研究。与农业企业合作开展韭菜高效组培再生、非洲菊工厂化育苗等横向研究,创造直接经济效益 2000 万元。

开展的物理法灭杀地下病虫害研究实验获得了 11 项国家发明专利和 6 项实用新型专利。研制的"美高斯麦"牌三大系列化妆品畅销市场。李金堂博士编写的《蔬菜病虫害防治图谱》系列丛书入选"全国农家书屋重点建设工程体系图书",由农业部、财政部等联合出资为全国农家书屋配送 20 余万册。

学校投资 500 万元,建设管理了 1 万平方米的中国(寿光)国际蔬菜科技博览会学院厅,打造了学校自主知识产权蔬菜花卉新品种和国内外先进种植技术的展示平台。建成了工厂化育苗中心。目前,学校开工建设的现代蔬菜种业创新创业基地基本竣工。

## 四、传承创新地域文化,实现以文化人

高校是优秀文化传承的重要载体和思想文化创新的重要源泉。潍坊科技学院高度重视校园文化建设,传承创新以农圣文化为特色的中华优秀传统文化,并将文化传承创

新贯穿于教育教学全过程,在文化传承中实现文化育人。

弘扬农圣文化,促进地域文化传承创新。开设了《齐民要术》研读、寿光特色蔬菜等具有地域文化特色的课程。成立了农圣文化研究所,建设了寿光文化研究院。师生制作的动画片《农圣贾思勰》获山东省动漫剧本创作一等奖,将在中央电视台上映。连续举办了六届中华农圣文化国际研讨会,来自十几个国家的代表参会,推动了农圣文化的传播。

塑造行为文化,提升学生综合素质。加强了以农圣文化为特色的中华优秀传统文化教育,开设国学通识课,定期开办大学生"道德讲堂",深入推进以"我的中国梦"为主题的社会主义核心价值观教育;编写校史,印发学校文化读本;打造了青年志愿服务活动品牌,师生志愿服务菜博会连续三年荣立寿光市集体三等功。商秀蕾同学被教育部等10部委评为"中国千名青年环境友好使者"。

培育精神文化,推动学校内涵发展。在办学实践中凝练出了"创业敬业、求是求新"的学校精神。广大师生员工自觉践行"让认真成为品质"的校风,"责任高于一切"的教风,"勤学苦练"的学风,开拓创新,创优争先。学校先后获得山东省文明单位、山东省社会公信度满意单位等100多项荣誉称号。

### 五、拓宽国际合作领域,深化与德国高校合作

随着我国高等教育国际化进程的加快,高校国际交流与合作逐渐成为高校吸收国外先进教学经验、引进新的教学管理理念、提高教学和科研水平的重要途径。潍坊科技学院始终坚持开放办学,提升国际交流与合作水平,着力培养具有国际视野、大胆创新的应用型人才。

与德国高校合作,筹建中德汽车学院。我校汽车工程学院现设车辆工程、电气工程及其自动化、汽车服务工程3个本科专业,机电一体化技术、汽车检测与维修技术、电气自动化技术、应用电子技术4个专科专业。现拥有专任教师135人,其中教授、副教授、高级工程师40人,具有博士硕士学位教师110人。学生参加各类电子设计大赛,获全国一等奖、山东省一等奖20余项。

汽车工程学院设有汽车机械实训中心,建有汽车电控技术实训室、检测技术实训室、底盘实训室、发动机实训室等实验实训室,满足了师生教学、实践技能培训的需求。与山东凯马汽车制造有限公司、山东唐骏欧铃汽车制造有限公司等企业联合建立校外实训实习基地20余个,满足了学生实习和顶岗实训的需要。

汽车工程学院师生研究团队克服了泰丰汽车公司电池组检测模块弊端,每个模块节约成本50%以上,取得明显经济效益。

学校将不断加强中、德间的教育交流与合作,并有意向与德国高校合作建立不具有法人资格的中德办学机构——潍坊科技学院中德汽车学院。

真诚期待中德论坛成员单位与我校深入开展合作,共同为中德两国培养具有国际视

野、具备跨文化能力、勇于大胆创新的卓越工程师。

引进印度软件资源,培养国际软件人才。学校与印度迪特恩软件学院联合创办了中印计算机软件学院,引进印度师资、教材、教学方法,培养高素质软件专业人才,不少毕业生进入国际知名软件公司工作。

立足校内软件园区的中印合作软件服务外包人才培养模式创新实验区被列为山东省高校人才培养模式创新实验区。

引进荷兰农业资源,培养现代农业人才。学校利用地处中国蔬菜之乡和农圣贾思勰故里的优势,建立了贾思勰农学院,与荷兰王国北荷兰省联合成立了中荷农业科技培训中心,探索出了先进的无公害蔬菜花卉种植模式。与荷兰瓦赫宁根大学合作培育抗病虫害蔬菜良种。

利用国外教育资源,提升人才培养水平。与韩国东西大学、京东大学等高校联合开展了“2＋2”人才培养项目,与韩国东西大学、水原大学联合培养博士教师,已选派近 20 名教师赴韩攻读博士学位。

先后有美国、印度、英国等十几个国家 119 人来校任教,其中印籍教师巴苏获国家友谊奖,5 人获齐鲁友谊奖、省外国文教专家教学奖。

(根据笔者 2013 年第四届高层次应用型人才培养中德论坛(CDAH)发言整理)

# 民办高等教育发展路径探析

**编者按：**民办高校要在"四个全面"战略布局下谋划发展。要坚持依法治校，制度管理；深化育人模式改革，培养学生创新实践能力；重视思想文化建设，优化育人氛围，确保正确的办学方向和人才培养质量的不断提高。

参加全省高校书记、校长培训班收获很大，我们民办高校组就办学方向、学校治理、育人模式、文化建设等方面进行热烈讨论。大家认识到要在中央"四个全面"战略布局下思考高等教育、谋划民办高等教育的发展。要坚持党的领导，发挥民办高校党组织、党建联络员的政治保证和监督作用；要高度重视思想政治工作，履行立德树人的职责，为山东省高等教育事业发展贡献力量。大家进一步理清了工作思路，尽管民办高校面临资金、师资等诸多困难，但大家依旧信心满怀，决心在党和政府领导下，办学育人，为社会作贡献。

我所在的潍坊科技学院是一所新建本科院校，她的特殊性在于是寿光市人民政府出资兴办，是一所县办大学，同时又是民办牌子，"亦公亦民"，近几年利用自身优势获得较快发展。学校目前占地 2000 亩，大专以上在校生 2.2 万人，教职工 1600 人，25 个本科专业，41 个专科专业，初步形成了以工科为主体、农学为特色，经商与艺术为两翼学科体系。像潍坊科技学院这样的民办高校、新建本科高校如何创新发展，我认为应明确应用型目标定位、融入地方经济社会发展，坚持打造内涵、特色提升、规范办学、以评促建推动学校健康快速可持续发展。我有三点思考，请大家指导。

## 一、坚持依法治校，落实制度管理

全面依法治国要求依法治校，具体落实上就是加强制度管理。要依据高等教育法、高等教育政策和学校实际制定完善学校管理制度。首先立章程，章程管总，按程序办事；尊重教育规律，实现教授治学。其次完善制度，落实制度管理，推进文化治校。总的来讲就是充分发挥学校党委的领导作用、教代会的民主管理监督作用，结合学校实际，完善党政联席会议制度，重大事项会前协商研究、会上讨论决策，让学校一切工作在法制和制度的轨道上运行。此外，依法办学，必须守住底线，不越"红线"，保持稳定，促进发展，为办学水平和人才培养质量的提高营造良好的环境。

## 二、深化育人模式改革，培养实践创新能力

众所周知，当前育人质量的短板问题是创新实践能力不强，尤其是像潍坊科技学院

这样的应用型新建本科院校。当前深化高等教育改革的一个着力点就是育人模式改革，实施学分制，压缩必修课增加选修课，丰富社团活动内容，在抓好通识教育和理论教学的同时，要着力抓好实践教学，让学生学到真本领。我校在深入开展校企合作的基础上，按照专业办产业的思路，促进成果转化依托中印计算机软件学院办起校中园——寿光市软件园，获批国家科技企业孵化器；依托建工学院办好具有国家一级资质的建筑公司；依托农学院办好农业种苗公司；依托化工环境学院办起化妆品公司。目前，共有 20 家公司，2014 年为地方贡献税收 2800 万元，让专业教师参与企业经营成为双师型教师，让学生参与实训，开展学科和专业技能大赛，以赛促学，增强创新实践能力，培养出来的学生更能适合经济社会发展需要。

### 三、重视文化建设，优化育人氛围

办学校就是办文化，教育的根本是德育，在于引导人的灵魂。高校担负立德树人的重任，知识学习、能力培养、价值塑造三位一体，要高度重视价值观的教育引导。我们要坚持以社会主义核心价值观为引领，高度重视人文和科学精神培养，加强以农圣文化为特色的优秀传统文化教育，认真学习领会习近平总书记的系列重要讲话精神，以学科特色建设为着力点、培养"四有"师资队伍为关键，以制度管理为保证，以"以生为本，适合的教育"理念为支撑，弘扬学校精神，培育大学的校风、教风、学风，创设良好的育人氛围，坚持应用型高校建设的目标定位，全面提高人才培养质量，为国家培养更多的毕业即能就业，就业就是高手的应用型专门人才。

民办高校还是一棵幼苗，但她富有生机和活力，优势是办学的灵活性、高效率，弱点是资金不足和师资的不稳定，既然是幼苗需要呵护，民办高校需要在办学资金、招生计划、质量工程项目上予以支持，民办学校更要自律，确保正确的办学方向和人才培养质量的提高，以质量求生存、谋发展，相信民办大学的前景更加美好！

（根据笔者 2015 年 7 月"在全省高校书记校长培训班上的发言"整理）

# 学生思想政治工作探索

**编者按：**高校思想政治工作关系高校培养什么样的人、如何培养人以及为谁培养人。潍坊科技学院高度重视坚持把立德树人作为中心环节，构建"三主"模式，实施"双严"管理，落实"三包靠"制度，形成全员育人网络，实现学生自我管理，把思想政治工作贯穿教育教学全过程，实现了全程育人、全方位育人。

大学应有大德，教授就是大学。教授的大德决定学生的品德，办大学就是办文化，名校"百年老店"的共同特征是有丰厚的文化底蕴。思想政治工作是学校文化建设的灵魂，事关立德树人的根本问题。作为一所应用型新建本科高校，潍坊科技学院紧紧围绕立德树人这一根本任务，坚持"以生为本，适合的教育"核心理念，高度重视思想政治教育工作，着力培养学生的社会责任感、创新能力和实践能力，培养适应经济社会发展需要的高素质应用型专门人才。为此学校在思想政治教育工作方面进行了不懈的探索。

**一是构建"三主"模式。**认真学习习近平总书记系列重要讲话精神，以社会主义核心价值观教育为主线，以主题教育为内容，以学生主体参与为形式，将学生思想政治工作纳入党委会和党政联席会议——校务委员会主要议题，将各项活动纳入全校工作安排，将思政工作纳入二级学院考评，构建了学生从入校到毕业的全程育人机制，并在实践中狠抓落实，收到了比较明显的工作成效。"寓教于乐，活动育人"，围绕大学生价值观塑造，坚持党建引领，学工、团委组织系列主题活动，大力发展社团，开展文化活动，组织义工服务，加强劳动教育，组织社会实践，提高大学生政治思想觉悟，拥护党的领导和社会主义制度，激发为实现中华民族伟大复兴的中国梦而奋斗的决心。

**二是实施"双严"管理。**坚持"严父慈母、严管细导"的"双严"管理模式，落实"四勤"工作法，做到了零距离接触学生，零距离处理问题，学生管理工作基本做到了零缺陷制度管理。严字当头，爱在其中，注重实际，尊重个性，突出精细化、亲情化、项目化管理。面对中学应试教育的弊端，新建本科院校参差不齐的生源，多元文化多元价值观的冲击，我们经常思考教育工作的立足点在哪里？我校坚持"双严"管理下的成人成才教育，将大学生价值观塑造放在第一位。学校大力弘扬"一训三风"，对学生的学习、生活、卫生等行为习惯常抓不懈，以严格管理促优良学风，努力提高毕业生就业率、专科生升本率、本科生考研率，为每一名学生搭建成功成才的舞台，让每一名学生学有所成、学有所用。作为一所新建本科高校也是全国唯一的县办大学，招生录取分数连年提升，学校在14个省的招生连续三年一次录满。

**三是落实"三包靠"制度。**因材施教是教育的第一法则，"适合的教育"即个性化教育,增强教育针对性,提高教育实效。帮助大一学生设计成才方案和人生规划,加强大学生心理疏导,给学生注入精神动力。每个校级干部包靠一个院系,每名中层干部包靠一个班级,每名教职工包靠一名困难学生。二级学院负责调查摸底,学生处组织实施,党政办公室负责督查。对学习困难、经济困难、心理困难三类学生予以特别帮扶,从校长到每一位教职工人人包靠1~2名困难学生,对学生的生活、思想、学习予以细致入微地关照,校园内涌现了许多关爱困难学生的动人故事。倡导责任高于一切的教风,建设充满关爱的人文校园、平安校园,良好的育人环境为加快推进应用型特色名校建设奠定坚实基础。

**四是形成全员育人网络**。建设了一支专兼职结合的学生思想政治工作队伍。成立了辅导员培训学校,不断提高学生工作队伍素质。实施青年教师兼任班主任制度,将班主任经历作为职称晋升的必要条件。强化教师教书育人职责,管教管导纳入考评。目前有541名青年教师担任班主任。成立了大学生事务部,为学生提供了50余项"一站式"便捷服务。思政部改革思想政治理论课考试方式,提高了思想政治理论课的实效性。成立了国学研究院,将国学纳入必修课,连续举办了七届中华农圣文化国际研讨会,加强以农圣文化为特色的优秀传统文化教育。充分利用互联网、新媒体对学生开展思想教育,形成了良好的育人机制和育人氛围。

**五是实现学生自我管理**。大学秉承自由之精神,大学生以"自治"实现自我管理。充分发挥学生代表大会、学生党校、团组织、学生会的作用,实现学生自我管理,自我教育,自我服务。通过召开学代会、团代会解决学生关注关心的问题,让学生真正成为学校的主人。通过学生会干部培训、大学生党校学习,增强责任感和崇高追求。学生会参与到了学校管理的方方面面,对学校的教育教学、后勤服务、宿舍管理、环境卫生、校园绿化、餐饮质量等工作参与管理和评价,学生会的评价与教职工的岗位绩效工资挂钩,有效促进了管理服务人员的工作积极性主动性,锻炼提高了大学生的素质和能力。

学校思想政治教育工作扎实到位,成效显著。近3万人的校园秩序井然,文明和谐。近年来,学生参加全国、全省各类技能竞赛获特等奖、一等奖200多项。学校体育代表队参加全省大学生田径锦标赛甲组比赛,勇夺金牌数、奖牌总数、男子团体总分三项第一。学生就业率保持在95%以上,考研率保持在30%以上,毕业生受到用人单位的普遍好评。学校被评为山东省文明单位、山东省高校思想政治教育工作先进集体,学校团委被评为山东省先进团委。

省高工委、教育厅组织此次培训班意义重大,培训班在潍坊科技学院举行是对我校的厚爱,感谢教育厅领导的指导,感谢兄弟院校提供的宝贵经验。让我们共同探讨大学生思想政治工作规律和有效方法,为建设文明和谐校园,为实现中华民族伟大复兴的"中国梦",培养更多的优秀人才而努力奋斗。

（根据笔者2016年5月28日"在全省高校辅导员职业能力建设专题培训班开班仪式上的发言"整理）

# 做好士官培养工作　为国防建设做贡献

**编者按:** 定向培养直招士官,是适应新时期国防和军队现代化建设需要,推进实施人才强军、科技强军、完善军民融合式军队人才培养体系重要举措,对国防建设意义重大。潍坊科技学院将根据军地定向培养目标任务,按照"政治合格、技能过硬、身心健康"标准,为军队培养高素质新型士官人才。

我校与部队各兵种合作培养士官,体现部队领导对我校的信任,更是我校拓展办学、合作育人的开创性成果。我们十分珍惜合作机会,将协调一切资源做好直招士官培养工作。

潍坊科技学院作为一所新建本科院校和国家职业教育创新发展试验区试点院校,以学习贯彻党的十八大精神为动力,坚持"以生为本,适合的教育"的核心理念,以"建设高水平应用型特色高校,培养高素质应用型专门人才"为目标,形成以农学为龙头,工科为主体,经管与艺术为两翼的学科体系,工科尤其是自动化信息技术教学特色明显。积极探索中职→高职→本科→专业硕士一体化,"多元融通制"现代职业教育人才培养体系建设,搭建学生成长成才的"立交桥"。学生专升本,录取人数连续十年列全省同类院校第一名;2013届普通本科毕业生考研率达35.6%;学生参加全国计算机技能大赛、全国机电产品创新设计竞赛、技能大赛、电子设计竞赛等获特等奖、一等奖等200多项。2013届毕业生一次就业率达95.17%,本科毕业生总体就业率96.62%,列全省58所本科高校第二位。

我校坚持走产学研结合的人才培养之路,先后建立了15个与地方经济发展紧密相关的科研机构,开展了160多项应用性科研项目,获得100多项国家专利。成立了山东半岛蓝色经济工程研究院,是全国第一所针对国家"蓝色经济"战略建立的地方综合性科研机构。我校依托计算机软件学院优势,在校园内建设了占地812亩,规划总建筑面积38万平方米,总投资8.9亿元的软件园。目前已有中国普天科技等102家企业、科研院所入驻,从业人员1200多人,年产值达5亿元。软件园为教师科研、学生实习、就业创业创造了有利条件。

我校加强与总参信息化部以及各兵种的合作,开辟联合培养士官的办学模式,是适应新时期国防和军队现代化建设的需要,推进实施人才强军、科技强军战略、完善军民融合式军队人才培养体系的重要举措,有助于提高士官培养质量和效益,对加强国防和军队建设意义重大。我院高度重视国防教育,认真贯彻落实中央军委、教育部、省教育厅、省军区关于大学生国防教育工作的相关要求,通过军训和形式多样的国防教育,增强了学生的国防观念,激发学生的爱国主义热情,学生以实际行动投身国防建设。近三年来,学院共选拔了306名优秀学生参军,多次受到省军区的表彰。

为部队输送优秀士官人才,为国家的国防事业贡献一份绵薄之力,这既是一份难得的荣誉,也是一份沉甸甸的责任。学院将严格遵循部队有关兵种部署安排,根据军地定向培养的目标任务,单独组建"直招士官班",具有一定规模后成立士官学院。认真制定教学方案和计划,精心组织教学活动,遵循高技能人才成长规律,按照"政治合格、技能过硬、身心健康"的标准,加强思想政治工作,进行爱国主义教育,培养家国情怀,锤炼过硬作风,与地方武装部合作,搞好军事教育和严格军事训练,努力培养高素质新型士官人才。我们相信,在各位领导的精心指导和大力支持帮助下,我校的人才培养质量一定能再上新台阶,士官培养工作一定能取得新成果,为国家的国防事业做出应有的贡献。

（根据笔者2013年12月18日"在总参信息化部考察定向培养直招士官试点学校会议上的致辞"整理）

# 学习魏道揆老师治学精神
# 提高校园文化与科研水平

**编者按：**潍坊科技学院快速发展的过程中涌现了许多优秀教师，他们既有学高为师的学者风范，又有师者甘为人梯的奉献精神，魏道揆老师便是其中的典型代表。要学习他治学严谨、刻苦钻研的优良作风；学习他认真做事、教书育人的优良品质；学习他老有所为、心系学术的可贵精神，自觉投入学校文化建设和科研育人中去，为应用型特色高校建设贡献力量。

今天，学校工会、老干部服务中心、科研处、农圣文化研究中心共同举办魏道揆先生学术研讨会很有意义。退休老干部、老教师是学院的宝贵财富，他们的精神风范已成为学校文化的重要内容。这次研讨会主要是总结魏老师的治学经验，学习魏老师的治学精神，研究魏老师的学术思想，深化地方历史文化研究，打造校园农圣文化特色，浓厚学术氛围，推进应用型特色高校建设。

魏道揆老先生是学术校园、文化校园建设的榜样。魏老师从教43年，曾先后在滨州、青岛、淄博、寿光等多个地方的学校任教，培养学生数万人，可谓桃李满天下，许多学生成为祖国的栋梁之材。魏老师情系教坛，敬业乐教，先后有《高尔基的苦学精神》《我对当前中学语文教学之管见》等百余篇论文、散文、诗词在省级以上报刊发表。

"老骥伏枥，志在千里。"魏老师老有所为，退休后仍潜心治学，如今已是80岁高龄，依然精神饱满，笔耕不辍，今年出版了新作自传体文集《霜叶红于二月花》。他先后完成了《东方朔和他的传说》《东方朔研究新探》《安静子文选译注》《安静子诗词选注》《纪国春秋》《〈中论〉评注》《任昉评传》等著作，其中《安静子文选译著》一书荣获1999年新中国成立50周年潍坊市社会科学优秀成果二等奖，《任昉评传》获全市"农圣文化奖"。魏老师全面系统深入地研究了东方朔、徐干、任昉、安志远四个寿光古代历史上的文化名人，填补了相关研究空白，对挖掘、抢救、整理、继承和发扬古代文化做出了历史性、开拓性的贡献，在国内外学术界引起了广泛的关注。他的个人传略和业绩被载入《寿光书画荟萃》《潍坊市书画家》《潍坊市作家词典》《鸢都之光》《齐鲁智星》《山东省科学名人词典》《中国教育名人辞典》等。

总结魏道揆老师的学术成果和学术思想，学习他治学严谨、刻苦钻研、努力探索、辛勤耕耘的优良作风；学习他认真做事、忠厚做人、为人师表、教书育人的优良品质；学习他老有所为、心系学术、干到老、学到老、钻研到老的可贵精神。他的品格令人敬重，他的学识为人称道,他的治学精神更是我们学习的榜样,他也是退休老教师老有所为的榜样,必将对我校的文化建设和科学研究起到积极的促进作用,必将激励更多的教师发奋努力搞科研,促进更多的学术研究成果问世。

今年潍坊科技学院送走了第一届本科毕业生,考研率达到30%以上,被誉为"潍科奇迹",以高的就业率、考研率赢得了社会认可。作为一所新建本科高校,我校师资队伍、管理经验、文化积淀、学术成果比较薄弱,教授治学、崇尚学术的氛围不够,像魏老先生这样心无旁骛致力于学术、潜心研究著书立说的学者偏少,这离学校可持续发展、建设应用型特色高校的要求差距很大。育人成果、科研成果代表一所大学的发展水平,科研工作对育人质量的提升作用巨大。我校是新建本科院校,高大上的科研项目可望而不可即,但加强纵横向合作,参与省部级以上课题或与企业共同开展技术研发是可以的;深化对农圣文化《齐民要术》的研究,努力打造人文社科特色是可行的;把问题当课题,找准切入点搞点研究出些成果是可能的。我们要以魏道揆老师为榜样,加强学习,研究学问,崇尚学术,教书育人,为建设应用型特色高校做贡献。

在学校文化建设上,以社会主义核心价值观为指导,打造中轴线主体文化,即人文精神代表孔子、现代科学巨匠爱因斯坦、道德楷模雷锋,三座名人雕塑三座精神丰碑感召师生,励志奋进。打造农圣特色文化,以《齐民要术》研究为载体,加强国学教育,传承优秀传统文化,培养学生家国情怀和高远境界,立志成才、报效国家。

在学校科研上,以应用型高校建设为动力,围绕产教融合,立足地方产业,集中力量加强设施农业、海洋化工方面的应用性研究,为地方产业发展服务。完善软件园功能,打造产学研一体化平台,在软件研发、文化创意、电子商务、创新创业上出科研成果,突现孵化达效。加强纵横向课题合作,争创省级科技进步奖。推进农圣文化为重点的人文社科项目课题研究,创建省级以上人文社科基地,通过科研成果打造学校内涵特色,提升人才培养质量。

在学校创新发展上,以弘扬学校精神为主旋律,即"创业敬业、求是求新"的学校精神,牢牢把握创新发展这一主题,为应用型特色高校建设提供强大的精神动力。释读"一训三风"(校训、校风、教风、学风),传承大学的文化基因,明确要义,增强认同,发挥文化育人功能,推动文化治校。唱响《飞翔》校歌,校歌嵌入了学校的文化元素,是对师生有声有色的劝导,唱响校歌,凝聚力量,立志成才,放飞梦想。开展丰富多彩的文体活动、寓教于乐,提高大学生的审美情趣,丰富人文精神,追求高雅生活。

"榜样的力量是无穷的",我们要向魏道揆老先生学习,争创优良的教学科研成果,提升办学水平,加快应用型特色高校建设步伐。

"莫道桑榆晚,为霞尚满天",愿魏老师学术之树常青!祝魏老师健康快乐幸福!

(根据笔者2012年10月16日"在魏道揆老师学术研讨会上的讲话"整理)

# 办好师生书画展　提升校园文化品位

**编者按：**文化是大学的灵魂。潍坊科技学院高度重视校园文化建设，积极传承以农圣文化为特色的中华优秀传统文化，以大学生科技文化艺术节等活动为载体，构建了健康向上的校园文化。书画艺术蕴含着中华传统文化精髓，是传统文化的重要组成部分。举办师生书画展对于提升校园文化品位、陶冶情操、提高审美能力、弘扬优秀传统文化具有积极的推动作用。

文化是大学的灵魂。办学要办氛围，此氛围是学术氛围、文化氛围，最终形成育人氛围。每个大学的毕业生都有不同特质，我校毕业生在社会上获得的普遍评价是认真负责，工作扎实。大学文化是"大染缸"，塑造学生的特质，美育是教育的重要内容，美育对陶冶情操、提高人生境界意义重大。科学与人文是鸟之两翼、车之两轮，不可偏废。举办师生书画展是增强大学生人文素养，审美能力的重大举措，感谢学校工会、书画研究室、艺术传媒学院同志们的辛勤劳动！

我校高度重视校园文化建设，积极传承创新以农圣文化为特色的中华优秀传统文化，以大学生科技文化艺术节、书画艺术展等丰富多彩的活动为载体，以书法、绘画、舞蹈等众多社团、协会为支撑，构筑了健康向上的校园文化，为学生的成长成才创造了良好的环境。深入开展"中国梦·潍科梦·我的梦"系列主题教育。举办了第 11 届大学生科技文化艺术节、第四届社团文化艺术节、第四届校园文化之星评选、道德讲堂等高雅文化艺术活动，丰富了校园文化生活。男篮获全省大学生篮球联赛冠军、女篮获亚军，在全省大学生综合素质大赛、全省大学生田径锦标赛、全省大学生健康活力大赛上均获大奖；飞翔科技创新社团获"山东省优秀大学生科技社团"称号。国学教育纳入全校教学体系，进入课堂，编写了《青春飞翔——潍坊科技学院校园文化释义》，打造了校园文化建设新载体。9 项文化成果分获山东教育新闻奖、山东省高校校园文化建设优秀成果奖、山东高校十佳新闻奖，与山东省卫生新闻宣传中心等单位联合制作的电影《敬我们正在经历的青春》进入后期制作。获寿光市 2013 年文艺创作立项资助 1 项，2 人入选寿光文化之星，寿光市首届微电影大赛 4 部微电影作品获奖，学院获全市"文化建设工作先进单位"荣誉称号。

书画艺术，蕴涵着中国传统文化的精髓，是中华民族传统文化艺术的瑰宝，是中国传统文化的重要组成部分。本次展出的一幅幅主题突出、形式新颖、风格鲜明的书画作品，凝聚着创作者的智慧和心血，充分展示了广大师生对生活的热爱和对艺术的追求。

我相信，书画艺术展不但会让师生饱尝艺术大餐，发挥其砥砺精神、陶冶情操、美化心灵的功能,而且对促进良好教风、学风、校风建设具有重要意义。希望教务处、各二级学院组织师生参观书画展,艺术老师跟上讲解,让学生认识美、感受美、追求美。要将艺术教育与欣赏列为通识课,提高学生的审美能力和人生境界。

希望学工系统加强大学生艺术社团建设,让学生的兴趣爱好、艺术特长得到健康发展。让高雅艺术伴随我们的生活,让艺术丰富想象力、创新力,让我们携起手来共同建设美丽和谐文明校园。

(根据笔者 2014 年 1 月 1 日"在第五届全校师生书画艺术展开幕式上的讲话"整理)

# 新建本科院校创新发展的路径选择

**编者按:**我国即将进入高等教育普及化阶段,新建本科院校面临重大机遇和挑战。新建本科院校可根据自身实际选择以下创新发展的路径:实施"适合的教育",促进多样化发展;依托专业办产业,产教融合育人才;搭建产学研平台,政校企协同创新;服务国家发展战略,推动地方经济转型;传承创新地域文化,深化创新创业教育。

## 新建本科院校创新发展的路径选择

潍坊科技学院是经教育部批准,由寿光市人民政府兴办的一所应用型普通本科高校,也是目前全国唯一的一所由县级政府举办的普通本科高校。学校的前身是成立于2001年的潍坊科技职业学院,2008年升格为本科高校。学校校园占地2000多亩,建筑面积99万平方米。现设12个二级学院,70个本专科专业,涉及工学、农学、理学、文学、管理学、教育学、艺术学等学科,全日制在校生2.8万余人,教职工1700余人。

潍坊科技学院位于山东省潍坊市的寿光市,寿光市位于山东半岛中北部,渤海莱州湾南畔,总面积2072平方公里,人口107万。2015年,全市实现财政总收入115.8亿元,其中公共财政收入90.1亿元。寿光是中国蔬菜之乡、中国海盐之都、农圣贾思勰故里、中国优秀旅游城市、国家园林城市、国家卫生城市,被中央确定为"改革开放30周年全国18个重大典型"之一,是江北地区唯一荣获"中国人居环境奖"和"联合国人居奖"的县级市。

## 实施"适合的教育",促进多样化发展

学校坚持"以生为本,适合的教育"核心理念,分类施教,因材施教,培养适应地方经济社会发展需要,社会责任感强,专业基础扎实,职业素养优良,实践能力突出,发展潜力较大,能够下得去、用得上、留得住、干得好的高素质应用型专门人才。

学校对本科、专科学生采取不同的培养模式,分类施教,对就业、创业、考研、专升本的学生开展不同的指导,真正使学生学有所获、扬其所长。为每个班级配备了班主任,实施"三主双严"育人模式,即以社会主义核心价值观教育为主线、以主题教育为内容、以学生主体参与为形式,坚持"严父慈母、严管细导"的育人模式。实行干部教职工"三包靠"制度,即每个校级干部包靠一个二级学院,每名中层干部包靠一个班级,每名教职工包靠

一名困难学生。深入细致的思想工作,严格规范的管理,促进了良好的校风、教风、学风的形成,教学质量显著提升。近年来,学生参加全国、全省各类技能大赛获特等奖、一等奖200多项,文体竞赛获金牌100多枚。连续五届普通本科毕业生考研录取人数超过毕业生总数的30%,专升本录取人数连续十几年保持全省领先,学校毕业生一次性就业率一直保持在95%以上,不少毕业生进入世界500强企业。

## 依托专业办产业,产教融合育人才

潍坊科技学院以"建设高水平应用型特色名校,培养高素质应用型专门人才"为目标,紧密结合地方经济发展需要,充分发挥专业优势,依托专业办企业,深入推进产教融合、校企合作,强化学生实践技能培养,努力提高应用型人才培养水平。

依托二级学院建立公司,促进成果转化,打造优势特色专业。按照"利用专业优势办产业,办好产业促专业"的思路,学校依托二级学院成立了十几家公司。目前,学校整合这些公司组建了山东飞翔软件产业集团,吸纳学生实习、实训、就业,师生参与技术和项目研发,促进了学科专业建设,提升了应用型人才培养水平。

依托中印计算机软件学院成立的环球软件公司成为国家高新技术企业、山东省软件工程技术中心,服务外包业务进入欧美市场,为全球8个国家2万余家客户提供IT服务,荣获中国政府行业信息化最具影响力企业奖。依托建筑工程学院成立的建筑安装公司成为房屋建筑工程施工总承包壹级企业,先后荣获山东省建筑工程质量最高奖"泰山杯"奖5项。

企业全程参与人才培养,突出学生专业技能训练。每个专业都有三家以上实质性合作企业全程参与学生培养,校企共同制定人才培养方案;实施学生成长导师制,帮助学生确定成才方案,制定职业生涯规划;校企合作实施学生技能训练计划,突出专业技能培养。

## 搭建产学研平台,政校企协同创新

作为一所县办高校,潍坊科技学院扎根地方,与当地政府、行业企业紧密协作,共同搭建产学研平台,合作开展协同创新,实现了政校企多方共赢。

校内建设软件园,搭建产学研合作平台。学校与寿光市政府合作在校园内建设了建筑面积26万平方米的软件园,作为师生教学科研、实习实训、就业创业基地,也是地方高新技术产业孵化基地。目前已有183家企业入驻,本校500多名学生在软件园就业创业,6700多人次在软件园实习实训。

软件园获得国家级科技企业孵化器、国家小型微型企业创业创新示范基地、山东省服务外包示范基地、山东省重点服务外包人才培训机构、山东省级高新技术创业服务中心、山东省电子商务示范基地、团中央青年就业创业见习基地等荣誉称号。

校企联合办学,军地合作育人。学校与国内众多大型企业建立了良好的合作办学关系,在90多家企业建立了稳定的校外实训基地,海尔集团、海信集团等企业在校内成立了企业冠名班。学校是定向培养直招士官试点高校,承担火箭军、海军、中央军委联合参谋部士官定向培养任务。

实施"双百工程",实现校企共赢。学校开展了校企合作、产教融合"双百工程"活动。以服务企业(行业)和建设高素质教师队伍为目标,组织百名教师深入企事业单位、产学研合作基地开展岗位实践活动,同时,聘请百名企业(行业)事业单位、产学研合作基地的专家兼职实践教学或为实习、实训指导教师,造就"双师型"教师队伍。

开展教授、博士企业行,促进科技成果转化。学校教授、博士企业行活动常态化,掌握了企业技术需求,促进了学校成果转化。多名博士担任默锐化学集团等公司研发项目的负责人,给企业带来显著经济效益,有效促进了学校科研水平的提升。

### 服务国家发展战略,推动地方经济转型

寿光市地处山东半岛蓝色经济区、黄河三角洲高效生态经济区交叠地带。如今,"蓝黄"两区发展已上升为国家战略。潍坊科技学院立足区域经济需求,充分发挥自身优势,主动服务国家战略,坚持科研兴校,不断提高社会服务能力,实现了学校与地方经济共同发展。

建设蓝色经济工程研究院,服务"蓝黄"两区国家战略。经山东省科技厅、民政厅批准,潍坊科技学院联合中国工程院、山东大学、地方领军企业等在校内成立了山东半岛蓝色经济工程研究院,下设10个研发中心,并与山东大学联合建立了济南分院,围绕"蓝黄"两区重大技术需求开展应用研究。

目前,研究院已拥有山东省卤水综合利用工程技术中心等多个市级重点实验室,承担省级科研项目22项、横向研究项目30多项。下设的环境检测中心服务范围已基本覆盖全省。研发的地下卤水河蟹育苗技术在湖北大规模推广,产量提高10%以上,带动农民增收30%以上。

成立院士专家工作站,引领区域科技创新。经山东省科协批准,学校建立了农业科学、环境科学两个院士专家工作站。充分发挥院士专家的技术引领作用,努力突破关键技术制约,推动产学研用紧密合作,引领区域科技创新。

研发蔬菜花卉新品种,服务现代农业发展。学校建立了生物工程研发中心,建成了占地110多亩的蔬菜花卉新品种繁育基地,选育出了番茄、西瓜、大葱、蔷薇等拥有自主知识产权的15个蔬菜花卉新品种。学校研发的"潍科"系列番茄新品种荣获第八届中国技术市场金桥奖优秀项目奖,已在山东、山西、湖北、江苏、海南、新疆、内蒙古等地推广种植,得到了基层种子推销人员及菜农的广泛认可。学校自主研发的"鲁硕红"蔷薇新品种,通过了省级鉴定并产业化推广,带来了可观的经济效益。"鲁硕红"蔷薇被省林业厅认定为优良品种。

建设管理菜博会展厅,服务蔬菜之乡。学校所在地寿光市是中国蔬菜之乡,每年都举办中国(寿光)国际蔬菜科技博览会(简称"菜博会")。菜博会创办于2000年,由农业部、商务部、科技部等部委与山东省人民政府联合主办,寿光市人民政府承办,每年4月20日至5月30日在寿光市蔬菜高科技示范园定期举办。菜博会已连续成功举办十七届(至2017年),先后共有来自50多个国家、地区和31个省、市、自治区及特区的2400多万人次参展参会,实现各类贸易额2080亿元,成为全国规模最大、最具影响力的国际性蔬菜产业品牌展会,国家5A级农业专业展会。

菜博会举办地寿光市蔬菜高科技示范园是潍坊科技学院实践教学基地。每年菜博会期间,学校学生全程参与实践服务。贾思勰农学院学生参加菜博会布展、管理;外语与旅游学院学生承担导游、翻译、礼仪和讲解员等工作;士官学院学生参与安检和保卫;其他学院学生做菜博会志愿者。潍坊科技学院投资500万元,建设管理了1万平方米的菜博会学院厅,打造了学校自主知识产权蔬菜花卉新品种和国内外蔬菜新品种及前沿种植技术的展示平台。

开展蔬菜应用科技研究,服务全国菜农。学校建立了蔬菜花卉研究所、蔬菜病虫害防治研究所等17个科研机构,在生物组培、病虫害防治、精细化工及新材料研发等方面开展了100多项应用研究。与农业企业合作开展韭菜高效组培再生、非洲菊工厂化育苗等横向研究,创造直接经济效益2000万元。学校教师编写的《蔬菜病虫害防治图谱》系列丛书入选"全国农家书屋重点建设工程体系图书",由农业部、财政部等联合出资为全国农家书屋配送20余万册。

## 传承创新地域文化,深化创新创业教育

潍坊科技学院高度重视校园文化建设,传承创新以农圣文化为特色的中华优秀传统文化,并将文化传承创新贯穿于教育教学全过程,在文化传承中实现文化育人。认真贯彻落实国家提出的"大众创业、万众创新"政策,深化创新创业教育,全面提升人才培养质量。

弘扬农圣文化,促进地域文化传承创新。寿光是农圣贾思勰故里。学校成立了农圣文化研究中心、寿光历史文化研究所等社科研究机构。师生制作的动漫片《超级优优》在央视播出,入选优秀国产动画片,剧本《仓颉造字》获山东省动漫创意大赛一等奖,还制作了动画片《农圣贾思勰》、电影《敬我们正在经历的青春》。连续举办了七届中华农圣文化国际研讨会,承办了四届中国(寿光)文化产业博览会视觉艺术大赛、全国大学生演讲大赛、山东社科论坛、山东省社会科学普及周等活动。

培育特色校园文化,提升学生综合素质。深入推进社会主义核心价值观教育,积极培育以农圣文化为特色的校园文化。将国学通识课作为必修课,开设了"《齐民要术》研读""寿光蔬菜文化"等具有地域文化特色的课程。定期举办大学生科技文化艺术节、师

生书画艺术展、大学生"道德讲堂"。承办了全国武术学校武术套路比赛、全国国际标准舞大赛等赛事。以 100 多个学生社团为支撑,打造了青年志愿服务活动品牌。

建立大学生创业园,支持学生创业。学校在软件园内建立了大学生创业园。目前,学生在创业园内创办了 61 家企业,其中我校学生创办了 38 家企业。举办了"易商杯"大学生互联网＋创新创业大赛。学生创业团队获"中国创翼"青年创业创新大赛银翼奖,全省"互联网＋"大学生创新创业大赛银奖。

成立创业创新学院,服务中小企业。经山东省中小企业局批准,我校在软件园内建立了山东省首家创业创新学院,为全省中小企业提供创业创新人才支撑。

### 拓宽国际教育领域,因校制宜合作办学

潍坊科技学院地处县域,但非常重视国际合作办学,从成立专科院校起,就注重与国外高校的合作。目前,已与韩国、德国、荷兰、印度、泰国等国家的十几所高校开展了实质性合作办学。

中印合作培养软件人才。2003 年,经山东省人民政府批准,学校成立了中印计算机软件学院。引进印度软件人才培养模式、聘请印度外教开展专业教学。"立足校内软件园区的中印合作软件服务外包人才培养模式创新实验区"被确立为山东省高校人才培养模式创新实验区建设项目。软件技术、软件工程专业被评为省特色专业、省本科高校优势特色专业。

与韩国高校联合培养博士教师。学校与韩国东西大学、京东大学等高校联合开展了"2＋2"人才培养项目,与韩国水原大学、东西大学联合培养博士教师,已选派 20 多名教师赴韩攻读博士学位。

与德国高校合作办学。学校与德国 BSK 国际教育机构签署了合作协议,先后多批次选派专业教师赴德国应用科技大学培训。与德国比勒费尔德应用科技大学签署了合作办学协议。

与荷兰、泰国高校合作办学。学校还与荷兰瓦赫宁根大学、泰国博仁大学等高校开展了联合培养学生、合作科研等实质性合作。近年来,先后有美国、印度、英国、韩国等十几个国家的 129 名教师来学校任教。

(根据笔者 2016 年 10 月在全国新建本科院校联席会议上的发言整理)

# 筹备国家二级学会　深化农圣文化研究

**编者按:**作为一所新建本科高校,潍坊科技学院始终坚持立德树人根本任务和"适合的教育"核心理念,将以农圣文化为特色的优秀传统文化纳入人才培养方案,将贾思勰农学思想和《齐民要术》研究成果及时向育人转化,紧密契合地方经济社会发展,取得了较好的办学和社会效益。

寿光是农圣贾思勰故里,著名的"中国蔬菜之乡"。潍坊科技学院作为一所新建本科高校,始终坚持立德树人根本任务和"适合的教育"核心理念,高度重视文化传承与创新,将以农圣文化为特色的优秀传统文化纳入人才培养方案,将贾思勰农学思想和《齐民要术》研究成果及时向育人转化,紧密契合地方经济社会发展,取得了较好的办学效益和社会效益。

农学思想是我国农业文化遗产的重要组成部分,是传统农耕文明留给我们的伟大精神财富,也是中华优秀传统文化中农业哲学思想的集中体现。《齐民要术》的学术地位和历史贡献更是得到国内外专家学者的一致认同。我校早在 2004 年就成立了贾思勰农学思想研究所,2011 年创办贾思勰农学院,举办了贾思勰农学思想研讨会、《齐民要术》与现代农业发展高层论坛、海峡两岸《齐民要术》与新农村建设研讨会等系列重要学术会议。2010 年始又成功举办了每年一届的中华农圣文化国际研讨会,2019 年将举办第 10 届,设想将与农史学会青年论坛、学会 2019 年学术年会形成三会合一的整体效益,必将进一步提高会议的学术层次和社会影响力。

2005 年,在寿光市委市政府的支持下,寿光市《齐民要术》研究会成立。之后,研究会挂靠我校,与贾思勰农学思想研究所合署办公,在刘效武会长的精心组织下,开展了多层面扎实的农史研究工作。参与了 2015 意大利米兰世博会《齐民要术》展项的学术支持工作;在寿光菜博会建设了学院的科研成果转化和师生实践基地 9 号馆;李兴军教授创作了 52 集大型动画片《农圣贾思勰》、小说《贾思勰逸史》等一批文艺作品;其中动漫片《农圣贾思勰》近期将在中央电视台新科动漫频道播出;出版了受国家出版基金资助,我本人任主编,刘效武、李兴军任副主编的,入选"十三五"国家重点图书出版规划项目的《中华农圣贾思勰与齐民要术研究丛书》为代表的一大批标志性学术研究成果,在学术界和社会上产生了积极广泛的影响,也进一步促进了我校对以农圣文化为特色的优秀传统文化的研究和育人工作。

2016 年,我校有幸参加了中国农业历史学会第六次全国会员代表大会,并荣幸当选为学会常务理事单位。作为农圣贾思勰故里和《齐民要术》的诞生地，我们感到在寿光从事农史研究，挖掘研究祖国农业文化遗产，服务经济社会发展的责任更大了，身上的担子也更重了。在如何更好地发挥常务理事单位作用，进一步拓展研究平台，壮大研究力量，传承创新以农圣文化为特色的优秀传统文化方面，我们做了深入的研究和思考，达成了思想共识，提出了建设学会专业委员会的目标规划，也得到了学会领导、兄弟高校和科研院所的大力支持。

2017年，我校农圣文化研究中心确立为山东高校人文社会科学研究基地，申报过程中得到了王思明教授、樊志民教授、王欧研究员、徐旺生研究员、沈志忠教授、孙金荣教授等专家的鼎力支持和帮助，中国农史学会、山东农史学会还为我们发来了支持函，在这里也向中国农史学会、山东农史学会和各位专家学者表示最诚挚的感谢！

学会2017年第一次理事会议，批准同意建立《齐民要术》研究工作小组。会后我们又积极联系国内知名专家学者，广泛开展合作，虚心听取专家的意见建议，进行相关研究，推进了《齐民要术》研究工作小组的工作。基于农学思想和《齐民要术》研究成果转化所形成的以《农圣文化为特色的优秀传统文化育人实践创新》成果，获得了山东省第八届高校教育教学成果二等奖。当下，培育以农圣文化为特色的校园文化和通识教育，已成为我校重要的人才培养特色，并成为师生的一致共识。

2018年，中国农史学会发文，批复同意成立"中国农业历史学会农学思想与《齐民要术》研究会"，这标志着我校农史研究进入了一个崭新的阶段。用樊志民教授的话说，山东农史研究形成了山农大、青岛农大、潍坊科技学院三足鼎立各具研究重点和特色的新局面，体现了山东对农史研究工作的重视，也表明了全国农史研究新的高潮的到来。

今天，各位专家学者齐聚农圣故里、中国蔬菜之乡，来到潍坊科技学院，将一起见证中国农业历史学会农学思想与《齐民要术》研究会的成立，见证中国农史学会所属的又一个新的研究平台的诞生。同时为我国农史研究，特别是对具有中国特色、世界意义的农学思想和以《齐民要术》为代表的我国农业文化遗产的传承创新，建言献策，谋划未来。这是潍坊科技学院的喜事、农圣故里的盛事，更是中国农业历史研究史上的大事，必将记入中国农业历史研究的史册！

（根据笔者2018年11月11日"中国农业历史学会农学思想与《齐民要术》研究会筹备成立工作会议上的发言"整理）

# 坚持校地融合发展　建设应用型特色名校

## ——潍坊科技学院办学特色的探索与实践

潍坊科技学院是寿光市政府兴办的一所全日制普通本科高校,地处国家"蓝黄"两区的叠加位置,学校所在地潍坊寿光是中国蔬菜之乡、海盐之都,现代农业产业全国领先,制造业比较发达,探索形成的"潍坊模式""寿光模式"两次获习近平总书记充分肯定。学校办学始于 1984 年,2008 年改建为普通本科高校,2016 年通过教育部本科教学工作合格评估,2017 年成为硕士学位授予立项(培育)建设单位。学校目前占地 2400 亩,教职工近 2000 人,在校生 3.1 万人,本专科专业 81 个,其中省优势特色专业 5 个、省一流专业建设点 8 个,是国家职业教育创新发展试验区试点高校、教育部卓越农林人才培养计划项目试点高校、定向培养直招士官试点高校、山东省研究生联合培养基地、山东省文明单位。

学校办学 30 余年来,始终坚持立足地方,主动融入地方,积极服务地方,特别是升本以来,进一步明确了"应用型"办学定位,确立了"内涵发展,特色提升"治校方略,深入推进产教、科教融合,促进校企共建共赢、校地共生共享,初步培育了设施农业、海洋化工、智能制造三大学科专业特色,形成了"园校一体"产教融合、"农圣文化"通识教育两大特色育人模式,在应用型人才培养、科技研发推广、地域文化传承创新等方面取得了较好成效。

### 坚持内涵发展,积极培育三大学科专业特色

**立足蔬菜之乡,打造设施农业特色。**学校扎根蔬菜之乡,开展人才培养、应用研究、产业服务、品牌打造,扎实推进"新农科"建设,建立了从良种研发推广到智慧农业服务的科研创新平台,构建了覆盖设施农业全产业链的专业服务体系,打造以园艺、农林经济管理为中心的设施农业特色,积极服务乡村振兴战略实施。现有 1 个山东省设施园艺生物工程研究中心、1 个山东省高校设施园艺重点实验室、1 个山东省设施蔬菜分子育种共建重点实验室、1 个山东省高校实验教学示范中心,目前正与贵州大学共建农蔬区块链创新实验室,已列入潍坊市"新基建"重大项目。建设管理 10000 平方米的菜博会学院馆,展示 300 余种蔬菜新品种和世界先进栽培技术,每年接待游客百万人次。自主研发 28 个蔬菜花卉新品种,"天潍系列"等 15 个新品种在农业农村部登记,在湖北、贵州、海南建立了农业科技推广示范基地,全国累计推广种植自主研发新品种 7 万余亩。"鲁硕红"蔷薇

在全国推广种植 1 亿株。"潍科"系列番茄项目获中国技术市场金桥奖。"玉玲珑"番茄获中国(寿光)国际蔬菜科技博览会"品质王"。"学府蔬菜"品牌进入北京、河北、辽宁、山西等省市市场。制定了山东省农业领域地方标准 4 项,潍坊市地方标准 2 项。与海军部队合作,在南海岛礁成功种植 29 种蔬菜,填补国内空白。《蔬菜病虫害防治图谱》入选"全国农家书屋重点建设工程体系图书",全国发行 50 余万册。建设运营寿光智慧农业大数据平台,作为山东"双安双创"成果参加全国展览展示;农业农村部部长韩长赋到学校视察调研,对智慧农业大数据平台给予高度评价。近年来,农学方面立项国家自然科学基金项目 4 项,获发明专利授权 20 项,作为合作单位获辽宁省科技进步奖二等奖 1 项。同时,学校积极开展"寿光模式"研究,引进了一批教授、博导,组建农林经济管理研究团队,成立乡村振兴与县域经济发展研究中心,与中国经济体制改革研究会等联合成立新时代乡村振兴与区域经济发展研究院,"寿光模式"研究成果在《改革内参》刊发,并在北京、潍坊召开的专题研讨会上交流推介。

**扎根海盐之都,培育海洋化工特色**。寿光是世界海盐的发祥地,是盐圣夙沙氏的故乡,煮海为盐的历史悠久,卤水化工、生物制药等化工产业发达,学校着力培育以化学工程与工艺为中心的海洋化工特色。针对地方优势产业需求和国家蓝色经济战略,学校成立了山东半岛蓝色经济工程研究院,这是首家针对国家蓝色经济战略的地方综合性研究机构。目前,研究院拥有新型阻燃材料开发利用联合工程研究中心、农业农村部耕地质量标准化实验室 2 个国家级研究中心,卤水资源绿色高质化综合利用、海洋精细化工、环境检测等 3 个省级工程技术中心,医药化学、高分子材料、新型医药中间体、新能源与环境科学等 10 个校企三方共建研究中心。依托研究院成立的潍科环境检测中心公司,被确定为国家高新技术企业,服务范围覆盖山东全省。近年来,立项国家自然科学基金项目 1 项,获发明专利授权 21 项、山东省企业技术创新一等奖 1 项、中国安全科技进步二等奖 1 项,联合申报项目获省科技进步奖 2 项。

**对接先进制造业,打造智能制造特色**。面向山东高端制造"十强产业",学校整合机器人工程、电气自动化、物联网工程、软件工程等 10 余个相关专业,引进 3 名学科带头人,深化校企共建,打造以机器人工程为中心的智能制造特色专业群。围绕智能制造产业,与华为、东软、百度、深圳汇邦机器人等国内行业领军企业合作共建华为信息技术学院、东软睿道学院、百度开创学院、汇邦智能制造学院等 4 个产业学院,通过学员同招、专业共建、人才共培、师资共训,实现教育教学与产业发展"三个融合",为产业发展提供了有力的人力资源支撑。近年来,立项国家自然科学基金项目 1 项,获软件著作权 91 项、发明专利授权 10 项。与山东省中小企业局、山东省电教馆共建山东省创业创新学院、山东省众创教育研究院,建成山东首个省级示范创客中心,初步打造了创新创业教育和机器人研究品牌,学校机器人团队获省级以上机器人大赛奖项 170 余项,其中省级一等奖以上 50 项、世界一等奖 2 项。今年暑假刚结束的山东省"挑战杯"大学生创业计划竞赛和"互联网+"大学生创新创业大赛,学校获 3 项金奖、1 项银奖、6 项铜奖。

## 深化教学改革，探索创新两大特色育人模式

**推进"园校一体"，产教融合育人**。按照"专业办企业，产业建园区"的思路，学校与寿光市政府合作，投资 8.9 亿元在校内建设软件园，作为师生教学科研、实习实训、创业就业基地。软件园入驻企业 240 余家，年产值超过 12 亿元，引进国家计划专家 2 人，长江学者 1 人，泰山学者、泰山产业领军人才 3 人，先后被确定为国家级科技企业孵化器、国家小微企业创业创新示范基地、国家中小企业公共服务示范平台。软件园深入推进"园校一体，四园共建"，一是软件信息园，软件园被评为山东省软件产业园区，现有上市企业 6 家、山东软件工程技术中心 3 个、山东一企一技术创新企业 2 家。二是电子商务园，引进阿里巴巴、亚马逊等国内外知名电商平台，现有电商企业 80 余家，其中山东省电子商务示范企业 4 家，是山东省电子商务示范基地、山东省跨境电商产业聚集区。三是文化创意园，软件园是山东省重点文化产业园区，现有国家重点文化出口企业 2 家。四是大学生创业园，园区企业每年接收学生实习实训 6500 余人次，创业园累计孵化大学生创业企业 78 家，在孵企业 35 家，被确定为山东省大学生创业孵化示范基地、团中央青年就业创业见习基地。此外，学校师生依托优势专业创办 10 余个学科公司，其中国家高新技术企业 2 家、山东省瞪羚示范企业 2 家、新三板上市企业 1 家、国家重点文化出口企业 1 家、国家建筑工程施工总承包一级企业 1 家，这些学科公司为学校相关专业提供了稳定的实习实训基地，一大批学校毕业生成为这些公司的技术骨干和管理中坚。

**弘扬"农圣文化"，深化通识教育特色**。寿光是《齐民要术》作者、农圣贾思勰故里，农圣文化成为中华优秀传统文化的组成部分。学校将立德树人与传承创新农圣文化有机融合，构建了特色鲜明的校园文化和通识教育体系。牵头成立中国农业历史学会农学思想与《齐民要术》研究会，成为潍坊市第一个国家二级学会，推动了农圣文化在全国的研究传播。每年举办中华农圣文化国际研讨会，迄今已连续举办 10 届，先后有 10 余国家 900 多位专家参会，成为具有一定影响力的专业学术会议品牌。成立农圣文化研究中心，被确定为山东省人文社科研究基地，先后出版《中华农圣贾思勰与〈齐民要术〉研究丛书》《画说"三农"书系》等一批国家出版基金项目、"十三五"国家重点出版物出版规划项目图书。师生原创动画片《农圣贾思勰》在中央电视台、山东卫视播出，获山东省文艺精品工程奖，入选教育部高校原创文化精品推广行动计划。围绕高素质应用型人才培养目标，学校将心怀家国、勇于担当、敬业创新、实事求是的农圣文化精神融入文化育人体系，开发农圣文化、国学系列教材，纳入通识教育课程，深入开展"班团一体化"建设、"4030"读书计划、"六个一"实践育人活动，培育了"让认真成为品质"的校风，"勤学苦练"的优良学风。学校农圣文化育人实践创新获山东省优秀教学成果奖，学生"三下乡"社会实践获国家级奖项 50 余项，学校被评为团十八大以来宣传思想文化工作先进单位。学校人才培养质量不断提高，应用型人才培养经验被山东省教育厅、中央电视台予以推介报道。

展望"十四五",学校将坚定应用型办学定位,围绕高质量发展主题,以习近平新时代中国特色社会主义思想为指导,落实立德树人根本任务,深入推进学科特色提升、育人模式创新,全面提高应用型人才培养质量,全面提升服务社会能力,加快推进区域性、国际化、高水平应用型特色名校建设。

(原载《中国教育报》,2020 年 10 月 10 日)

# 针对实际　将国学教育融入大学生思想政治教育

国学即中国之学、中华之学，尤其是指以儒家文化为主体的中国传统学术及文化。国学作为本土文化，博大精深，蕴含了丰富的哲理及生存智慧，符合中国人的文化品位与风俗习惯。在新建本科院校开展国学教育，并将其融入大学生思想政治教育，既可以有效传承中国传统文化，弘扬中国精神，也能够促进教育方式改进的新探索。

## 一、国学教育融入新建本科院校大学生思想政治教育的必要性

思想政治教育只有切合大学生的实际，才能增强实效性。新建本科院校大学生身心发展的特点、心理冲突的缓释、思想道德的现状都需要国学教育的融入。

### 1. 国学教育融入大学生思想政治教育符合大学生身心发展的特点

大学生年龄一般为18～23岁，其身体发育正处于经历了人生第二次快速生长期之后的第二个缓慢生长期。这一生长期的特点是身体形态日趋定型，生理机能日益完善，心理素质趋于成熟。这个时期的大学生，思维活跃，求知欲强，具有"猎奇"心理，喜欢发散式思维与创新性学习；同时情绪情感体验非常强烈，拥有强烈的民族自豪感和认同感。传统的"填鸭式"的思想政治教育模式已不能满足学生心理与思想发展的多样化需求。国学教育在大学生眼里，不仅是一种文化的复苏，更是一种新鲜的颇具吸引力的生活体验。

近年来兴起的"国学热"使得大学生对中国传统文化表现出了极大的热情，他们喜欢下载、观看与国学有关的电视节目。据笔者在课堂上对本校265名大学生的随机调查，有116名即43.8％的学生表示喜欢观看《百家讲坛》。而喜欢参加国学经典诵读活动的大学生也不在少数。但是，新建本科院校中大部分学生对国学的接触面较窄，对国学知识的掌握还停留在初级阶段。他们希望能有一个比较方便的途径可以深入地走近国学，系统地了解国学。而将国学教育融入思想政治教育，正是一种恰当而又可行的途径。

### 2. 国学教育融入思想政治教育能有效缓释大学生的心理冲突

受心理发展阶段的影响，大学生会产生一系列强烈的心理冲突。怎样有效调节缓释这种冲突，避免冲突激化，是新建本科院校思想政治教育非常重要而又比较棘手的问题。从潍坊科技学院等部分新建本科院校的教育实践来看，在思想政治教育中融入国学教育，能够有效调节缓释大学生的这些心理冲突。

心理闭锁与寻求理解的冲突。由于自我意识的发展，大学生既希望能找寻一方完全

属于自己的心灵角落，又希望别人能够了解自己的心理，希望得到他人的尊重与理解。新入校的大学生由于刚从高中阶段的"熟人环境"进入大学阶段的"陌生人环境"，这种冲突尤为激烈。但这种矛盾心理在国学中能够找到共鸣，比如"举世皆浊我独清，举世皆醉我独醒""穷则独善其身，达则兼济天下"等经典诗文能够给学生一些心灵的慰藉。学校通过恰当的国学教育，可以使大学生产生心理上的共鸣，从而能及时排解学生内心的苦闷，使他们能够积极向上，面对人生。

理想性与现实性的冲突。习近平总书记指出，每个人都有理想和追求，都有自己的梦想。中国梦归根结底是人民的梦。每个大学生在跨进高校门槛时都有着自己的理想，但理想与现实毕竟是有差距的，当理想受挫不能实现的时候，大学生就会产生强烈的心理冲突。由于新建本科院校在师资力量和硬件设施方面还不够完善，学生在入校之后产生的心理落差可能会更大，再加上不能正确自我定位，很多学生不能很好地适应高校生活，产生很多苦恼与困惑。在国学典籍中有很多名言警句讲到理想和现实的矛盾冲突，如屈原的"路漫漫其修远兮，吾将上下而求索"等，可以给大学生以启迪，而尧、舜、苏轼等古代名士的生平事迹也可以为当今的大学生取法。

性成熟与性心理的冲突。大学生已进入了性生理成熟和性心理趋向成熟的阶段，有了正常的恋爱情感需求。但由于大学生在经济上还未完全独立，还担负着比较艰巨的学习任务，未来拥有很多不确定的因素，这一切使得大学生处在成熟与推迟自立的峡谷之中，由此而产生种种与性心理有关的心理冲突。如何引导学生树立正确的爱情观，在男女双方的交往中互相尊重，实现共赢，而不损害到自己与对方，这是高校思想政治教育的重点之一。在国学典籍中也有一些诗句能对大学男女生之间的相处交往提供借鉴，比如"德之本也，财之末也"，"君子爱财，取之有道。贞妇爱色，纳之以礼"。

### 3. 国学教育融入思想政治教育是大学生思想道德现状的要求

现在的大学生大多是"90后"，是独生子女，在成长过程中受到了来自家庭、学校、社会多方面的呵护和关注。他们眼界宽阔，理解水平高，个性特征强，勇于追求新知，积极进取，渴望成才。但也有部分学生在娇宠中形成了自私、冷漠的个性，在思想感情上容易偏激、冲动，在现实生活中容易脱离实际、眼高手低，抗挫折能力差，缺乏吃苦耐劳的品质，常以自我为中心，集体观念差，性格张扬，花钱大手大脚。在多元化价值观的影响下，一些学生政治意识淡薄，出现了"一切向钱看"的拜金主义价值观及自由主义、功利主义的思想倾向。还有一些大学生受到网络不良信息的侵害，容易做出一些逾矩甚至违法的事情来。这些给高校的思想政治教育带来了很大的难度。

大学生思想中存在的诸多问题，都可以在《论语》《孟子》等国学典籍中找到相应的帮助解决之道。针对学生思想中的拜金主义、自由主义及功利主义，国学典籍中有这样的话语："富与贵，是人之所欲也，不以其道得之，不处也。贫与贱，是人之所恶也，不以其道得之，不去也。"以及"富而可求也，虽执鞭之士，吾亦为之。如不可求，从吾所好。"《论语》

中的这些经典语言能够教给大学生如何面对贫与富。针对一些大学生自私、冷漠的个性，国学典籍中也有对应的话语，如"己所不欲，勿施于人""老吾老以及人之老，幼吾幼以及人之幼"，可以教育学生要拥有宽广博爱的胸襟。《陋室铭》教育学生要重视内心的修养及道德品质的提升，做到宠辱不惊，心态豁达，对外在的物质条件不必太过看重。《爱莲说》教育学生要重视修身的重要性，做到出淤泥而不染，在物欲横流的社会坚持自己正确的人生观与价值观。国学中阐释的这些美德经过千百年的演进、完善、规范，已成为深入人心的民族道德准则和传统民族美德，用这些美德引领大学生道德成长无疑是十分有益的。

## 二、国学教育融入新建本科院校大学生思想政治教育的可行性

近年来，我国政府对传承创新中华优秀传统文化愈加重视，对大学生思想政治教育工作的实效性提出了更高的要求，对高校担负文化传承创新职能的界定更加明确，社会上也不断掀起国学热潮，这些都使新建本科院校将国学教育融入思想政治教育变得更加可行。

### 1. 思想政治教育工作的改进为国学教育的融入提供了契机

思想政治教育的主要目的在于使大学生形成正确的人生观、价值观，从而培养适应社会需要的合格人才。新建本科院校传统的思想政治课教学大多还是以"讲授"式为主，一些思想政治教育工作者往往侧重于从宏观的、政治的高度对学生进行说教，重理论轻实践，重言谈轻考核，忽视学生感受，致使学生学习的积极性不高，甚至产生抵触与逆反心理。传统的思想政治教育在内容、形式、方法等方面与大学生的思想实际还存在不适应的问题，这也是思想政治教育工作实效性不高的一个重要原因。无论是政府、高校还是社会，越来越意识到加强和改进大学生思想政治教育工作的极端重要性。而博大精深的国学无疑引起了各方面的普遍关注，人们希冀通过国学教育为传统的思想政治教育注入生机和活力。

实际上，思想政治教育的方式不应只局限在课堂上，应当全方面、多角度地开展。思想政治教育的内容也不应仅局限于规定的几本教材，应当充分吸收中华优秀传统文化的丰富营养。国学中有着深邃的思想及文化内涵，可以对人们的行为进行指导和规范。国学中也有着修身养德的有效的方式方法，能够给今天的思想政治教育带来借鉴。大学生学习有自主选择性，能够自觉地从国学教育中找寻自己需要的理论养分，在国学典故中思考、体会、提升、内化，感悟，以至"见贤思齐"。

### 2. 政府的正确引导为国学教育融入思想政治教育提供了保障

以儒家文化为主流的国学教育，注重修身、礼让、仁爱，这与立德树人的育人要求是统一的。政府有关部门对国学的传播起到了重要的引导作用。《国家"十一五"文化发展规划纲要》明确提出高等院校要普及大学语文课程，国学被纳入教育体系之中。《国家中

长期教育改革和发展规划纲要(2010—2020 年)》提出要加强中华民族优秀文化传统教育,为加强大学生思想政治教育工作提出了具体要求。习近平总书记在第十二届全国人民代表大会上指出:"实现中国梦必须弘扬中国精神,这就是以爱国主义为核心的民族精神,以改革创新为核心的时代精神。""国学热"的再度兴起,代表着一种强烈的民族认同及文化认同,这对进行大学生爱国主义教育非常有帮助。而这种民族认同及文化认同,又会在一定程度上促进学生集体主义精神的培养,使大学生更加团结、互助。以儒家文化为主导的国学教育课程的设置,一方面能够增加学生的文学积累,另一方面也能够将儒家文化"仁、礼、德、孝、和"的核心观念传达给当代大学生。这些潜移默化的熏陶远比单纯的思想政治说教来得更有成效,因此国学有着独特且不可替代的育人功能,将国学教育融入大学生思想政治教育是切实可行的。

### 3. 社会与学校的合力促进了国学教育与思想政治教育的融合

近年来,国学热潮风靡社会。国学中的传统节日、重要礼仪引起了人们的重视,重大活动屡屡举行;以《百家讲坛》等为代表的解读国学经典的电视节目层出不穷,屡创收视新高;《光明日报》等主流媒体专门开辟了国学版块,探讨推广国学;众多国学典籍被出版发行,推动了国学经典的普及;而互联网的飞速发展更使得国学进入千家万户成为可能;背诵唐诗宋词、诵读儒学经典已经成为现代家庭教育的一项重要内容。相应地,众多高校纷纷成立国学研究机构,如中国人民大学的国学院、清华大学的思想文化研究所、安徽大学的中国传统文化研究院以及中国社会科学院的儒教研究中心等,这些国学研究机构每年都要召开各种形式的学术研讨会,出版大量的学术论文与专著,为国学的普及与研究做出了重要贡献。当下,社会上的国学普及热潮与高校里的国学研究热潮已经交汇在了一起,这既为国学教育与思想政治教育的融合提供了社会基础、思想基础,又给两者的融合提供了经典的案例、鲜活的素材。

## 三、国学教育融入新建本科院校大学生思想政治教育的实践路径

新建本科院校将国学教育融入大学生思想政治教育,一定要从本校的校情实际出发,以培养人才为目的,以达到实效为目标,既不要追风逐潮、盲目攀比,也不要脱离实际、贪大求全,而应贴近实际,因地制宜,因校施策。

### 1. 开设国学必修课程,开展国学教育活动

实践证明,从新建本科院校学生的成长需要出发,将国学课作为大学生思想政治教育的必修课程是必要而又可行的。潍坊科技学院所在地山东省寿光市是中国蔬菜之乡、海盐之都,也是农圣贾思勰的故里。自 2011 年起,学校结合地方特色文化,将"国学精粹导读"列为公共必修课程,在所有专业的大一本科生中开设,安排专任教师上课,同时将上课效果纳入教师考核。教师在教学过程中,结合大学生心理发展特点,择取四书五经等国学典籍中对学生有启发意义的名言警句,结合大学生的实际予以延伸阐释,使学生

既能丰富文学底蕴,又可在国学教育中得到启迪,在遇到迷惘困惑挫折的时候,能够恰当适时地调适自己的心理状态,从而逐步树立正确的人生观、价值观,培养良好的道德品质。学校还在农学院开设了"农圣贾思勰""齐民要术研读"等具有地域文化特色的国学课程,使相关专业的学生在学习专业知识的同时受到中华优秀传统文化的教育。

在开设国学教育课程的同时,潍坊科技学院还开展了多种国学教育实践活动。学校安排一个能容纳千人的大会议室作为学生处、团委组织开展"道德讲堂"的场所,各个二级院系也都安排一个多媒体教室作为"道德讲堂"场所。每周都在学生处、团委的倡导、支持下,由学生会自主组织开展"道德讲堂"活动,或邀请国学专家作国学专题讲座,或举行主题演讲,或举办"现代人讲古人事、身边人说身边事"等形式的故事会,内容丰富多彩,贴近学生实际,深受学生喜爱。学校和各二级院系还有计划地组织学生参观博物馆、历史名人故居、爱国主义教育基地,利用网络媒体组织学生观看"百家讲坛""国学讲坛"等节目视频,鼓励学生结合国学重要内涵对"拜金主义"价值观、"精神家园"文化建设等当前社会上的热点问题展开讨论,使学生在不同思想的交流碰撞中明辨是非,明确自己的人生方向与道德坚持。

**2. 丰富校园文化内容,拓宽国学教育渠道**

丰富多彩、形式多样、喜闻乐见的校园文化为国学教育融入大学生思想政治教育创造了机会,提供了媒介,搭建了桥梁。新建本科院校可以结合校情实际,将校园文化建设作为国学教育融入思想政治教育的重要契合点。具体而言,可以从静态校园文化和动态校园文化两个方面融入国学的丰富内涵。静态校园文化也即校园环境文化,动态校园文化也即校园行为文化,都对大学生的成长有着密切而又深远的影响。潍坊科技学院在环境文化和行为文化两方面都渗透进了国学教育。学校在校园内安放了孔子、贾思勰等历史文化名人的雕像;校园道路名称也颇具国学内涵,如"尚书路""崇德路""行健路";在校园内的廊壁上刻上了四书五经中的哲理名言和唐诗宋词中的千古佳句;在宣传栏上摘取国学经典章句进行解读;在教学楼内设置国学宣传板;每个班级也将国学中的名言警句作为班级座右铭。校园是无声的教科书,国学教育融入校园环境文化使学生在对国学经典的耳濡目染中受到了潜移默化的影响。

积极引导学生组织国学研究和诵读社团,开展富有国学教育意义的社团活动。成立了论语研究会、齐民要术研究会、唐诗宋词诵读社、书法协会,经常组织开展"经典诵读"朗诵比赛、"国学"专题讨论活动、书画讲座等等。学校每年都举办中华农圣文化国际研讨会,除了邀请国内外专家参会以外,每次都组织1000多名学生参加。中华农圣文化国际研讨会不但成为弘扬中华农圣文化的品牌盛会,也成为对学生进行国学教育的精神大餐。学校每年都隆重组织师生书画展,校长、书记、副校长都亲自参加并带头书写作品。在学校的校园文化品牌活动"大学生科技文化艺术节"中,有意识地增加了国学教育的丰富内容。学校还组织师生积极参加每年由当地政府举办的中国(寿光)文化产业博览会,让学生在欣赏书画大家的作品中得到精神的升华。这些校园文化活动的开展,营造了浓厚的国学教育氛围,使学生在日常活动中汲取了国学的营养,锻炼修养了身心。

### 3.培养国学教师队伍,营造尊师爱生风尚

高校教师是学生行为的榜样,其品德修养对学生起着潜移默化的导向作用。将国学教育融入大学生思想政治教育,关键靠教师。要有效发挥国学教育在新建本科院校大学生思想政治教育中的实效,就必须培养和建设一支国学功底深厚、道德修养高尚的高素质国学教师队伍,并且在全校大力营造尊师爱生的优良风尚。潍坊科技学院在对学生进行国学教育的同时,也将教师作为国学教育的对象,以国学教育促进师德建设,以优秀教师作为学生行为楷模。学校先后成立了"国学教研室""农圣文化研究所""寿光历史文化研究所",组织有国学专业背景的教师开展国学教学和研究,并且聘请国学专家和当地文化名人担任兼职国学教师,建立了一支结构合理、专兼职结合的国学教师队伍。学校还积极组织教师到国内著名大学参加国学培训,积极培养本校的国学名师。

利用青年教师培训、国学经典诵读、大家讲坛等活动,促进师德建设,提高教师整体国学素养。学校建立了教职工文体活动中心,除了设置健身器材,还专门建了棋牌室、书画室、乐器室,让教职工在琴棋书画中放松身心、陶冶性情。学校为每位教师都安排了固定的办公室,并且非常注重以国学为主题的办公室文化建设,名人字画、国学哲言在办公室中随处可见。学校确立了"责任高于一切"的教风,落实以生为本的核心理念,倡导"适合的教育",实施了校级干部包靠院系、中层干部包靠班级、教师包靠学生的"三包靠"制度,积极帮助学生解决学业、生活、心理等方面的困难和问题,促进每名学生健康成长,不让一名学生因贫困而退学。学校每年组织评选优秀教师和百名师德标兵,并选树其中的优秀典型进行宣传,以优秀教师作为学生学习的楷模,让学生在教师的影响和熏陶下不断提升思想道德水平。

**参考文献:**

[1] 杨伯峻. 论语译注[M]. 上海:中华书局,2006.

[2] 杨伯峻. 孟子译注[M]. 上海:中华书局,2005.

[3] 李杰,王伟廉. 高校弘扬民族传统文化职责的探讨[J]. 教师教育研究,1991(5).

[4] 纪宝成. 国学的意义:我们不可或缺的精神资源[EB/OL]. http://culture.people.com.cn/GB/27296/4271244.html,2006-4-5.

[5] 袁少芬. 民族传统文化对教育的影响[A]. 民族学研究第十一辑——中国民族学学会第五届学术讨论会论文集[C]. 1993.

(原载《中国高等教育》2013 年第 13~14 期)

# 新建地方本科院校传承创新地域文化
# 的职责与路径

[摘　要] 地域文化是文化的重要组成部分,具有显著地域性特点。新建地方本科院校处在一定的地域内,深受地域文化的影响,同时又承担着传承创新地域文化,推动地域文化发展的重要职责。设立地域文化研究机构、开设地域文化课程、加强校园文化建设、搭建地域文化传播平台、深化与地域文化研究机构及学者的合作是新建地方本科院校传承创新地域文化的可行路径。

[关键词] 地域文化;新建地方本科院校;传承;创新

[课题来源] 本文系 2012 年山东省高校人文社会科学研究计划项目"山东省新建地方本科院校传承创新地域文化的研究与实践"(项目批准号:J12WH82)的阶段性研究成果。

新建地方本科院校都处在一定的地域内,与地域文化有着天然的、密不可分的联系,地域文化孕育、滋养了新建地方本科院校,新建地方本科院校又承担着传承创新地域文化的职责,以自己的方式引领地域文化的发展。

## 一、文化与地域文化

文化是民族的血脉和灵魂、人民的精神家园,是综合国力的重要组成部分。从广义上讲,文化是指人类在社会历史发展过程中所创造的物质财富和精神财富的总和;狭义的文化则主要是指与精神相关的内容,是人类在政治、法律、道德、哲学、艺术、科学、教育、语言等诸方面所创造的精神财富。文化的产生和发展有其特定的时间和空间,其古今沿革具有时代性,因环境差异,又有地域性。

每一种文化都有它产生的土壤,由此形成各具特色的不同的地域文化。地域文化是"专指中华大地特定区域源远流长、独具特色、传承至今仍发挥作用的文化传统"[1]。地域文化是在一定的自然环境、历史背景和特有的文化积淀等条件下形成的一种亚文化,是一定区域内生态、民俗、传统、习惯等诸要素的综合,并与地域范围内的环境因素相结合,具有鲜明的地域特色。地域文化受约于一定的地域,其范围大小不一,其中的文化要素是多元的,也有单元的。地域文化的形成是一个漫长的过程,并不断发展变化,但在一定时期内具有相对的稳定性。地域文化是中华民族文化整体的重要组成部分,是极具地域特征的文化类型,其最显著特点是它的地域性、独特性。

从总体上说,中华民族极具地域特色的地域文化有"齐鲁文化、中原文化、燕赵文化、巴蜀文化、荆楚文化、吴越文化、岭南文化、滇黔文化、闽台文化、西藏文化、西域文化、松辽文化、蒙古草原文化等"[2]。

## 二、新建地方本科院校承担着传承创新地域文化的重要职责

高等院校具有传承、创新地域文化的职能,并承载着发挥这一职能的职责。大学作为传承优秀传统文化、知识创新和人才培养重要阵地,在推动社会主义文化大发展大繁荣中承担着重要的历史使命和社会担当。[3]2011年4月24日,胡锦涛同志《在庆祝清华大学建校100周年大会上的讲话》指出:"全面提高高等教育质量,必须大力推进文化传承创新。高等教育是优秀文化传承的重要载体和思想文化创新的重要源泉。"胡锦涛同志在这次讲话中明确提出文化传承创新是高等教育的重要职能,这进一步丰富和发展了我国的高等教育思想,是对我国高等教育发展的一大贡献。

2011年10月18日,中共十七届六中全会通过的《中共中央关于深化文化体制改革推动社会主义文化大发展大繁荣若干重大问题的决定》明确指出:"发挥国民教育在文化传承创新中的基础性作用,增加优秀传统文化课程内容,加强优秀传统文化教学研究基地建设。"这充分阐明了国民教育、特别是高等教育在传承创新优秀传统文化方面发挥的基础性重要作用,也阐明了新建地方本科院校传承创新地域文化的职能、作用,并为新建地方本科院校传承创新地域文化指明了方向。党的十八大报告明确提出:"建设优秀传统文化传承体系,弘扬中华优秀传统文化。"这又进一步为高等院校包括新建地方本科院校传承创新文化(包括地域文化)提出了更加明确的要求。

由于高等教育处在教育系列的高层,其保存传承的文化具有专业化、系统化的特点,是对高深学问、对人类文化精华高效、高质量的保存传承,因而,高等教育履行着传承优秀传统文化、地域文化的职责。高等院校的学术研究涵盖了整个文化的研究对象,高等院校通过学术研究及其成果推动了文化的发展、创新,引领着文化的变革,丰富了传统文化以至地域文化的内容。高等教育具有吸收各种文化并加以融合的独特功能。高等教育的国内、国际交流日益频繁,为各种文化的互相碰撞、吸收、融合创造了条件。高等学校在与当地文化及外来文化的交融过程中,把其中的积极因素融合到自己的文化体系中,从而进一步促进自己所属的地域文化在更高层次上的发展、融合、创造出新的文化因素,丰富地域文化的内涵。

新建本科院校一般是指1999年后成立的本科院校,截至2012年4月24日,全国有330所(不含独立学院),其中不在省会中心城市的新建地方本科院校约占60%。新建地方本科院校大多由专科院校或高职院校升格而来,举办本科教育的历史不长,但它们地处地级市或县级市,地方优势明显,与当地的地域文化有着千丝万缕的联系,在传承创新

地域文化方面拥有独特的地域优势，发挥着独特的作用，它们负有保存、传承和创新优秀地域文化的天然使命。新建地方本科院校应当以高度的文化自觉，传承创新优秀地域文化，发挥好高校文化育人作用，成为促进地域文化繁荣发展的重要基地，也就是说，传承、创新地域文化是各地大学特别是地方本科院校的重要职责和崇高使命。在我国经济快速发展、文化高度繁荣以及世界文明多样化的时代背景下，新建地方本科院校履行好文化传承创新的职能，有助于促进其他职能的履行，有助于促进地域文化的发展，增强地域文化影响力，从而增强中华民族文化软实力。

## 三、新建地方本科院校传承创新地域文化的策略与路径

传承、创新地域文化是新建地方本科院校推动自身内涵式发展的一项重要举措。从实践而言，新建地方本科院校可从以下几方面推动地域文化的传承、创新。

### (一)设立地域文化研究机构

新建地方本科院校与所在区域的地域文化密切相关，自然地结合在一起。为有效地传承地域文化，新建地方本科院校可以结合当地的地域文化实情，有针对性地设立专门研究当地地域文化的学术研究机构，以充分挖掘、开发、利用地域文化资源，更好地研究、传承、创新当地的地域文化。实际上，山东部分新建地方本科院校已经在这方面做出了有益尝试。例如潍坊科技学院，地处中国蔬菜之乡、海盐之都——山东省寿光市，这里是汉字始祖仓颉、北魏农学家贾思勰的故乡，也是盐宗夙沙煮海为盐的故乡。潍坊科技学院充分发掘这些地域历史文化资源，专门成立了寿光历史文化研究院、农圣文化研究所，组织力量着力研究仓颉汉字文化和以贾思勰及《齐民要术》为代表的中华农圣文化。寿光历史文化研究院正在编辑整理《寿光书库》，农圣文化研究所则对贾思勰及《齐民要术》开展了深入系统地解读和研究。地处沂蒙山区的临沂大学，重视研究传承沂蒙文化，成立了沂蒙文化研究院；地处渤海之滨的潍坊学院，重视研究传承独具特色的北海文化，成立了北海(潍坊)文化研究院；地处黄河三角洲的滨州学院成立了黄河三角洲文化研究所，着力研究创新黄河三角洲历史文化、民俗文化、旅游文化。山东省其他新建地方本科院校也都设有地域文化研究机构，如德州学院设有德州地域文化研究中心、董仲舒研究所、东方朔研究所，泰山学院设有泰山研究院、泰山书画艺术研究所，枣庄学院设有墨子研究所、运河文化研究所、鲁南文化研究所、古文化研究所，菏泽学院设有水浒文化研究基地。这些新建地方本科院校的地域文化研究机构立足于当地的地域文化资源，结合当地的地域文化特点，对当地的地域文化进行系统的研究，取得了一系列研究成果。文化是由人来传承的，新建地方本科院校成立地域文化研究机构，对地域文化进行有针对性的研究，就自然而然地传承了地域文化，同时在传承中也会对地域文化进行创新。

### (二)开设地域文化课程

新建地方本科院校立足于地域文化资源,在学校中开设关于地域文化的必修课、选修课,是传承创新地域文化的重要途径。地域文化是生动的、得天独厚的课程资源,为地方本科院校开设地域文化课程提供了现实的材料。潍坊科技学院规定对全校每级新生进行为期一年的国学通识课教育,每个班级每周上一节国学课,由本校教师讲授国学经典,以提高大学生的人文素养和思想道德水平。同时,学校还积极邀请国内外著名的国学大师、专家学者来给师生作国学方面的学术报告,以提升全校师生的国学素养。潍坊科技学院还充分发挥地处农圣贾思勰故乡的历史文化优势,着力弘扬极具寿光地域文化特色的农圣文化,学校成立了二级学院——贾思勰农学院,农学院开设"《齐民要术》研读""中国古代经典农书选讲""寿光特色蔬菜""特种蔬菜栽培""无公害农业"等具有寿光地域文化特色的课程,极好地宣扬了寿光地域文化。济宁学院中文系开设高校人文素质校本课程——"孔孟之乡地域文化概论",研究、教授、传承以儒家文化、运河文化、水浒文化为主体的鲁地文化。在高校开设地域文化课程,向学生传授地域文化知识,必然会促进地域文化的普及、研究、传承以至创新。

### (三)加强校园文化建设

加强校园文化建设也是传承、创新地域文化的一项重要举措。新建地方本科院校的校园文化都根植于一定的地域文化之中,必然会受到地域文化的影响,带有地域文化的内涵与特色。同时,新建地方本科院校的校园文化,又以其包容性和创造性对地域文化产生影响,引领地域文化的创新、发展,并会成为地域文化的一个标志。新建地方本科院校的校园环境、颇具地域特点的校园建筑,以及浓郁的学术文化氛围、积极健康的审美情趣等都会影响地域文化,对地域文化的发展产生强有力的引领作用。因此,地域文化为新建地方本科院校的校园文化建设提供了丰富的文化素材,潜移默化地熏陶并孕育着校园文化,同时,高校校园文化也丰富了地域文化,并使其不断创新、发展。新建地方本科院校通过校园文化建设,吸收地域文化的营养,与地域文化互融,再通过校园文化的凝练、提升,把积极、健康的思想文化融入地域文化,使地域文化通过校园文化的洗练而实现创新、发展。新建地方本科院校校园文化建设在接纳、利用地域文化资源时,也应对地域文化资源进行扬弃,吸取其精华,去除其糟粕,抵制不良的思想文化,形成一种积极、健康、向上的校园文化,最终地域文化中的合理部分被校园文化整合、接纳、吸收。潍坊科技学院把"文化校园"作为学校内涵发展的"六大工程"之一,深入开展以农圣文化为特色的中华优秀传统文化教育,不断加强具有地域特色的校园文化建设,先后建立了寿光历史文化名人馆、寿光人书屋,创作了大型动画《农圣贾思勰》《菜娃传奇》等,在校园内建了农圣贾思勰塑像、煮海为盐群雕,展现了当地地域文化的魅力,促进了地域文化的发展。

### (四)搭建地域文化传播平台

地域性是地域文化的鲜明特色,同时也阻碍着地域文化的传播。传承、创新地域文化的重要措施之一就是要搭建地域文化传播平台,很好地将地域文化传播开来,让更多的人了解地域文化、参与地域文化建设,增强地域文化的影响力。相对于地方政府和其他企事业单位而言,新建地方本科院校文化交流比较广泛、场馆设施比较健全、学术组织机构比较完善、地域文化研究比较深入,具有搭建地域文化传播平台、传播地域文化的诸多优势。结合地方特点,充分发挥这些优势,采取适当的方式,搭建地域文化传播平台,凝练地域文化特色,打造地域文化品牌,是新建地方本科院校传承、创新地域文化的有效路径。为更好地传承、弘扬、创新农圣文化,从 2010 年开始,潍坊科技学院利用寿光市每年举办中国(寿光)国际蔬菜科技博览会的时机,已连续举办了三届中华农圣文化国际研讨会,来自美国、英国、德国等十几个国家的数百位农学专家、学者和国内各高校、各省市农业企业、农业科研机构的代表参加了研讨会,每届研讨会还出版几十万字的论文集。中华农圣文化国际研讨会已成为在国内外有一定影响的学术文化论坛,为寿光地域文化——农圣文化的传播、传承、创新和发扬光大发挥了重要作用。

### (五)深化与地域文化研究机构及学者的合作

在一定的地域内,除高等院校外,还有许多专门从事地域文化研究的学术机构,这些机构立足于地域文化资源,广泛搜集地域文化资料,对地域文化进行长期、细致的研究,并取得了显著的成绩,从而有力地推动了地域文化的创新、发展。新建地方本科院校在对地域文化进行研究时,应借鉴这些研究机构已取得的学术成果,以推动自身对地域文化的研究、创新。潍坊科技学院非常注重与省内外、国内外地域文化研究机构在农圣文化研究上的合作,很好地弘扬了农圣文化。此外,潍坊科技学院还十分注重与地域文化研究学者的合作,吸收他们在地域文化研究上的成果。寿光学者魏道揆先生一直从事寿光地域文化的研究,先后撰写了关于寿光多位历史文化名人的学术专著,如《东方朔研究新探》《安静子文选译注》。寿光学者李长明先生长期从事寿光民俗的研究,撰有《寿光民俗》一书。潍坊科技学院为魏道揆、李长明召开学术研讨会,把他们的学术成果介绍给学校师生,并邀请他们作学术报告,从而推动了学校对地域文化的研究和传承。临沂大学成立的山东孙子研究会兵学文化研究交流基地,与临沂银雀山汉墓竹简博物馆进行学术上的交流与合作,以促进对古代兵学文化特别是对银雀山出土的汉简本《孙子兵法》《孙膑兵法》的研究。新建地方本科院校在地域文化的研究上与当地学术、文化研究机构合作,能更多地利用地域文化资料,拓宽自己的研究视野,从而在地域文化研究上做出更多的研究成果,推动地域文化的创新、发展。

地域文化为新建地方本科院校的发展提供了丰富的历史文化资源。新建地方本科院校应从地域实际出发,主动承担起传承创新地域文化的职责,使地域文化不断发扬光大。

**参考文献:**

[1] 唐永进. 繁荣地域文化,促进经济社会发展——"地域文化与经济社会发展研讨会"述要[J]. 天府新论,2004(5).

[2] 李德勒. 中国地域文化[M]. 西安:陕西高校联合出版社,1995.

[3] 何祥林. 大学在文化建设中的使命[N]. 光明日报,2012-04-08(理论实践版).

(原载《中国成人教育》,2013 年第 7 期)

# 在中德合作教育项目
# 第二届联合管理委员会会议上的演讲

**编者按：**国际交流与合作是大学的重要职能，国际化是高等教育发展的趋势。我校与德国巴特洪堡应用技术大学合作是教育部批准的重大项目，全力办好中德合作项目意义重大。

5月的暖风风熏人欲醉，正像我们两校的合作情谊一样，热情而炽烈。首先请允许我代表潍坊科技学院对远道而来的德国巴特洪堡应用技术大学的各位来宾表示热烈的欢迎，对普费尔校长、凯克斯教授一直以来在促进两校教育文化交流方面做出的努力表示衷心的感谢！

大家参观了校园，考察了图书馆和部分实验室，我想简要地介绍一下学校情况。潍坊科技学院是一所全日制地方性应用型普通本科高校，是伴随着中国改革开放的铿锵脚步不断发展起来的，是潍坊国家职业教育创新发展试验区试点院校、定向培养士官试点高校、硕士学位授予立项建设单位、山东省文明单位。学校坐落于著名的"中国蔬菜之乡""中国海盐之都"——山东省寿光市。校园占地 2400 多亩，校舍建筑面积 70 多万平方米，教职工 1900 多人。学校现设 16 个二级学院，开设 41 个本科专业，其中 1 个中德合作办学专业，38 个专科专业，形成了以工学为主体、农学为特色，工学、农学、理学、文学、管理学、教育学、艺术学、医学等多学科协调发展的学科体系。其中教育部本科教学工程综合改革试点专业、国家卓越农林人才培养试点专业 2 个，省级优势特色专业 5 个。以人才培养为核心，借鉴斯坦福大学的做法，校内建设软件园，形成园校一体合作育人办学特色，以弘扬中华优秀传统文化为己任，形成以农圣文化为特色旳通识教育模式；立足地方产业实际，努力打造设施园艺、海洋化工、智能制造三大学科专业特色，办学水平、应用型人才培养质量显著提升。

大学是学术共同体，需要多元文化交流互鉴，国际化是大学的发展趋势。飞机等交通工具的便利和互联网的普及，使我们共同生活在"地球村"，异国留学成为可能。只有民族的才是世界的，扎根本土办大学，应保持民族特色，但封闭没有出路。学习借鉴吸纳成功经验，做到取长补短才能更好地发展。贵我两校处在不同的国度，文化差异迥然，但共同面对世界上的普遍性问题以及大学的使命，在应用技术人才培养上有共同的话题。我校在中国改革开放的大潮中，坚持开放办学，推动产教融合，加强国际交流与合作，先后与印度、德国、荷兰、日本、韩国、英国等国高校建立合作关系。特别令我校骄傲的是与贵校合作举办的市场营销专业,成为近三年来山东省高校唯一获教育部批准的中外合作本科教育项目,是我校国际交流合作的重大突破。另外,我校与德国埃森大学联合培养设计创新与管理专业硕士(1+1模式),与韩国清州大学、马来西亚泰莱大学等国高校联合培养博士,访学研修,讲学授课,为师生搭建了全球视野学术交流平台。我校建立了国际教育中心,积极引进国外课程、教材,对学生进行专业化培养。积极响应国家"一带一路"倡议,不断扩大国际学生招生规模,目前有来自20个国家的国际学生100多人。外籍教师中1人获国家友谊奖,6人获齐鲁友谊奖、省外国文教专家教学奖。

巴特洪堡应用技术大学作为德国商科研究领域高等学府,办学实力雄厚,办学特色鲜明,办学经验丰富。办学40年来,学校为德国业界输送了大量专业化高级管理人才,是德国多门类国际管理应用型人才的培育摇篮。2017年12月,我校王建平教授带队赴德,与贵校签订了合作办学协议。去年年底,我校李广伟教授带队再次赴德,与贵校联合召开了第一届项目管理委员会会议,就德方教授来华授课、学生、教师赴德研修等问题进行了研究探讨。今日,我们有幸邀请到校长先生及各位教授莅临我校,中德两校共同举行第二届项目联合管理委员会会议,共同探讨合作项目的教学管理、合作育人的事项,其意义重大。我们坚信,以此次会议为契机,贵我两校一定能够进一步深化合作,增进友谊,共同发展。借用中国民间的俗语,春种秋收、春华秋实,种瓜得瓜、种豆得豆。共同期待两校合作办学项目一定结出累累硕果。我校将在师资、场所、招生、资金等各方面为两校合作项目提供全方位服务。

我真诚地祝愿潍坊科技学院与巴特洪堡应用技术大学的合作不断取得新的进展!祝福普费尔校长先生一行一切顺利!

(根据笔者2019年4月"中德合作教育项目第二届联合管理委员会会议上的演讲"整理)

# 培养接地气的应用型人才

**编者按:**2016 年,学校顺利通过教育部本科教学工作合格评估;2017 年,获批硕士学位授予立项建设单位。学校坚持应用型定位,紧紧围绕地方经济社会发展需求,优化专业设置,推进产教融合,拓展国际合作,努力实现内涵式发展,培养接地气的应用型人才。

潍坊科技学院是寿光市人民政府举办的应用型普通本科高校。在教育部、山东省教育厅等各级教育主管部门和各级党委、政府的正确领导和大力支持下,在兄弟院校和各位专家、朋友的关心帮助下,学校以建设"应用型特色名校"为目标,坚持内涵发展,特色提升,实现由规模扩张向内涵发展的转型。2016 年,顺利通过教育部本科教学工作合格评估;2017 年,获批硕士学位授予立项建设单位;2019 年,荣记山东省平安校园集体二等功。目前,学校设有农学与环境等 5 个学部,通识教育学院等 13 个二级学院,开设园艺等 42 个本科专业,其中,教育部本科教学工程综合改革试点专业 1 个、卓越农林人才培养计划试点专业 2 个,山东省一流本科专业、优势特色专业 13 个。

提高人才培养质量,是新建本科院校的重大课题。培养"顶天立地"的人才是高等教育的价值取向,潍坊科技学院作为一所区域性、应用型新建本科高校,人才培养不在于"顶天",而致力于"立地"。学校坚持应用型定位,紧紧围绕地方经济社会发展需求,优化专业设置,完善课程体系,推进产教融合,促动校地共生,努力实现内涵式发展。

**对接地方产业育人才**。根据蔬菜产业、卤水盐业、蓝黄经济、新旧动能转换,着力打造设施农业、海洋化工、智能制造学科特色,重点培育设施园艺、海洋精细化工、机器人工程、建筑设计、农林经济等专业方向,努力探索"四新"学科建设路径和发展模式。

**共建园校一体平台**。在寿光市人民政府支持下,校内建设的软件园,已被确定为国家级科技企业孵化器、国家小型微型企业创业创新示范基地,成为"产、学、研、创"的重要平台,着力打造"园校一体"办学特色。师生创业、社会入驻企业 240 余家,年税收 5000多万元。园内建有山东半岛蓝色经济工程研究院、生物工程研发中心,与地方企业共建研发中心 13 个,其中省级以上重点实验室、技术研发中心 8 个。自主研发蔬菜花卉新品种 28 个。应用型人才培养质量显著提升。

**推进开放合作办学**。先后与华为、东软、百度、腾讯、歌尔、汇邦等知名企业共建华为技术学院、汇邦智能学院、百度开创学院等 6 个产业学院,与山东省中小企业局、山东省电教馆共建山东省创业创新学院、山东省众创教育研究院。与中国海洋大学、山东农业大学等高校共建研究生联合培养基地,引进高层次人才 130 余名。与火箭军、海军、战略支援部队合作,共同培养直招士官生;在南海岛礁成功种植出 29 种蔬菜,填补了国内空白。毕业生优质就业率达到 %45 以上。

**拓展国际交流合作**。与英、德、印、日、韩等国高校合作,开设机器人工程等本科互认课程,经教育部批准与德国巴特洪堡应用技术大学共建市场营销本科教育项目,这是我校国际教育的重大突破,也是近几年山东省高校中外教育合作的重大成果。与韩国高校开展博士培养项目,招收"一带一路"沿线国家留学生 300 余人,为师生搭建了国际交流平台。多元文化互鉴、国际视野开阔、办学国际化迈上新台阶。

**实施文化校园工程**。坚持党建引领,落实易班导师制,深入推进班团一体化改革,组织开展"理想信念,家国情怀,励志奋进"三大主题教育,实施"4030"读书计划和"六个一"活动,深化以农圣文化为特色的优秀传统文化通识教育育人模式改革。牵头成立中国农业历史学会农学思想与《齐民要术》研究会,与中国经济体制改革研究会联合成立新时代乡村振兴与区域经济研究院;连续举办 10 届中华农圣文化国际研讨会,师生原创动画片《农圣贾思勰》在中央电视台播出,入选教育部高校原创文化精品推广行动计划。"中华农圣贾思勰与《齐民要术》研究丛书"入选"十三五"国家重点出版物,农圣文化育人实践获山东省优秀教学成果奖。共青团工作受到团中央表彰,学校被评为山东省文明单位。

各位领导、专家、来宾、朋友们,在全国上下深入学习贯彻党的十九届五中全会精神之际,我们相聚在此,共同探讨"高等教育普及化时代应用型本科高校的办学模式与发展战略",适时且必要。学校将以此次会议为契机,全面落实"教育部新文科建设工作会议"精神,积极贯彻《山东省关于推进应用型本科高校建设的指导意见》,认真学习兄弟院校办学经验,不断提升应用型人才培养质量,努力建设区域性、应用型、国际化特色高校。

(根据笔者 2020 年 11 月 4 日"在 2020 年全国新建本科院校联席会议上的致辞"整理)

# 共同的愿景　共建的平台

## ——2021 年元旦软件园年会上的演讲

**编者按：**产教融合、校企合作是应用型人才培养的基本途径。但在实践中，校企合作不紧密、产教相互脱节的问题比较普遍。产生这一现象的重要原因之一是校企双方缺乏共同的愿景和平台，难以实现共享共赢。潍坊科技学院在校内建设了软件园，吸引企业入驻，校企共建共用平台，在共同的愿景指引下，实现了产教深度融合，促进了校企发展共赢。

各位企业家，各位同志：

一元复始，万象更新。我们携手一起迈入充满希望的 2021 年。今天，软件园服务中心办公室邀请大家欢聚一堂，共同举办元旦年会，话友谊，数业绩，望未来，意义重大。刚才，秀身同志代表学院和软件园表达了新年祝福，对本次年会的主旨作了说明，对优秀的入园企业予以表扬；孟强同志对软件园上一年的工作进行了总结，对新一年的工作进行安排。我完全同意两位同志所讲的，对一年来软件园工作是满意的，认为对新一年的软件园工作安排是合理的！

我想借这个机会和大家交流一下思想认识。我们知道，美国斯坦福大学等创建的高科技园区——硅谷是大学科研成果转化、师生创业的基地，引领互联网时代和信息化的发展。大家手中的苹果手机，我们熟知的谷歌等世界知名信息公司落户于此，硅谷以大学的科技创新和社会服务能力成为世界高科技的圣地。

潍坊科技学院作为一所地方性（县办）新建本科高校当然无法与世界名校斯坦福大学相比，不过"见贤思齐"是圣人教诲，斯坦福的经验我们可以学习借鉴。老领导崔效杰同志带领大家审时度势，开拓创新，在学院升建本科后提出建设软件园的规划，得到市委市政府的大力支持。2008 年春，占地 800 亩，计划建筑面积 25 万平方米的软件园动工兴建。此事的重大意义不仅仅建设了产学研的平台，更重要的是学院规模迅速扩大，为后来的发展留下巨大空间。今天我们宣传学院办学条件时，往往把占地 2000 亩作为第一要素，高等教育界为之震撼与羡慕。当然，这也是当时跨越式发展的大形势下，城市膨胀、高校扩招的一个缩影，用今天的眼光来看是不可想象的。

软件园的发展依靠人才，离不产业支撑。人才是第一资源，近几年蓝工院、生物工程研发中心引进博士 50 多位，建立两个院士工作站，增强了软件园创新活力。通过横向合作已成功创建两个省工程技术中心，获得两项省科技进步奖。"一园三院"（软件园设山东半岛蓝色经济工程研究院、省众创教育研究院、山东半岛机器人研究院)格局,为人才集聚,创新创业搭建了平台。我们鼓励教师科研成果转化、师生入园创业,如环球、潍科、潍大、美高斯麦、环境检测、文化传媒、艺术设计、学府蔬菜等企业迅速发展。十多年来,坚持全员招商,落实优惠政策,引进入园企业、创业公司已近200家,其中海洋检测,土壤化验、呼叫中心、建筑设计、会计培训等业务量不断扩大,社会服务已拓展到省外形成品牌。今天参加年会的企业负责人中有不少熟悉的面孔,有的企业入园有十多年了,大家为软件园的发展做出了贡献,为大学人才培养提供实习条件,在此我代表潍科对企业的健康发展表示祝贺,对人才培养做出的贡献表示感谢! 今天的软件园已荣获国家级科技企业孵化器、国家小型微型企业创业创新示范基地等十几项省级以上荣誉称号。

共同的愿景让我们走在一起,共同的平台让我们共同发展。软件园是校中园,是潍坊科技学院的办学特色,有特色才有办学水平。十多年来,潍坊科技学院致力于特色提升不断发展。我记得2010年招生时,全省本科控制线即我校录取线,新生报到率不高,学费也较低。十年后,到2020年招生时,潍坊科技学院本科平均录取分数线已超出省本科控制线30多分,每年提高了3分左右。我还记得2010年时,学校年财务收入8000万元左右,到2020年已增长到3.4亿元。试想如果办学没有特色,也就是说潍科没有吸引人的地方,哪个家长愿意将孩子送到一所县办大学上学? 人才培养是大学最重要职能。毋庸置疑,建设发展软件园是为大学人才培养服务的。在此前提下,软件园发展的目标定位是打造产、学、研、创一体化平台,努力建设软件研发之园、文化创意之园、电子商务之园,师生创业之园。这些年来,软件园围绕目标任务,规范管理,鼓励发展,优化机制,进出有序。企业充分利用大学人才资源实现利润,学校有效利用企业条件做到育人,从而取得了互利双赢、共同发展的理想效果。

共同的愿景、共同的平台构建起发展共同体。在座的企业家、工程师、会计师有的是学校的客座教授、特聘教授,有的是兼职教师、实习指导教师,实际上已是潍坊科技学院大家庭的一员。大学是学术共同体,潍坊科技学院这个学术共同体是和谐的大家庭,很荣幸有在座的各位。"道不远人,人同此心",人生的幸福莫过于有志同道合的朋友和共同奋斗的事业。大学的使命、软件园的愿景和共同的平台将我们紧紧联系在一起,在这个充满活力的美丽校园里共同建设学术共同体、发展共同体,各尽所能为促进软件园繁荣、为建设应用型特色名校贡献聪明才智。

共同体的特征是主体平等原则。从某种意义上讲,我们每个人都是共同体中的一员,是软件园和大学的主人,因此软件园职工享有大学教职员工的权利和义务是天经地义的。我看大学四大门进出、学府幼儿园招生、有关会议室使用等学校资源都应该共享,落实与大学教职工同等待遇,特别指出的是学校计划将专家公寓与软件园小记者培训楼联结建设幼儿园,为大家关注关心的孩子接受优质幼儿教育提供服务。希望软件园服务中心发挥职能作用,以服务入园企业为宗旨,落实"放管服"改革措施,打造一流的营商环境,帮助企业解决实际困难,促进入园企业快速发展。软件园管理服务人员要切实加强作风建设,主动服务,及时服务,办好一站式服务大厅和金融服务大厅。开展入园企业评管理评服务活动,对向企业吃拿卡要以及管理人员在企业入暗股等违纪违法行为予以坚决打击。引进一家好企业不容易,师生创办一家公司不容易,必须对入园企业关心爱护、帮扶发展,只有发展才能实现双赢。

言归正传,做啥吆喝啥。大学以培养人才为己任,潍科以应用型特色高校建设和应用型专门人才培养为目标定位,产教融合、校企合作是人才培养的基本途径。园校一体、校企合作育人是初心和使命。大学专业要与入园企业对接,大学教师要到入园研发中心科研,大学生要到入园企业实训实习。企业管理及工程技术人员要参与人才培养过程,给学生上课,所有入园企业应无条件接收学生实习实训。希望纳入资格证培训的公司,按规定收取服务费时对本校学生适当优惠。软件园及蓝工院引进共建的企业技术研发中心,为教师参与横向合作、增强社会服务能力创造了条件,鼓励博士、有科研能力的教师积极作为出成果,校企合作成果双方共享,按学校科研管理制度在评优晋级、职称评定、业绩考核中予以认定,当然企业独享的成果学校不予认定。教师因对企业的贡献所获收入学校不予干涉。

各位企业家,各位同志,潍坊科技学院在大家的共同努力下取得了快速发展,紧跟时代步伐没有落伍,不管是规模扩张还是内涵提升都适应大形势实现了创新发展。我们感到欣慰的是,十年来我们顺利实现了由规模扩张到内涵发展的转型,将潍科推到一个新高度。软件园伴随着潍科的快速发展,在共同愿景共同平台上走向繁荣,又助推潍科加快应用型特色名校建设。

新年新气象。2021年是中国共产党成立一百周年,我们共同见证共和国第一个百年奋斗目标的实现。2021年是"十四五"开局之年,我们将迎来潍科组建20周年,也是潍科第三个十年的开启之年。展望未来,信心满怀,有两大任务摆在我们面前,一是顺利通过教育部本科教育教学审核评估,二是申办硕士学位授予单位。完成两大任务需要大家齐心协力,不懈奋斗,尤其需要软件园在平台建设、合作育人、科研成果、高层次人才引进等方面贡献力量。

"十四五"是软件园发展的重要机遇期。万物互联的智能化时代正向我们走来,智慧城市、智慧社区、智慧校园……方兴未艾,这是软件园大发展的时代背景。潍科第三个十年,在推进完成两大任务的过程中,博士团队引进、项目入园孵化、师生创新创业能力提升等将为软件园大发展奠定坚实基础。希望软件园根据"一园三院"布局,在软件研发、创意设计、电商经济、技术中心建设等四个方面加大招商力度,"十四五"末实现产值税收翻番,省部级以上科研成果突破,成为全省创新创业高地之一。蓝工院要加强与侯镇、羊口及沿渤海化工企业对接,进一步加强校企合作研发中心、重点实验室建设,规划建设默锐化工产业学院。众创研究院为3D打印、无人机驾驶、机器人技术作为工科大学生必修课准备好条件,同时面向社会开展培训,规划以汇邦机器人公司和马家兴机器人制作团队为主体,建设智能技术产业学院。文创大厦入驻的文化创意、规划设计、动漫制作等公司与建筑与艺术学院深度融合,规划共建文化产业学院。孵化大厦软件公司融合于计算机软件学院中,规划以东软为主体共建计算机软件产业学院。生物工程研发中心(设施园艺研究院)以农学院博士团队为依托,联合寿光蔬菜产业集团,规划建设蔬菜产业学院。我想,在软件园的几个院系与入园企业、研发中心深度融合,在实现人才培养目标的同时也促进企业发展和软件园的繁荣。这样,软件园作为产学研创的平台将在应用型特色名校建设中发挥更大的作用。

共同的愿景,共建的平台。新时代新目标新征程。让我们以习近平新时代中国特色社会主义思想为指导,在寿光市委市政府的领导下,在省教育厅和各级教育主管部门关心指导下,团结奋斗,争先创优,努力开创软件园工作新局面,为建设应用型特色名校做出新贡献!

祝大家新年快乐,事业发达!

(根据笔者 2021 年"在元旦软件园工作年会的演讲稿"整理)

# 《农圣文化与国学教育》绪论

**编者按：**农圣文化的核心价值与中华优秀传统文化主体精神一脉相承，充分展示了中华优秀传统文化在农业生产领域具体生动地转化与实践，也显示了中华优秀传统文化强大的生命力和普遍的适用价值。作为一所地方性新建本科高校，坚持立德树人，弘扬农圣文化，着力打造通识教育办学特色。

中华文化源远流长，中华文明灿若星辰。农耕文化作为中华优秀传统文化的重要组成部分，对中国人的影响深远、根深蒂固。寿光是农圣贾思勰故里，著名的中国蔬菜之乡、中国农耕文化之乡，史称"北海名城，东秦壮县""衣冠文采，标盛东齐""人物辐辏之地"。全国唯一的县办大学——潍坊科技学院就坐落于此。

自 2010 年以来，学院连续举办了九届中华农圣文化国际研讨会。2011 年，学院成立国学研究所，将研究成果融入人才培养方案，面向全校学生开设了国学必修课。2014 年，为加强优秀传统文化教育，学校开展了以农圣文化为特色的优秀传统文化研究和育人实践。2016 年，学校成为中国农业历史学会常务理事单位，建设了农圣文化研究中心，搭建了农圣文化研究的新平台，在农圣文化与优秀传统文化的挖掘、研究方面作出了积极努力。2017 年，农圣文化研究中心由山东省教育厅确立为"十三五"山东高校人文社会科学研究基地；同年，农圣文化研究标志性成果《中华农圣贾思勰与〈齐民要术〉研究丛书》（20册，500 余万字）正式出版，并获国家出版基金资助，入选"十三五"国家重点图书出版规划，在国内学术界产生积极影响。2018 年 11 月 11 日，由潍坊科技学院牵头申报的国家二级学会"中国农业历史学会农学思想与《齐民要术》研究会"正式揭牌成立，标志着农圣文化研究进入了潍坊科技学院与全国乃至世界范围内农史研究工作者学术交流互动的全新时代。

江河万里，不废古今。忘记意味着背叛，摒弃传统将会失去共有的精神家园。按照马克思主义历史唯物论分析，人类几千年甚至上万年的农耕生产生活方式，形成了内涵丰富的农耕传统文化。一部中国古代史也是中国的农耕文明史，而传统农耕文化一直持续和影响到近现代。南北朝时期在我国的社会发展中是一个特殊的时期，也是我国第一次民族大分裂、大融合悲喜共存的时代。北魏拓跋氏建立的少数民族政权与南朝汉民族政权对峙，尽管孝文帝崇尚汉民族文化，推行了一系列的汉化改革措施，但不可否认中华民族传统农耕文化也因此受极大冲击，面临被颠覆的危机。"齐郡益都"（时县治在今山东寿光）贾思勰悲天悯人，敢于担当大任，倾其毕生精力创作了影响中国乃至世界发展的农学巨著《齐民要术》。他承先启后，系统总结了中国北方主要是黄河流域北魏及其以前的农业生产经验，并从理论上加以提高，使我国农学第一次形成精耕细作的完整体系，挽救了传统农业并使之得以持续发展，是对中华文明的有益传承。一定程度上讲，也为隋唐盛世的形成奠定了坚实基础。

热爱自己的国家从热爱自己的家乡开始，而爱家乡就应该对在家乡这片土地上所形成的特有的乡土文化具有自觉地珍爱和保护意识，就需要对家乡的文化内涵有一个清晰的认知，从而唤起内心那份对"家"的眷恋与自豪，进而形成一种朴素的家国情怀，负起对家对国应尽的一份责任担当。要把握农圣文化的基本内涵和核心精神，农圣贾思勰与其所著《齐民要术》无疑是农圣文化研究和传承中的关键所在，也是打开农圣文化宝库的唯一一把金钥匙。

贾思勰，我国历史上著名的农学家之一，南北朝时期北魏齐郡益都县（时县治在今山东省寿光市城南益城村）人，官至高阳郡太守。贾思勰"人以文传"，史籍缺乏记载，其具体生卒年不详，学界基本认同贾思勰约生活于公元 5 世纪末至 6 世纪上叶（北魏末至东魏初，南京农业大学郭文韬教授、严火其教授考证其生活于公元 488—556 年，大概活了68 岁）。贾思勰与北魏后期同为今寿光籍的贾思伯、贾思同兄弟相近，且为宗族兄弟关系。贾思勰家学深厚、学识渊博，一生潜心治学，躬耕田畴，"身居一郡，博识宏通"，足迹遍至今山东、河南、山西、河北等地，积累了丰富的农业生产实践知识和经验。他认为农业是人民衣食之本，也是安邦之本，主张"食为政首""要在安民，富而教之"，祈愿"岁岁开广，百姓充给"；他认为"人生在勤，勤则不匮"，农业生产应"顺天时，量地利，则用力少而成功多；任情返道，劳而无获"；他把商业流通看作是"益国利民不朽之术"，还主张节约，反对浪费，重视粮食生产，主张农林牧渔副全面发展的大农业思想，倾其生精力著成"中国古代农业百科全书"《齐民要术》，贾思勰也因此被世人尊为"农圣"。

作为中华优秀传统文化重要组成部分的农圣文化，主要包括精神价值体系、物质价值体系和社会价值体系等三大理论价值体系，其内涵相当丰富，当代价值鲜明突出。凝练到文化层面，农圣文化丰富的内涵和当代价值突出地表现为：以传统文化中的修身、齐家、治国、平天下思想为基本价值取向的家国情怀；以功成不必在我、功力必不唐捐为崇高人生境界的责任担当；以食为政首、要在安民、富而教之为基本政治洪范的农本思想和民本思想；以农林牧渔副综合发展为基本生产经营的大农业格局；以顺应自然规律、尊重科学为指导思想的实事求是理念；以注重学习实践、知行合一为基本内容的探索创新精神；以及以主张节约、反对奢靡浪费和未雨绸缪的忧患意识为基本特征的勤俭朴素品德等核心价值。农圣文化的核心价值与中华优秀传统文化主体精神一脉相承，充分展示了中华优秀传统文化在农业生产领域具体生动地转化与实践，也显示了中华优秀传统文化强大的生命力和普遍的适用价值。

教育，从根本上讲是立德树人的系统工程，"十年树木，百年树人"，育人的根本在于立德。我们培育的人才只有有了高尚的品德，才能学以致用，自觉地将所学知识运用到建设国家、为人民服务的伟大实践中去。否则，其德不立其行不义难得其所，重者祸国殃民，这应当是教育工作者时刻思考的问题。文化是一个国家、一个民族的灵魂。"文化兴国运兴，文化强民族强"，没有高度的文化自信，没有文化的繁荣兴盛，就没有中华民族伟大复兴。"人民有信仰，国家有力量，民族才有希望"，以国家富强、人民幸福为己任，志存高远、德才并重、情理兼修、勇于开拓是国家、民族和时代对青年人的希望与寄托，是中华民族实现伟大复兴中国梦的现实需求。为此，我们就必须要坚守中华文化立场，从中华民族五千多年文明历史所孕育的中华优秀传统文化中，寻找到力量之源和自信之基，就有必要结合中华优秀传统文化，对身边的、地方的优秀传统文化进行系统梳理、归纳、总结和提炼，让这些优秀的思想观念、人文精神、道德规范和具有积极时代价值的文化瑰宝，焕发出应有的智慧光芒，以丰富中国精神，丰满中国形象，彰显中国价值，创造性转化、创新性发展为立德树人的宝贵资源和生动教材。当然，我们也必须以开放包容的姿态，对待世界上一切优秀的文明成果，吸收借鉴一切先进的文化成果，剔除摒弃腐朽落后的不良文化，筑牢中华优秀传统文化根基，共同建设新时代中国特色社会主义文化大厦。

潍坊科技学院始终坚持"以生为本，适合的教育"核心理念，作为全国唯一一所县办大学，又是一所较为年轻的全日制普通本科高校，从成人教育、高职教育到本科教育，再到硕士学位授予培育建设单位，标志性、里程碑式的重大飞跃，受惠于齐鲁文化特别是以农圣文化为特色的地域文化和中华优秀传统文化的濡染，学校在实践与发展中形成了以"修身、博学、求索、笃行"为校训，以"创业敬业、求是求新"为学校精神，以"让认真成为品质"为校风，以"责任高于一切"为教风，以"勤学苦练"为学风的潍科校园文化精神价值体系，成为潍坊科技学院区别于其他高校校园文化而特有的一种文化特质。潍科校园文化精神价值体系是潍科人共同的价值取向，充分体现了农圣文化核心价值文化特质，是对优秀传统文化与农圣文化的完美融合与凝练，反映了潍坊科技学院以农圣文化为特色的校园文化的历史纵深感、文化厚重感和时代张力感。

《农圣文化与国学经典教育》的编写，集中了潍坊科技学院人文学科教授、学者的智慧，也是对 2011 年以来实施国学教育校园全覆盖、优秀传统文化教育贯穿人才培养全过程的集中体现，更是寿光市《齐民要术》研究会、山东高校人文社科研究基地、农圣文化研究中心多年研究成果的集中体现。全书以潍坊科技学院校训为纲安排章节，并结合社会主义核心价值观，分为了五章。从内容上讲，第一章至第四章主要从校训内容的释义、农圣文化核心价值与之相关的文化内涵释义、优秀传统文化（国学）经典文选释义、相关的人文故事，以及实践体验等进行了诠释解读，第五章对农圣文化与社会主义核心价值观的关系作了系统分析，以期深化理解农圣文化，深刻把握潍科校园文化精神价值体系内涵，从而自觉践行社会主义核心价值观，自觉将农圣文化核心价值融入学习、成长、成才全过程，担负起青年大学生应有的责任，为实现人生价值和理想提供精神动力。

中华文化博大精深，地域文化更是异彩纷呈，对中国社会和百姓生活产生广泛影响的农圣文化，却"百姓日用而不知"，限于编者的水平和能力，书稿的框架体例以及选文选人选事的仁者见仁、智者见智,标准实难一致,遗漏与疏忽在所难免。我们将坚持对农圣文化这一重大课题的持续深入研究,特别是 2018 年 11 月 11 日国家二级学会中国农业历史学会农学思想与《齐民要术》研究会在潍坊科技学院成立后,更是为全国乃至世界范围内的农圣文化研究专家、学者提供了一个开放包容的学术交流平台,也必将更加深入地挖掘农圣文化当代价值,服务于高校"立德树人"根本任务,为现代农业发展和乡村振兴战略实施贡献力量。

随着研究的不断深入和系列新研究成果的推出,《农圣文化与国学经典教育》一定还有一些需要不断提高和完善的地方,作为校本教材虽不尽完善,但有其一定特色,也符合学校培育以农圣文化为特色的校园文化的初衷,以及学校以农圣文化为特色的中华优秀传统文化融入人才培养全过程的通识教育规划。我们也衷心地期盼着莘莘学子能够在学习中,以习近平新时代中国特色社会主义思想为指导,将农圣文化核心价值、中华优秀传统文化精神与潍科校园文化精神融而为一,不断转化为内心人文自觉,成为自身的一种修养和品质。坚定中华文化立场,培养"四个意识",坚持"四个自信",树立正确的世界观、人生观、价值观,强体健魄,勤学苦练,以责任高于一切的自觉和担当,努力学习好专业知识,丰富人文素养,充实大学生活。当你离开大学校园,带着"潍科文化"的烙印,自信地走向社会人生,用自己的责任担当和聪明才智实现人生理想和价值,为实现中华民族伟大复兴的中国梦作出应有的积极贡献。

(2019 年 1 月 7 日《农圣文化与国学教育》一书绪论)

# 守成传统　创新发展

## ——《校志》序言

**编者按：**建校 30 年实现了从中专到大专再到本科的跨越，集中体现了创业敬业、求是求新的精神，校史是一部教科书，是文化校园的重要内容，修史建馆、总结经验、承继传统、丰富内涵、激励后学、创新发展，为建设应用型特色高校注入精神力量。

30 年前，改革开放的春潮涌动神州大地，党和政府倡导尊师重教，大力发展教育事业。1984 年，潍坊科技学院的前身寿光成人中专创立，在老校长王焕新的带领下，艰苦奋斗，开拓进取，总结"四改"经验，在全国率先走出了一条成人教育改革发展的成功之路。1998 年，顺应高等教育大众化发展的趋势和为满足人民群众对高等教育的期盼，山东经济职业技术进修学院创建，成为山东省首批高等教育学历文凭考试试点学校，为寿光创办全日制大学奠定了基础。

与此同时，寿光各级各类教育全面开花，精彩纷呈，"普九"完成，普高创优，职教发展，寿光师范、教师进修学校、电大独领风骚，硕果累累。其中，寿光市第一职业中专、潍坊市化工学校、寿光市教师进修学校、潍坊电大寿光分校成为潍坊科技学院的重要源头。

潍坊市化工学校（寿光市第一职业中专）在老校长杨元勋、刘明远的带领下，精致管理，特色办学，成为国家级重点中专学校，为社会培养了万余名实用型人才。寿光市教师进修学校、潍坊电大寿光分校在刘效武等老校长的带领下，大力开展学历教育和培训，累计培训优秀师资 10 万人次以上，有力推动了寿光教育事业的健康发展。

在即将跨入 21 世纪的时候，寿光教育迎来了新的发展机遇。1999 年，寿光市委市政府认可时任教育局局长张文南提出的"一大两高"教育发展战略，决定"六校合一"，创办全日制大学。老校长崔效杰以非凡的魄力、创业的豪情，带领全体教职工艰苦创业，2001 年 9 月，创立具有里程碑意义的全日制高等院校——潍坊科技职业学院。学院确立了创建全省一流高职院校的发展目标，采取"集团办学，专家加盟，国际合作，科研兴院"的发展模式，抓机遇，扩规模，盖大楼，上设施，引人才，建队伍，深入开展国际合作，全面提高教学质量。2005 年，学院决定改建本科院校，2008 年 4 月经教育部批准，学院顺利实现专升本，从此寿光有了自己的全日制大学——潍坊科技学院。

近年来，在市委市政府的正确领导下，在省教育厅及各级教育主管部门的支持下，潍坊科技学院总结弘扬以老校长王焕新、崔效杰为代表的学院人所形成的"创业敬业、求是求新"的学校精神,明确以"建设高水平应用型特色名校,培养高素质应用型专门人才"为目标定位,唱响"以生为本,适合的教育"办学理念,全面实施质量提升、科研突破、校企合作、队伍建设、文化校园、服务优化"六大工程",推行目标管理、岗位管理、项目管理、量化管理"四项管理",不断深入推动学校内涵建设、特色发展,学校综合实力和办学水平不断提升。目前,学校占地 2000 亩,总建筑面积近百万平方米,在校生 28000 多人,正式在编教职工 1600 多人,开设 67 个本专科专业,形成了以工学为主体,农学为优势,化工与环境、机械与计算机为特色,工学、农学、理学、管理学、文学、教育学、艺术学协调发展的学科专业体系。学校坚持严格管理不放松,形成了"严管细导,严父慈母"的育人机制和高校独特的管理模式,创出了当今县办大学的一条新路。学校专科生升本科考试连续 12 年位居全省高校首位,本科毕业生考研率连续 3 年达 30% 以上,毕业生一次就业率一直保持在 95% 以上,潍科人铸造了人才培养的"潍科"品牌,生源地扩展至全国 12 个省区。按照"依托专业办产业"的思路,在校园内建设了软件园,创建了山东半岛蓝色经济工程研究院,搭建了产学研合作的广阔平台;目前,学校与 100 多家大型企业、上市公司开展校企合作育人,立项国家自然科学基金项目等省级以上各类科研课题 100 多项,软件园成为国家级科技企业孵化器;国家级高新技术企业环球、潍科软件公司,国家一级建筑施工企业学院建筑公司,美高斯麦化妆品厂等校办产业蓬勃发展;同时积极开展电大、网络、成人教育及驾驶员培训等项目,年上缴税收超过 2800 万元,为地方经济社会发展做出了贡献。

30 年弹指一挥间,潍坊科技学院完成了从中专到大专、从大专到本科的发展跨越,实现了从小到大、由弱变强、"千亩校园,万人大学"的光荣梦想,两位老校长王焕新、崔效杰以其卓越功绩相继成为潍坊、寿光人民功勋。两位老校长带领大家艰苦创业所体现的"创业敬业、求是求新"的精神,已成为推动学校不断发展的强劲动力。

古人云,三十而立。潍科 30 年的成长发展离不开市委市政府、省教育厅及各级教育主管部门的支持,离不开寿光百万人民与社会各界的关爱,更离不开一届届师生校友的努力奋斗。在此,我们尤其要感谢以教育局老局长姜思义、张文南为代表的老一辈教育工作者为学院创立、发展做出的卓越贡献,感谢省委高校工委党建联络员、潍坊医学院王爱成、徐首庄、张圣明、韩学田诸位教授对学院发展的悉心督导,感谢潍坊学院等高校兄弟般的关心帮助。

回顾学校发展的 30 年,如果思考我们的办学必须坚守什么,无疑应包括两点:承继传统,培育优良的校园文化;创新发展,建设优秀的教师队伍。创新是一所大学的灵魂,而守成则是一所大学的脚跟。坚持创新才有发展的动力,守成传统就是守护我们的精神和灵魂。唯有做到两者兼顾,登高再望远,更上一层楼。

修史建馆,薪火相传。有人说,办教育就是办文化,大学校园就是文化"酱缸"。建校 30 年来,尤其是建设高等院校近 15 年来所形成的"创新"精神和"敬业"传统,无疑是潍科文化"酱缸"的重要内容。教育的本质在于引导人的灵魂,每个学生都要接受母校文化的浸染而形成独特的气质。尊重差异、尊重个性、尊重每一个学生，实施"适合的教育"，让每个学生找到成功的支点，让学生成才，成为优秀的人，成为公民的楷模，是我们大学教育永远追求的价值目标。"修身、博学、求索、笃行"的校训，"让认真成为品质"的校风，"责任高于一切"的教风，"勤学苦练"的学风，即"一训三风"，就是我们着力打造的潍科文化"酱缸"，校歌《飞翔》演唱比赛以及各项主题教育的开展，主旨是塑造学生的健全人格和美好心灵，不断注入追求真善美的内在动力，让大学生带着"潍科烙印"，心怀家国、服务社会、创造精彩的幸福人生。

以师为本、教授治学。要秉持大学学术自由之精神，成立学术委员会，发挥教授的治学作用，强化行政的服务职能。2011年，我们提出并实施"十百千"队伍建设工程，学校先后开展与韩国、泰国高校联合培养博士项目，聘请了30多位客座教授、100多位特聘教授，每年考选近引进50名硕士、博士进入教师队伍，对"双师型"专业教师落实低职高聘待遇，其目的就在于引进培养适应教育教学需要的过硬的师资队伍。大学教师不仅要有大学问，更要有大德，正是教职工良好的师德师风、过硬的业务素质，使我们这所新建本科院校实现了快速发展，赢得了社会各界的广泛赞誉。

每一个校友都是母校的一张名片。中专到大学各个阶段的数万名校友分布在各行各业，为经济社会发展贡献力量。校友是高校的独特资源，开发校友资源、挖掘校友潜力对学校发展意义重大。要加强与校友的联系，搞好毕业生跟踪调研，以端正办学方向，改进教育教学工作，要以优秀校友为榜样激励大学生立志成才，要发挥校友在学校内涵发展中的作用，通过校友对母校的天然学系联系，提供人才资源和智力支持，推进产学研一体化办学，校友回报母校、捐资兴学、拓宽办学经费渠道，促进学校健康快速发展。

历史不能忘记，未来仍需开创。站在新的历史起点，我们深感任重道远。党的十八大提出了实现"两个一百年"的奋斗目标和实现中华民族伟大复兴的"中国梦"。作为一所定位为应用型大学的新建本科高校，我们需要不断加强学习，总结经验，创新发展。我们要以社会主义核心价值体系为指导，进一步弘扬"创业敬业，求是求新"的学校精神，尊重探索地方高校、县办大学的发展规律，坚持"内涵发展，特色提升，制度管理，和谐校园"的治校方略，不断改革办学模式和育人模式，积极探索创新实践教学的办法措施，大力推进特色专业建设，不断提升办学水平和育人质量，为建设应用型特色高校而努力奋斗！

在庆祝建校30周年之际，《校志》出版，校史馆竣工，这是校园文化工程建设的重大项目，校史办、档案馆的同志们付出了辛勤劳动，张茂才、李兰东同志审稿把关，各院系处室积极配合，老干部冯永泉、刘效武、朱明华等先生帮助提供资料，广大校友给予热情支持，借《校志》出版之际表示衷心感谢！！

祝潍坊科技学院的明天更加美好！

（根据笔者2014年2月，在庆祝建校30周年，校史馆开馆仪式上的讲话整理，2015年《校志》出版，此讲话为序言。）

# 《齐民要术通俗读本》后记

**编者按**：1500 多年前的农学专著《齐民要术》，其学术价值得到国内外学者的广泛认可。走出象牙塔，让百姓知晓，对弘扬中华优秀传统文化、发展生态农业、促进乡村振兴意义重大。组织编写《齐民要术通俗读本》，普及农圣文化是地方性大学及学者的神圣职责。

中华文明上下五千年，源远流长，奔腾不息。中华古代文明史也是一部农耕文明史，在农耕文明的历史长河中，南北朝时期出了一位农学家，人们尊称为"农圣"，他就是高阳太守贾思勰。他用毕生精力撰写了一部世界农学史上最早、最有价值的农学专著《齐民要术》。

《齐民要术》农学思想是我国农业文化遗产的重要组成部分，是传统农耕文明留给我们的伟大精神财富，也是中华优秀传统文化中农业哲学思想的集中体现。《齐民要术》的学术地位和历史贡献，得到了国内外专家学者的一致赞誉。"科学无国界，科学家有祖国"，在日本、韩国等国家的中学教科书上有专门的文字介绍"农圣"及《齐民要术》，学术界也有"贾学"研究组织，挖掘其学术价值和世界意义。

我国中学历史教科书有"农圣"及《齐民要术》的专题介绍。中华人民共和国成立以来，特别是改革开放以来，《齐民要术》的研究方兴未艾，涌现出了大量研究成果，《齐民要术》的研究不断深入。

习近平总书记指出："文化自信是一个国家，一个民族发展中更基本、更深沉、更持久的力量。""没有高度的文化自信，没有文化的繁荣兴盛，就没有中华民族伟大复兴。"我校2004 年成立了贾思勰农学思想研究所，2005 年在寿光市委市政府的支持下，在时任寿光市人大常委会副主任、寿光成人中专（潍坊科技学院前身）校长王焕新、三元朱村党支部书记王乐义等积极推动下，寿光市《齐民要术》研究会正式成立。研究会挂靠我校，与贾思勰农学思想研究所合署办公，在刘效武会长的主持下，开展了多角度、扎实有效的研究工作。我们还整理出版了国家出版基金资助、入选"十三五"国家重点图书出版规划项目的《中华农圣贾思勰与〈齐民要术〉研究丛书》等为代表的一大批学术研究成果，在学术界和社会上产生了积极影响，参与了 2015 年意大利米兰世博会《齐民要术》展厅的学术支持工作。我校农圣文化研究中心主任、李兴军教授创作了 52 集大型动漫片《农圣贾思勰》、农圣文化研究专家国乃全先生创作了小说《贾思勰逸史》等一批文艺作品，也进一步促进了以农圣文化为特色的优秀传统文化研究。2011 年我校创办了贾思勰农学院，举办了贾思勰农学思想研讨会、《齐民要术》与现代农业发展高层论坛、海峡两岸《齐民要术》与新农村建设研讨会等重要的学术会议。2010年举办每年一届的中华农圣文化国际研讨会。2019年举办了中国农史青年论坛暨中国农史学会年会(2019)第十届中华农圣文化国际研讨会。

2016年我校参加中国农业历史学会第六次全国会员代表大会,当选为学会常务理事单位。2017年潍坊科技学院农圣文化研究中心确立为"十三五"山东高校人文社会科学研究基地,申报过程中得到了以下领导和专家的鼎力支持和无私帮助:中国农业历史学会副理事长兼秘书长、全国农业展览馆副馆长王一民研究员,山东省社会科学界联合会党组副书记、副主席周忠高同志,山东省社会科学院院长张述存同志等领导;中国农业博物馆研究部主任、中国农业历史学会常务理事、常务副秘书长胡泽学研究员,南京农业大学中华农业文明研究院院长、博士生导师王思明教授,西北农林科技大学中国农业历史文化研究所所长、中国农业历史博物馆馆长樊志民教授,农业部农村经济研究中心当代农史研究室主任王欧研究员,全国农业展览馆(中国农业博物馆)徐旺生研究员,山东农业大学文法学院副院长、硕士研究生导师孙金荣教授,南京农业大学人文学院博士生导师沈志忠教授,清华大学历史系张绪山教授,山东历史学会理事长、山东大学图书馆馆长赵兴胜教授,青岛农业大学齐民书院副院长王宝卿教授,中国社会科学院经济研究所隋福民研究员等专家。中国农业历史学会、山东农业历史学会发来了支持函。

2017年寿光市齐民要术研究会第一次理事会议同意成立齐民要术研究工作小组,会后积极联系知名学者,广泛开展合作,虚心听取专家的意见和建议,推进了《齐民要术》研究成果的转化,以农圣文化为特色的中华优秀传统文化育人实践成果,获得了山东省教育厅的教学成果奖。开展以农圣文化为特色的中华优秀传统文化教育,已成为我校人才培养特色。2018年中国农业历史学会发文批复同意设立中国农业历史学会农学思想与《齐民要术》研究会,标志着农史研究进入了一个崭新阶段。用中国著名历史学者西北农林科技大学樊志民教授的话说,山东农史研究形成了山东农业大学、青岛农业大学、潍坊科技学院三足鼎立,各具研究重点和特色的新局面,体现了山东对农史工作的高度重视,也表明全国农史研究新的高潮的到来。

"长者为寿,平者为光",寿光人杰地灵。纵观历史,在古代有两座人文和科技的高峰,矗立在寿光大地上。人文方面是《中论》,《中论》是建安七子之一徐干的代表作,也是建安七子唯一哲学著作。曹丕评价:"孔融之雄姿,徐干之高洁"(孔融曾为东汉北海相,徐干是寿光人),是对孔子中庸、孟子中权、荀子中道的传承和发展,是"中庸"思想在东汉发展达到的最高水平。潍坊科技学院特聘教授魏道揆先生倾注《中论》研究20余年,出版了《〈中论〉评注》,填补了寿光古代两千年历史研究中的空白,对挖掘、抢救、整理、继承和发扬古代文化做出了历史性、开拓性的贡献,在国内外学术界引起了广泛的关注。科技方面是《齐民要术》。《中论》与《齐民要术》代表着人文与科技的这两部光辉著作,是中华灿烂历史文化的组成部分,对寿光的历史文化产生广泛而深远的影响,塑造了寿光人的性格。改革开放以来,寿光市委市政府带领全市人民大干实干、创新发展,形成了以蔬菜产业带动城乡一体、工商发展、文教繁荣、生活富裕的"寿光模式"。寿光是中国蔬菜之乡,全国卫生城市、全国文明城市,涌现出了中国改革先锋王伯祥等英模人物,寿光正在打造"农圣故里·文明寿光"的精神文化品牌。

潍坊科技学院是寿光市人民政府举办的全日制普通本科高等学校,肩负人才培养、文化传承、服务社会的重要职能,开展以农圣文化为特色的优秀传统文化教育,是落实立德树人根本任务的本质要求。

今天,我们编著大众读物《齐民要术通俗读本》,是我校为弘扬农圣文化、传播农耕文明的又一次创新,不仅有助于群众更好地读懂、了解、传承《齐民要术》,夯实农学文化遗产传承的群众基础,进一步弘扬中华优秀传统文化,更对新时代全面推进乡村振兴战略,建设乡风文明,发展生态环保农业,增强文化自信,打响寿光蔬菜品牌具有重要意义。

《齐民要术通俗读本》的编著得到了寿光市齐民要术研究会会长刘效武先生,薛彦斌先生等专家的指导,专家团队张友祥、李兴军、刘金同、王双同、胡立业、信俊仁、赵长福、蔡英明、夏光顺、信善林、李瑞成、郭龙文等先生,历经一年多的时间,研读文献,古今对照,几经易稿,将生僻字、土语术语,结合当今进行了通俗化解释,比较好地保持了《齐民要术》基本的技术知识和农学思想,为广大群众阅读传播弘扬农圣文化提供了方便。《齐民要术》作为古代农业百科全书,一千五百多年前的一部著作,名称、语法等与当今差别较大,在翻译理解上要达到准确,实属不易,本书也难免有纰漏,希望大家批评指正。

是以为记,以飨读者。

(2020 年 2 月《齐民要术通俗读本》一书后记)

# 《绿色·人文·科学
## ——潍坊科技学院校园文化概览》序

**编者按：**潍坊科技学院以社会主义核心价值观为统领，实施文化校园工程，优化校园环境，浓厚育人氛围，着力打造绿色、人文、科学的文化底色，不断提升人才培养质量，努力建设应用型特色名校。

《绿色·人文·科学——潍坊科技学院校园文化概览》一书出版了，这是文化校园工程建设的重要项目，也是推进文化治校的重要步骤，更是学校物质、制度、精神等文化的凝练与升华。此书出版对提升人才培养质量，加快应用型特色名校建设意义重大。

办大学就是办文化。校园文化是一种育人氛围，是学校发展的灵魂，是师生员工所认同的教育信念和价值取向，它在学校发展过程中积淀而成。校园文化特别是学校精神、办学目标、办学理念、"一训三风"等是在尊重历史沿革和体现时代气息的基础上逐步形成的，是学校重要的精神文化。总结潍坊科技学院建校三十年创业发展史，特别是老校长崔效杰同志带领大家创建大专、升建本科的光辉业绩，总结提炼的"创业敬业、求是求新"的学校精神，已成为学校创新发展的不竭动力。在中国高等教育进入大众化时代，我们认真研究地方新建本科高校的发展规律，确立了"建设应用型特色高校，培养应用型专门人才，为地方经济社会发展服务"的目标定位；根据办学定位和生源状况，立足学生成才，将"以生为本，适合的教育"确定为办学核心理念；以习近平新时代中国特色社会主义思想为指导，与时俱进，对"修身、博学、求索、笃行"的校训予以阐释；经过自下而上的讨论，广泛征求专家学者的意见建议，学术委员会研究同意，教代会审议通过，将"认真成为品质""责任高于一切""勤学苦练"分别确定为校风、教风、学风；将学校诸多文化元素融入其中，便于合唱、激励奋进的校歌《飞翔》唱响整个校园。这些精神文化基因融入师生员工的血液，像涓涓细流汇入内心的广阔海洋，潍科人的使命感、责任感、自豪感、成就感会油然而生。"铁打的营盘，流水的兵"，历届毕业生经过潍科文化的熏染，带着"潍科烙印"走向社会，修身做人、立业做事，在平凡岗位上努力创造不平凡的业绩，这或许就是办大学办文化的初衷吧！

校史是厚重的教科书。校史是大学的文化底蕴，是学校重要的精神财富，是大学重要的育人资源。潍坊科技学院自1984年创建成人中专已近40年；自2001年创办大专已有20多年；2008年升建本科也有10多年，大学创建20多年来已培养了10多万毕业生，为地方经济社会发展贡献了力量。岗位明星、技术能手、优秀工程师、创业成功者、读研攻博者等校友为潍科校史增光添彩,成为激励后学的榜样。在中国,县办本科高校唯此一家,这本身就是一个奇迹,它体现了寿光党政领导、教育前辈的远见卓识。学校升建本科以来,坚持"内涵发展,特色提升",至今本科专业已达到40个,顺利通过教育部本科教学合格评估,成为硕士学位授予立项建设单位、跻身山东省应用型本科高校建设首批支持校、全国同类高校一流院校(根据第三方评价)……一个个里程碑见证着潍科健康快速发展的辉煌历史。迈步"十四五",开辟新征程。新时代,新使命,新征程,坚持守成与创新辩证统一,牢牢把握创新发展这一主题,围绕审核评估和申硕两大基本任务,改革办学模式和育人模式,努力打造应用型特色名校。

大学发展的高度在于特色。潍坊科技学院作为一所县办的新建本科高校,能在全国近3000所、全省150多所普通高校中站稳脚跟并不断发展靠的是办学特色。学校的办学特色在学科专业上集中体现在设施农业、海洋化工、智能制造三大特色;在办学模式上主要表现在园校一体与合作育人,农圣文化与通识教育两大特色。据第三方评价机构发布的信息,2019年学校园艺专业获评全国同类高校前三名;本科生再深造率(考研率)列全国同类高校第一名,毕业生就业率一直保持在95%以上,学生参加全国、全省大学生挑战杯、"互联网+"大赛等获特等奖、一等奖280多项,2018年在世界机器人大赛中获一等奖两项。2017—2019年连续三年被大众网评为山东最佳声誉高校。校中园——寿光软件园,被评为"国家级科技企业孵化器",是产学研的重要平台。农圣文化研究成果丰硕,学校牵头成立的农学思想与《齐民要术》专业委员会已成为国家二级学会。"寿光模式"研究成果在国家发展和改革委员会主管的《改革内参》发表;校企合作与产业学院建设、学部制改革与通识学院建设、职业教育衔接"多元融通制"等办学经验,多次在山东省教育厅《教育工作简报(山东高等教育综合改革)》推介。

大学的发展靠管理和人才。管理的关键作用任何时候都不可忽视。教师队伍与管理队伍是大学的重要支柱。大学崇尚学术与自由,崇尚学术就要落实教授治学,维护干部、教师、职员关系的平行性。建设学术共同体就要服从真理,这往往是多数服从少数,因为没有等差,不存在下级服从上级。由此看来,大学基于教授治学、崇尚学术的管理与行政机关的管理是不同的。大学管理是"松"好还是"严"好,学界有不同观点。我校选择了"严",一直坚持"双严"管理,即"严管细导,严父慈母"。学校加强思想政治工作与大学生心理健康教育有机结合,尊重个性、尊重差异、尊重每一个学生,开展"理想信念、家国情怀、励志奋进"三大主题教育,实施"4030"读书计划和"六个一活动",易班导师制、班团一体化、校园社区建设、后勤服务社会化等形成良好育人格局。崇尚学术的共同体文化,丰富多彩的社团文化,品味高雅的行为文化,多元评价的质量文化,产教融合、国际合作的育人文化……潍科已成为莘莘学子的求学圣地、生活的乐土、成功的舞台。2019年学校荣记山东省安全稳定集体二等功,再次展示了山东省文明单位的风采。

"绿色·人文·科学"三位一体是办学的理想境界。绿色是象征生命的颜色,代表健康和希望;人文求善,追求的是文化与道德的价值;科学求真,探寻的是真理及事物的本质。学校 100 多万平方米的校内建筑是凝固的音乐,它让人震撼的同时又让人感受到柔和之美,因为从建筑风格到标牌设计、教室文化等独具匠心;参天的大树、绿色的草坪,"三季有花,四季常绿"的园林式、花园式校园足以陶冶人的情操;值周的学生参与学校管理的方方面面;师生义务劳动让校园更美丽;自我管理"一站式"服务让学生更满意;体育俱乐部让学生个性舒展,强身健体。工作、学习、生活在这里的师生一定是温馨幸福的。

汗水浇灌收获,实干笃定前行。我们都在努力奔跑,我们都是追梦人。"中国梦""潍科梦",展望未来、信心满怀。可以设想 2024 年,建校 40 周年之前将全面通过教育部审核评估;2028 年,升建本科 20 周年之前,成为硕士学位授予单位;2038 年,升建本科 30 周年时,改名为应用型综合大学;2048 年,升建本科 40 周年时,建成全国知名高水平应用型大学。

《绿色·人文·科学——潍坊科技学院校园文化概览》一书,由李兴军教授、王文国副教授任执行主编,学校党委宣传部牵头,各二级学院及有关处室合作编写。因时间仓促或许并不完善,所以期盼仁者见仁、智者见智,不妨更待深入,欢迎大家提出意见建议。

我们期许,此书能为您展开厚重多彩的潍科文化画卷,帮助您领略潍科风采、欣赏潍科精神、见证潍科风骨……

我们期许,潍科人在习近平新时代中国特色社会主义思想指引下,在建设应用型特色名校的征途上,不断传承创新潍科文化,续写新篇章新精彩,获得新惊喜新感动!

(2021 年 2 月为《绿色·人文·科学——潍坊科技学院校园文化概览》一书作序)

# 后　记

　　2021 年 2 月 17 日,山东省教育厅公布山东省应用型本科高校建设首批支持名单,经遴选评审全省有 20 所高校被确定为首批支持单位,潍坊科技学院位列其中。当具体负责此项工作的副校长李广伟教授电话告诉我的时候,我的心情有些激动甚至泪水噙满双眼! 诚然,在互联网海量信息里,在文件如山的办公平台上,在人们茶余饭后的谈资中,这一消息对局外人而言,或许根本算不上什么值得注意的事情;在寿光市奋力攀登、事争一流氛围里获得的项项荣誉、累累硕果中,这一成果也显得微不足道。但是我、潍坊科技学院的同事、山东高等教育界的同仁有不一样的感受。首批支持校不仅是荣誉,将得到财政支持,更重要的是本科招生计划的支持,这对一所新建本科院校是多么重要! 2019 年以来,山东省实施本科高校分类考核,潍坊科技学院连续三年综合评价获得同类高校前两名。这次应用型高校首批支持校是全省本科高校跨类的综合评价,竞争十分激烈,潍坊科技学院能够脱颖而出跻身首批支持校行列,我身为学校主要负责人的感受的确非同一般! 因为我们为应用型高校建设奋斗了十多年,取得这样的标志性成果怎能不激动? 此事在全省高等教育领域产生了不小的震动,发微信打电话祝贺的、到校参观考察的、校内要求开庆祝会的……总之,它表明潍坊科技学院应用型高校建设达到了一定水平。

　　山东省公布应用型高校建设首批支持学校之时,是我主持潍坊科技学院工作整整十年的节点。2011 年 2 月,我开始主持学校工作,在第一次全体教职工会议上,我在讲话中明确提出了“建设应用型特色高校,培养应用型专门人才,为地方经济社会发展服务”的目标定位;实施“内涵发展,特色提升,制度管理,和谐校园”的治校方略;弘扬王焕新、崔效杰两位老校长带领大家创业发展而形成的“创业敬业、求是求新”精神。那个定方向开新局的重要会议已过去十年了,但仍有恍如昨日之感。因为十年来,不管风云如何变幻、人们怎么评说,任尔东南西北风,扭住“应用”不放松,可谓“十年磨一剑”,我和同事们一直在建设应用型大学之路上不断前行。

　　2016 年 11 月,潍坊科技学院以良好成绩通过教育部本科教学工作合格评估后,我提出了建设应用型特色名校的奋斗目标。提出“特色名校”目标不难,但怎样才算名校? 建设名校不是容易的事情。其实,名校就在人们的口碑里,主要是家长、毕业生、用人单位的评价,最直接的表现是每年的招生录取分数线,它是一所大学社会声誉的晴雨表。十年来,潍坊科技学院本科录取分数线逐年提高,2021 年的平均录取分数已超出全省本科线 30 多分,在全省同类院校中录取分数是最高的。当然,教育主管部门的考核评价、授予的荣誉也是非常重要的,因为其代表政府的认可度,山东省应用型本科高校建设首批支持单位名单公布后，在全省高等教育领域引起的轰动足以说明这一点。此外，第三方大学排名也被很多人看重，在高等教育研究机构林林总总的排名里，潍坊科技学院一直在全省同类高校中名列前茅，尤其是毕业生深造率在全国同类院校中排名第一，这也是我校自 2012 年至今本科毕业生考研率一直保持在 30% 以上的有力见证。可以说，应用型特色名校建设经过十多年的努力取得了丰硕成果。

潍坊科技学院是全国唯一的县办本科高校，民办牌子，实为公办，"亦公亦民"。怎样建设地方性应用型大学是十多年来摆在我们面前的重大课题，我和我的同事们不断地探索研究，走南闯北考察学习，认识到应用型人才培养必须立足地方经济社会发展，根据企事业单位用人需求设置课程、组织教学，改革完善人才培养方案。其根本出路就在于产教融合、校地共生、校企合作育人。一旦偏离这个轨道，关起门来办学，人才培养脱离地方经济社会发展需要就会步入死胡同。2020 年 11 月 4 至 5 日，全国新建本科院校联席会议在潍坊科技学院召开，教育部高教司、省教育厅主要领导以及全国 180 多所本科高校的领导和专家与会。我发言的核心观点是我校致力于培养接地气的应用型人才；在高等教育已经普及化的今天，地方性高校试图培养顶天立地的人才而套用大学传统的精英教育模式，培养的毕业生往往是上不着天下不着地，老百姓戏称"半调子"，这意味着办学的失败；潍坊科技学院坚定地走产教融合、校企合作育人之路。这些观点引起与会者共鸣和媒体上的一度热议。社会上一边是企业招工难技工荒，一边是大学毕业生找不到工作甚至成为"啃老族"，这些事实不就是最好的证明吗？大学肩负社会责任和家长的重托，我们培养的学生毕业即就业，上岗是高手才能赢得社会和家长的信任。

校企合作是应用型人才培养的基本路径。十多年来，我一直高度重视紧抓不放的是校企合作工程。首先，立足地方，主动与寿光企业合作，根据寿光产业发展需求培养人才。学校充分利用当地企业资源开展实习实训，与地方领军企业共建冠名班，如默锐、联盟、农行、蔬菜等；在校园内建设的产学研平台寿光软件园，为教学科研、实习实训、师生创业创造了条件，被评为国家级科技企业孵化器；建设的山东半岛蓝色经济工程研究院，为海洋卤水精细化工企业入园共建研发中心、合作育人搭建了省级科研平台。其次，跳出地方产业局限，真诚地接纳远方"亲戚"。根据学校学科专业特点，与高科技、信息化、新业态、智能制造等领域的著名大企业联合办学，共建产业学院。近几年来，与东软集团、汇邦机器人、百度开创、腾讯企鹅、华为博赛等联合招生共同育人取得良好效果。唯此，才能有效提高学生的生产操作能力和管理服务能力，我们的人才培养才不会落后于产业发展和科技进步，才能有效提供适合企业需要的应用型人才，从而实现毕业生优质就业，更好地为产业发展服务。

国际化是大学发展的必然趋势。现在的大学生将来是民族复兴的中坚。具有国际视野、尊重多元文化以及与不同民族种族的人合作共事的能力是当代大学生的必备素质。拓展国际合作与交流是大学的重要职能。老领导崔效杰同志主持学校工作时，在这方面已有几个项目取得了很好的进展，特别是与韩国、乌克兰大学的合作效果显著。我主持学校工作后巩固了这些合作项目,新拓展了与韩国高校联合培养博士教师的项目,学校一部分青年教师从中受益,三年内取得了博士学位,还成了"海归",但个别教师不安分了,一心想着远走高飞。人往高处走,水往低处流,本无可厚非,但协议在先,一走了之怎么能行?个别人利用网络炒作施压,迫使我签字放人,这不是开玩笑吗?当然,这些曾经的同事最后都履行了协议,这是过程中的小插曲,丝毫没有影响国际交流与合作的进程。我们还开辟了与欧美高校以及泰国等东南亚国家大学的合作,以"第二校园经历"向我国台湾地区高校派出学生。响应国家"一带一路"倡议,2020 年招收留学生已达到 200人。在国际合作项目中,与德国巴特洪堡应用技术大学合作举办市场营销专业本科教育项目是教育部审批的,具有标志性意义。2019 年 4 月,这个项目成功落地。它表明潍坊科技学院的国际化办学跃升到国家级平台,是山东省高校"十三五"期间国际合作办学的重大突破,省教育厅予以充分肯定并作为重要新闻宣传报道。

以开放的姿态开门办学,大学越办越大,大不仅是外延之大,更重要的是胸襟气度之大,内涵包容之大,教授学者的学术之大。近几年,我们引进了一批高层次人才,各学科有了带头人,将地方产业双创科技拔尖人才纳入学校编制。与部队各兵种合作联合培养士官取得成功。承继寿光师范的优良传统,千方百计开辟师范本科专业;整合寿光卫校资源,新上护理专业;适应智能化时代到来,新上机器人工程专业。十年间,本科专业由十多个增至四十多个,本科招生由一年 1400 人扩大至 5000 多人,教授队伍由十几人增至近百人,教育教学公用建筑面积由 40 万平方米扩大到 80 万平方米,财务收入由 7000多万元增加到 3.6 亿元。借鉴中外高等教育先进理念,整合协调优势资源,组建通识学院,探索大一不分专业,着力提升大学生的人文与科学素养,取得明显成效及显著社会效益。承担国家职业教育创新发展试验区项目,加强"多元融通制"中职—本科—专硕职业教育衔接研究,满足当地百姓子弟享受大学优质教育资源的愿望,提高毕业生"留寿率",高标准建设五专部,经过干部教职工的共同努力,五专部招生火爆,已成品牌。组建学部,实现教授治学;做优本科,落实本专分离;做活二级学院,推进自主办学;牢牢把握内涵提升、创新发展主题,着力打造学术共同体。

我常和同事们探讨,要按照经营思想看高校,在高等教育大众化、普及化的今天,一般高校招生已成买方市场,学生和家长就是上帝,学生是最好的广告,要赢得买方市场必须靠特色打造亮点,其策略是错位竞争、差异化发展。因此,我们把"以生为本,适合的教育"确定为办学的根本理念,把师生幸福、家长满意、社会尊重作为办学追求的理想境界。2019 年秋,在无锡召开的全国新建本科院校联席会议上,我在发言中将潍坊科技学院办学特色归结为"3+2",即设施园艺、海洋化工、智能制造三大学科特色;园校一体共建软件园产学研平台、农圣文化为载体优秀传统文化通识教育,引起与会者关注,主持人给予高度评价。会议休息时同仁们热议我的发言,围着我要联系方式,此后到校考察交流的人也明显多了起来。

大学肩负文化传承与创新。寿光被誉为"三圣"故里("文圣"仓颉、"农圣"贾思勰、

"盐圣"夙沙氏),其中,农圣贾思勰所著《齐民要术》被誉为世界古代农业大百科全书,具有极高的科学价值。我们承继王焕新、刘效武等前辈连续20年潜心研究的基础上,由我任主编整理出版了国家出版总局"十三五"图书出版资助项目,并制作了由中央电视台播放的李兴军教授创作的52集《农圣贾思勰动漫剧》。学校将以农圣文化为载体的优秀传统文化教育,作为大学生通识教育的重要内容。我与刘金同教授,王双同副教授联合主编的《齐民要术通俗读本》面向农村社区免费发放,为农圣文化普及做出的一点贡献。我本人成为中国农业历史学会副理事长,农学思想与《齐民要术》专委的主任委员,此委员会成为国家二级学会,这也是潍坊市唯一的国家级学会,将农圣文化研究推向了一个新高度。

行胜于言,无愧家乡。作为一名土生土长的寿光人,为家乡的大学鞠躬尽瘁是我的责任与本分。2016年11月中旬,潍坊科技学院迎来了一次国家大考——教育部本科教学工作合格评估。按照要求,已提前一个月将汇报材料上缴教育部。教育部委派的七人评估专家组驻校一周实地考察评估。评估专家经过一周的考察调研,最后总结时说:"潍坊科技学院写的不如说的,说的不如看的,看的不如做的。"学校最后以良好成绩通过"国考",这是学校发展史上的重要里程碑,它的意义在于这所全国唯一的县办本科高校是合格的、健康的、可持续的。其实,这些年来但凡到过潍坊科技学院的领导专家都有感慨,"你们学校宣传得不够"。我想低调做人是本分,学生及家长的口碑是最好的宣传。按市场规律,一个产品的背后有100个义务宣传员,一个学生一个家长的周围也一定少不了这些宣传员。这些年有很多媒体找上门来想报道宣传学校和我个人,我都一一谢绝了。我常说,我们是寿光人,谁不知谁啊,有什么可乍呼的!十多年来我没敢懈怠过,总有一种责任感使命感驱使自己,其实也没有什么崇高的精神,也没有什么个人的私利,仅凭一点:必须把劲全使出来,这是寿光自己的大学,组织上交到你手里,若因懈怠或折腾影响发展,将成为寿光的罪人,无法向百万人民交代。"生于斯,长于斯,死于斯",没有退路,仅此而已!

写这个后记时我的教龄已达40年,40年的教育生涯总有几个关键点刻印在脑海里永远抹不去。2010年8月25日傍晚就是其中的一个关键点。市里主要领导与我谈话,组织决定我由寿光现代中学校长调任潍坊科技学院院长。这是由中学校长到大学校长转换的重大关键点。我对此不曾想过,没有一点思想准备,惶恐与不安可想而知。那时我从事中学教育近30年了,从中学一般教师、班主任到教导副主任、包年级主任,从中学副校长再到教育局副局长、中学校长,一路走来对中学的业务与管理还算是熟悉的。尽管领导说教育有其共性,管理是相通的,不过中学与大学还是有根本区别的。当带着一纸调令走马上任后,抓紧时间学习成为当务之急。2010年秋冬,整整一个学期研读了民国时期蔡元培、蒋梦麟、张伯苓等八位校长的治校经验,认真阅读当代知名大学校长钟秉林、刘道玉、黄达人、徐显明等人的教育专著,浏览了五年来《中国高等教育》杂志上的文章。2011年春夏之交,参加教育部组织的40天的全国新建本科院校书记校长培训班。2012年春夏之交,因潍坊科技学院党委书记未到位,我又报名二次参加这样的培训班。当我第二次参加培训报到时,国家教育行政学院教务处领导以惊讶的目光看着我,问"怎么又来了！"我说，中学教书匠干大学校长不合格，学习还不够，来复课的。这看似是在开玩笑，实则是我真实的想法。连续两年的培训学习收获很大，对大学管理理念、办学模式、师资队伍、课程设置、人才培养等有了较深的认识。"它山之石，可以攻玉"，2011年暑假，我和部分干部到省内外十几所大学考察，学习借鉴兄弟院校的办学经验。这些年来，双休日、节假日只要没有会议没有出差就去办公室，不是加班加点也不是处理公务（这些年坚持晚上和双休日不开会已成规矩），而是利用双休日难得的清静读书学习"充电"。我没有统计过这些年来读了多少本教育专著，去年与一位在读的教育学博士聊天，当谈到中外教育史上的大家时，从夸美纽斯到杜威，从纽曼到布鲁姆、加德纳、帕尔默等大家的专著或传记我都研读过，而这些书籍是教育学博士的必读书目。就个人学术而言，与博士相比不能同日而语，在这一点上我还是清醒的。我想说的是，像我这样一个中学教书匠，充其量是中学校长，摇身一变成为大学校长，必须加强学习，阅读量决定眼量，历练才有能力，不学习怎能胜任？

人生有梦，动力无穷。中国梦，我的梦。何为潍科梦？申办硕士学位授予单位是潍科人的教育理想，即潍科梦。2016年教育部本科教学工作合格评估后，申硕和教育部本科教育教学审核评估成为潍坊科技学院两大基本任务。按常理，先审核评估后申硕。申硕作为潍科梦的重大意义在于提升高远境界，注入前行的动力，但梦想成为现实不以我们的意志为转移，可以预言，在合格评估后至少还需经过十年奋斗，其中审核评估是基础，是必须过的一关。因为中国高校外延式扩张的时代早已过去，遵循规律，丰富内涵，不断积淀，循序渐进是新建大学的必修课。

岁月不居，时光如流。12个年头的大学校长生涯一眨眼的工夫就过去了。2019年元旦过后，是担任潍坊科技学院院长第十年，我曾向市里的主要领导提出卸任的想法，组织上没有同意，一干又是两年半。2021年元旦后，我再次向市里主要领导提出学年结束卸任院长、年底换届卸任市人大常委会副主任的要求。感谢组织关照，满足了我的愿望！本是一个教书匠，但时代的风云际会把我推到市权力机关的领导岗位上，竟任人大常委会副主任四届近20年，也算创造了奇迹！20世纪90年代，干部体制曾进行"一推双考"改革，我参加过两次考选，均以第二名败北。组织和领导关心，最后安排我到人大常委会任职，从此我这个教书匠有了市领导的身份。在这个岗位上，讲政治顾大局，与历届市委保持一致。我时刻提醒自己，不能辱没这一政治身份。在教育生涯40年里，其中担任中学校长近7年，教育局副局长3年，大学校长12年。我的体会是学校的办学与行政机关的管理有明显不同。学校是学术共同体，关系是平行的，唯真理在上。我经常就办学理念和举措与同事争论，有时面红耳赤。有人说我有犟脾气、没有校长样。但我认为，在学术共同体中争论是必要的。我一直认为，同事能与校长在工作上争论是心理不设防的体现，也是学校民主管理的体现，这样越争论越明确，谁说得对听谁的，这就是"教授治学"的真谛。与我在工作上争论最多的是有高等教育学博士学位的高宏赋教授，有关学校教育教学的重大举措几乎都争论过，也只有这样才少走弯路不犯大错。但学校不是独立的,潍坊科技学院在寿光是一个事业单位,因民办牌子没有行政级别。在官本位文化意识中,尽管是一所大学也表现出她的孱弱,好像所有部门都可以从不同方面管管,有的以部门看待这所大学,这也是县办大学天然的局限性!若随波逐流可安然无恙;若坚持办学自主,必然得罪人。我选择了后者,且无怨无悔。已近60岁了,明年将退休,当下"不以物喜,不以己悲"是平静心境的真实写照。

2018年,时任中国教育学会会长、北京师范大学原校长钟秉林先生到校考察,对潍坊科技学院这所县办大学很感兴趣,对学校规模和办学水平用"想不到"和"震撼"等词予以评价,要求将我担任院长期间的工作讲话材料汇集给他看看。我将主持学校工作以来,每学年每年度全体教工会讲话、有关重要工作的协调安排讲话、开学与毕业典礼讲话、在报刊发表的论文等汇总后交给了钟会长。钟会长看了这些材料,建议出本书作为县办大学建设应用型高校的探索。同时,钟会长作序,令我十分感动!2019年元旦后,因没有退下院长职务,我考虑再三,决定先干工作不出书,就此放下一过就是两年半。2022年元旦后,领导职务全部卸下了,可谓一身轻!前段时间,拜见曾经对学院和我本人给予极大关照的老领导、山东省高等教育管理科学研究会会长、省教育厅原副厅长宋承祥博士,谈到出书想法时,他大力支持并作序,这给了我极大的鞭策和鼓励。

出版此书,是想把一所县办大学走过的一段历程记录下来。它是实践探索,没有什么理论价值,更没有什么修饰成分,很真实。我本人有个工作习惯,在主持一所中学、一所大学的工作近18年的时间里,除了教代会报告及重要活动致辞,工作会议讲话等都是在笔记本上自己准备的。当然,讲话的内容一般是根据党委决策、教代会决议、党政联席会的意见。有时先讲话提出工作思路,再上会研究出文件。工作会议上的讲话是会后秘书整理的。一个学期下来,大小会议讲话的内容写满一个大的笔记本。这些年来,王文国、姚华伟、王燕玲等几位同志经常加班加点整理我的讲话材料。由于大学教育教学管理的很多内容是需要常抓不懈的,因此本书中有些不断重复、强调的内容,让人读后有重复之感;也有些工作思路与举措不够科学,只能向读者致歉贻笑大方了!

2019年元月,潍坊科技学院安全稳定工作荣记"山东省集体二等功",这是2017年我个人荣记二等功后,学校集体获得的殊荣,这是学校十年稳定发展的证明。2021年7月在卸任院长一个月之时,我带领的"农圣文化传承创新团队"被评为第二批"山东省高校黄大年式教师团队",这也是我教育生涯中最后一个学术荣誉。

此书整理出版,同事、朋友、家人给予许多帮助,在此一并表示衷心的感谢!借此书出版,我特别感谢潍坊科技学院党委书记李凤祥同志,副书记、副校长吴长军同志等党委会成员及校务委员会成员对我工作的支持,感谢各位老干部对我的关心指导,感谢全体教职工、同事们对学院发展作出的积极贡献!

长江后浪推前浪,芳林新叶催陈叶。愿潍坊科技学院在习近平新时代中国特色社会主义思想指引下,承继传统,创新发展,在应用型大学建设道路上不断开创新局面,为实现中华民族伟大复兴的中国梦作出更大贡献。